戦時下の帝国大学における
研究体制の形成過程

──科学技術動員と大学院特別研究生制度
東北帝国大学を事例として──

吉 葉 恭 行

東北大学出版会

Formation process of the research system
in the Imperial University of wartime :
—— Graduate special research student and institutional science
and technology mobilization.
A case study of Tohoku Imperial University ——

Yasuyuki YOSHIBA

Tohoku University Press, Sendai
ISBN978-4-86163-251-8

凡　例

1．本文の記述にあたっては、原則として常用漢字、現代かなづかいを用いた。ただし、人名などの固有名詞はこの限りではない。

2．引用文については、旧漢字は新漢字に改め、新漢字にない旧字はそのまま表記し、仮名づかいは原文のままとした。欠損や判読不明な箇所は□□で、字数が不明な場合は〔　〕で示した。〔　〕は筆者による注記である。疑義のある箇所には傍らに〔ママ〕を付した。

3．引用する資料の原文の多くは縦書きであるが、引用の際には横書きにし、適宜、改行等を施している。なお、引用資料には必要に応じて句読点を付した。

4．年代の表記は、原則として西暦を用い、適宜和暦を（　）で併記した。

目　　次

凡例

序章 ……………………………………………………………………… 1

　1　研究史上の課題 ……………………………………………… 1

　2　方法と対象 …………………………………………………… 6

　3　本書の構成 …………………………………………………… 6

第1章　科学技術動員と学術研究体制強化の相克 ……………… 13

　1　はじめに ……………………………………………………… 13

　2　科学技術動員と理工系拡充 ………………………………… 13

　　　日本学術振興会による研究動員の建議 ………………… 13

　　　科学審議会による「科学研究振興ニ関スル建議」 ………… 16

　　　科学振興調査会による

　　　　「科学振興ニ関スル具体的方策如何」への答申 ………… 17

　3　科学技術動員と大学の修業年限短縮 ……………………… 18

　　　昭和16年度修業年限短縮の「内報」 …………………… 18

　　　「内報」への帝国大学の対応 …………………………… 19

　　　昭和16年度修業年限3か月短縮決定と帝国大学の対応 ……… 22

　4　修業年限短縮の進展と「大学院強化案」の浮上 ………… 23

　　　昭和17年度の修業年限短縮 …………………………… 23

　　　東京帝国大学が示した「大学院強化案」 ……………… 25

　　　昭和17年度修業年限短縮に対する「意見書」 ………… 27

　5　おわりに ……………………………………………………… 30

第2章　大学院特別研究生制度の成立 ………………………… 33

　1　はじめに ……………………………………………………… 33

　2　「新大学院制度」の閣議決定と早稲田大学・慶應義塾大学の運動 … 33

　3　帝国大学総長会議における「新大学院制度」に関する協議 …… 35

　4　「大学院制度ニ関スル協議会」における具体案の検討 ……… 40

　5　大学院特別研究生銓衡資料 ………………………………… 47

i

| 6 | 「大学院又ハ研究科ノ特別研究生ニ関スル件」の公布・施行 …… | 53 |
| 7 | おわりに …………………………………………………………… | 55 |

第3章　科学技術動員の展開と大学院特別研究生制度の変容

………………… 59

1	はじめに ………………………………………………………………	59
2	東北帝国大学大学院特別研究生の概観 ………………………………	60
3	昭和18年度の銓衡経緯と大学院特別研究生の諸相 ………………	61
	学内銓衡 ………………………………………………………………	61
	銓衡委員会 ……………………………………………………………	61
	大学院特別研究生の素描と研究事項 ………………………………	65
	（1）候補者の素描 …………………………………………………	66
	（2）研究事項 ………………………………………………………	66
	（3）研究事項解説書 ………………………………………………	67
4	昭和19年度の銓衡経緯と大学院特別研究生の諸相 ………………	73
	学内銓衡 ………………………………………………………………	73
	銓衡委員会 ……………………………………………………………	76
	大学院特別研究生の素描と研究事項 ………………………………	82
	（1）候補者の素描 …………………………………………………	83
	（2）研究事項 ………………………………………………………	83
	（3）研究事項解説書 ………………………………………………	83
5	昭和20年度の銓衡経緯と大学院特別研究生の諸相 ………………	87
	学内銓衡 ………………………………………………………………	87
	銓衡委員会 ……………………………………………………………	90
	大学院特別研究生の素描と研究事項 ………………………………	93
	（1）候補者の素描 …………………………………………………	94
	（2）研究事項 ………………………………………………………	94
	（3）研究事項解説書 ………………………………………………	97
6	おわりに ……………………………………………………………	99

第4章　科学技術動員の展開と東北帝国大学 ………………… 103

| 1 | はじめに ……………………………………………………………… | 103 |
| 2 | 軍による科学技術動員 ……………………………………………… | 103 |

目　次

陸軍による科学技術動員 ……………………………………	104
海軍による科学技術動員 ……………………………………	116
3　技術院による科学技術動員 ……………………………………	118
4　文部省による科学技術動員 ……………………………………	121
5　おわりに ……………………………………………………………	122

第5章　学術研究会議研究班の設置と東北帝国大学の研究体制

　　　　…………………… 125

1　はじめに ……………………………………………………………	125
2　学術研究会議研究班の設置と東北帝国大学の対応 ………………	125
3　昭和19年度学術研究会議研究班編成と科学研究費の要求 ………	139
4　おわりに ……………………………………………………………	142

第6章　学術研究会議研究班の拡充と東北帝国大学の研究体制

　　　　…………………… 157

1　はじめに ……………………………………………………………	157
2　昭和19年度学術研究会議研究班の概観 …………………………	157
研究班と研究費の全体像 ……………………………………	157
研究班班長の概観 ……………………………………………	163
東北帝国大学調による研究班班長 …………………………	163
3　昭和19年度学術研究会議研究班における東北帝国大学の特徴 …	164
部局別にみた「研究題目」と研究担当者 …………………	164
研究分野別にみられた研究班構成の特徴 …………………	166
個別研究班の事例 ……………………………………………	168
4　おわりに ……………………………………………………………	170

第7章　戦争末期の学術研究会議研究班と東北帝国大学の研究体制

　　　　…………………… 183

1　はじめに ……………………………………………………………	183
2　昭和20年度学術研究会議研究班の概観 …………………………	183
研究班と研究費の全体像 ……………………………………	183
研究班班長の概観 ……………………………………………	184
3　昭和20年度学術研究会議研究班における東北帝国大学の特徴 …	191

iii

部局別にみた「研究題目」と研究担当者 ……………… 191

研究分野別にみられた研究班構成の特徴 ……………… 192

個別研究班の事例 …………………… 194

4 おわりに ………………………………………… 195

第8章 科学技術動員下の東北帝国大学の研究・教育の諸相
…………………… 215

1 はじめに ………………………………………… 215

2 聞き取り調査対象と方法 …………………………… 215

調査対象 ………………………………………… 215

調査方法 ………………………………………… 216

3 理工系学生の勤労動員 ……………………………… 223

工場への勤労動員 ……………………………… 223

航空工学科への勤労動員 ………………… 224

数学科への勤労動員 ………………………… 225

物理学科への勤労動員 ……………………… 227

岩石鉱物鉱床学科への勤労動員 …………… 228

4 大学院特別研究生候補者の学内銓衡経緯 ………… 231

昭和19年度第1期特別研究生の事例 ………… 231

昭和20年度第1期特別研究生の事例 ………… 233

5 大学院特別研究生の研究所配置 ………………… 236

陸海軍研究所仙台分室への配置 …………… 236

東京帝国大学航空研究所への配置 ………… 245

6 終戦と特別研究生の研究事項の転換 …………… 250

研究事項の転換 ………………………………… 251

研究事項が継続した事例 ……………………… 252

先行研究のキャッチアップ …………………… 253

7 おわりに ………………………………………… 256

終章 …………………………………………………… 265

1 総 括 ……………………………………………… 265

2 課題と今後の展望 …………………………………… 276

iv

目　次

資料編 ……………………………………………………… 279

　東北帝国大学大学院特別研究生候補者の研究事項解説書

　　──昭和 18 年度〜昭和 20 年度── ……………………… 279

あとがき ……………………………………………………… 339

v

序　章

1　研究史上の課題

　1991（平成 3）年 5 月、大学審議会は「大学院の整備充実について」を答申し大学院の人員と設備の充実という目標を示した[1]。そして同年 11 月には「大学院の量的整備について」を答申し、2000（平成 12）年までに大学院学生を倍増させるという目標を掲げた[2]。

　これらの答申を契機とし、同年の東京大学法学政治学研究科を皮切りに実施された大学院重点化は、2000（平成 12）年には主要 9 大学におよび、その後も「大学院の整備充実」が進められた。一方の「大学院の量的整備について」は、1996（平成 8）年 7 月に閣議決定された科学技術基本計画に、「ポストドクター等 1 万人支援計画」が盛り込まれ、平成 12 年度までに達成するとされた[3]。

　こうした大学院重点化の背景には、大学院における研究者養成に対する期待とともに、大学を科学技術開発の中核機関として位置づけたいという社会的要求もあった。事実、1996（平成 8）年より 1 期 5 か年の予定で開始された科学技術基本計画や、1998（平成 10）年 5 月 6 日には、「大学等における技術に関する研究成果の民間事業者への移転の促進に関する法律」（法律第 52 号、大学等技術移転促進法、TLO 法）が制定され、以後「大学等における技術に関する研究成果の民間事業者への移転」が促進されてきた。

　科学技術基本計画は、第 1 期（平成 8 〜平成 12 年度）17.6 兆円、第 2 期（平成 13 〜平成 17 年度）21.1 兆円、第 3 期（平成 18 〜平成 22 年度）21.7 兆円の国家予算が科学技術関係経費として投入され、さらに平成 23 年度に迎えた第 4 期目は平成 27 年度までに 25 兆円規模の国家予算投入が予定されている。

　くわえて 2004（平成 16）年 4 月に国立大学が法人化され、これにより国立大学は研究費調達などの「自助努力」が求められるようになった。

I

つまり先に制定された TLO 法などの一連の科学技術政策とあいまって、大学はその研究成果を社会に還元するようにインセンティブを与えられてきたことになる。2011（平成 23）年 3 月 11 日に発生した東日本大震災以後では、震災からの復興のための産学官連携の必要性まで論じられるようになってきている [4]。

このように、「整備充実」された大学院を中核に据えた産学官連携の推進は現在も膨大な資金投入のもとに進展しているが、その一方で、「大学院の量的整備」の一環として進められてきた「ポストドクター等 1 万人支援計画」は陰りがみられるようになってきた。2009（平成 21）年には、文部科学省は博士課程の定員削減など、大学院重点化の見直しに着手するという事態に至っている [5]。科学技術振興の一環として実施されてきた大学院重点化がひとつの岐路にさしかかっている現在、大学と産や官との協力のあり方や、大学における教育・研究体制のあり方について再検討が求められているといえよう。

そもそも、現行の大学院は、戦後の 1947（昭和 22）年に学校教育法により設置された「新制大学院」を基盤として 1974（昭和 49）年の大学院設置基準により整備されたものを土台としているのである。そしてその「新制大学院」が制度化される際には、戦時下に実施された大学院特別研究生制度が参考にされたと評されている [6]。しかしながら大学院特別研究生制度の創設の経緯は無論のこと、その実態もこれまで明らかでなかった。

またその大学院特別研究生制度と同時期に実施された科学技術動員政策は、現代の共同研究やビッグプロジェクト研究の嚆矢となったと評されている [7]。これまで戦時下の陸海軍の科学技術動員に関する研究はなされてきたものの、個別、分野別の事例研究が主であった [8]。またこれまで理工系や医学系における大学と戦争のかかわりについてのいくつかの事例研究はあったが、個別・断片的なものであったことは否めない。

近年では、戦時下に設立された技術院の研究隣組や文部省の学術研究会議研究班についての研究が進展したが、それらの研究は、全国の研究

機関横断的な共同研究組織体形成の契機としてとらえたものであり、帝国大学内に組織された研究組織や学内において実施された具体的な研究内容は明らかにされていない[9]。

　また2012（平成24）年に刊行された沢井実による労作『近代日本の研究開発体制』は、戦時下の科学技術動員を含めて戦間期から戦後期における日本の研究開発体制の有り様について膨大な史料をもとにした実証的な研究であるが、その分析の主眼は「総力戦が日本の産業技術の発展のあり方にいかなる影響を与えたのか」という点にあるため、戦時下の科学技術動員が大学内の学術研究体制にいかなるインパクトを与えてきたのかについては論究されていない[10]。

　そのほか、2011（平成23）年には、「人文科学」系の学問統制や動員について包括的研究を試みた駒込武らによる『戦時下の学問の統制と動員』が刊行されている。この研究は、日本諸学振興委員会が実施した哲学、歴史学、法学、経済学などの「人文科学」系の研究者の教育・研究活動の統制について、日本諸学振興委員会における議論や報告書など膨大な史料群をもとに、その全容を明らかにした労作であるが、各帝国大学内の研究組織や具体的な研究内容について検討したものではなかった[11]。

　このように、戦争と大学とのかかわりに関する研究は進展しつつあるが、各帝国大学における個別具体的な研究組織の形成や、実施された研究、そしてその結果として形成された教育・研究体制に関する研究はみられない。

　戦時下の科学技術政策の実施に伴い形成された大学の研究体制は、戦後の科学技術政策と大学の研究・教育のあり方に多大な影響を及ぼしたことは想像に難くない。しかしながら、西山伸が指摘するように、「研究面では、戦争と大学との関わりは実際にはほとんど明らかになっていない」のである[12]。

　大学史や教育史、そして科学史の分野においては、戦時下の大学における学術研究の実態や研究に従事した研究者たちの思想背景についての研究が課題として残されている。

これまで、戦時下の大学における研究・教育の実態が明らかにされて
こなかった理由の一つとして、大学の学内行政文書へのアクセスが困難
であったことが挙げられる。だが近年、大学史研究の進展や各大学の
アーカイブズの充実、そして情報公開法の施行などが相俟って、学内行
政文書へのアクセスが容易になってきた。

　これに伴い、戦時下のとくに学徒出陣・学徒動員に関する個別研究は
充実しつつあるものの [13]、帝国大学における研究体制の形成過程やその
実態についての包括的研究はいまだ行われていない。

　戦時下に振興された研究の多くは、軍事技術開発や生産のための理工
学系分野のものであり、また思想戦対策として日本文化論などの振興に
力点が置かれていたこともよく知られていることである。

　しかしこれらの研究分野における研究が、いかなる研究体制のもとで
実施されたのか、その実態は明らかでない。これらの研究分野でいかな
る研究が展開されたのかを考察し、そのうえで戦後の科学技術政策と大
学の研究体制にいかなる影響を及ぼすのかについて検討を加えていく必
要があろう。

　以上のような研究史上の課題をふまえて本書では、戦時科学技術動員
下の大学に形成された研究体制と大学院制度についての歴史的再検討の
手掛かりとして、学術研究会議研究班と大学院特別研究生制度について
検討を加えていくことにする。

　学術研究会議研究班とは、1943（昭和 18）年 8 月 20 日に閣議決定され
た「科学研究ノ緊急整備方策要綱」ののち、技術院の科学技術審議会
第一部会の 1943（昭和 18）年 8 月答申に基づいて設置された科学研究動
員委員会により、「戦時下ニ於ケル学理研究ニ関スル重要課題」とその
「研究担当機関及研究担当者」が選定され、「研究協力組織」として企画
され、同年 12 月より組織された帝国大学を中心とする大学横断的で大規
模な共同研究組織である [14]。翌昭和 19 年度には、1,927 名の研究者により
構成される 193 の研究班が組織されたが、その 9 割は大学の研究所、高等

4

序　章

専門学校など教育機関に所属していた[15]。これらの研究に莫大な科学研究費が投入され、「重点主義ニ依リ可成大題目ノ協同研究」の展開が期待された[16]。またこの戦時下の試みは、戦後、国の支援のもとで大学横断的な共同研究が実施されるという枠組形成の契機となったという評価もなされている[17]。

　一方の大学院特別研究生制度とは、1943（昭和18）年9月29日公布、10月1日施行の文部省令第74号により定められた「大学院又ハ研究科ノ特別研究生ニ関スル件」に基づいて実施された制度である。実施当初のこの制度のねらいは、学術水準の向上と科学戦・思想戦に対応できる研究者や技術者を養成することにあった。

　定員は前期2年が500名以内、後期3年が250名以内と定められ、東京・京都・東北・九州・北海道・名古屋・大阪の7帝国大学と東京商科・東京工業・東京文理科の3官立大学、慶應義塾と早稲田の2私立大学が制度の対象になった[18]。大学院特別研究生に採用された学生は、入学金・研究費の免除、月額90円以上の給与、入営延期措置など様々な特典を得ることができた。

　大学院特別研究生制度については、この制度が適用された各大学の沿革史において記述され[19]、またいくつかの研究がなされている[20]。それらの研究では、「大学にとっては、戦後にかけての教授・研究スタッフの確保に少なからぬ役割を果たした」[21]、「戦後の新制大学院制度の実質的な先駆であった」[22]などと評価されている。しかしその一方で、「制度・実態・機能については、今後なお多くの精細な研究が積み上げられる必要がある」[23]と課題が残されているとも指摘されている。

　たしかに、この制度に関する研究の問題点として、大学院特別研究生の定員の定められ方や銓衡過程、そして実際の制度運用の有り様など、明らかになっていないことが多々ある[24]。よってそれらを明らかにした上で大学史や科学史、科学技術政策史の歴史的展開のなかで総括する必要があろう。

2 方法と対象

こうした先行研究の状況をふまえて研究史上の課題を克服するために、本書では戦時下における科学技術動員政策の一つである学術研究会議研究班の実施と大学院特別研究生制度の制度確立と実施に主眼を置き、東北帝国大学を主要事例として、対象となる東北大学はもとより、旧帝国大学等が所蔵する行政文書・個人文書の分析にもとづき、また聞き取り調査の結果を交えて、制度の全体像や実際の制度運用の有り様などを明らかにしていくことにする。そして歴史的展開のなかでの包括的な把握と大学史や科学史、科学技術行政史の視点から多面的な考察を試みることにする。

本書が戦時下の科学技術政策により形成された帝国大学の研究体制の形成過程と、その研究体制のもとで展開された研究の実態について明らかにするための端緒となればと考えている。

3 本書の構成

本書は以下のように構成される。

まず第1章では、科学技術動員の展開と、それが大学の教育・研究体制にいかなる影響を及ぼしていったのかについて検討を加える。国際関係悪化による輸入途絶は、日本を国内や南方の資源開発そして技術開発へと指向させる契機となった。そして国家総動員の一環として、大学等の研究機関の動員が軍や企画院、技術院、文部省などで議論され、大学の研究者も科学技術動員の対象となっていく。これに加え、軍では幹部候補としての大学卒業生の確保に事欠いていた。また軍事技術の担い手である民間企業においても技術者の需要があった。軍の幹部候補者や民間技術者、労働力としての人員確保が必要であったため、修業年限短縮が実施されていく。くわえて、国家総動員法、卒業者使用制限令が施行され、大学内における研究補助者としての学卒者の採用にも支障をきたしていたことにも触れる。

戦時下の科学技術動員の軍用人員として、また行政や生産部門等にお

ける人的資源確保を企図して、高まる高等教育・中等教育の修業年限短縮の議論と、それに対する教育水準低下を危惧する議論のなかで、大学院改革案が提示されていく経緯を見る。

　ついで第2章では、大学院特別研究生制度が1943（昭和18）年1月に「新大学院制度」として閣議決定され、同年10月1日に、文部省令第74号「大学院又ハ研究科ノ特別研究生ニ関スル件」により実施されるまでの経緯を明らかにしていく。とくに4月開催の帝国大学総長会議と6月開催の「大学院問題ニ関スル協議会」における協議内容を中心に制度確立の経緯について検討を加える。本章では大学院特別研究生制度がどのような目的を掲げ、いかなる運用を意図したのかが明らかにされよう。

　第3章では、実施当初の昭和18年度から昭和20年度の3年間、大学院特別研究生が銓衡される経緯と銓衡された大学院特別研究生のパーソナリティや実施しようとした研究について検討する。文部省通牒の分析を通して、大学院特別研究生制度が戦況の悪化などの「時局」の影響を受けながら、銓衡基準や手続方法などが変容していく様子に着目する。そして文部省の大学院特別研究生「銓衡委員会」の「懇談」内容の検討を通して、文部省や陸海軍、そして各大学がこの制度と時局をいかに受け止めていかに運用しようとしていたのかなどの意図を読み取っていくことにする。

　また、文部省に提出された「研究事項解説書」等の書類の分析を通して、詮衡された大学院特別研究生のパーソナリティや候補者等が取り組もうとしていた研究事項について年度ごとに見ていく。これらの分析を通して、候補者となった学生のみならず、指導教官となった大学教授たらが、いかなる研究を展開し、また大学院特別研究生制度をどのように受け止めていたのかなどが明らかにされよう。

　第4章では、東北帝国大学がいかなる科学技術動員体制に組み込まれていったのかを見ていく。文部省科学研究費による共同研究に対する研究助成、また技術院研究隣組、文部省学術研究会議研究班など様々な科学技術動員組織がつくられて、大学の研究者達は時局にあった共同研究

へのインセンティブを与えられていく。その一方で、陸海軍は、自らが各種研究機関を持ち、大学等の研究機関より研究要員を軍人・軍属として集め、また大学への委託研究などを実施していた。このような状況下にあって、東北帝国大学の研究者らが、いかに科学技術動員体制に組み込まれていったのかが示されよう。

　第5章では、昭和18年度より実施された科学技術動員組織である学術研究会議による研究班組織の構築と研究者等に配当された（緊急）科学研究費に関する資料分析を通して、東北帝国大学における科学技術動員組織の形成過程や科学技術動員組織の有り様、そして戦時研究について検討する。

　「科学研究ノ緊急整備方策要綱」が閣議決定されたのは、1943（昭和18）年8月20日のことであったが、学術研究会議の「科学研究動員下ニ於ケル」「重要研究課題」の決定と「緊急科学研究費」の交付は11月26日の官制改正を待たなければならなかった。この間の経緯や、官制改正後に「科学研究費」が第1次、第2次、追加といった具合に急速に決定・交付される経緯を見ていく。また「重要研究課題」として決定されたいくつかの研究班の小題目についても、それらの構成員などについて検討を加えていく。

　第6章では、昭和19年度に東北帝国大学の研究者達が参加した学術研究会議研究班について、その研究組織の全容、そして東北帝国大学の研究者が参加した班組織の有り様について検討する。研究班の組織構成の有り様や交付された研究費が研究分野によっていかに異なっていたのかが明らかになるだろう。また東北帝国大学の研究者が班長となっている研究班の特徴を検討することにより、学術研究会議研究班の組織化が、参加した研究者たちの全国的共同研究の展開を意識させていったのかという点にも注目したい。

　第7章では、昭和20年度に東北帝国大学の研究者達が参加した学術研究会議研究班について、その研究組織の全容、そして東北帝国大学の研究者が参加した班組織の有り様について検討する。1945（昭和20）年1月

の学術研究会議組織変更に伴い、研究班の構成に変更があった。この際に、研究班組織がいかに変容し、その結果、帝国大学に形成された研究体制の有り様について検討を加えることにする。

　第8章では、昭和19年度と昭和20年度に東北帝国大学大学院特別研究生であった東北大学名誉教授に対して実施した聞き取り調査の結果などをもとに、戦時下において科学技術動員が実施されていた東北帝国大学の教育・研究環境の実際と大学院特別研究生制度の実際の運用について考察する。聞き取り調査は、資料検討によりある程度明らかになった科学技術動員下における帝国大学の教育・研究体制の形成過程を裏付けるとともに、資料からでは明らかにされない学徒勤労動員の様子など、戦時下の帝国大学における教育・研究の模様を描きだす。資料を補足する事実や、資料からは読み取れない事実も明らかにされるであろう。

　最後に終章では、全体を要約しつつ、前章までに見てきた科学技術動員下の学術研究会議研究班による大学横断的な研究の組織化や大学院特別研究生制度の実施が、大学における学術研究体制の形成史上や大学院制度史上にもった意味について再検討を行いたい。そこでは、戦時下に組織された学術研究会議研究班や実施された大学院特別研究生制度が、戦後の大学内における学術研究体制確立と大学院教育整備のひな形として位置づけられることが見て取れるであろう。

1　「大学審議会答申・報告──概要──」文部科学省、Web 版、http://mext. go.jp/b-menu/shingi/chukyo/chukyo4/gijiroku/03052801/003/001.html、2014 年 6 月 6 日閲覧。

2　同上。

3　『平成9年度我か国の文教施策──未来を拓く学術研究──』文部省、第1 部、第2章、第1節、http://mext.go.jp/b-menu/hakusho/html/head199701/hpad 199701-02-020.html、2014 年 6 月 6 日閲覧。

4　『復興への提言〜悲惨のなかの希望〜』東日本大震災復興構想会議、2011。

5　元村有希子「大学院重点化は一体なんだったのか」『科学と工業』Vol.62- 8、pp.873-874。

6　寺崎昌男・古屋野素材「戦前の大学院」宮原将平・川村亮編『現代の大学院』第Ⅱ部第2章、早稲田大学出版部、1980、pp.15-33。

7　青木洋「学術研究会議の共同研究活動と科学動員の終局——戦中から戦後へ——」『科学技術史』10、2007、pp.1-40。

8　たとえば、河村豊「旧日本海軍における科学技術動員の特徴」『科学史研究』39、日本科学史学会、2000、pp.88-98、「旧日本海軍における戦時技術対策の特徴」『科学史研究』40、日本科学史学会、2001、pp.75-86 などがあげられる。

9　たとえば、研究隣組に関する研究では、青木洋・平本厚「科学技術動員と研究隣組——第二次大戦下日本の共同研究」『社会経済史学』68 (5)、2003、pp.3-24 や青木洋「第二次大戦中の研究隣組活動——研究隣組趣旨及組員名簿による実証分析——」『科学技術史』7、2004、pp.1-40、青木洋「研究隣組組員名簿」『科学技術史』7、2004、pp.107-135。

　　また学術研究会議研究班に関する研究では、青木洋「第二次大戦中の科学動員と学術研究会議の研究班」『社会経済史学』72 (3)、2006、pp.63 (331) -85 (353)、青木洋「学術研究会議と共同研究の歴史——戦前から戦中へ——」『科学技術史』9、2006、pp.37-63、青木、前掲「学術研究会議の共同研究活動と科学動員の終局——戦中から戦後へ——」などがある。

10　沢井実『近代日本の研究開発体制』名古屋大学出版会、2012。

11　駒込武・川村肇・奈須恵子編『戦時下の学問の統制と動員——日本諸学振興委員会の研究——』、東京大学出版会、2011。

12　西山伸「大学沿革史の課題と展望」『日本教育史研究』26、2007、p.49。

13　最近の成果では、折田悦郎「九州大学における学徒出陣・学徒動員」(研究課題番号：18530616) などが挙げられる。

14　「学術研究会議科学研究動員委員会規程」文部省訓令／昭和 18 年 11 月 26 日、学術研究会議『昭和十九年／学術研究会議要覧』。

15　青木、前掲「学術研究会議の共同研究活動と科学動員の終局——戦中から戦後へ——」、pp.1-40。

16　青木、前掲「第二次世界大戦中の科学動員と学術研究会議の研究班」、p.75。

17　青木、前掲「学術研究会議の共同研究活動と科学動員の終局——戦中から戦後へ——」、p.30。

18　概ねの定員は省令で定められていたが、文部省令第 74 号の第 3 条に「毎年文部大臣之ヲ定ム」と付記されており、後段で見るように、時局に合わせ定員を流動的に決定できるようになっていた。

19　参考までに大学特別研究生制度について何らかの記述があった各大学の年史を刊行順に挙げておく。『東北大学五十年史』東北大学、1960、pp.445-447。『慶應義塾百年史　中巻 (後)』慶應義塾、1964、pp.841 (2521) -850 (2530)。『九州大学五十年史』九州大学創立五十周年記念会、1967、pp.499-503。『北大百年史　通説』北海道大学、1982、pp.294-295。『大阪大学五十年史　通史』大阪大学、1985、pp.201-202。『東京大学百年史　通史二』東京大学、1985、pp.649-662。『東京工業大学百年史　通史』東京工業大学、1985、pp.642-643。『早稲田大学百年史　第三巻』早稲田大学

序　章

大学史編集所、1987、pp.980-986。『京都大学百年史　総説編』財団法人
京都大学後援会、1998、p.441。『東北大学百年史』第一巻「通史一」、東
北大学出版会、2007、pp.500-503。

なかでも『東京大学百年史』では多くの紙幅を用いて記述されており、
特別研究生制度が制定されるまでの経緯についても述べられている。また
東京大学の関係文書は小川智端恵によりよく整理されており、『東京大学
百年史』の内容を補完しさらに発展させる良い材料を提供している。小川
智端恵「『大学院特別研究生関係』史料目録（1943 ～ 1945 年度）」『東京大
学史紀要』第 17 号、1999、pp.65-113。

『九州大学五十年史』では特別研究生の定員の決定や銓衡過程について
述べられているが、その後刊行された『九州大学七十五年史』では「『九
州大大学五十年史』で記述された昭和三十六年五月以降、創立七十五周年
を迎えた昭和六十一年五月までの二十五年間を中心に記述」するという編
纂方針により、特別研究生制度に関する記述が削除された。『九州大学七
十五年史　通史』九州大学、1992、凡例。

なお、筆者の研究成果の一部が反映されたものが『東北大学百年史』第
一巻である。

[20] 寺崎昌男・古屋野素材、前掲論文。

[21] 同上論文。

[22] 広重徹『科学の社会史』、中央公論社、1973。

[23] 寺崎昌男・古屋野素材、前掲論文。

[24] 大学院特別研究生制度を総体として捉えようと試みた研究として西村正守
のものが挙げられるが、各大学の事例となると各大学から刊行された『大
学史』と新聞記事に頼らざるを得ないという限界がみられる。西村正守
「第二次大戦末期における大学院特別研究生制度を回顧して」『レファレン
ス』431、国立国会図書館調査立法考査局、1986、pp.29-57。

第1章
科学技術動員と学術研究体制強化の相克

1　はじめに

　　科学技術ノ動員ニ関スル総合的根本方策ノ一環トシテ大学其ノ他科学研究
　　機関ニ於ケル科学ニ関スル学理研究力ヲ戦争ノ現段階ニ於テ最高度ニ集中
　　発揮セシメ科学ノ飛躍的向上ヲ図リ戦力ノ急速増強ニ資スル為之ガ体制ヲ
　　速カニ整備ス

　これは 1943（昭和 18）年 8 月 20 日に閣議決定された「科学研究ノ緊急
整備方策要綱」[1] の「第一　方針」の全文である。1937（昭和 12）年の日
中戦争勃発前後より、日本は軍事技術開発のための科学技術動員の重要
性について認識してはいたものの、その体制整備の進捗は比較的緩やか
なものでしかなかったといわれている[2]。しかし上述の閣議決定がひとつ
の契機となり科学技術動員が本格化し、大学の研究者の多くは、なんら
かの形で動員されていくことになる[3]。たとえば、陸・海軍の所管する各
研究所の委託研究などもその一例である。全国的な科学技術動員組織で
いえば、技術院が主導した研究隣組や文部省所管の学術研究会議の研究
班などがその代表的なものと言えよう。
　本章では、1933（昭和 8）年に設置された日本学術振興会が「研究動
員」を建議する 1937（昭和 12）年までさかのぼり、科学技術動員の展開
と、それが帝国大学の教育・研究体制にいかなる影響を及ぼしていった
のか検討していくことにする。

2　科学技術動員と理工系拡充
日本学術振興会による研究動員の建議
　この時期の大学を巡る科学技術政策を表1-1にまとめた。以下この表に

表 1-1　主要科学技術政策 (1937 年〜 1941 年)

年　月　日	事　　　　項
1937 年 11 月 14 日	日本学術振興会が「原料材料其ノ他ニ関スル研究動員並ニ特殊軍需品ノ製造ニ対スル補助実施ノ件」を建議
1938 年 4 月 1 日	国家総動員法 (法律第 55 号) 公布、5 月 5 日施行
1938 年 5 月 30 日	日本学術振興会が「科学動員ノ基源培養施設ニ関スル件」を建議
1938 年 8 月 24 日	卒業者使用制限令 (勅令第 599 号) 施行
1938 年 10 月 28 日	科学審議会が「科学研究振興ニ関スル建議」で中央統制機関設置を建議
1938 年 11 月 17 日	文部大臣、科学振興調査会に「科学振興ニ関スル具体的方策如何」を諮問
1939 年 3 月 11 日	科学振興調査会答申第一「人材養成ノ問題及研究機関ノ整備拡充並ニ連絡統一ノ問題ニ関スル件」
1940 年 8 月 19 日	科学振興調査会答申第二「大学ニ於ケル研究施設ノ充実ニ関スル件」
1940 年 9 月 19 日	教育審議会答申「高等教育ニ関スル答申」
1940 年 10 月 28 日	全国帝国大学総長会議開催
1941 年 3 月 28 日	科学振興調査会答申第三「科学研究ノ振作及連絡ニ関スル件」
1941 年 5 月 27 日	「科学技術新体制確立要綱」閣議決定

沿って論じていくことにする。

　日本が戦争に指向していった契機はいくつかあるが、その一つには国際関係悪化による資源の輸入途絶があった。この打開策として中国大陸や東南アジアへの軍事的な進出と資源獲得が企図されたのである[4]。その一方で、研究機関や研究者等には進出先における資源調査や国内賦存の資源開発が期待されていた。

　日中戦争開始後には、総力戦のための科学技術の動員という観点からの科学技術政策が進められるようになり、1937 (昭和 12) 年 10 月に科学技術行政の中核を担うことを目的に設立された企画院が、翌 1938 (昭和 13) 年 2 月に科学動員協議会を開催することになる。

　1937 (昭和 12) 年 11 月 14 日、日本学術振興会が「原料材料其ノ他ニ関スル研究動員並ニ特殊軍需品ノ製造ニ対スル補助実施ノ件」を建議した。この建議書に添えられた趣意書には、次のような 4 項目が記載されている[5]。

第1章　科学技術動員と学術研究体制強化の相克

　　一、一般産業並ニ軍需工業ノ原材料ニシテ之ヲ海外ニ仰グモノノ自給自足
　　　　ヲ図ル為メノ研究動員

　　二、戦地ニ於ケル諸調査並ニ研究ニ対スル専門家ノ動員

　　三、有効ナル新兵器ノ実現ニ関スル研究動員

　　四、必要欠クベカラザル軍需品ニシテ、之ガ製造工業ノ成立セザルモノニ
　　　　対スル補助助成

　この日本学術振興会の建議は、「原材料」の「自給自足」や「新兵器ノ
実現」、「必要欠クベカラザル軍需品」の工業化などを重点課題として示
し、これに関する研究を促進するために大学や研究機関の研究者の動員
が必要であることを進言したのである。そもそも研究費助成の配分決定
機関として1933年（昭和8）年12月に設立された日本学術振興会が上記
の建議を示したということは、研究費助成の方針を示したと言っても過
言ではあるまい。

　1938（昭和13）年4月1日、国家総動員法が公布され5月5日に施行
された。これに呼応するように日本学術振興会は、5月30日「科学動員
ノ基源培養施設ニ関スル件」を建議している。この建議書の冒頭は、次
のようなものであった[6]。

　　現下非常時ノ皇国ニ於テ、科学動員ノ出来栄ガ国家総動員時難克復ノ上
　　ニ如何ニ大ナル影響ヲ及ボスベキカハ蓋シ絮説ヲ要セザルベシ〔中略〕就
　　中学術ノ理論及ビ応用ヲ教授シ、並其ノ蘊奥ヲ攻究スベキ使命ヲ有スル大
　　学ノ施設ハ、斯界ノ期待ニ及バザルコト甚ダ遠キモノアルヲ以テ、此ノ際
　　急速ニ其ノ是正対策ヲ講ゼシメラルル様相成度、左ニ其ノ理由ヲ具シ及建
　　議候也　　　　　　　　　　　　　　　　　　　　　　　　〔下線筆者〕

　つまり、国家総動員を成功させるには「科学動員ノ出来栄」が重要で
あるが、学術の教育・研究を使命とする大学の設備の貧弱さは「斯界ノ
期待ニ及バザルコト甚ダ遠キモノ」であるから至急対策すべきであると

いう。

　つづく「理由」においては、重要問題に関する総合研究を振興しても、「欧米」と比較して研究者や設備、そして経費のいずれもが不足しているため困難が生じているとして、以下のような対策を求めている[7]。

　　　一面ニ於テ大学ノ教授助教授ハ研究ニ堪能ナル学者ヲ選択シテ之レヲ任命
　　スルト共ニ、他ノ一面ニ於テハ其ノ待遇ヲ改善シ、其ノ定員ヲ増加シ、又
　　研究ニ必要ナル設備ト経費ヲ豊富ナラシメ、更ニ又研究科及大学院ノ制度
　　ヲ活用シテ、多数堪能ナル研究者ノ養成ニ力ヲ致スコト極メテ肝要ナリ。
　　　尚ホ我国ノ大学ハ欧米ノソレニ比シ、理工科特ニ工科ノ学生収容数甚ダ
　　尠ク、〔中略〕
　　　要スルニ現下ノ時局ニ対応スル必要上ヨリ之ヲ見ルモ、将又我国将来ノ
　　発展上ヨリ之ヲ考ルモ、学術ノ研究ハ国家隆昌ノ原動力ニシテ、国家ノ最
　　高学術研究機関タル帝国大学及他ノ大学ニ於ケル施設ノ改善充実ハ今日焦
　　眉ノ急務ナリト信ズ。　　　　　　　　　　　　　　　　　〔下線筆者〕

　つまり、理工系学生の増員と大学院制度の活用により、必要な研究者を「養成」すべきであるというものであった。

科学審議会による「科学研究振興ニ関スル建議」

　このように理工系学生の増員・養成が建議されるなか、現実としては需要に供給が追いつかず、8月24日には、卒業者使用制限令（勅令第599号）が施行され、大学院・学部工学部および工鉱業の専門学校等の卒業生を使用するには、事業主は、その使用員数について厚生大臣の認可を受けることを義務づけられた。

　この間、5月から9月にかけて、満洲国とモンゴル人民共和国の間の国境線をめぐる日本軍とソビエト連邦社会主義共和国軍両軍の国境紛争事件、いわゆるノモンハン事件が発生し、日本軍はソ連軍の機械化部隊に大敗する。そしてこの事件を契機に、科学技術動員に対する要求がさら

に強まることとなる[8]。

1938（昭和13）年4月には内閣に科学審議会が設置された。この審議会は10月28日に「科学研究振興ニ関スル建議」を決議し、これにより「科学研究ニ関スル事項ヲ専掌スベキ中央機関ノ設置及科学研究施設ノ整備拡充」を求めた。

科学振興調査会による「科学振興ニ関スル具体的方策如何」への答申

1938（昭和13）年11月17日には、同年8月に文部省に設置された科学振興調査会に対し、荒木貞夫文部大臣より「科学振興ニ関スル具体的方策如何」が諮問され、科学振興調査会は1939（昭和14）年3月から1941（昭和16）年3月にかけて、次のような3度の答申を行った[9]。

1939（昭和14）年3月11日の答申第一「人材養成ノ問題及研究機関ノ整備拡充並ニ連絡統一ノ問題ニ関スル件」では、大学卒業生の3倍増、高等学校理科定員増などを求め、つづく1940（昭和15）年8月19日の答申第二「大学ニ於ケル研究施設ノ充実ニ関スル件」においては、研究者の待遇改善、人員・研究費の増加、研究所の整備拡充、大学院及び研究科の整備拡充、文部省科学研究費増額、公私立大学の研究振興などを求めた。そして1941（昭和16）年3月28日の答申第三では、「科学研究ノ振作及連絡ニ関スル件」と「科学教育ノ振作ニ関スル件」の2件を答申し、「科学研究ノ振作及連絡ニ関スル件」では文部省に学術行政の中枢機関設置を求めた。

この諮問と一連の答申により、理科・実業系の学校拡充と、文部大臣管理の科学行政中枢機関の設置という流れが作られることになる。

また科学振興調査会の議論を反映させるとして、昭和14年度から300万円の科学研究費交付金が創設され、配分審査は学術研究会議に委ねられた。当初この科研費交付の対象は理学・工学・農学・医学であったが、昭和18年度から人文・社会科学も加えられることになる。

1940（昭和15）年9月19日の教育審議会による「高等教育ニ関スル答申」は、「大学ニ関スル要綱」で「学部、学科、講座等ノ拡充整備ヲ期ス

ルコト」と「学部間ノ聯絡ヲ緊密ナラシメ」るよう求めるとともに、「研究科及大学院ノ制度ヲ整備シ其ノ機能ヲ十分ニ発揮セシムルコト」と大学院制度の整備を求めた[10]。

同年10月28日に開催された全国帝大総長会議では、「修錬組織の強化」、「技術者養成の急務」、「学科教授制度」、「帝大相互の連絡」等が協議された[11]。

1941（昭和16）年5月27日には、企画院より提案された「科学技術新体制確立要綱」が閣議決定された。この「要綱」は学界や文部省などの反発を受けて、前年9月に示された原案からかなり後退したものであったが、これにより、「高度国防国家ノ根幹タル科学技術ノ国家総力戦体制ヲ確立」のために、研究費の重点的配分等を通して、大学における科学研究の動員体制への政策誘導が企図されていくこととなる[12]。

3　科学技術動員と大学の修業年限短縮
昭和16年度修業年限短縮の「内報」

1941（昭和16）年9月6日、文部省は、発専177号「学生生徒卒業期繰上ニ関スル件」により、昭和16年度の学部卒業を1942（昭和17）年3月から3か月繰り上げ、1941（昭和16）年12月とすることを大学に「内報」した[13]。

同年10月16日には、勅令第924号により「大学学部等ノ在学年限又ハ修業年限ノ臨時短縮ニ関スル件」が公布・施行され、「大学学部ノ在学年限又ハ大学予科、高等学校高等科、専門学校ノ修業年限ハ当分ノ内夫々六月以内之ヲ短縮スルコトヲ得」とされたことにより、大学学部・専門学校の修業年限を6か月まで短縮することが可能となった。

同日、文部省令第79号による「大学学部等ノ在学年限又ハ修業年限ノ昭和十六年度臨時短縮ニ関スル件」が公布・施行され、大学・専門学校・実業専門学校の修業年限を3か月短縮することとなった。それはつまり従来であれば、1942（昭和17）年3月までであった帝国大学の昭和16年度第3学年の修業年限が、1941（昭和16）年12月までへと短縮され

第1章　科学技術動員と学術研究体制強化の相克

表 1-2　昭和 16 年の修業年限短縮

年　月　日	項　　　　　　目	関係法令・文書番号
1941 年 9 月 6 日	文部省「学生生徒卒業期繰上ニ関スル件」を通牒	発専 177 号
1941 年 10 月 16 日	「大学学部等ノ在学年限又ハ修業年限ノ臨時短縮ニ関スル件」公布・施行	勅令第 924 号
1941 年 10 月 16 日	「大学学部等ノ在学年限又ハ修業年限ノ昭和十六年度臨時短縮ニ関スル件」公布・施行	文部省令第 79 号
1941 年 10 月 16 日	「在学徴集延期期間ノ短縮ニ関スル件」公布・施行	陸軍・文部省令第 2 号

たことを意味する。これにくわえて同日、陸軍・文部省令第 2 号「在学徴集延期期間ノ短縮ニ関スル件」が公布・施行され、これにより軍は、大学在学者の軍への徴集を、それまでより 3 か月早い 1942（昭和 17）年 1 月以降にできることになった。

　さらに、1942（昭和 17）年には、8 月 21 日の「中等学校及高等学校高等科及大学予科ノ修業年限短縮ニ関スル件」の閣議決定により、中等学校と高等学校・大学予科の修業年限がそれぞれ 1 年短縮され、11 月 25 日の文部省令第 68 号「大学学部等ノ在学年限又ハ修業年限ノ昭和十八年度臨時短縮ニ関スル件」により大学の修業年限が昭和 18 年度は 6 か月短縮されることとなる。これらの政府が打ち出した施策に対し、大学側はいかに対応したのであろうか。以下に東京帝国大学と東北帝国大学の例を見ていきたい。

「内報」への帝国大学の対応

　東京帝国大学は、1941（昭和 16）年 9 月 6 日の文部省からの「内報」受けて、9 月 9 日に学部長会議を開催し協議を行っている。

　そこでは、「陸軍デ幹部士官ガ非常ニ不足、一時モ早クホシイ、第二、労務者ノ関係、先日ノ動員ノ為不足シタ、軍人ノ幹部ニトラレルノハ五割位ダカラ五割位ハ労務ニツカヘル」と報告された [13]。東京帝国大学が、軍の人材不足、民間の労働力不足への対応策としての年限短縮であ

19

ると認識していたことがわかる。

　そして、「コノ際一年二年ハ手ヲフレズ、三年生ノコト丈ケノコトヲ考ヘテハ如何、文部省案ハマダ決ツタコトデハナク、正式ニ云ツテ来タノハ三年生ノコト丈ケダカラ、一、二ヶ月様子ヲミタラ」と当面静観するという方針が決定されている[15]。

　しかし、その後、文部省が昭和17年度は9月卒業を計画しているということを聞くに及び、東京帝国大学は9月17日に再び学部長会議を開催し、対策を協議することになる。

　協議の結果、「年限ヲ短縮スルコトニヨル影響」を書き、「文部大臣ニモ出シ、枢密院顧問官ニモ適当ニ見セルト云フ様ナコトモヨカラン」ことを決定した[16]。修業年限短縮が大学に及ぼす影響について学内の意見を取りまとめ、枢密院顧問官や橋田邦彦文部大臣に示し、枢密院審議による実施の中止を期待したのである。

　具体的には、「影響ハ各学部ニ依テ異ルモノアルベケレバ、各学部ヨリ材料ヲ出シ、ソレヲマトメ且ツ適当ナ前書ヲ穂積法学部長ニ依頼」することとなった[17]。

　9月20日、「年限ヲ短縮スルコトニヨル影響」と題する「内申書」が取りまとめられ、平賀総長から橋田文部大臣に提出された[18]。同時に、枢密院への働きかけも行われ、9月30日開催の学部長会議において報告されている[19]。

　これらの働きかけが、「大学学部等ノ在学年限又ハ修業年限ノ臨時短縮ニ関スル件」が「臨機の措置」であること、またこの年は高等学校の年限短縮は実施されないこと、という成果となってあらわれた[20]。

　しかし、「臨機の措置」とはいえ、昭和17年度には修業年限を6か月短縮し9月卒業になるという。このことについて東京帝国大学は、10月2日付で文部大臣宛てに再び「内申書」を送付している。「更ニ次年度ニ於テ卒業期ヲ9月ニ繰上ノ議有之趣果シテ然ラバ誠ニ層一層ノ重大事ト」であると認識していたからである。

　その内申書には、6か月の修業年限短縮は、「大学トシテハ遺憾千万」

第1章　科学技術動員と学術研究体制強化の相克

だとして、「卒業生ノ素質ト学力トノ一層ノ低落ハ到底免カレ得ザル所ニ有之、本学トシテ教授上研究上ノ重責ヲ果シ得ザルノミナラズ国家現在及ビ将来ノ大損失ナルコト多言ヲ要セザル次第ニ御座候」と記されている[21]。ここに至って、修業年限短縮による学力低下の問題が前面に出されていくことになる。

つぎに東北帝国大学の対応について見てみよう。東北帝国大学では、東京帝国大学の内申書送付後の、10月7日の評議会において、「学生生徒卒業期繰上に関する件」が協議され、この席上、熊谷岱蔵総長が次のように説明している[22]。

昨日各学部長ニ御集リヲ願ヒ学生生徒ノ卒業期繰上ニ関シ先般文部省ヨリ本年度ハ十二月ニ卒業期ヲ繰上ノ内達アリタルヲ今以テ正式ノ通知ニ接セズ其ノ後仄聞スル所ニヨレバ十七年度ハ九月ニ十八年度ハ六月ニ繰上ルトノコトニ付、事ノ重大性ニ鑑ミ各学部ノ事情ヲ精査考究シ文部省ト大学トガ真ニ一体トナリ其ノ実績ヲ収メラルゝ様本日評議会ニ諮リ本学ノ希望スルトコロヲ文部省ニ伝達致度ニ付御意見承リ度

修業年限短縮という問題は大学としては大変重要な問題である。にもかかわらず、9月の「内達」以降、未だ正式通知がないことから、各学部がそれぞれの特徴に即した問題を検討したうえで、東北帝国大学の意見をとりまとめて文部省に提出したいと熊谷総長は考えたのである。そして、この方針に基づき、評議会前日に開催した学部長会議において各学部の意見を取りまとめていたのである。

評議会では、「東京ノ真似デハナイガ枢密院ノ教育関係顧問官並ニ各帝国大学総長ニモ発送シテハ如何」と案が示され承認されている[23]。意見を取りまとめたものは、評議会で承認され、「学生生徒の卒業期繰上に関する意見書」というタイトルが付され、翌日の10月8日に、熊谷総長名で文部大臣宛に、同時に枢密院と各帝国大学に送付された[24]。

ここでの熊谷総長の発言「東京ノ真似デハナイガ」の「東京」は、東

21

京帝国大学を指しており、東京帝国大学が 10 月 2 日に意見書を文部大臣とともに枢密院、各帝国大学に発送していたことを意味している[25]。東京帝国大学を中心に各帝国大学が連絡を取り合い、また東北帝国大学が東京帝国大学に連携していた様子が看取される。

昭和 16 年度修業年限 3 か月短縮決定と帝国大学の対応

1941（昭和 16）年 10 月 16 日施行の文部省令第 79 号「大学学部等ノ在学年限又ハ修業年限ノ昭和十六年度臨時短縮ニ関スル件」と、勅令第923 号による「兵役法」改正と陸軍・文部省令第 2 号が組み合わされ、大学学部卒業と軍への入隊がより直結されることとなった。

これを受けて、東京帝国大学は、10 月 21 日の評議会において、「卒業期繰上ノ件」を議題にしている。つづく 11 月 4 日の評議会では、「学年暦臨時措置方ノ件」、11 月 18 日には「卒業証書授与次第ニ関スル件」と「大学院学生ノ入学期日ニ関スル件」を議題として協議が行われている[26]。

東北帝国大学では、同年 12 月 23 日開催の評議会において、在学年限短縮に伴う臨時学則について協議が行われている。なおこの評議会において、濱住松二郎選鉱製錬研究所所長から大学院学生の研究料減免措置の要望が出されているが、それは次のようなものであった[27]。

> 尚大学院学生ニ関シ、濱住選研所長より「使用制限令ニ依リ助手ノ配当少キ為本学卒業生ヲ大学院学生トシテ助手代リニ使用シ居ルニ付助手代員ノ大学院学生ニ対シテハ研究料ヲ免除セラルル様御研究ノ上措置セラレタイ」

この濱住選鉱製錬研究所所長の発言から以下のようなことが読み取れよう。東北帝国大学ではこの時すでに、1938（昭和 13）年 8 月に施行された「卒業者使用制限令」の影響が学内におよんでおり、研究を支える助手が十分に確保できない状況にあったこと、また卒業生を大学院に入学させ、「助手代員」として研究に従事させていたこと、そしてその大学院

第1章　科学技術動員と学術研究体制強化の相克

学生の「研究料」の減免問題が顕在化していたことである。この問題は他の帝国大学においても内包していたものと考えられる[28]。

4　修業年限短縮の進展と「大学院強化案」の浮上

昭和 17 年度の修業年限短縮

1942（昭和 17）年 8 月 21 日には、下記のような「中等学校及高等学校高等科及大学予科ノ修業年限短縮ニ関スル件」が閣議決定され、高等学校・大学予科が 2 年、中等学校が 4 年にそれぞれ 1 年ずつ短縮されることになる。

中等学校及高等学校高等科及大学予科ノ修業年限短縮ニ関スル件（昭和 17年 8 月 21 日閣議決定）

一、方針

　学校教育ヲ簡素ニシテテソノ充実ヲ図リ訓練錬成ヲ完カラシメ以テ学徒ノ実務ニ従事スルノ期ヲ早カラシムルト共ニ学術文化ノ高度ノ進展ヲ図ルハ国家不断ノ要請ニシテ大東亜戦争ノ完遂、大東亜建設ノ実行ニ伴ヒ愈々切実ナルモノアリ、依ツテ教育ノ画期的刷新充実ヲ図リ、之ト不離一連ノ関係ニ於テ中等学校及高等学校ノ修業年限短縮ヲ実行セントス

二、要領

（一）　教育ノ根本的刷新充実ヲ図リ中等学校ノ修業年限ハ四年トシ高等学校高等科（大学予科ヲ含ム）ノ修業年限ハ二年トス

（二）　右年限短縮ハ昭和十八年度入学者ヨリ之ヲ適用ス

（三）　教育ノ根本的刷新充実ヲ図ル為必要ナル措置ヲ講ズルコトトシ教科ノ刷新、教授力ノ充実、訓育ヲ徹底スベキ施設ノ充実、教育諸施設ノ整備拡充、教育者ノ確保等ニ関スル具体的方策ニ付テハ別途之ヲ決定ス

（四）　学術文化ノ高度ノ進展ヲ図ル為<u>最高ノ学術研究制度ノ画期的刷新等必要ナル措置ヲ講ズルコトトシ其ノ具体的方策ニ付テハ別途之ヲ決定ス</u>

〔下線筆者〕

表 1-3　昭和 17 年の修業年限短縮

年　月　日	項　　　　　　　目
1942 年 8 月 21 日	「中等学校及高等学校高等科及大学予科ノ修業年限短縮ニ関スル件」が閣議決定。中等学校、高等学校、大学予科の修業年限がそれぞれ 1 年短縮
1943 年 11 月 25 日	「大学学部等ノ在学年限又ハ修業年限ノ昭和十八年度臨時短縮ニ関スル件」公布・施行（文部省令第 68 号）、大学の修業年限 6 か月短縮
1943 年 1 月 15 日	「新大学院制度」が閣議決定
1943 年 1 月 21 日	高等学校令および大学令改正、高等学校高等科、大学予科の就業年限 3 年を 2 年に 1 年間短縮
1943 年 1 月 21 日	中等学校令公布、中等学校の修業年限 5 年を 4 年に 1 年間短縮

　前年の大学の修業年限短縮に続く中・高の修業年限短縮により、あわせて 2 年 6 か月間の短縮となった。この措置による大学卒業者の学力水準の低下は否めなかったため、二、要領の（四）において「最高ノ学術研究制度、画期的刷新等必要ナル措置」を別途に講じることが盛り込まれたのである。

　橋田邦彦文部大臣は、8 月 21 日の閣議決定後にこれらの年限短縮により懸念される大学卒業者の学力と大学における学術研究の水準低下の防止策として、次のような大学院拡充強化案を示したのである [29]。

　　この決定は教育を簡素にしてしかもこれを充実し、一日も早く若き力を実際活動に顕現せしむるとともに大学院のごとき高度の学術研究制度の整備充実により我国学術文化の高度の進展を図るという趣旨よりでたものである。
　　〔中略〕
　　また高等学校の年限短縮に伴つて大学教育に付ても工夫改善が考慮されねばならない、なほ修業年限の短縮によつて我国学術文化の低下を来たすが如きことがあつてはならないのみならず更に我国学術文化の水準を高度に進展せしむるために研究員の確保を図ると共に大学院の如き高度の学術研究制度の画期的整備拡張を行つて研究者を養成し又諸外国学術文献の翻訳

第1章　科学技術動員と学術研究体制強化の相克

を行ふこと等が必要であるが此等の具体的方策も追つて別途決定せられる
ことになつている。

〔下線筆者〕

東京帝国大学が示した「大学院強化案」

　ところで、前述した1942（昭和17）年8月21日の閣議決定の1か月ほ
ど前の7月8、9日の両日に開催された全国9帝国大学総長会議におい
て、大学改革について協議が行われ、「大学の機構」が議題の一つとなっ
ていた[30]。この「大学の機構」については、とくに「大学院の拡充強化」
が協議され、「施設をより充実せしめ、特に教室と大学院学生との聯絡を
強化し、更に教官の指導をもっと強力にして大学院学生の向上を図り、
研究の実をあげんとするもので、これについては各大学がそれぞれ研究
を重ね成案を錬つてをり、近くこれを本省に送付の上具体案を協議する
こと」と結論付けられていた[31]。しかしながら、この総長会議の結論を
受けた各大学がいかなる「成案」を作成したのかは明らかでない。

　このような状況下にあって、次に述べるように東京帝国大学は、文部
省専門学務局長から促される形で、「大学院強化案」を文部省に提出する
こととなる。ここでは、この東京帝国大学の大学院強化案が提出される
経緯とその内容を見ておきたい。

　閣議決定後の9月8日に評議会が開催され、「大学院強化等ニ関スル
件」が協議されている。そこで平賀譲総長から次のような発言があった[32]。

　　今回ノ高等学校、中学校ノ学年短縮ハ甚ダ遺憾ニシテ、本学ニ及ボス影響
　　ハ勿論、学者、研究者ノ学力ノ低下ハ或程度迄防ギ得ルトスルモ、国家ノ
　　指導者タルベキ者一般ノ学力低下ハ免レズ、総長会議ニ於テ大学院強化ノ
　　議アリタルトキハ学年短縮ニ利用セラルルヲ恐レ問題ニセザリシモ最近
　　〔8月22日〕右修業年限短縮発表後専門学務局長ヨリコノ上ハ大学院強化
　　ヲ問題トスルモ差支ナク、大学側ノ意見ヲ伺ヒタシトノコトナリシニヨリ
　　学部長会議〔同日〕ニ於テ相談ヲ煩ハシ大体大学制度臨時調査委員会ニ於
　　　　　　　　　　　　　　　　　　　　　　　　　　〔ママ〕

テ協議シタル事項ヲ骨子トシ学部長ノ意見ヲ求メ大学ノ意見トハ言ヒ得ザ
ルモ口答ヲ以テ第一工学部長、文学部長ヲ煩ハシ文部省ヘ案ヲ提示シ置ケ
リ。更ニ再考シテ第二案ヲモ考慮シタリシモ最初ノ案ヲ良策ナリト考フ

〔日付は東京大学百年史による〕

つまり閣議決定翌日に永井浩文部省専門学務局長が平賀総長に対し、大
学院強化の問題を公に議論しても差し支えない状況になったため、大学
院強化実施に向けての大学の意見を表明してほしいと求められたのであ
る。このとき永井局長は、①閣議決定の二、要綱の（四）に明示された
こと、②また文部大臣が大学院整備拡充に言及したことを理由として挙
げている。

　このとき、東京帝国大学が文部省に「提示」した「大学院強化」の「案」
は次のようなものであった[33]。

　　大学院強化ノ件
一、大学院学生ハ之ヲ厳撰ス、但他大学出身者モ許可スルコトヲ得在学中
　　ハ厳格ニ監督指導ス
二、大学院学生ハ毎年四百人（一講座平均 1.25 人）ヲ入学セシム
　　　但シ内約半数ハ少クモ満二年在学セシム
　　　約半数ハ満六年在学セシム
　　　右ノ結果在学学生総数ハ一千六百人（一講座平均五人）トス
　　　備考（現今大学院学生総数ハ五百人弱最近五ヶ年ノ毎年入学者数平均
　　百三十余人）
三、大学院学生ハ二ヶ年間徴兵猶予ノ特典ヲ与ウ
　　　二ヶ年在学後更ニ四ヶ年在学ヲ約シ且国家ノ指定スルモノニハ徴兵ヲ
　　免除スルト共ニ適当ノ義務ヲ負ハシム
四、大学院学生ニハ毎月百円ノ生活費ヲ支給ス
五、大学院学生研究費トシテ各一人ニ付年額人文科学方面ニテハ千円、自
　　然科学方面ニハ三千円ヲ之ニ充ツ

第1章　科学技術動員と学術研究体制強化の相克

六、政府及社会工場等ハ特ニ大学院修業学生ヲ優待ス

七、特ニ大学院学生ヲ指導スル為ニ不完全講座ヲ充実スルコト

八、特ニ大学院学生ヲ指導スル為ニ各講座ニ助教授一人、助手一人ヲ増員
　スルコト

九、大学院学生収容ノ為ニ

　　人文科学方面　　　一人当五坪　一人当研究施設　　千円

　　自然科学方面　　　一人当十坪　一人当　　〃　　　　七千五百円

　ノ新建築及新施設ヲ行フ

　　備考、右地所ニ充ツル為ニ隣設地域ニ三万坪ノ新地面ヲ購入ス

十、助教授及助教授候補者ニ兵役免除ノ特典ヲ与フルコト

十一、大学院強化ト共ニ全学部ノ綜合研究機関ヲ設クルコト

　大学院の年限が前期と後期に分けられており、また定員総数を 400 名
としたこと、徴兵猶予の措置、研究費と生活費を給与することなど、こ
の「大学院強化案」に大学院特別研究生制度のひな形を見ることができ
る。

　なお、ここに示された案は、1939（昭和 14）年 11 月 25 日に大学制度
（臨時）審査委員会第 11 回総会で可決された内容を多分に含んでいたこ
とを付言しておきたい [34]。

昭和 17 年度修業年限短縮に対する「意見書」

　次に学年短縮に対する各帝国大学の対応について検討していくことに
する。文部省は 1942（昭和 17）年 8 月 21 日の閣議決定後の 9 月 10 日付
で、菊池豊三郎文部次官名で各帝国大学に「中等学校、高等学校高等科
（含大学予科）学年短縮ニ伴フ教育改善意見ニ関スル件」を照会をしてい
る。この意見照会に対する帝国大学の対応について見ておきたい。

　東京帝国大学では、9 月 22 日開催の評議会で各学部の意見書の朗読と
口頭による意見発表がなされ、高等学校に対する要求や大学院の改革強
化について協議された。そして文部大臣宛の意見書を作成することが決

27

定された。取りまとめられた意見書『修業年限短縮に関する対策に付きて』が 10 月 9 日には印刷され、10 月 12 日に文部大臣に提出されている。

提出の際に付された平賀総長の付言は次のようなものであった[35]。

凡そ教育の如き国家百年の大計に関する制度に大変革を行はんとするに当りては、之を必要とする理由と変革後の見通し及び対策等とに関し、直接教育の衝に当るべき教育者に明確なる説明を与へ、其十分なる諒解によりて心よりする協力を得るに力めざるべからざることにして、此点に関し此上とも当局の深甚なる考慮を希望して已まざるものなり

意見書の構成は、「第一、高等学校に対する要望」、「第二、二年制高等学校実施に伴ひ大学学部に於て採るべき処置」、「第三、大学院に関する意見」、「第四、中等学校の年限短縮に関する意見」、の 4 項目からなっており、「第三、大学院に関する意見」において示された新制大学院制度の内容は次のようなものであった[36]。

「期間を凡そ二年とし教育と研究との両性格を兼ねたる大学院制度」を設くることを此際最善の策とすべし。〔中略〕

斯る新性格のものは在来のものと併行して大学院内に二つの部として存立するも一案たるべく、或はまた大学院は之を前期後期に分ち、前期二ヶ年は教育並に研究機関としてすべての大学院学生を収容し、後期三ヶ年或は四ヶ年は在来の研究機関たる性格を有せしめ将来の大学教授、研究者等たらしむべく前期修了者中の一部を選択収容するも一案たるべく、之等の方策に付きては尚十分の研究を要す。

従来通りの性格を持つ大学院の拡充活用に付ては注意を要すべき点多々あるも、特に左の諸点は重要なり。

一、大学院学生に対しては現在特別の教官もなければ、研究室も研究設備の亦全然なし、故に適当なる指導を与へ十分研究を為さしむるが為には、各学部の教官を増員し、新に施設を設くるの要あり。

第1章　科学技術動員と学術研究体制強化の相克

二、大学卒業後特に優秀者をして大学院に入学し研究を為さしむるが為には、彼等の待遇上左記の点に留意し、自ら安んじて研究に従事し得るやう考慮するを要す。

　（イ）徴兵猶予の特典を与ふること。

　（ロ）学資支給の道を開くこと。

　（ハ）大学院修了後の就職に付き特別の考慮を払ふこと。

三、大学院活用の道は学部により必ずも同一ならず。自ら制度の内容も学部によりて同一ならざるべし。

　（イ）或学部に於ては大学卒業者を卒業後引続き収容して、修学と研究とを継続せしめ、其学力の充実を図ることに主力を置くを適当とすべし。例へば現に毎年多数の中等学校及び高等学校教員を供給しつつある文学部の如きは、特に少数優秀者の育成に力むるの外、教員を志望するものの大多数を卒業後引続き或期間在学研究せしむることによって、彼等学力の充実を図るの要極めて大なり。しかせざれば一層優良なる教員を必要とする新学制下の高等学校等に於て、将来却つて教授の学力低下は免るべからざること明らかなり。理学部に於ても之と略同様のことを云ひ得べし。

　（ロ）学部によりては卒業後引続き研究を継続せんとするものの外、一旦就職後特殊事項の研究を目的として入学を志望するものに対し、研究の機会を与へ得るやう施設するの必要あるべし。

　この意見書のなかに、後述する大学院特別研究生制度の構想を見ることができる。

　東北帝国大学も、東京帝国大学同様に、1942（昭和 17）年 9 月 10 日付の「中等学校、高等学校高等科（含大学予科）学年短縮ニ伴フ教育改善意見ニ関スル件」に関する意見照会を受け取っている。これを受けて、東北帝国大学では、10 月 13 日から翌 14 日にかけて 2 日間にわたり開催された評議会において協議を行い、意見書をとりまとめている[37]。その意見書は「中等学校・高等学校高等科（大学予科ヲ含ム）修了年限短縮ニ

29

関スル件」と題され、10月20日付で文部省に発送されている[38]。

　以上のように、修業年限短縮とは異なる文脈において、大学院制度改革の検討を進めてきた東京帝国大学は、年限短縮という事態を受けて、新たな大学院制度案を示すことになった。また東北帝国大学など他大学も、内申書や意見書などを関係各所に送付するなど、東京帝国大学の対応に呼応するように対応していた。

　このような帝国大学側の意見等が基礎となり、昭和18年1月15日、新たな大学院制度が閣議決定されることとなる。

5　おわりに

　本章では、1937（昭和12）年の日本学術振興会による「研究動員」の建議以降、科学技術動員が展開し、それに伴い高等・中等教育の修業年限短縮が実施され、そして東京帝国大学より「大学院強化案」が提示される経緯について検討してきた。

　国際関係悪化による輸入途絶は、日本を国内や南方の資源開発そして技術開発へと指向させる契機となった。そして国家総動員の一環として、大学等の研究機関の動員が軍や企画院、技術院、文部省などでも議論されることとなり、大学の研究者も動員の対象となってゆく。

　これに加え、軍は幹部候補者にも不足していた。また軍事技術の担い手である民間企業においても技術者の需要があった。軍の幹部候補者や民間技術者、労働力としての人員確保が必要であったため、修業年限短縮が実施された。くわえて、国家総動員法、卒業者使用制限令が施行され、大学内における学術研究遂行に必要な学卒者の活用にも支障をきたしていた。

　つまり大学は、教育機関としてはより多くの人材を迅速に輩出しなければならないという使命を突き付けられ、その一方で研究機関としての使命、すなわち科学技術動員への研究者の参画と戦時研究の推進を突きつけられ、そのための学卒研究要員の不足に直面するという、相反する問題を抱えることとなったのである。

第 1 章　科学技術動員と学術研究体制強化の相克

　この修業年限短縮は当初 3 か月程度で、大学の研究体制には影響がないと受け止められていたが、1942（昭和 17）年 8 月の閣議決定により中等学校と高等学校・大学予科の修業年限がそれぞれ 1 年短縮されることとなり、帝国大学は「国家の指導者タルベキ者」の育成や、学術研究体制の形成にも支障をきたすという考えに至る。そして東京帝国大学は、文部大臣声明や専門学務局長に後押しされるかたちで、1939（昭和 14）年に大学制度（臨時）審査委員会で出されていた大学院制度の改革案を下敷きとした「大学院強化案」を提案することとなる。これが次章において詳述する大学院特別研究生制度のひな形となっていくのである。

1　東北帝国大学『評議会議事要録』昭和 18 年（東北大学史料館所蔵）。なお、東北帝国大学に関する史料は、ことわりのない限り東北大学史料館が所蔵するものであるので、本書では、以下省略する。
2　日本科学史学会編『日本科学技術史大系』第 4 巻、通史 4、第一法規出版社、1966、pp.315-322。
3　同上書、pp.407-410。
4　同上書、p.322。
5　同上。
6　同上書、pp.326-327。
7　同上書、p327。
8　同上書、p317。
9　同上書、pp.329-335。
10　同上書、pp.340-345。
11　東京帝国大学『昭和十六年／評議会記録』（東京大学事務局所蔵）。
12　日本科学史学会編、前掲書、p.355.
13　東京大学百年史編集委員会『東京大学百年史　通史二』東京大学、1985、p.637。昭和 16 年 10 月 21 日の評議会の添付資料として発専 177 号が綴られている。東京帝国大学、前掲資料。
14　同上書、p.638。
15　同上。
16　同上。
17　同上。
18　同上書、pp.638-639。
19　同上書、p.640。
20　同上。
21　同上書、pp.640-641。この「内申書」は 10 月 7 日に東北帝国大学で開催された評議会において配布されている。東北帝国大学『評議会議事録』昭和 16 年。

22　同上。

23　同上。

24　同上。

25　東北帝国大学の『評議会議事録』には、10月3日付けで東京帝国大学から東北帝国大学に送付された9月20日付けと10月2日付けの「内申書」が参考資料として綴じられている。

26　東京帝国大学、前掲『昭和十六年／評議会記録』。

27　東北帝国大学、前掲『評議会議事録』昭和16年。

28　たとえばこの時期の京都帝国大学の評議会においても「大学院学生研究科料免除ノ件」が頻繁に議題にのぼっていることからも理解されよう。京都帝国大学『評議会関係書類』昭和16年（京都大学大学文書館所蔵）。

29　「遂に根本的学制改革へ／高校二年中学は四年／水準向上に大学院拡充」『帝国大学新聞』昭和17年8月26日。

30　「大学院の拡充強化と研究一元化が主眼／九帝大總長会議終了」『帝国大学新聞』昭和17年7月13日。

31　同前。

32　東京大学百年史編集員会編、前掲書、p.652。原出所は東京帝国大学『昭和十七年／評議会記録』（東京大学事務局所蔵）。

33　同前書、pp.652-653。

34　大学制度（臨時）審査委員会での審議や第11回総会で可決された経緯などについては、前掲『東京大学百年史／通史二』、pp.649-652を参照されたい。

35　同前書、p.648。

36　日本科学史学会編、前掲書、p.424。

37　東北帝国大学『評議会議事録』昭和17年。

38　同上。

第2章
大学院特別研究生制度の成立

1 はじめに

　前章では、科学技術動員の展開に伴い高等・中等教育の修業年限短縮が実施されていき、その中で 1942（昭和 17）年 9 月に東京帝国大学より「大学院強化案」が提示される経緯について検討してきた。1943（昭和 18）年 1 月 15 日には、その「大学院強化案」を基礎にした「新大学院制度」が閣議決定されることになる。

　本章では、この閣議決定から同年 10 月に実施されるまでの間の制度確立の経緯を明らかにしていきたい。

2 「新大学院制度」の閣議決定と早稲田大学・慶應義塾大学 の運動

　表 2-1 は、大学院特別研究生制度が、1943（昭和 18）年 1 月 15 日に「新大学院制度」として閣議決定されてから、制度として確立されるまでの経緯をまとめたものである。

　「新大学院制度」の閣議決定は、翌日の『朝日新聞』に掲載され、そこには、「学制改革の七勅令案決定〔中略〕大学院の改革はおほよそ左の如きものとなる予定である。〔中略〕二、大学院は、帝国大学および所要の官立大学に設置する」といった内容が報じられている [1]。この閣議決定前に「新大学院制度」が帝国大学と官立大学だけに適用されるという方針が、橋田文部大臣から田中穂積早稲田大学総長と小泉信三慶應義塾大学塾長に伝えられ、両大学が私学にも適用されるように運動を展開することとなる。その経緯については、西村正守が詳述しているので、ここではそれに沿って概観しておく [2]。

　橋田文部大臣から閣議決定される「新大学院制度」の方針を知らされた田中総長と小泉塾長は、対策を協議し、田中総長が「関係当局の者の

33

表 2-1　大学院特別研究生制度の閣議決定から「大学院問題ニ関スル協議会」開催まで（1943 年 1 月～6 月）

年　月　日	項　　　目	関係法令・文書番号
1943 年 1 月 15 日	「新大学院制度」が閣議決定	
1943 年 4 月 6 日	帝国大学総長会議開催通知（議題のみ）「大学院ニ関スル問題」が議題に挙げられる	
1943 年 4 月 9 日	帝国大学総長会議開催日通知（4 月 21 日、22 日開催）	
1943 年 4 月 21 日	帝国大学総長会議で「大学院ニ関スル問題」などを協議（22 日迄）	
1943 年 5 月 17 日	「大学院制度ニ関スル協議会開催ノ件」通知、6 月 2 日開催が通知される	発専 104 号
1943 年 6 月 2 日	文部省にて「大学院問題ニ関スル協議会」開催、制度について協議	

間に意見書を廻し」、小泉塾長が「新聞に反対意見を載せる」という役割をそれぞれ分担することになる[3]。

　小泉塾長は、早速「大学院問題所見」[4]を著し、制度を官立大学に偏って適用することは大学令に準じていないと批判している。この中で、小泉塾長は従来の大学院が抱える問題点について、次のような指摘をしている。

　　（一）　大学院の拡充整備上第一になすべきは大学院の修業年限、課程、試験等に就き或る程度の規定を設くること是なり。現在官私諸大学の大学院なるもの此の点に於て不備甚だ多し。大学院に於ける研究は多くは学生の私事を以て目せられ、大学院に修業年限、課程の定めなく、従つて卒業なく、所謂自由なる研究の自由に失する場合少なからざるは当事者と雖も自ら認むるところあるならん。故に縄墨の煩瑣は固より戒めざるべからずと雖も、今日の機会に於て、大学院学生の聴問すべき講義、受くべき指導、その時数階梯等に関し相当の規程を設くるは必要の事に属す。其基礎学力の不足免れ難き場合あり得べしとせば、大学院に於て一部従来の大学に於ける修業を補うの要も亦必ずな

34

第 2 章　大学院特別研究生制度の成立

しと謂ふべからず。特に考慮すべきなり。

　小泉塾長の「所見」の公表が、新大学院制度に私大が含まれていないことに端を発しているとはいえ、それまでの大学が抱えていた大学院にかかわる諸問題を捉えたものであり、帝国大学のみならず、大学一般にかかる問題であったことがうかがえる[5]。

　小泉塾長はさらに、『毎日新聞』紙上で、「大学院問題／自由すぎる現状／ある程度の規定の必要性」（2月2日付）、「大学院問題／大学令の精神と官私の差別」（2月3日付）、「再び大学院問題／適切な最終案を待つ」（2月5日付）と論陣をはった[6]。

　一方、田中総長の分担である意見書の関係当局への送付については、1月31日付『毎日新聞』に報じられている[7]。また二人は早慶両大学出身の議員を集め、新大学院制度の私学への適用実現に向けた協力を依頼した。これらの運動は功を奏し、2月8日の第81回帝国議会衆議院予算委員会の質疑応答において、早稲田大学出身の安藤正純衆議院議員が東條英機内閣総理大臣に詰め寄り、私立大学にも新制大学院を設置する旨の答弁を引き出すことに成功している[8]。

　以上のような経緯により、閣議決定時の7帝国大学と3官立大学に加え、早稲田、慶應義塾の2私立大学が制度の対象となったのである。

3　帝国大学総長会議における「新大学院制度」に関する協議

　1943（昭和18）年4月6日、4月下旬に帝国大学総長会議を開催し、下記5項目について協議する旨が文部省専門教育局長名で通牒された[9]。

　一、大学ノ刷新振興ニ関スル問題
　二、大学院ニ関スル問題
　三、大学附置研究所ノ運営ニ関スル問題
　四、高等学校ト大学トノ連絡ニ関スル問題
　五、其ノ他

3日後の4月9日には、帝国大学総長会議が4月21日、22日の両日開催となったことが、文部次官名で通牒されている[10]。これを受けて各帝国大学は評議会等を開催し、帝国大学総長会議に向けて意見の集約を行った（表2-2を参照）。

　帝国大学総長会議は予定通り4月21日、22日の両日にわたり開催された。この会議には、7帝国大学の総長にくわえて台北・京城帝国大学両総長の出席が見られた。また文部省からは次官・局長にくわえて、4月20日から23日までのわずか4日間であるが文相を兼務していた東條英機首相が出席している。以下、当時東京帝国大学総長であった内田祥三工学部教授による議事メモ（以下、内田メモと略す）にもとづいて、協議内容を見ていくことにする[11]。

　先述したように、この会議では5項目の協議事項があったが、会議初日の4月21日は、「御陪食」をはさんだ午前・午後ともに協議事項一の「大学ノ刷新振興ニ関スル問題」の協議にとどまり、協議事項二から五は翌22日に協議されることとなった。そして「新大学院制度」に関する協議は、4月22日の協議事項二の「大学院ニ関スル問題」において行われた。この協議の冒頭において、永井浩専門教育局長より次のような説明がなされた。

> ヨサン上ハ各大学ニ配当サルベキ人員ハ決定シアリ、タベ最高ノ研究キカントシテ、或ハ学校ノ教授トシテ或ハ民間ニアツテ研究スルガ国家ノ最高度ノ研究者ヲ養成スルコトニナル故ソノ選定ガ重要ニナル
> コレハ一遍ノ試験デハ分ラズ長イ間ノ目デ見タ調査ガ必要従テ大学デ一応詮衡スルコトガ必要ダガ国家的ニミテコレヲ更ニ詮衡スル機関ヲ必要トスベキデハナイカ、ソレハ人数ノ制限ト、一学科ニ傾クノハ困ル、又新卒業者ノミナラズ実務者中ヨリモ選ムコトニモアリ又先ノ議会デ大学院学生収容ノ問題トヨサン上ハ一応官立大学ヨリ初メルコトニナツテキタガ議会ノ要望モアリ総理ノ考モアリ私立デモ優秀ナモノニハソコニ大学院ヲ置イテモヨクハナイカト云フコトニナツタ然シ現状カラミルト極メテ一部ニ限ラ

第 2 章　大学院特別研究生制度の成立

表 2-2　各帝国大学の総長会議に向けての評議会開催状況

日　付	評議会・部局長会議など	報告・協議事項
1943 年 4 月 13 日	北海道帝国大学評議会で「帝大總長会議ニ於ケル本学ノ要望」を協議	「大学ノ刷新振興ニ関スル件」「大学機構ノ刷新ニ関スル件」「大学院ニ関スル件」を協議
1943 年 4 月 15 日	京都帝国大学評議会で「總長会議議題ニ関スル件」を協議	「總長ヨリ近ク開催セラルヽ總長会議ノ議題ニ就キ評議員ノ意見ヲ徴セリ」
1943 年 4 月 16 日	東北帝国大学評議会で「總長会議ノ件」を協議	「大学ノ刷新振興」・「大学院ニ関スル問題」・「大学附属研究所ノ運営ニ関スル問題」・「高等学校ト大学トノ連絡ニ関スル問題」を協議
1943 年 4 月 16 日	東北帝国大学評議会で「大学院制度調査会ノ件」を報告	学内設置の「大学院制度調査委員会ニ於テ審議セラレタル事項ニ付別紙委員会記事ノ内容ニ基キ説明アリ〔中略〕總長会議ニ於テ本学ノ意見トシテ開陳スル旨報告アリタリ」
1943 年 4 月 17 日	名古屋帝国大学評議会で「大学院制度改善要項」を検討	「大学院制度改善要項」が示され、大学院制度の改革を検討
1943 年 4 月 19 日	大阪帝国大学評議会で「總長会議議題ニ関スル件」を協議	「大学ノ刷新振興ニ関スル件」、「大学院ニ関スル件、大学附属研究所ノ運営ニ関スル件、高等学校ト大学トノ連絡ニ関スル件」

出所）北海道帝国大学は『評議会記録／昭和十八年』、京都帝国大学は『評議会議事録』、東北帝国大学は『評議会議事録』、名古屋帝国大学は『評議会記録』、大阪帝国大学は『昭和十八年度／部局長／評議会／議事録級』、九州帝国大学は『評議会記録／昭和十八年』、東京帝国大学は『昭和十八年／評議会記録』等をそれぞれ参照した。

　ルヽガソレ等ノ選定ノ問題モアル

　文部省ニ学者、当局及関係ノ極密接ナ詮衡委員会ヲ置イタラドウカト考ヘ〔ママ〕

テヰル

　更ニ精細ニハ何レ委員会ノ如キモノヲ設クル要アルカトモ考ヘテヰル

〔下線筆者〕

　つまり、①予算上の定員は決定済みであること、②「新制度」による大学院学生の銓衡は、各大学によるものと「国家的」なスタンスから「更ニ詮衡スル機関」〔ママ〕による二段階の選抜を考えていること、③当初は官立大学で実施する予定であったが一部の私立大学にも実施することが説明されたのである。また④この制度について審議するための「詮衡委員〔ママ〕

37

会」を設置する考えが示されたのである。

　続いて、銓衡方法や徴兵猶予措置などについて、次のような協議がなされた。

　特別研究生の銓衡方法については、名古屋帝国大学の渋澤元治総長より「大学デ推薦シ文部省デハ人数等ヲ詮衡スル方法ガ可ナルベシ」〔ママ〕という意見が示され、これに京都帝国大学の羽田亨総長も賛意を示した。

　また荒川文六総長の代理で出席した西久光九州帝国大学理学部長は、「出身大学ノ意見ヲ尊重セラレタシモシドウシテモ中央ニ委員会ヲ作ルナラバ公平ニ各大学ニ詮衡委員ヲ公平ニ分ケラレタシ〔ママ〕、各専門ニ渡ル故非常ニ多数ニナル故地方ニ分科会ヲ設ケ中央デソレヲ推薦サレタシ、他大学ノモノハ卒業大学長推薦状ヲ送リ当該大学デ審査決定」するという案を示した。

　大阪帝国大学の真島利行総長は、「自然科学方面デハ充分接触シテキルガソレデモ見誤ルコトモアリ非常ニ困難ナリ然シ可ナリヨリワカル故大学ノ推薦ハ重ンゼラレタシ」と研究者としての資質のみでなく人格についても指導教官がより理解しているので人選は大学に任せるべきとの意見を述べた。

　このように、銓衡方法については、いずれの大学も学内で銓衡した候補者を文部省が最終銓衡するという二段階選抜方式を望む意見を表明していた。しかも学内銓衡の結果を優先し、文部省銓衡では研究題目や専門分野毎の数の調整程度にとどめるべきとの意見が主要を占めていた。

　徴兵猶予を巡っては、次のような意見交換がなされた。まず「兵役ノ関係如何」という内田東京帝国大学総長の質問を受けて、このとき文相と陸相を兼務していた東條首相が「徴兵ユーヨハ文部当局丈デハ云ヘヌ、自分ハ陸軍大臣ヲシテキルユエ申スガ自分ノ考ヘデハ五〇〇人位ノ程度ナラ徴兵猶予ヲシタイト思フ」と述べた。また西九州帝国大学総長代理からも、「新制度ノモノ」については「何等カノ兵役ノ特権ヲミトメラレタシ」という要望が述べられている。

　その他では従来、大学院学生が所属することのなかった附置研究所等

への制度適用の可否が協議された。この問題については、とくに附置研究所の多い東北帝国大学の熊谷岱藏総長が「研究所ガ進歩シタカラ研究所デモ大学院学生ガ正式ニ入レルコトニシタシ、特選給費制度ヲヒロゲタノデ可ナリ」と口火を切った。これについて渋澤名古屋帝国大学総長の「研究所ニ付テモ監督ハ学部長ガヤル必要アリアマリ研究所専属ニスルハ人格的ノ監督不充分ナリ」という考えや、西九州帝国大学総長代理の「研究所ニ大学院学生ヲ置クハヨキモ学部ノ教授モ関係スルヲ可トス」という考えが示された。また大阪帝国大学の真島総長は「学部ニ研究所ヲ分属サセ大学院学生ヲ研究所ニモ置キ、研究所ト学部ト差異ヲ少クシタシ」という考えを示した。

　また、京都帝国大学の羽田総長より「連続シテ研究シ得ル様ナ方法ニ向ケタイト考エテキル」という当該大学の学部や大学院の学生がそのまま大学院特別研究生となるイメージが示されると、東條は「他カラ来ルモノヲ国家ノ必要カラ入レルモノガアル総理トシテハ現立ノ大学院ノ中カラ五百人ノ人ヲ特選スルト云フ風ニハ了解シテキナカツタ」と、必要に応じて学外からの学生を収容するというイメージを持っていると首相の立場から述べた。これに対し内田東京帝国大学総長は「現在他カラ入レテキル陸海軍民間等アリテ不都合ナシ」と、現行制度上で既に陸海軍や民間からの大学院への受入があるので問題ないと述べた。これを受けた東條は「文部当局トシテハソレガヨイラシイガ（局長ノ説明）総理トシテハ一応保留スル」と述べた。また東條は「イカニ学問ガ出来テモ人格ガ国家ニ害ノアル様ナモノハ極メテ不適合各総長モ考ヘテ居ラレルコトヽ思フガ一般的ニ特ニ留意サレタシ」と釘を刺すことも忘れていなかった。

　またこの制度が植民地の帝国大学に適用されるか否かについても協議された。安藤正次台北帝国大学総長が「外地ノ帝大ニ割当テラレザルハ不都合ナラズヤ」と植民地の帝国大学への制度適用を求め、つづいて篠田治策京城帝国大学総長からも同様の発言があったが、永井専門教育局長からは「ヨサンガ違フ」、「大学院ニ半島人ヲ入レナイ」などと否定的

な見解が示され、東條の発言は「研究シテ置ク」にとどまった。

　協議の最後に文部次官より文部省内において「具体的成案」の策定に取りかかる旨の発言があり、この協議事項は終了している。なお、帝国大学総長会議の全日程終了時に永井専門教育局長より、あらためて次のような補足説明がなされた。

　　　大学院ノコトデ非常ニデリケートダガ私立大学ノ少数ヲミトメルト色々ノ困難ガアル依テ私立大学モ含メテ協議会ヲ作ツテヤロウト思フ。デテイル等ニ就テハ今日キマツタコトニハシナイデコノ委員会デヤル様ニ新聞ニ出スカラ皆様モ「アレハ何カ協議会デモ出来テヤルコトニナツテキル」ト云フ程度ニ話シテ置イテ貰ヒタイ。ソノ協議会デハ今日ノ様ナ話シ会ヒヲスル様ニナルベシ。

　つまり、この総長会議で新大学院制度の「デテイル等ニ就テハ今日キマツタ」が、早稲田、慶應を含めた「協議会」で、新たに協議するかのように進めるというのであった。早稲田大学と慶應義塾大学がこの制度上で「非常ニデリケート」な位置づけにあったことがうかがわれる。

　各帝国大学総長は、この総長会議の協議結果を各大学に持ち帰り報告した。とくに、東北帝国大学評議会で熊谷総長が「大学院ハ教育機関デハナイ、研究機関ダトイフコトニハッキリシタ」と報告している点に、大学側が大学院特別研究制度に対して抱く、期待の有り様を読み取ることができよう（表2-3を参照）。

4　「大学院制度ニ関スル協議会」における具体案の検討

　この「協議会」は、1943（昭和18）年5月17日に開催通知がなされ、6月2日に文部省において「大学院制度ニ関スル協議会」として開催されることとなった[12]。

　この協議会には、7帝国大学にくわえて、大学院特別研究生制度の実施が予定されている大学、すなわち東京工業大学、東京商科大学、東京

第 2 章　大学院特別研究生制度の成立

表 2-3　各帝国大学の総長会議後の評議会への報告状況

日　付	評議会・部局長会議など	報告・協議事項
1943 年 4 月 27 日	九州帝国大学評議会で「帝国大学總長会議ニ関スル件」報告	「荒川總長ノ代理トシテ出席ノ西理学部長ヨリ会議ノ状況ニ付詳細報告アリ之ニ対スル質疑応答アリタリ」
1943 年 5 月 4 日	北海道帝国大学で「帝国大学総長会議報告ノ件」報告	1. 大学ノ刷新振興ニ関スル件、2. 大学院ニ関スル件、3. 高等学校ト大学トノ連絡ニ関スル件、3. 学生ノ風紀刷新ニ関スル件、4. 研究所ノ名義ニ関スル件、5. 外国人留学生ニ関スル件
1943 年 5 月 6 日	京都帝国大学評議会で「總長会議ノ議題ニ上リタル大学制度ニ関スル件」報告	「總長ヨリ過般ノ總長ノ會議ノ概要ヲ報告シ尚其ノ折議題ニ上リタル大学制度ニ就テハ各学部ニ於テモ至急研究セラレタキ旨ヲ希望セリ」
1943 年 5 月 11 日	東北帝国大学評議会で「總長会議ノ報告」	「大学院ニ関スル問題ニ就テハ大学院ハ教育機関デハナイ、研究機関ダトイフコトニハッキリシタ又大学院学生ニ対シ徴兵猶予ヲ与ヘルコトモ東條文相ハ考慮スルト話シガアツタ」

注 1 ）その他の帝国大学の評議会議事録等では、報告・協議がされたことは確認できなかった。
出所）北海道帝国大学は『評議会記録／昭和十八年』、京都帝国大学は『評議会議事録』、東北帝国大学は『評議会議事録』、名古屋帝国大学は『評議会記録』、大阪帝国大学は『昭和十八年度／部局長／評議会／議事録綴』、九州帝国大学は『評議会記録／昭和十八年』、東京帝国大学は『昭和十八年／評議会記録』をそれぞれ参照した。

文理科大学、そして早稲田大学、慶應義塾大学の総長、学長、塾長が出席している。この協議会の内容について、内田祥三東京帝国大学総長の議事メモ（内田メモ）に基づいて見ていくことにする[13]。

　協議会の冒頭で菊池豊三郎文部次官が「大学制度殊ニ大学院ノ設置運用ニ関シ経験意見等ヲ伺イ有効適切ニヤツテ行キタイノデ此ノ懇話会ヲ開イタ。本省デモ色々検討シテキルカラ差支エナキ範囲ニ懇話シラン」と述べた。

　続いて永井浩専門教育局長が「専ラ具体案ノ作成ニ資シタイ」と述べて、次のような協議項目について考えを示した。

41

一、新制大学院ト現存大学院トノ関聯問題

二、新制大学院ノ研究年限　一期二年、二期三年、……

三、新制大学院ノ定員及収容力ノ問題

四、新制大学院学生ノ詮衡[ママ]問題

　イ、詮衡[ママ]委員会文部省ニ設置

　ロ、当該大学卒業者ノ推薦候補問題

　ハ、当該大学以外ノ卒業者ノ候補者ノ推薦問題

　　一、他ノ大学ノ卒業者、二、専門学校等ノ卒業者、三、一般実務者、

　　四、軍部又ハ各省推薦者（軍部方ハ定員ノ外ニコレ〔繰り返し記号〕

　　ノ人数ヲ入レテ欲シイト云フ要求既ニ提案アリ）

五、指導教官及研究施設ノ問題

　只今ノ処予算的ニハ殆ンドナシ理科方面ニ多少ノ助教授ガアルノミナリ

　今回ハ直チニ行ハレサルモ考ヘテ置キタシ

六、新制大学院修了者ノ勤務命令問題

　今腹案ハナキモコレ迄国ガ養成スルト考ヘタ場合ニハアル程度ノ勤労命

　令ガ必要トナルカコノ点ヲ留保スルカドウカト云フ問題ナリ

　協議は、一から三、そして五、六の順に進められ、四の「新制大学院学生ノ詮衡[ママ]問題」は最後となった。

　一の「新制大学院ト既存大学院トノ関聯問題」については、各大学とも既存の大学院に新制大学院が併設されても差し支えないとの見解を示した。また既に大学を卒業した者や既存の大学院に所属している学生が新制大学院に入学し、2年から5年の間研究に従事することについて問題ないことが確認された。

　二の「新制大学院ノ研究年限」については、「理科ハ五年文科ハ四年、後期ガ二年（文科）又ハ三年（理科）」という文部省案が示され、これに対し羽田亨京都帝国大学総長や小泉信三慶應義塾大学塾長から「文科モ同年トシタシ」という要望が出された。

　三の「新制大学院ノ定員及収容ノ問題」については、内田東京帝国大

第2章　大学院特別研究生制度の成立

学総長が「先年ノ大学制度臨時審査委員会ノ法案ヲ説明」し、「定員ハ出来ヌ、只最大限ヲ定メ得ルノミナリ」と述べて、永井専門教育局長も「ソノ通リト思ヒマキシマムヲキメタラドウカ新旧ヲ併セテマキシマムヲキメテ知ラセテ貰ヒタシ」と述べている。

五の「指導教官及研究施設ノ問題」については、「研究施設ノ増加ハ出来ズ出来ル範囲デ新制ノモノヲヤリ余裕ガアレバ旧制ヲヤル」と予算的には厳しい状況であることが文部省から示されている。

六の「新制大学院修了者ノ勤務命令問題」については、文部省側より「勅令ニ何カ書カネバナラヌ」という理由が挙げられ、「当該大学ノ希望ト本人ノ希望」とを聞きながら、「国家ノ指定スル職業ニ一定年限以上勤務」するように命令するということとなった。

最後に、四の「新制大学院学生ノ詮衡問題」に関する協議が行われた。まず文部省に設置される「委員会」が、「委員長大臣カ次官、委員ハ大学院ヲ設置ノ各関係大学ノ総長ノ一部、陸海軍法制局企画院ノ関係者」で構成されることが確認された。そして詮衡の順序は、まず制度の対象となる大学が「当該大学ノ卒業者及他方カラノモノ当該大学ニ申出サセ」、学内に設置した臨時委員会等において「ソレニ順位ヲ附シテ収容数」の「二割増位」を詮衡し、文部省に提出することとなった。

また、他大学や専門学校の卒業者、そして一般実務者等から志望者があった場合にはその順位をいかにするかという協議がなされた。これに関連して文部省側より「軍デハ六〇名云ツテ来テキル、コレハ定員外、各省ヨリ申出ノモノニ付テハ如何」という問があり、これに対して羽田京都帝国大学総長より「国家又ハ公共機関ヨリ選バレタルモノハ当該大学デ試験シテ依託学生トシテ入学ヲ許可シテ支障ナカルベシ（定員外）国家ガ特ニアル種類ノ研究ヲ研究者ヲ必要トスル場合ニハソノ希望スル大学ニ申達シテソコデ試験スル」という案が示された。くわえて羽田総長は「文部省ノ詮衡委員会ノ詮衡ハ主トシテ大学ノ詮衡ヲ尊重シタベ題目偏スル場合等ニ大体的ノ詮衡ヲスル」と大学の自主性を重んじるように要望した。

表 2-4　各帝国大学の「大学院制度ニ関スル協議会」報告状況

日　　付	評議会・部局長会議など	報告・協議事項
1943 年 6 月 5 日	大阪帝国大学部局長会議で「總長協議会ニ関スル件」報告	「協議会ハ主トシテ大学院制度ニ関スル準備的打合セナリ」　1. 新制大学院と旧制大学院ノ関係、2. 指導教官、3. 定員、4. 卒業後ノ勤務関係、5. 兵役上ノ関係等
1943 年 6 月 8 日	九州帝国大学評議会で「大学院制度ニ関スル協議会ニ関スル件」報告	1. 新制大学院ト現行大学院トノ関聯、2. 新制大学院ノ研究年限、3. 新制大学院学生ノ定員及収容数、4. 新制大学院学生ノ銓衡方法、5. 指導教官及研究施設
1943 年 6 月 9 日	北海道帝国大学評議会で「大学院制度ニ関スル件」報告	1. 新制大学院ト旧制大学院トノ関係、2. 新制大学院ノ研究年限、3. 第一期、第二期共全部給費制度トス、4. 新制大学院ノ収容及定員、5. 新制大学院学生ノ銓衡ノ方法、6. 兵役問題、7. 新制大学院卒業者ノ義務
1943 年 6 月 30 日	名古屋帝国大学評議会で「大学院ニ関スル問題」懇談	「新制大学院ニ関シ学生ノ兵役、学部ヘノ学生数割当等ノ問題ニツキ懇談アリタリ」
1943 年 7 月 6 日	東京帝国大学評議会で「大学院制度ニ関スル件」報告	「新制大学院ト従来ノ大学院トノ関係、研究年限、収容定員、銓衡、指導教官ト研究施設、義務年限及兵役上ノ関係等」

注 1 ）京都帝国大学の『評議会議事録』と東北帝国大学の『評議会議事録』からは関連報告の事実は確認されなかった。
出所）大阪帝国大学は『昭和十八年度／部局長／評議会／議事録綴』、九州帝国大学は『評議会記録／昭和十八年』、北海道帝国大学は『評議会記録／昭和十八年』、名古屋帝国大学は『評議会記録』、東京帝国大学は『昭和十八年／評議会記録』をそれぞれ参照した。

　以上が協議の大要であった。各大学の総長・学長・塾長は、この協議内容を持ち帰り報告している（表 2-4 を参照）。なお評議会議事録を見る限りにおいては、京都帝国大学と東北帝国大学の評議会で報告された事実は確認できなかった。また、ほとんどの大学の評議会議事録では、報告事項のみの記載で、具体的な内容は記載されていなかった。
　しかし、6 月 9 日開催の北海道帝国大学評議会の議事録は他大学と少し異なり、「本件ニ関スル文部省ノ指示事項ニ付總長ヨリ別紙ノ通リ報告説明アリタリ」とあり、その「別紙」にには次のような内容が記載されて

あった。この「別紙」をみながら先の協議内容を整理しておきたい。

【資料 2-1】大学院ニ関スル件（總長報告事項）[14]

大学院ニ関スル件（總長報告事項）

一、新制大学院ト旧制大学院トノ関係

結局旧制大学院ハ之ヲ存置シ、別ニ新制ヲ設クルコトヽナル模様ナリ。

二、新制大学院ノ研究年限

第一期　二年

第二期　文科二年　理科三年

（第一期ヲ終了シタル後其ノ成績ヲ見テ第二期生ヲ決定スルコトヽナル）

三、第一期、第二期共全部給費制度トス

第一期生ノ給費ハ一人当リ年額一、〇八〇円　第二期生ハ夫レ以上トス

外ニ研究費トシテ文科九八〇円理科一、一二三円アリ。

四、新制大学院ノ収容定員

一講座ニ付文科ハ十数名、理科ハ四、五名ヲ上限トシ、同一年二名ヲ最大限度トス

今年度ニ於テ北大ノ収容予定總数ハ四一名

内、理八　農一四　医八　工一一

之ノ標準ハ大体三講座ニ一人ノ割合ナリ

尚助教授ハ学生十人ニ一人ノ割合トス

本年ハ可成速ニ志望者ヲ募リ六月一杯ニ文部省へ上申スルコト。

五、新制大学院学生ノ詮衡ノ方法

次官又ハ大臣ヲ委員長トシ各大学ノ總長陸海軍関係者、法制局関係者等ヨリ成ル委員会ヲ設ク

推薦者ハナルベク収容人員ノ倍数迄トシテ詮衡〔ママ〕ノ余地ヲ残ス

大学院ニ入ラントスルモノハ研究事項ヲ具シ当該学部教授会ノ議ヲ

経、總長ノ詮衡ヲ経テ文部大臣ノ許可ヲ受ケテ決定ス〔ママ〕

　文部省ヘ上申ノトキハ推薦順位ヲ附ス

　他大学ノ卒業生及専門学校卒業生モ当該学部教授会ノ議ヲ経レバ入学出来ル

　軍部ヨリノ推薦者ハ定員外トシテ扱フ。

六、兵役問題

　之ハ目下軍関係ト折衝中ナリ　但シ研究ハ継続シ得ル見込ナリ。

七、新大学院卒業者ノ義務

　第二期生ハ必ズシモ教授候補者トスル訳デハナイ、唯卒業後ハ政府ノ指定スル場所ニ行クコト丶ナル（本人ノ希望ハ勿論斟酌サレル）

以上

〔下線筆者〕

　二の「研究年限」では、この協議会の時点では、第二期の修業年限が文科2年と理科3年と異なっている。「文科モ同年トシタシ」という羽田京都帝国大学総長や小泉慶應義塾大学塾長の要望は、協議会終了時点では反映されていないことが理解される。

　三の「第一期、第二期共全部給費制度トス」では、第一期生に年額1,080円、すなわち月額に換算して90円が給与されることが、この時点で決定していたことがうかがわれる。

　また五の「詮衡ノ方法」〔ママ〕については、各大学の候補者推薦は各大学の教授会が行い、最終銓衡は各大学総長・学長・塾長をメンバーとする「委員会」が行うことと理解された。

　四の「新制大学院ノ収容定員」については、ここでは北海道帝国大学の定員のみが報告されている。また「本年ハ可成速ニ志望者ヲ募リ六月一杯ニ文部省ヘ上申スルコト」と報告されている。他の資料からは確認されなかったが、協議会において、各大学が候補者選出を進めることで合意されていたものと思われる。

　なお、この協議会における文部省側の要望が正式に示されたのが、9月

第 2 章　大学院特別研究生制度の成立

29 日付の文部省専門教育局長名の通牒「大学院特別研究生定員ニ関スル件」（発専 222 号）であり、特別研究生の定員を大学院定員の内数として取り扱うので、その大学院定員を決定し認可申請の手続きを行うようにと記されたものである [15]。

5　大学院特別研究生銓衡資料

このように新制大学院制度の骨格は定まってきた。「大学院制度ニ関スル協議会」以降、10 月 1 日の施行に向けての準備段階に入る。それに伴い、文部省と各大学との間で関係文書が往復することになる。これらの文書の多くには「大学院又ハ研究科ノ特別研究生ニ関スル件」というタイトルが付されることになる。

管見の限り最も早い同タイトルの文書は、昭和 18 年 6 月 25 日付で文部省専門教育局長から東京帝国大学総長宛に送られたもので、次のようなものである。

【資料 2-2】大学院又ハ研究科ノ特別研究生ニ関スル件〔文書番号なし〕[16]

　　　　　昭和十八年六月二十五日
　　　　　　　　　　　　　　文部省専門教育局長　永井　浩
　東京帝国大学総長殿
　　　　　大学院又ハ研究科ノ特別研究生ニ関スル件
　　標記ノ件（所謂新制大学院ノ学生ナリ）ニ関シ左記事項ハ特別研究生志願者ニ伝達差支無之ニ付可然御取扱相成度
　　　　　　　　　　　記
一、大学院又ハ研究科ノ特別研究生ハ研究期間中徴集延期ノ取扱ヲ為サルル見込ナルコト
　　本年度既ニ徴兵検査ヲ受ケタル者ニ付テモ同様ニ取扱ハルル見込ナルコト
　　尚本項ハ公表サルル迄ハ教授及本人以外ニハ極秘ノ取扱ヲ為スベキモ

ノナルニ付本人ニ伝達サルルトキモ厳ニ他言ヲ禁ジラレ度

二、貴学ニ於テ特別研究生トシテ推薦セラルベキ者ノ氏名、生年月日、本
　　籍地、現住所及兵役関係（徴集年、役種、兵種、官等級、本年徴兵検査
　　受験ノ有無）ヲ記セル書類ハ七月末日迄ニ必着スル様専門教育局長宛提
　　出サルベキコト

三、既ニ短期現役等陸海軍ニ志望セル者ニ付テハ本年度ニ於テハ特ニ其ノ
　　志望ヲ取消サシムルガ如キコトハ成ルベク避ケラルルコト

　注意　本案ハ大体ノ趣旨ニ付陸軍当局了解済ナルモ字句ノ末ニ至リテハ
　　　　陸軍省ト協議ノ上変更サルベキコトアルベシ

〔下線筆者〕

　この文書には、前書きに「標記ノ件（所謂新制大学院ノ学生ナリ）」と
（　）内に付記がある。新制大学院の学生を特別研究生と呼ぶ大学院特別
研究生という呼称の始まりがここにあると思われる。

　公式には、8月25日の文部省専門教育局長より特別研究生候補者の銓
衡を指示する「大学院又ハ研究科ノ特別研究生ニ関スル件」（発専181
号）を待たなければならないが、実質的には、この通牒を契機として、
各大学では特別研究生候補者の選定に取りかかったものと思われる。

　1943（昭和18）年8月25日、文部省専門教育局長より各大学に特別研
究生候補者の銓衡を指示する「大学院又ハ研究科ノ特別研究生ニ関スル
件」が通牒された（発専181号、資料2-3）。

　先述の「大学院制度ニ関スル協議会」で確認されたように各大学にお
いて銓衡され文部省に推薦された特別研究生候補者は、最終的には文部
省の「大臣カ次官」を「委員長」とし、「大学院ヲ設置ノ各関係大学総長
ノ一部、陸海軍法制局企画院ノ関係者」で構成される「委員会」に諮ら
れその採否が決定されることになっていた。

　この発専181号において「本省ニ於ケル銓衡ニ際シ資料トシテ必要ナ
ルニ付」、研究事項、人物、学力等ニ関スル調査表（第一号書式）、履歴
書（第二号書式）、研究事項ノ解説書（第三号書式）、身体検査書（高等

48

第 2 章　大学院特別研究生制度の成立

学校教員規定第四号書式ニ準ズ）の 4 書式の資料を 9 月 10 日迄（第三号
書式のみ 9 月 5 日迄）に提出することが求められている。第一号から第三
号の書式については通牒に参考資料として添付されており、それぞれ記
入例や記入上の注意書きなどが記載されている。

　これらの書式は昭和 20 年度まで使われることとなる。また第 4 章で
は、これらの「資料」をもとに個別の事例に検討を加える。そこでここ
では、書式の詳細を確認しておきたい [17]。

【資料 2-3】大学院又ハ研究科ノ特別研究生ニ関スル件（発専 181 号） [18]

　発専一八一号
　　　昭和十八年八月二十五日
　　　　　　　　　　　文部省専門教育局長　　　永井　浩　印
　東北帝大総長殿
　　　大学院又ハ研究科ノ特別研究生ニ関スル件

　既ニ大学院又ハ研究科ノ特別研究生候補者ヲ推薦相成タル処早速陸軍省ト
協議シ可然措置ヲ講ジツヽアルモ正式決定ハ九月末ノ予定ニ有之、従ツテ
候補者中特別研究生トシテ選定セラレザル者有之バ其ノ際右措置ヲ取消ス
コト、相成ベキニ付為念御了知相成度尚右特別研究生ノ本省ニ於ケル銓衡
ニ際シ資料トシテ必要ナルニ付推薦サレシ候補者ノ研究事項、人物、学力
等ニ関スル調査表（第一号書式ニ依ル）履歴書一通（第二号書式ニ依ル）
身体検査書一通（高等学校教員規定第四号書式ニ準ズ）及研究事項ノ解説
書一通（簡単ニシテ国家的緊要性ヲ説明スルコト第三号書式ニ依）ヲ至急
作製ノ上来ル九月十日迄（但シ解説書ヲ除ク）ニ必着スル様文部省専門教
育局長宛送付セラレ度
　追而　特別研究生ノ研究事項ガ国家的ニ緊要ナルモノ、戦力増強ニ資ス
ベキモノニ限ラルヽコトハ既ニ御了知ノ所ナルモ最近ノ戦況ニ鑑ミ此ノ国
家的緊要性ハ特ニ重視セラルヽ所ト相成リタル次第ニ付右研究事項ノ解説

書中特ニ法、経、文ノ各学部ノ候補者ニ付テハ其ノ研究ノ国家的緊要性ヲ詳細ニ記サレ度

（第一号書式）

　　　　　〇〇大学大学院（又ハ研究科）特別研究生候補者調査表

　　　　　〇〇学部

氏　　名	研究事項	最終卒業学校専攻学科 卒業年月	学力	人物	身体	備考
麹町　龍雄 大正七年 七月一日生	（戦争遂行上特ニ直接必要ナルモノ）	東京帝大学経済学部経済学科　昭和十七年九月	優	優	強健	

記入上ノ注意

一、氏名ハ推薦ノ順位ニ列ベルコト

二、学力ハ大学卒業者ニ在リテハ学業成績ヲ優、良、可、ノ評語ヲ以テ記入スルコト

　　大学卒業者ニ非ザル者ハ従事シタル研究、著書等ヲ記入スルコト

三、人物ハ優、良、可ノ評語ヲ以テ記入スルコト、特記スベキコトアラバ別ニ記入スルコト

四、身体ハ強健、普通、虚弱ニ分ツテ記入スルコト

五、学部別ニ一括シ、出来得ベクンバ同一学部中ニ於テモ学科別ニ纏ムルコト

備考　本調査表ハ四十部提出ノコト

（第二号書式）

　　　　　　　　　　履歴書

　　　本籍地

　　　現住所

　　　　　戸主　　何某男

　　　　　　　　　　　　　氏　　　　　　　名

　　　　　　　　　　　　　年　　月　　日　生

第2章　大学院特別研究生制度の成立

　　　学　　業
一、年月　何々中学校卒業
一、
一、
一、年月　何々大学何学部何学科卒業又ハ卒業見込
　　　業　　務
一、年月　何々大学何学部副手ヲ嘱託セラル
一、
　　　研究業績
一、年月　何々ノ研究
　　　兵　　役
一、年月　徴集
　　　何々兵役
一、年月　入営
一、年月　何々ニ任ゼラル
　　　賞　　罰
一、
　　右之通相違無之候也
　　　年　　月　　日
　　　　　　　　　　　　右
　　　　　　　　　　　　氏　　　　　名　　印
記入上ノ注意
　一、研究業績ハ主トシテ大学卒業者ニ非ザル者、職歴ヲ持ツ者若ハ既ニ
　　大学院又ハ研究科ニ在学シタル者之ヲ記入スルコト
　　　大学卒業見込者ニ付テハ在学中特記スベキ研究ヲ為シタル場合ニ限
　　リ之ヲ記入スルコト

51

（第三号書式）

研究事項解説書

何々大学何学部何学科

氏　　　　　名

指導教官職　　氏　　　　　名

一、研究事項

一、研究事項解説（研究事項ノ国家的緊要性ノ説明ヲ含ム）

記入上ノ注意

一、解説ハ長キニ失セザルコト

備考　本解説書ニ限リ九月五日迄ニ必着スル様提出ノコト

　第一号書式はいわゆる候補者名簿であり、氏名、研究事項、最終卒業学校専攻学科卒業年月、学力、人物、身体、備考の七項目の記入欄があり、それぞれ記入例が示されている。研究事項欄に「（戦争遂行上特ニ直接必要ナルモノ）」と注記されているところに留意が必要であろう。また「記入上ノ注意」の冒頭に「氏名ハ推薦ノ順位ニ列ベルコト」と記されている。大学内で予め候補者に優先順位を付けておくことが取り決められていたのである。

　第二号書式である履歴書については、「研究業績ハ主トシテ大学卒業者ニ非ザル者、職歴ヲ持ツ者若ハ既ニ大学院又ハ研究科ニ在学シタル者之ヲ記入スルコト」、「大学卒業見込者ニ付テハ在学中特記スベキ研究ヲ為シタル場合ニ限リ之ヲ記入スルコト」と、大学を卒業していない者や大学卒業後に職歴や研究歴を持つ者は研究業績を記し、また大学卒業見込者については、特記すべき研究業績がある場合に限り記すように「記入上ノ注意」がなされている。

　第三号書式である研究事項解説書の研究事項解説の欄には「研究事項ノ国家的緊要性ノ説明ヲ含ム」と注記されているほか、「解説ハ長キニ失セザルコト」と記入上の注意がなされている。

　また本文の「追而」に「特別研究生ノ研究事項ガ国家的ニ緊要ナルモ

ノ、戦力増強ニ資スベキモノニ限ラルヽコトハ既ニ御了知ノ所ナルモ最近ノ戦況ニ鑑ミ此ノ国家的緊要性ハ特ニ重視セラルヽ所ト相成リタル次第ニ付右研究事項ノ解説書中特ニ法、経、文ノ各学部ノ候補者ニ付テハ其ノ研究ノ国家的緊要性ヲ詳細ニ記サレ度」と特に法、経、文の各学部の候補者についてはその研究の国家的緊要性を詳細に記すよう強調されているところにも注目しておきたい。

6 「大学院又ハ研究科ノ特別研究生ニ関スル件」の公布・施行

1943（昭和18）年9月30日に文部省令第74号により、「大学院又ハ研究科ノ特別研究生ニ関スル件」が公布され、10月1日に施行された。

文部省はこの省令の公布に際し、次のような趣旨説明を行っている[19]。

我ガ国学術ノ刷新振興ヲ図リ其ノ水準ヲ飛躍的ニ向上セシムルコトハ極メテ緊要ナル問題デアリ之ガ為ニハ我国ノ最高学府タル大学ニ於テ愈々研究ノ振興ヲ図ルト共ニ優秀ナル研究者、技術者ヲ多数養成スルコトガ最モ大切ナコトデアル。

殊ニ科学戦、思想戦タル様相ガ益々激化シタ現下ノ情勢ニ於テハ学術ノ研究ハ洵ニ焦眉ノ急トナリ又研究者ニ其ノ人ヲ得ルコトハ極メテ肝要ナコトトナツタノデアル。今般文部省令トシテ「大学院又ハ研究科ノ特別研究生ニ関スル件」ガ公布サレ十月一日ヨリ施行セラルルコトニナリマシタノハ如上ノ趣旨ヲ達成センガ為デアリマシテ其ノ特別研究生ニ関スル要項ハ大略次ノ通リデアル。

　　　文部大臣ノ指定スル大学ハ其ノ大学院又ハ研究科ニ入ルベキ特別研究生ヲ選定スルコト

　二　前項ノ選定ニ当ツテハ大学ガ推薦シタ者ニ付テ審査ノ上文部大臣ガ之ヲ認可スルコト

　三　右審査ニ当ツテハ銓衡会ヲ設ケ之ニ諮ツテ決定スルコト（其ノ銓衡会ノ構成員ハ別紙ノ通）

四　特別研究生ノ研究年限ハ第一期二年、第二期三年ナルコト

五　特別研究生ノ定数ハ第一期概ネ五百人以内、第二期概ネ二百五十人
　　以内ニ於テ毎年文部大臣ガ之ヲ定ムルコト

六　特別研究生ノ資格ハ人物優秀、身体強健デアツテ且高度ノ研究能力
　　ヲ有スルコトデアリ、大学卒業ノ者ニ限ラヌコト

七　第二期ノ特別研究生ハ第一期ノ研究年限ヲ了ヘタル者ノ中カラ大学
　　ガ文部大臣ニ推薦シ文部大臣ハ前述第三項ノ手続ヲトツテ之ヲ認可ス
　　ルコト

八　特別研究生ハ指導教授ノ指導ヲ受ケ研究ヲ為スコト

　　研究事項ノ変更ハ原則トシテハ之ヲ許サヌコト（必要ガアリ其ノ場
　　合ハ文部大臣ハ前述第三項ノ手続ヲトツテ之ヲ許可スル）

九　特別研究生ハ研究期間中ハ他ノ業務ニ従事シ得ヌコト

十　特別研究生ハ研究年限ヲ了ヘテ後研究年限ノ一倍半ニ相当スル期間
　　文部大臣ノ指定ニ従ツテ就職スル業務ガアルコト

十一　　特別研究生ニハ学資トシテ月額九十円以上ヲ給与シ研究
　　費ハ之ヲ徴収シナイコト其ノ相当額ノ研究費ハ之ヲ当該大学ニ
　　交付スルコト

十二　　本年度特別研究生ヲ置ク大学トシテ文部大臣ノ指定ヲ受
　　ケル大学ハ左ノ通デアルコト

　　東京、京都、東北、九州、北海道、大阪、名古屋各帝国大
　　学、東京商科大学、東京工業大学、東京文理科大学

　　慶應義塾大学及早稲田大学

十三　　本年度ノ銓衡ニ当ツテハ特ニ決戦下戦力増強ニ直接関係
　　アルモノニ限ツテ選バレル予定デアル

十四　　本年度ハ予算上ノ定員ハ四六九名デアツタガ各大学ニ於
　　テ厳選ノ結果推薦サレタモノハ四三四名デアル

（注意）

一　特別研究生候補者ノ推薦ハ大学カラ文部大臣ニ提出サレルコトニ
　　ナルノデアルカラ当該大学出身者以外ノ者デ其ノ大学ノ大学院又ハ

第2章　大学院特別研究生制度の成立

　　研究科ノ特別研究生タラントスル者ハ当該大学ニ願書ヲ提出ノコト
　二　大学以外ノ一般研究者デアツテ特別研究生ヲ志望スル者ニ付テモ
　　前項ノ手続ヲトルコトハ勿論デアルガ其ノ手続ヤ大学院又ハ研究科
　　ノ選択其ノ他ニ付テ質疑ノアル場合ハ文部省専門教育局大学教育課
　　ニ問合ノコト

　この説明によれば、本制度制定の目的は、「研究ノ振興」と「優秀ナル
研究者、技術者ヲ多数養成スルコト」にあった。科学戦、思想戦の様相
が激化している情勢を鑑みると、なかでも当該分野の研究者の養成が重
要であるという。
　なお、この制度が施行された翌日の10月2日には、勅令第755号によ
り、「兵役法第四十一条第四項ノ規定ニ依リ当分ノ内在学ノ事由ニ由ル徴
集ノ延期ヲ行ハズ」という「在学徴集延期臨時特例」が公布・施行さ
れ、在学徴集延期が中止されている。これを契機に、多くの文科系学生
生徒が徴集される、いわゆる学徒出陣が実施されていく。
　そして12月24日には、勅令第939号により「徴兵適齢臨時特例」が公
布・施行され、徴兵適齢が20歳から19歳に変更となり、残った学生生徒
も徴兵されていくことになる。

7　おわりに

　本章では、1943（昭和18）年1月に「新大学院制度」実施が閣議決定
されてから、同年9月30日に「大学院又ハ研究科ノ特別研究生ニ関スル
件」として公布され、10月1日に施行されるまでの経緯を見てきた。
　大学院特別研究生制度実施の閣議決定後、閣議決定直後は早稲田・慶
應義塾の両私立大学が私学への適用を求めて運動を展開したため、制度
の設計が多少紆余曲折したものと思われる。
　そして4月21日、22日に開催された帝国大学総長会議において、文部
省側から提案された制度案をもとに詳細が詰められたことを確認した。
　この時点で予算上の定員は決定済みであった。制度の対象は帝国大学

が中心であったが、「外地」の帝国大学である台北帝国大学と京城帝国大学は当初より制度の枠外におかれていた。一方、1月の閣議決定以降に制度の対象となった早稲田・慶応の両私立大学のための予算措置は別枠で計上することとなった。

　特別研究生の銓衡方法は、各大学による一次、国家的スタンスから銓衡する二次の二段階選抜が文部省案として提示された。各帝国大学は基本的に文部省案に賛成であったが、各大学の銓衡結果を重視するように要望した。

　そのほか、特別研究生に対する徴兵猶予措置も重要な課題であったが、ちょうどこの時に陸軍相のほかに兼務していた文相として出席していた東条英機首相が、陸相の立場で了承したことにより解決した。

　また東北帝国大学から、制度上は大学院学生を所属させることができない大学附置研究所に特別研究生を配属できないかとの意見表明がなされていたことが明らかになった。次章で述べるが、附置研究所の多い大学ならではのこの問題提起が、後に文部省から柔軟な対応を引き出す端緒となる。さらに大学院は「研究機関ダ」という東北帝国大学評議会における熊谷総長発言より、大学側の当制度への期待の有り様を読み取ることができた。

　4月の総長会議で詰められた制度の詳細が、6月8日開催の「大学院問題ニ関スル協議会」で再確認された。これらの協議を経て大学院特別研究生制度は確立され、6月8日の協議会以降、対象各大学は特別研究生の候補者銓衡に向けて動き出すことになる。

1　西村正守「第二次大戦末期における大学院特別研究生制度を回顧して」『レファレンス』431、国立国会図書館調査立法考査局、1986、p.37。

2　同上論文、pp.37-43。

3　同上。原出所は、小泉信三「歯切れの好い電話の言葉」安藤正純先生遺徳顕彰会『安藤正純遺稿』1957、pp.705-707。

4　西村、同上論文、p.55。『慶應義塾大学百年史』中巻（下）慶應義塾大学、1964、p.842。

5　西村、同上論文、p.55。

第 2 章　大学院特別研究生制度の成立

6　同上論文、p.38（これらの記事の原文は『三田評論』541、昭和 18 年 2 月号に「大学院問題」として一括収録されている）。

7　見出しは「大学院を私大にも／田中早大総長が意見書」。あわせて「学問の振興に／小泉慶應義塾長談」も掲載されている。同上。

8　同上論文。なお、安藤正純は、早稲田大学卒業後、東京朝日新聞を経て衆議院議員となった人物である。前掲『安藤正純遺稿』。

9　東北帝国大学『帝国大学総長会議関係書類』。

10　発専 69 号、同上所収。

11　『総長会議其他　其一　自昭和一八年四月至昭和一八年九月』（内田祥三史料 3-1、東京大学史史料室所蔵）。なお、2014 年 4 月より東京大学史史料室は、東京大学文書館に移行されているが、本書では資料調査時の組織名称を記載することにする。

12　開催通知「大学院制度ニ関スル協議会開催ノ件」（発専一〇四号）が、昭和 18 年 5 月 17 日付けで発送されている。前掲『帝国大学総長会議関係書類』。

13　前掲『総長会議其他　其一　自昭和一八年四月至昭和一八年九月』。

14　北海道帝国大学『自昭和十八年度至昭和二十年度／評議会記録』（北海道大学事務局所蔵）。

15　拙稿「戦時下の大学院特別研究生制度と東北大学」『東北大学史料館紀要』2、2007、pp.25-45。

16　東京帝国大学『昭和十八年度　大学院特別研究生関係』（東京大学史史料室所蔵）。

17　東京大学史史料室にも同様の関係資料が所蔵されているが、ここでは東北大学のものを中心に見ていき、必要に応じて東京大学の資料で補っておくことにする。

18　東北帝国大学『東北帝国大学大学院規程』所収。

19　「大学院又ハ研究科ノ特別研究生ニ関スル件公布ニ就テ」（1943 年 9 月 29 日発表）、日本科学史学会編『日本科学技術史体系』第 4 巻、通史 4、第一法規出版株式会社, 1966, pp.441-442。

第3章
科学技術動員の展開と大学院特別研究生制度の変容

1　はじめに

　前章では、大学院特別研究生制度について、関係史料の検討を通して制度成立の経緯について見てきた。前章で見てきたように、大学院特別研究生が採用される過程は次のようなものであった。

　まずこの制度の実施対象となった 12 大学より候補者が文部省に推薦され、次に文部省の銓衡委員会に諮られその採否が決定される、というものであった。しかし、銓衡委員会でいかに大学院特別研究生が「銓衡」されていったのかは明らかでない。

　この銓衡委員会の資料として提出が求められたものとして、研究事項、人物、学力等ニ関スル調査表（第一号書式）、履歴書（第二号書式）、研究事項ノ解説書（第三号書式）、身体検査書（高等学校教員規定第四号書式ニ準ズ）の 4 書式があった。

　これらの資料のなかでも第三号書式である研究事項解説書は、候補者毎に解説の書かれ方や用語の用いられ方などに特徴が見られ、大変興味深いものがある。しかし、管見の限りでは、当該大学の沿革史、あるいは大学院特別研究生制度に関する研究において、研究事項解説書の内容に言及しているものはなかった。

　そこで本章では、昭和 18 年度から昭和 20 年度にかけての戦時下の 3 年間、文部省で開催された銓衡委員会において、どのような基準のもとに大学院特別研究生が「銓衡」されていたのかを見ていく。そして、東北帝国大学を事例として、銓衡委員会のために作成した資料である研究事項解説書から読み取れること、すなわち、大学院特別研究生のパーソナリティや彼らとその指導教官が取り組もうとしていた研究事項について明らかにしていく。制度が開始された昭和 18 年度から敗戦を迎える昭和 20 年度までの 3 年間において、「時局」の変化にともない本制度や大学院

特別研究生の位置づけがいかに変容していったのかについて検討を加えることにする。

　なお研究事項解説書の全文は翻刻し、巻末の資料編に掲載した。また本文中および表中に記載されている史料番号は資料編に掲載した解説書の番号を示している。

2　東北帝国大学大学院特別研究生の概観

　戦後のことになるが、1946（昭和21）年6月28日付で文部省学校教育局長より「大学院又は研究科の特別研究生調査に関する件」（発学300号）が通牒されている[1]。この通牒には戦時中に採用された特別研究生について追跡調査を行う旨が記されている。

　東北帝国大学はこの通牒にしたがい調査を行い、その結果を文部省に報告している（教176号、昭和21年7月18日起案、7月30日発送）[2]。この報告をもとに東北帝国大学大学院特別研究生の年度別人数と学部別構成をまとめたものを表3-1に示した[3]。東北帝国大学では昭和18年度第1期に41名、昭和19年度第1期に31名、昭和20年度第1期に28名、同年度第2期に10名の特別研究生が表に示したような学部別構成で在籍していたことがわかる。

　その総数は昭和18年度から昭和19年度にかけて24％減、昭和19年度から昭和20年度にかけて9％減と、毎年減少していたことがわかる。また昭和19年度には法文学部の特別研究生が全くいなくなるというところに大きな特徴がみられ、その代わりに理学部が29％から41％へ、工学部が17％から38％へと学部別構成比率を増大させていた。

　昭和19年度から昭和20年度にかけては工学部が38％から28％へとその学部別構成比率を減少させ、その代わりに医学部が19％から32％へと増大させていた。

　これらの人数と学部別構成比率が決定された経緯については、前章において見てきた通りである。

60

第 3 章　科学技術動員の展開と大学院特別研究生制度の変容

表3-1　東北帝国大学大学院特別研究生の学部別構成（昭和18年度～20年度）

年　度・期	理学部	医学部	工学部	法文学部	計
昭和18年度・第1期	12 29%	9 22%	7 17%	13 32%	41 100%
昭和19年度・第1期	13 42%	6 19%	12 39%	0 0%	31 100%
昭和20年度・第1期	11 39%	9 32%	8 29%	0 0%	28 100%
昭和20年度・第2期	7 30%	5 22%	3 13%	8 35%	23 100%

注1）上段は人数、下段は学部別構成比を示す。
出所）『東北帝国大学大学院規程』より作成。

3　昭和18年度の銓衡経緯と大学院特別研究生の諸相

学内銓衡

　表3-2に昭和18年度第1期大学院特別研究生銓衡の流れを示した。前章で明らかにしたように、実質的には1943（昭和18）年6月2日の「大学院制度ニ関スル協議会」開催直後から各大学における銓衡が開始されていたと思われるが、公式には6月25日の文部省通牒がその始まりである。必要書類の提出については、8月25日付の文部省通牒「大学院又ハ研究科ノ特別研究生ニ関スル件」（発専181号）があり、9月10日迄に必要書類の提出との指示であった。文部省の指示に従い、対象となった各大学は必要書類を文部省に提出した。東京帝国大学は9月11日に提出し、東北帝国大学は9月12日に発送している。

銓衡委員会

　9月28日、文部省の第二会議室において銓衡委員会が開催され、特別研究生の最終銓衡が行われた。委員会のメンバーであった内田祥三東京帝国大学総長による議事メモ（以下、内田メモと略す）が残されているので、これをもとに内容を見ていくことにする。

　この時の銓衡委員会には、文部省から文部次官、総務局長、専門教育局長、大学課長、企画院から第三部長、また陸軍省から兵務局長とその

61

表 3-2 昭和 18 年度第 1 期大学院特別研究生銓衡の流れ（1943 年 6 月 25 日 ～ 12 月 3 日）

年　月　日	項　　　目	関係法令・文書番号
1943 年 6 月 25 日	文部省「大学院又ハ研究科ノ特別研究生ニ関スル件」通牒、推薦する候補者選定を指示（7 月末迄にリスト提出）	－
1943 年 8 月 25 日	文部省「大学院又ハ研究科ノ特別研究生ニ関スル件」通牒、候補者の関係書類提出を指示（9 月 10 日迄）	発専 181 号
1943 年 9 月 28 日	昭和 18 年度銓衡委員会開催（411 名の採用決定）	－
1943 年 9 月 29 日	「大学院又ハ研究科ノ特別研究生ニ関スル件」公布・10 月 1 日施行	文部省令第 74 号
1943 年 10 月 2 日	「大学院又ハ研究科ノ特別研究生ニ関スル件」の対象大学を定める	文部省告示第 755 号
1943 年 10 月 2 日	「在学徴集延期臨時特例」公布、在学徴集延期を当分中止	勅令第 755 号
1943 年 10 月 5 日	「大学院又ハ研究科ノ特別研究生ニ関スル件」通牒、追加候補者銓衡を指示（10 月 25 日迄）	－
1943 年 12 月 3 日	「大学院又ハ研究科ノ特別研究生ニ関スル件」、追加銓衡決定を通牒（10 月 30 日付で 31 名の補欠入学許可、最終的に 442 名採用）	発専 262 号

随員中佐、海軍省から人事局長代理の大佐、そして大学側からは 7 帝国大学総長、東京商科大学、東京工業大学、東京文理科大各学長、慶應義塾大学塾長、早稲田大学総長の出席があった。

　冒頭に、銓衡委員会の会長である菊池豊三郎文部次官が挨拶に立ち、「本委員会ハ官制ニヨラズ文部大臣ノ諮問ニ応ジ、会議規則ヲ作ラズ、多数決ニヨラズ懇談ノ形式ニヨリ腹蔵ナク意見ヲ交換シ会長ニ於テ適当ニ統裁スル形トス」とこの委員会の位置づけについて述べた。

　続いて、永井浩専門教育局長が、「来年ハ大学卒業者以外カラモ積極的ニ候補者ヲ選定スル様ニセラレタシ」と各大学の推薦する候補者が自校卒業生優先であったことに対して注意を促している。また、「来年ハ候補者名簿ヲ定員ヨリ多少多クシテ銓衡シテ貰ヒ度ガ本年ハ定員ニ充タザルモノアリ。定員ニ充タザル場合三十日以内ニ候補者ヲ挙ゲルコトモ出来ルカラ未ダ充員ノ道ナキニモアラズ、ソノ場合ニハ又本審査会〔銓衡

第3章　科学技術動員の展開と大学院特別研究生制度の変容

委員会〕ニカケル」と述べた。9大学が推薦した候補者数が定員を充たしていなかったことは後述する通りであるが、この事態を受けて大学に追加推薦を促したのである。

　このことにかかわって、東北帝国大学の熊谷岱藏総長から、「東北ニハ研究所ガ発達シ同所教授ハ学部教授会ニ列セズ学位ノ審査ニハ加ハラズ為メニ大学院ノ指導教授トナラズ、従ツテ研究者ハ研究所ノ方ニ行キ学部ニ残ラザルガ普通ニテ定員ニ著シイ不足セルモノアリ」との発言があった。つまり制度上、附置研究所は大学院学生を「指導」できないため、東北帝国大学の学生は、学部卒業後、大学院に進学せず附置研究所になんらかの形で所属し研究に従事することが通例であるという。実質的に「指導」できる教授数に対する大学院の定員が少ないという、多くの附置研究所を有している東北帝国大学ならではの訴えであった。

　これに対し、永井専門教育局長は「研究所教授モ大学院学生ヲ指導スルコトヽシ、法規ガ悪ケレバソレヲ改正スルト云フ方針デ行カレタシ」と柔軟な姿勢を示した。永井専門教育局長のこの見解を受けて、熊谷総長は「文部省ガソノ方針ナラ追加トシテモツテ来ル」と追加候補者の推薦をすると表明している。4月開催の帝国大学総長会議で協議されたことが、銓衡委員会で再確認されたことになる。

　大阪帝国大学の真島利行総長からは、「工学部ノ特別研究生中ニ現ニ陸軍、海軍ニ服務中ノモノアリ、九州工学部ニモ海軍ニ服務中ノモノアリ」とこれらの学生の「帰還」を求める発言があった。これについて、陸軍省、海軍省はともに「研究スベシ」との回答にとどまった。くわえて那須義雄陸軍省兵務局長は「陸軍デハ順番ヲキメテヤツテヰルノデ途中ニ逼人ツテクルト前カラ待ツテヰル者トノ釣合アリ」と調整の難しさを述べている。

　また永井専門教育局長の「文科ノ心理ハ軍事上必要ナリ」との説明に対し、那須兵務局長は「閣議決定ニイタツタラソノ通リヤル外ナシ」と回答した。しかし、話題が農学部の農業経済に及ぶと「アマリ学部ノ内容ニ迄立チ入リテ研究スルコトハ困ル」と各論の協議を避けた。

63

慶應義塾大学の小泉信三塾長の「御互ニ云フ丈ケノコトハ云ツタ故ア
トハ文部省ト軍ニ然ベク交渉ヲシテ貫フコトヽスベク一任シタシ」と協
議を締めくくる発言があり、残る課題は文部省と軍の協議結果に一任さ
れることになった。最後に、菊池文部次官が「各位ノ気持ハ充分ニ、ヨ
リ判ツタノデ自分ヨリモ軍ノ当局ニ御願ヒヲスル、コノ結果ハ文部省ニ
一任サレ度」と述べて散会となった。

　以上が、昭和18年度の銓衡委員会における協議の概要である。ここで
は次のような事項を確認することができる。一つは、銓衡委員会の位置
づけである。委員会の冒頭で会長の菊池文部次官が述べたようにこの委
員会は、とくに法令や規則を設けず、その「懇談」内容を踏まえて会長
である文部次官が「適当ニ統裁スル」ための「意見ヲ交換スル」場と位
置づけられていた。二つ目は過少推薦への対応についての協議内容で
あった。このなかで、附置研究所を多く有する大学や軍に召集されてい
る学生を候補者として推薦したい大学など諸事情が述べられ、それへの
対応が協議されていた。この銓衡委員会において、その採否が協議され
た特別研究生候補者数は計411名であり、10月1日付で採用された人数
もそれと同数となった（表3-3を参照）。

　なお、この銓衡委員会の冒頭で問題になった「定員ニ充タザル」大学
は、追加候補者を選定する必要があった。10月5日付で各大学に通牒が
送られ10月25日までに追加候補者を推薦するようにとの指示がなされて
いる（表3-2を参照）[4]。

　これを受けて東北帝国大学は追加の候補者を銓衡し、関係資料を10月
23日付で文部省専門教育局長宛に発送している。東京帝国大学は同様の
書類を10月31日付で発送している[5]。東北帝国大学は、理・医・工学部
それぞれの定員分として候補者を推薦するが、提出書類には、農学研究
所や抗酸菌病研究所、金属材料研究所などの附置研究所の研究に従事す
る予定であることが分かるような附記がなされていた。これは先の銓衡
委員会で熊谷東北帝国大学総長が表明した通りである。

　これら追加候補者については、文部省での銓衡委員会は開催されず、

第3章　科学技術動員の展開と大学院特別研究生制度の変容

表 3-3　昭和 18 年度第 1 期大学院特別研究生定員と採用者数

大　学　名	定　　員	採用者数	内　　訳	
			一次選定	補欠選定
東京帝国大学	121	110	107	3
京都帝国大学	79	76	74	2
東北帝国大学	46	44	36	8
九州帝国大学	58	56	50	6
北海道帝国大学	41	41	39	2
大阪帝国大学	29	27	24	3
名古屋帝国大学	26	25	21	4
東京商科大学	8	8	7	1
東京工業大学	17	13	12	1
東京文理大学	13	12	11	1
慶應義塾大学	14	14	14	0
早稲田大学	17	16	16	0
計	469	442	411	31

注1) 資料では採用者数内訳中の一次選定数合計が 413 となっていたが、411 に修正した。

出所)『昭和十八年度　大学院特別研究生関係 東京帝国大学』より作成。

文部省が示した銓衡基準により文部省内にて銓衡が行われている [6]。また
その後、12 月 3 日に計 31 名が追加採用（10 月 30 日付）され、この時点
で、総計 442 名となったということになる（表3-2 および表3-3 を参照）。

大学院特別研究生の素描と研究事項

先述した昭和 18 年 8 月 25 日の文部省通牒にもとづき、東北帝国大学は
学内銓衡した大学院特別研究生候補者に関する事項を前述した 4 書式の
資料にまとめて 9 月 12 日に文部省に提出している [7]。前章で述べたよう
に、東北帝国大学の場合、定員が 46 名と定められたのに対し、9 月 28 日
に文部省で開催された最終銓衡委員会では 33 名の候補者しかいなかっ
た。結果として、大学が推薦した 33 名は全て採用されたが、追加銓衡の
必要が生じた。このような状況は他大学でも生じていた。東北帝国大学
は文部省の通牒に従い、9 月 12 日に、理学部 3 名、医学部 2 名、工学部

4名の計9名の追加候補者を推薦し、4書式を送付している。そして9名中8名が採用されたが、それでも定員より5名少ない。

これらの大学院特別研究生候補者の4書式中、第一号書式を除く3書式の控えが東北大学史料館所蔵の『大学院特別研究生　昭和十八年度第一期』に綴られているので、記載事項の中から特別研究生の所属学部・学科（教室）および研究題目、採用時在職者は前職、採用時である1943（昭和18）年10月1日時点[8]の年齢を表3-4にまとめた。

（1）候補者の素描

採用された特別研究生41名の年齢を見てみると最年長が43歳、最年少が22歳であり平均年齢は26.5歳であった。大学卒業後数年を経過し、助手ないし副手などの職を有していた者が全候補者41名中半数近い18名であった。大学院特別研究生制度施行の初年度ということもあり、新卒に限定せず、広く適格者を求めようとする意識を読み取ることができる。

なかには、1939（昭和14）年5月15日に設置された東北帝国大学臨時附属医学専門部の助教授や講師という前歴を持つ者がいた。特別研究生に支給される学資月額90円以上という金額は助手が月額70円、副手が月額30円から40円という給与水準にあった当時としては格別の待遇であったといえるが、何よりも入営延期の措置が取られたという条件がこの制度を利用しようとする動機付けとなったことは想像に難くない。そのほか中学校教授の職にあった者も1名いた。東北帝国大学以外の大学学部卒業者として採用されたのは理学部の東京工業大学出身者1名であった。

（2）研究事項

研究事項の題目に注目してみたい。医、理、工の各学部のものは「（戦争遂行上特ニ直接必要ナルモノ）」かそうでないものか、題目そのものからの評価は困難である。これに対し、法文学部の題目では、「戦力高揚ノ心理学的方法、特ニ表現技術」、「長期戦完勝ノ要件－羅馬帝国建設成功ノ諸因ノ研究」、「本邦兵制ト社会経済制度トノ関係ニ就キテノ史的研

第3章　科学技術動員の展開と大学院特別研究生制度の変容

究」など「(戦争遂行上特ニ直接必要ナルモノ)」であるような表現に留
意しつつも、自らが専門とする研究を遂行しようとする意図が読み取れ
るものが散見される。前章の資料2-3に掲げた発専181号の本文の追而に
おいて、法、経、文の各学部の候補者についてはその研究の「国家的緊
要性」を詳細に記すようにと付された注意書きがあった。この追而の注
意書きを法文学部が率直に反映させたものと受け止めることもできよう。

(3) 研究事項解説書

つづいて第三号書式である研究事項解説書を見てみたい。研究事項解
説書は、文部省に提出する書類4書式のなかでは、研究事項の緊要性の
みならず、各候補者の資質や適性などの個別性を最も表し易い書式であ
ろう。とはいうものの前章の資料2-3で見てきたように、作成する上での
いくつかの留意しなければならない項目があった。

第一に字数制限である。研究事項解説書は「解説ハ長キニ失セザルコ
ト」という基本的な「記入上ノ注意」が示されていたが、具体的な字数
制限は示されていない。

第二に文部省通牒が要求したキーワードがいくつかある。昭和18年度
の場合、「解説書中特ニ法、経、文ノ各学部ノ候補者ニ付テハ其ノ研究ノ
国家的緊要性ヲ詳細ニ記サレ度」と「追而」に記されていた。

以下、それらの留意事項がいかに反映されていたのか、いくつかの事
例を取り上げながら検討を加えていく。

①文字数

前述したように研究事項解説書は「解説ハ長キニ失セザルコト」とい
う基本的な留意事項があったが、具体的な字数制限は示されていない。
ここではまず、学部毎、年度毎の研究事項解説に要された字数について
見てみたい。111名分の研究事項解説書本文の字数をカウントし、それら
の最大値、最小値、平均値を表3-5にまとめた[9]。

昭和18年度の医学部では、新卒でない候補者の研究事項解説書の字数
が多いことが看取できる (史料番号 18-M01、M04、M06、18-2-M01、

表 3-4 東北帝国大学の大学院特別研究生候補者（昭和 18 年度第 1 期）

所属学部	研究事項	所属学科・教室	氏名	前職（他大学）	採用時年齢	指導教官	採否	史料番号	解説文字数
理学部（12名）	粘土鉱物ノ熱的及X線的研究	岩石鉱物学教室	木崎嘉雄	助手	26歳11か月	高根勝利	○	18-S01	606
	鉄鋼ノ冶金学的研究並ニソノ原料ノ研究	物理学教室	丸山益輝	（東工大）	24歳3か月	石原寅次郎	○	18-S02	288
	高分子化学研究	化学教室	丸芳十郎		22歳8か月	富永齊	○	18-S03	120
	植物耐煉生理ニ関スル研究	生物学教室	柴岡孝雄		24歳6か月	山口彌輔	○	18-S04	541
	日本産ヒドラノ研究	生物学教室	伊藤猛夫		26歳6か月	朴澤三二	○	18-S05	163
	有機化学ニ於ケル結合反応ノ研究	化学教室	秋野一	助手	27歳5か月	野村博	○	18-S06	117
	稀元素応用分析法	化学教室	鹽川孝信	助手	26歳8か月	小林松助	○	18-S07	101
	石油層ノ岩石学的及ビ物理学的研究	岩石鉱物鉱床学教室	増井淳一	助手	27歳0か月	高橋純一	○	18-S08	476
	固体ノ原子物理学的研究	物理学教室	前田清治郎		25歳1か月	三枝彦雄	○	18-S09	281
	フナ・セミジンノ生理生態学的研究	生物学教室	橋本正雄	副手	34歳2か月	富永齊	●	18-2-S01	135
	鉄鋼添加成分ノ定量法	化学教室	林滋彦		24歳8か月	小林松助	●	18-2-S02	116
	非線型微分方程式	数学教室	内藤忠男	副手	26歳3か月	泉信一	●	18-2-S03	40
医学部（9名）	聴器迷路ノ病理ニ関スル研究	医学科	片桐主一	臨時医専講師	34歳8か月	立木豊	○	18-M01b(a)	184(126)
	脳波ニ関スル研究	医学科	岩間吾也		24歳5か月	本川弘一	○	18-M02	98
	脳外傷死因並ニ之ガ対策ニ関スル研究	医学科	遠藤辰一郎		23歳8か月	桂重次	○	18-M03b(a)	84(47)
	「アレルギー」性諸疾患ノ研究	医学科	浦山晃	助手	25歳8か月	林雄造	○	18-M04	234
	貧血	医学科	赤石英		23歳11か月	村上次男	○	18-M05	165
	晩期妊娠中毒症ニ関スル研究	医学科	和田裕宏	臨時医専助教授	27歳8か月	篠田利	○	18-M06	323
	糖蛋白体ノ生化学	医学科	宇津志元平		27歳7か月	正宗一	○	18-M07	153
	肺結核ノ代謝機転ニ関スル研究	医学科	佐藤正二郎	副手	30歳5か月	海老名敏明	●	18-2-M01	258
	低圧等酸素乏乏状態ノ航空生理学的研究及経労恢復ノ研究	医学科	鈴木達二	助手	28歳3か月	佐武大郎	●	18-2-M02	273
工学部（8名）	製鋼化学	金属工学科	不破祐	助手	28歳1か月	的場幸雄	○	18-T01	88
	熱伝達ノ研究	機械工学科	西村靖正		23歳8か月	抜山四郎	○	18-T02	114
	弾性体ノ振動強度ニ関スル研究	機械工学科	齋藤秀雄		24歳8か月	樋口盛一	○	18-T03	85
	非水溶液化学ノ研究	化学工学科	内ヶ崎欣一	助手	24歳6か月	原龍三郎	○	18-2-T01	241
	非水溶液化学ノ研究（細目硝酸アンモニアノ直接合成）	化学工学科	河口忠男		28歳3か月	原龍三郎	●	18-2-T02	276
	水中音響工学ニ関スル研究	電気工学科	本多誠一	助手	27歳9か月	抜山平一	●	18-2-T03	116
	乾電池ニ関スル研究	化学工学科	高木修		24歳10か月	伏屋義一郎	●	18-2-T04	90
	航空機用強力軽合金ニ関スル基礎的研究	金属工学科	■■■■	（東大工）	23歳7か月	伏屋義一郎	×	18-2-T05	264

第3章　科学技術動員の展開と大学院特別研究生制度の変容

学部	研究題目	所属学科	職	氏名	年齢	指導教官	採否	資料番号	数量
法文学部（13名）	戦力高揚ノ心理学的方法、特ニ表現技術	文科社会学学科	副手	黒田正典	27歳7か月	大脇義一	○	18-I.01	548
	英米ノ東亜民族論トノ東亜ヘノ影響		中学教授	家坂和之	24歳10か月	新明正道	○	18-I.02	195
	亜細亜精神ノ研究			佐々木理	43歳9か月	土居光知	○	18-I.03	376
	工業ニ於ケル労務政策（株ニ重工業労務者ノ労務配置並ニ能率増進ニ関スル問題）	経済科		島田隆	23歳10か月	中村重夫	○	18-I.04	222
	チベット語並ニインド文化ノ基本的特相	印度学科	助手	羽田野伯猷	32歳2か月	金倉圓照	○	18-I.05	1,145
	支那近世ノ俗文学ニ現ヘレタル国民性ノ研究	文学科		金田純一郎	23歳0か月	小川環樹	○	18-I.06	228
	近世科学思想史ヲ通ジ哲学的反省	文科	副手	松本彦良	24歳4か月	小山鞆繪	○	18-I.07	848
	長期戦完勝ノ要件―羅馬帝国建設成功ノ諸因ノ研究	西洋史科		祇園寺信彦	32歳1か月	大類伸	○	18-I.08	610
	本邦兵制ト社会経済制度トノ関係ニ就キテノ史的研究	文科		高橋富雄	22歳2か月	古田良一	○	18-I.09	264
	黄河地域ト揚子江地域トニ於ケル文明（広ク政治、文化、経済ニ亘ル）ノ特殊性及ビ其ノ相互的影響ヲ歴史地理的ニ究明シテ現今支那統治ノ方策ニ資スルガタメノ研究　マライシャーニ於ケル低文化諸部族ノ民族心理学的研究	文科東洋史科		佐藤武敏	23歳0か月	岡崎文夫	○	18-I.10	423
	大東亜建設ノ法理	心理学科	副手	安部淳吉	28歳6か月	大脇義一	○	18-I.11	1,406
		法科第二部		黒田正士	24歳0か月	廣濱嘉雄	○	18-I.12	446
	日本語ヲ大東亜ノ国際語タラシメントスル、試ミトノンノ理論	文科第二部		岩不二雄	34歳5か月	土居光知	○	18-I.13	369

注1）本表の学部毎の記載順は『大学院特別研究生　昭和十八年度第一期』の記載順の通りとした。
注2）資料番号は巻末資料編の史料番号。
注3）特別研究生の所属学科・教室名は実際の名称と異なるものもあると思われるが、研究事項解説書に記載されているもののそのまま転載した。
注4）他大学からの特別研究生は同職欄に（出身大学名）と記した。
注5）採否欄には最終的に特別研究生に採用された者に●、追加採用された者に○、採用されなかった者に×を付した。
注6）不採用となった候補者の氏名は■で記した。
出所）『大学院特別研究生　昭和十八年度第一期』により作成。

表 3-5　研究事項解説書の字数

		昭和 18 年度	昭和 19 年度	昭和 20 年度
理学部	最　大	606	247	217
	平　均	249	129	105
	最　低	40	44	15
医学部	最　大	323	729	912
	平　均	197	360	258
	最　低	84	89	93
工学部	最　大	276	406	281
	平　均	159	177	186
	最　低	85	86	81
法文学部	最　大	1,406	-	-
	平　均	545	-	-
	最　低	195	-	-
全　体	最　大	1,406	729	912
	平　均	312	195	183
	最　低	40	44	15

※平均の小数点以下は四捨五入している。

M02、以下、史料番号のみを記すことにする)。また解説書に修正が加えられた結果、字数が増加したものである（18-M01a から b、18-M03a から b)。

　理学部と工学部では名簿順位や補欠推薦といった条件の変化と字数の変化に目立った特徴はみられなかった。理学部数学教室より推薦された候補者の字数の少なさが目立った。

　法文学部の字数が目立って多い。最も少ない 195 字（18-L02）は、この年の工学部の平均値（159字）を超え、医学部の平均値とほぼ同じである（表 3-5 を参照)。

　この年、特に法、経、文の各学部の候補者についてはその研究事項の国家的緊要性を詳細に記すようにと、文部省通牒に留意事項が付されていた（第 2 章、資料 2-3)。留意事項が反映されたことが一因であると考えられる。

第 3 章　科学技術動員の展開と大学院特別研究生制度の変容

　確かに詳細ではあるが、最も字数の多いものは 1,406 字で B4 版のタイプライター用紙 2 枚にも及び（18-L11）、他学部の B5 版 1 枚程度のものと比較すると「長キニ失セザルコト」という基本原則からはほど遠い感がある。法文学部では名簿順位と字数との関連性はみられなかった。

②文部省通牒が要求した文言

　文部省通牒が要求したキーワード、すなわち「研究事項ノ国家的緊要性ノ説明ヲ含ム」という基本原則がさほど反映されていないことが看取できた。

　昭和 18 年度のみ、この制度施行の対象となった法文学部の研究事項解説書には、「緊要」「緊急」「喫緊」「必要」といった研究の必要性を強調するための用語が比較的多く現れ、この年度の全学部計 29 か所の過半数となる 17 か所あった。

　また、戦争に関する直接的な表現が 8 か所と比較的多く見られた。なかでも「戦争ノ補助手段ノ研究デハナク、戦争ソノモノノ研究デアル」（18-L01）という表現は印象的である。

　そのほか、国力増強に関わる用語も散見された。「戦力増強ヲ目的トスル企業整備ハ我ガ国刻下ノ緊要国策トスルトコロデ」（18-L04）、「現下戦力ノ増強ニ資スベキ点大ナルヲ信ジ」（18-L08）などがそれである。

　また民族政策、植民地統治に貢献し得るといった、日本の対アジア国家戦略を意識した用語や表現が見られた。

　「日本ノ東亜民族政策ニ対スル理論的障碍物ヲ打開シ、民族政策ノ実行及ビ東亜諸民族ノ啓蒙ノタメ」（18-L02）、「亜細亜ノ指導者トナラントスル我国ニトツテモ国家的ニ緊要ナル研究」（18-L03）、「共栄圏文化ノ研究開拓ヲナシ指導原理ヲ確定スルハ現下特ニ緊要事デアル」（18-L05）、「複雑多岐ナ支那ノ現実ヲ処理スルニモ必ズ役立ツト信ズル」（18-L06）、「現今支那統治ノ方策ニ資セントスルモノデアル」（18-L10）、「大東亜ノ民族力ヲアゲテ戦力ニ結集ス可キ秋ニ当リ、タトヘ低文化民族トイヘドモ長所ト適正ヲ発見シ、コレヲ戦力化サレナケレバナラナイ」（18-L11）、「大東亜戦争ハ一面戦争、一面建設ノ聖業デアル〔中略〕大東亜諸地域内ノ

71

諸民族ヲシテ仰ガシメルニ足ル法学ヲ樹立シ以テ、大東亜戦争ニヲケル建設面ノ完遂ニ寄与セン」(18-L12)、「亜細亜ノ国際語トシテノ日本語ヲ完成スルコトハ国家的見地ヨリスルモ緊要デアル」(18-L13)などがそれである。

そのほか、日本国内の文化政策に資することを強調した表現も見られた。「西洋近代精神ノ哲学的批判ヲ通ジテ、日本固有ノ民族性格ノ下ニ於ケル独自ナル日本的科学方法ノ樹立ニ資セントスル」(18-L07)、「国家思想ヲ昂揚シ、前線銃後ノ精神的戦力ヲ増強スル上ニ於テ緊要ナル研究ナリト信ズル」(18-L09)などである。

理学部では、「緊要ナル航空機部品ノ増産ニ資セントスル」(18-S02)、「近年稀元素ノ応用ハ急激ニ進歩シ、殊ニ軍事ニ関シテ広ク利用セラルルニ至ツタ」(18-S07)、「原油ノ増産、油田ノ効率ヲ増シ」(18-S08)、「製産上増進殊ニ軍事上益々重要性ヲ加ヘツツアル」(18-2-S02)など、研究成果の軍事転用の可能性や軍需品増産に資することが強調されている。

またいわゆる基礎研究といわれるような分野では、「基礎的研究者ノ養成ハ東亜共栄圏ノ指導者タル日本ノ権威ヲ保持スル上ヨリ見ルモ緊急ヲ要スル」(18-S04)と、その分野の研究者養成が日本の権威を保つのに役立つといった、やや強引とも思われる強調のされ方まで見られた。

医学部では、「兵器運用上ノ痛覚ニ関スル研究」といったように、「兵器運用上」という用語がわざわざ付け加えられているものもある(18-M02)。また「結核ノ発病ヲ防止スルト共ニ罹病者ノ健康ヲ保タシメ戦力増強ニ資セントスル」(18-2-M01)、「人口胎養増強ノ緊急切実ナル今日」(18-M06)、などと、「増殖」「増強」といった用語が用いられてもいた。

工学部の場合、研究の必要性を強調するために必要という用語が用いられている解説書(18-2-T03)が一つあるのみで、特に時局との関わりや戦時研究を強調する語句は見られなかった。

③研究事項解説の改訂・差し換えなど

昭和18年度の医学部では、下書きらから成案にかけて戦時研究であることを強調するための改訂が行われていた。同じ内容の解説の書き出し

第 3 章　科学技術動員の展開と大学院特別研究生制度の変容

表 3-6　昭和 19 年度第 1 期大学院特別研究生銓衡の流れ（1944 年 4 月 5 日
　　　　～ 5 月 27 日）

年　月　日	項　　　　　目	関係法令・文書番号
1944 年 4 月 5 日	「大学院又ハ研究科特別研究生ニ関スル件」通牒、昭和 19 年度の定員を通知	発専 108 号
1944 年 4 月 18 日	「大学院又ハ研究科特別研究生ニ関スル件」通牒、推薦の際の留意事項を通知（医学部・農学部純農分野の定員削減、理・工学部は 2 割増推薦）、別紙で書類提出期日を指定（4 月末日）	発専 108 号
1944 年 5 月 27 日	昭和 19 年度「大学院特別研究生銓衡会」開催（318 名の採用決定）	
1944 年 5 月 30 日	「大学院又ハ研究科特別研究生ニ関スル件」通牒、召集延期のための必要書類提出を指示	発専 108 号

に「最近航空機ノ非常ナル発達ハ」（18-M01a から b へ）や「戦場ニ於テ
脳外傷ノ六〇％ガ死亡スルモノトサレテヰル」（18-M03a から b へ）と
いったように、時局に即した研究であることを強調するための文言が書
き加えられていた。また名簿順位の高い候補者のものでも、時局を意識
し、解説の作成に注意を払っていた様子がうかがわれる。また、昭和 18
年の補欠推薦の際に提出された医学部の候補者のものからは、他の候補
者の下書を流用した痕跡が見られた（18-2-M01）。この制度実施初年度
の学内銓衡の混乱が垣間見られる。

4　昭和 19 年度の銓衡経緯と大学院特別研究生の諸相

学内銓衡

　表 3-6 に昭和 19 年度第 1 期大学院特別研究生銓衡の流れを示した。こ
の表に見るように、昭和 19 年度第 1 期大学院特別研究生銓衡は、1944
（昭和 19）年 4 月 5 日付けの文部省専門教育局長名の通牒により開始した。
　東北帝国大学に送付された通牒によれば、昭和 19 年度第 1 期生の定員
を医学部 9 名、工学部 11 名、理学部 11 名の計 31 名とする旨が通牒され
ている（発専 108 号、資料 3-1）。この時点で既に文科系の定員が削除さ
れている。東京帝国大学にも同様の通牒が送付されており、医学部 13
名、工学部 45 名、理学部 15 名、農学部 15 名の計 88 名が定員として定め

73

られている [10]。

【資料 3-1】 大学院又ハ研究科特別研究生ニ関スル件（発専 108 号）[11]

発専一〇八号

昭和十九年四月五日

文部省専門教育局長　印

東北帝国大学総長殿

大学院又ハ研究科特別研究生ニ関スル件

昭和十九年度特別研究生ノ選定ニ付キテハ近ク具体的要綱ヲ通牒相成ベキ
見込ナルモ取敢ヘズ左記人員ノ範囲内ニ於テ銓衡相成ベキニ付御含ミノ上
可然御準備置相成度尚本年度ハ其ノ研究事項ニ就テハ特ニ戦力増強ニ直接
必要アルモノニ限ラル、見込ニ付併セテ御含相成度

記

医　　　九人

工　　一一人

理　　一一人

農　　　　人

計　　三一人

【資料 3-2】 大学院又ハ研究科特別研究生ニ関スル件（発専 108 号）[12]

発専一〇八号

昭和十九年四月十八日

文部省専門教育局長　印

東北帝国大学総長殿

大学院又ハ研究科特別研究生ニ関スル件

本年度特別研究生ノ銓衡ニ関シテハ特ニ左記要綱ニ依リ候補者ヲ御銓衡ノ
上来ル四月末日迄ニ御推薦相成度

第3章　科学技術動員の展開と大学院特別研究生制度の変容

一、本年度特別研究生ノ決定ハ五月中旬迄ニ之ヲ行フコト

二、本年度特別研究生ノ選定ハ理科的学科ニ限リ之ヲ行ヒ文科的学科ニ付
テハ今回ハ之ヲ停止スルコト

三、特別研究生ハ現情勢ニ鑑ミ特ニ国家喫緊ノ科学研究ニ従事スル教授、
助教授等ノ研究補助員タルノ任ニ当ラシムルニ重点ヲ置クコト

　従ツテ特別研究生ハ指導教官ノ研究ニ絶対不可欠ノ要員ニシテ真ニ教官
ト一丸トナリテ研究ニ従事シ之ガ強力ナル推進力タリ得ベキ者ヲ選定ス
ルコト

四、右ノ研究事項ハ決戦態勢ニ応ズベキ事項ニ限ルモノトシ長期ニ亘ラザ
レバ効果ヲ期シ難キ事項ハ之ヲ控ヘルコト

　尚研究事項ハ明確且具体的ニ表示スルコト

五、特別研究生ノ選定ハ出身学校ノ如何ニ拘ラズ真ニ公平厳正ニ之ヲ行フ
コト

六、特別研究生ノ推薦ニ当リテハ候補者ニ順位ヲ附シ定員ノ概ネ一割程度
ノ補欠推薦者ヲ用意スルコト

　尚推薦漏ノモノニ付テハ推薦者ニ準ジ別紙トシテ関係書類ヲ整理ノ上送
付スルコト

　銓衡ノ際試験ヲ課シタル場合ハ試験ノ方法及結果ニ付概要ヲ送付ノコト

　尚推薦ニ当リテハ研究事項ノ説明書ヲ別紙トシテ用意スルコト之ガ記載
ニ付テハ例エバ「何々委嘱ニ依ル何々ノ研究ニ従事スル教官ノ研究遂行
ノタメ幾名ノ補助員ヲ要スベキ処然々ノ事情ニアリ特別研究生何某ハ最
適任者ニシテ且絶対不可欠ノ研究要員ナリ」等ノ如ク明確且直載ナル説
明ヲ附スルコト

七、特別研究生選定ノ手続及書類形式等ハ凡テ昨年ト同様ニ取扱フコト

　その13日後の4月18日付で通牒された別紙（発専108号、資料3-2）
では、戦況が悪化していたこともあり、軍の要望を受けた形で研究事項
については「決戦遂行ニ国力ノ全力ヲ集中スル」という「線ニ沿フモノ
ニ限ラルベク」という制限が課せられた[13]。具体的には軍医不足から医

学部の定員を削減、農学については純農的な研究は極力避けて、それら
の定員の一部を理学、工学に振替えるので、理学、工学関係には概ね定
員の２割増の候補者を推薦するようにというものであった。

　また同日付で、昭和19年度の特別研究生は５月中旬迄に決定するので
候補者を４月末迄に推薦するよう、文部省専門教育局長から「大学院又
ハ研究科ノ特別研究生ニ関スル件」の通牒があった（発専108号、資料
3-2）。その通牒の第五項に「出身学校ノ如何ニ拘ラズ真ニ公平厳正ニ之
ヲ行フコト」という文言が付されている。前年に永井浩専門教育局長が
注意を促した事項が、留意点として記載された形となった。また第六項
に、候補者には順位を付し「概ね一割」の補欠推薦者を用意するように
記されている。またこの文部省通牒には、研究事項解説書は「何々委嘱
ニ依ル何々ノ研究ニ従事スル教官ノ研究遂行ノタメ幾名ノ補助員ヲ要ス
ベキ処然々ノ事情ニアリ特別研究生何某ハ最適任者ニシテ且絶対不可欠
ノ研究要員ナリ」と「明確且直截」に説明するようにと留意事項が付記
されていた。

　東北帝国大学は、「概ね一割」の補欠を含めた医・工・理の３学部計35
名の候補者を銓衡し、銓衡結果を４書式の資料にまとめて５月17日付け
で文部省に提出している[14]。東京帝国大学も候補者を銓衡し、東北帝国
大学と同日付で書類を提出している[15]。

銓衡委員会

　５月27日午後１時半より文部省第四会議室において、銓衡委員会が開
催され、特別研究生の最終銓衡が行われた[16]。以下、この模様を内田メ
モにもとづいて見ていくことにする[17]。

　この時の銓衡委員会には、７帝国大学総長（阪大は代理）と東京文理
科大学、東京工業大学の両学長（文理は代理）、慶應義塾大学塾長、早
稲田大学総長（代理）、陸海軍関係官（各中佐）、文部次官、専門教育・
科学両局長、大学課長、理事官等の出席があった。

　委員会の冒頭で菊池豊三郎文部次官が挨拶に立ち、「本年ノガ昨年ト異

第3章　科学技術動員の展開と大学院特別研究生制度の変容

ツタ点」について次のように述べた。

　一、文科系学徒ハ昨年出陣セル結果本年ハトラザルコトヽナツタ
　二、選定ノ方針ニ就テハ今年ハ時局ニ鑑ミ緊急研究ニ従事スル教授、助教
　　授ノ補助員タラシムル様ニ考ヘタコト
　三、軍要員ノ必要上学部局ノ人数ヲ融通シテ時局ニ適応スル様ニスルコト。

これに続いて「陸軍側関係官」から次のような要望が述べられた。

　一、医学部ノ研究ガ必要ナルコトハ明カナルガ軍医ノ不足著シク一人デモ
　　多ク軍ニ送リ度ク昨年ノ数ヨリ本年ハ相当減少シタシ
　二、農学部関係ハ入営ヲ延期セザル学科アリソノ学科ニ属スルモノハ除外
　　シタシ
　三、入営延期ノ年齢限度ハ省令デ告知サレアル故ソレヲコサヾル様ニシタ
　　シ

　この「陸軍側関係官」からの要望を受けて永井専門教育局長は、
「（一）ニ就テハソノ案陸軍側トモ交渉ヲ重ネ昨年ノ三割減ト云フコトデ
大体了解ガツイテヰルノダガソレデハ如何」との問いかけがあった。こ
れに対し今裕北海道帝国大学総長が「己ムヲ得ズ、他大学モ己ムヲ得ザ
ルコトヽ了承ス」とコメントし、他からも異議なく医学部定員の3割減が
了承された。
　しかし永井局長は、三の「入営延期」については、大学より推薦され
てきた特別研究生候補者は、年齢が基準に達していても入営延期措置が
適用されるようにと、次のように要望した。

　（三）ニ付テハ昨年ハ入営延期ガ表ニ出テ居ナカツタ、所ガソレガ今度陸
　　軍規定ノ中ニ這入ツタ。コノ点ハ入営延期ガ確実化サレテ大変結構ナコト
　　ダガ一面カラミルト普通ノ年ノ上ニ五年カブサツテ年限ガ定メラレ年齢ノ

77

拘束ガ出来テ此ノ点窮屈トナツタ、勿論出来ル限リ年ガ超過シナイ様ニ考
　　ヘルコトヽハスルガ特別ニ研究上必要ナモノデアリ且ツ全体ノ数モ少イノ
　　ダカラ除外セラレ度イ

　この永井局長の要望に対し、「陸軍側関係官」は「遊ンデ居タカ何カデ
ナイト年限ガ引ツカヽルコトハナイ引ツカヽルモノハ学問ノ優秀性ニ疑
ヒアリ」と否定的な見解を示した。この見解に対して内田東京帝国大学
総長は「ソレハヅート学校ニヰタモノヽ話シデアツテ一度世間ヘ出テ
改メテ大学院ニ這入ルモノハ年ヲトツテヰル然モ非常ニ優秀ナモノガ這
入ツテ来ルノデアル」と、大学側が推薦する候補者の優秀さを強調し
た。これを受けて「陸軍側関係官」は「然様ナ人ニ付テハ差支ヘナシ、
然シ一度入営シテ来タモノデナイト原則的ニ認メルコトハ困難デアル」
と一定の譲歩を示した。
　またこれとは別に「海軍関係官」は、「然シ何トイツテモ電波兵器関係
ハ最モ遅レテ居ルノデ最モ重要視シテ貰ヒタイ。次ニ燃料、航空機資材
デ、一、電波兵器、二、燃料、三、航空資材ト云フ順ニ重点ヲ置イテヤ
ツテ貰ヒタシ」と、個別の研究分野を挙げて、優先するように要望した。
　以上で「大体論」の協議が終わり、多くの候補者は各大学から提出さ
れた候補者リストに従って「大体論丈ケデ通過ト云コトヽス」となっ
た。ただし、医学部と農学部の「純農」分野、そして「年齢ノヒツカヽ
ルモノ」のみについて「個々ノ審議」がなされた。以下、東京帝国大学
の事例により「個々ノ審議」の模様を見ることにする[18]。なお、引用中の
候補者氏名は、■■で記した。

　東大医学部
　内田〔東京帝国大学総長〕ヨリ　一三人ノ三割即チ四人ヲ減ジテ九人トシ
　　　一番ヨリ九番迄入選十番以下十四番迄五名ヲ削除コレデ医ノ定員四名
　　　ヲ減ジタルニヨリコノ四人ヲ工学部ニ加ヘエノ四五人ヲ四九人トス
　　　一番ヨリ六番迄六名ハ年齢デ引ツカヽル内三番、六番ハ入営ズミナル

78

第3章　科学技術動員の展開と大学院特別研究生制度の変容

故問題ナシ

一、二、四、五ハ引ツカヽルモ何レモ本年卒業スル者デハナイ昭和

九、一三、一六年及一七年ノ卒業ニテ既ニ経験ヲツミ居ルモノナリ何

レモ優秀ナル研究者ナリ、本年ハ教授助教授ノ研究補助トシテ選定ニ

重キヲ置ク関係上学校ヲ出タバカリノモノヨリハ既ニ本当ノ経験ヲ持

テキルモノヽ方ガ役ニ立ツコト当然ナリ、依テ之ヲ採択セラレ度

永井〔専門教育局長〕　先程ハ云ヒ忘レタガ既ニ研究ヲシテキルモノガ役

ニ立ツコトハ只今東大総長ノ述ベラレタル通リナリ此ノ点モ考ニ入レ

適宜ノ取リ計ラヒヲナサレタシ

陸軍　原則的ニ確約ハ出来ズカヽル者ハ召集サレルコトモアルノデ必ズ召

集サレルトハ限ラズ同時ニ召集サレルコトモアリ得ル

内田　召集サレタラ特別研究生ナル理由デ免除ヲ御願ヒスルコトニシテソ

ノ際ニハヨロシクト述ベ此ノ程度デ次ニ進行ス

東大農学部

内田　東大農学部ニハ農業経済ハ一人モナク純農ハ三名アリ六、七及一五

ナリ一五ハ削除スル故六ト七トハ認メラレタシ、六、七何レモ相当研

究ヲツミ居ルモノニテ教授ノ重要研究ノ補助者トシテ極メテ好適ナリ

陸軍　軍ノ幹部ガ極端ニ人ノ要ル所ナルヲ以テ純農ハ削ラレタシ

内田　軍要員ノ点ハヨリ判ル、然シ一方ニ於テ現在農業技術者ヲ陸海軍ニ

於テ必要トサラルヽハ非常ノ数ニテ吾々ノ方丈ケニテモ随分多数ノ軍

要員ヲ御世話シテキル且ツソレニ伴ツテ多数ノ研究ヲ委託サレテキ

ル、コレ等ノ研究ヲ実施スルニハ人ガナクテハ出来ズ■■，■■両名

共既ニ数年前ノ受験ニテ現役ニアラズ召集猶予ノ手続ヲトラレタシ

永井　研究ハ必要ナル故見逃、此様ニ認メラレタシ

陸軍　原則的ニ認ムルノハ困ル

内田　農学部ハ十五名ノ所十四名トナリタルヲ以テコノ一名ヲ工学部ニ加

ヘ工学部ハ計五十名トシタシ。

尚農ノ九番■ハ年限ガ超過シ本年九月卒業見込ナルヲ以テ引キ

79

カヽルカモ知レズ、コレハ昨年検査セシモ更ニ本年再検査トナ
　　　ツテヰル。
陸軍　再検査デモ本年受ケレバ昨年ノハ消エテ仕舞フ「強健」トアル
　　　ル故現役トナルベシ
　　　現役トナレバ入営延期ハ出来ズ

東大工学部
内田　第一工学部二六名、第二工学部二四名トス。
　　　第一工ハ二十六名候補者全部、一〇番■■ハ年齢超過シ居レルコレハ
　　　十六年ノ卒業ニテ内務省ニ就職シ防空研究所ノ所員ナリ　防空研究所
　　　等ヨリ本学教授ニ依嘱ノ研究補助者タラシムルモノナレバ召集猶予ヲ
　　　認メラレタシ
陸軍　ソレハ内務省ノ方カラ不可欠要員トシテ申出デガアルカモ知レズ調
　　　ベテミナケレバ判ラヌ
永井　召集ガ来タラ帰シテ貰フコトヲ御願ヒシタシ
内田　第二工学部ハ二十四名ナル故ニ五番ノ■■ト補欠三名トヲ削除ス

東大理学部
内田　一五名　十八工ヘ　一六番ノ■■ト一七番ノ■■トヲ削除

　「個々ノ審議」は以上のように進行した。つまり、原則として候補者推
薦の際に大学側が付した順位に基づいてその採否が決定されることを前
提に審議が進められ、徴兵年齢に達している候補者については、入営歴
の確認や候補者の研究補助員としての必要性が説明されたのである。ま
た銓衡委員会の冒頭で了承された通り、医学部の定員が三割削減され、
その分が工学部定員に振り分けられた。このような銓衡が各大学から推
薦された候補者について行われたものと思われる。
　銓衡委員会の最後に、陸軍から「召集延期ニナルモノニ付テハ至急其
ノ手続ヲセラレタシ」次のような書類の提出が求められた。

第3章　科学技術動員の展開と大学院特別研究生制度の変容

　　本籍地

　　役種（現役、予備、補充（第一、第二）、国民（第一、第二）

　　兵種（歩兵、工兵等、但シ第二補充ト第二国民兵トニハ兵種ノナキモ
　　　ノアリ）

　　徴集年（検査ヲ受ケテ決定シタル年）

　本年受ケタ入営延期ノモノニ付テハ

　　本籍地

　　徴兵検査受験ノ徴兵署

　そして西崎恵大学課長から「何レ書類デ申入ルヽガ至急準備シ置カレ
タシ尚間違ヲサクル為メ本日決定ノ分ハ改メテ清書提出ソノ際前記ノ書
類ヲ附ツケラレタシ」と補足がなされ、永井専門教育局長より「本日保
留ニナツタモノハナルベク早ク整理提出サレ度シ、ソレガ出タラソレヲ
今日御承認ヲ願ツタモノト御了承ヲ願フ」と念が押された。

　以上のような協議の後、散会となった。この銓衡委員会では、医学部
と農学部のとくに「純農」分野、そして「年齢ノヒツカヽルモノ」のみ
について「個々ノ審議」がなされ、それ以外の候補者は大学側の推薦通
り「通過」していた。また召集延期手続きのための書類の提出が新たに
決定された。この銓衡委員会を経て、昭和 19 年度第 1 期大学院特別研究
生が表 3-7 のように決定されたのである。

　なおこの銓衡委員会の協議結果は、その後の通牒に現れてくる。すな
わち銓衡委員会後の 5 月 30 日付で、「召集延期ニナルモノ」の手続につい
て通牒されている [19]。これに対して東北帝国大学は通牒で指定された期
日より少し遅れた 6 月 16 日付で [20]、東京帝国大学はこれより遅い 6 月 25
日付で当該資料を発送している [21]。

81

表 3-7　昭和 19 年度第 1 期大学院特別研究生定員・候補者数・採用者数

大学名	医学部				工学部				理学部				農学部				理工学部				計			
	旧定員	定員	候補者数	採用者数	旧定員	定員	候補者数	採用者数	旧定員	定員	候補者数	採用者数	旧定員	定員	候補者数	採用者数	旧定員	定員	候補者数	採用者数	旧定員	定員	候補者数	採用者数
東京帝国大学	13	9	14	9	45	50	54	50	15	15	17	15	15	14	18	14	-	-	-	-	88	88	103	88
京都帝国大学	10	7	10	7	21	23	26	23	11	12	11	11	10	10	11	11	-	-	-	-	52	52	58	52
東北帝国大学	9	6	7	6	11	12	13	12	11	13	15	13					-	-	-	-	31	31	35	31
九州帝国大学	10	7	11	7	17	20	21	20	6	6	6	6	10	10	10	10	-	-	-	-	43	43	48	43
北海道帝国大学	8	6	10	6	11	11	7		8	10	13	10	14	14	12	12	-	-	-	-	41	41	42	28
大阪帝国大学	7	5	11	6	14	16	14		6	6	6	6					-	-	-	-	29	29	35	13
名古屋帝国大学	9	6	11	6	10	11	10		7	9	8	8					-	-	-	-	26	26	27	14
東京工業大学	-	-	-	-	20	20	23	20									-	-	-	-	20	20	23	20
東京文理大学									8	8	11	8					-	-	-	-	8	8	11	8
慶應義塾大学	10	7	10					2									-	-	-	-	10	7	10	9
早稲田大学	-	-	-	-													12	12	17	12	12	12	17	12
計	79	55	88	55	149	163	166	127	71	79	87	77	49	48	51	47	12	12	17	12	360	357	409	318

注1)　東京商科大学は、当初対象大学であったが、昭和 19 年度より文科系が除外されたため、リストから削除されている。
注2)　旧定員は昭和 18 年度の定員数を示し、定員は昭和 19 年度のものを指す。
注3)　本表は昭和 19 年 5 月 27 日に文部省で開催された銓衡委員会の資料に基づくものである。
出所)　『總長會議其他　其二　自昭和一八年一〇月至昭和二〇年三月』（内田祥三史料 3-2、東京大学史史料室所蔵）より作成。

大学院特別研究生の素描と研究事項

　昭和 19 年度第 1 期生として東北帝国大学より推薦された大学院特別研究生候補者は、補欠も含めて 35 名であったが、最終的には、理学部 15 名中 14 名、医学部 7 名中 6 名、工学部 13 名中 12 名の合計 31 名が採用されている。資料 3-1 に示した文部省通牒による定員（理 11 名、医 9 名、工 11 名）と内訳は異なるものの、合計が 31 名という点と、医学部の採用数が削減されたという点においては通牒通りであったといえる。

　昭和 19 年度第 1 期特別研究生候補者についても、4 書式の控えが『大学院特別研究生関係　昭和十九年』に綴られているので、記載事項の中から特別研究生の所属学部・学科（教室）および研究題目、採用時在職者は前職、採用時である 1944（昭和 19）年 10 月 1 日時点の年齢をまとめて表 3-8 に掲げた。

第3章　科学技術動員の展開と大学院特別研究生制度の変容

(1) 候補者の素描

　銓衡された特別研究生31名の年齢を見てみると最高が29歳、最低が21歳であり平均年齢は23.4歳であった。助手ないし副手などの職を有していた候補者は4名であり、そのうち2名が不採用となっている。また有職者4名中3名までもが、医学部であったところにも特徴が見られる。いずれにしても昭和18年度と比較して年齢・経歴ともに若い候補者が選ばれるという傾向が見られた。

　東北帝国大学以外の大学卒業候補者2名中、採用された者は工学部の候補者で東京帝国大学第二工学部出身者であった。

(2) 研究事項

　研究事項の題目について見てみると、昭和18年度と同様に、医、理、工の各学部の研究事項の題目については「(戦争遂行上特ニ直接必要ナルモノ)」かそうでないものか題目そのものから評価を下すのが難しい項目が並んでいる。「焼結体兵器材料ノ量産促進ニ関スル粉末冶金学的研究」が唯一直接的な表現が用いられている題目であるが、この題目を掲げた候補者は不採用となっている。

(3) 研究事項解説書

　昭和19年度は、この制度の対象となった3学部ともに、名簿順位と字数の関連性は見られない。

①文字数

　理学部において追加推薦された京都帝国大学出身候補者の研究事項解説が247字と最も多い字数で、しかも不採用となっているが、それほど突出した字数ではなかった（19-2-S01）。工学部では東京帝国大学出身候補者のものが最大で406字であった（19-T08）。医学部は、729字（19-M02）と687字（19-M04）が目立って多い（以上、表3-5も参照）。

83

表 3-8 大学院特別研究生候補者（昭和 19 年度第 1 期）

所属学部	研究事項	氏名	所属学科・教室	前職（他大学）	採用時年齢	指導教官	採否	史料番号	解説文字数
理学部 (15名)	フーリエ解析と其の応用	鶴丸孝司	数学科		23歳2か月	泉信一	○	19-S01	48
	電磁波の研究	佐竹岩男	物理学科		22歳9か月	山田光雄	○	19-S02	136
	電解質溶液ノ化学熱力学的研究	三枝文彦	化学科		22歳6か月	石川總雄	○	19-S03	68
	石炭ノ岩石学的研究	長谷川修三	岩石鉱物鉱床学科		22歳7か月	高橋純一	○	19-S04	245
	順生動物ノ形態分化ノ研究	樋渡宏一	生物学科		23歳7か月	元村勲	○	19-S05	196
	諸素粒子に依る原子核の励起に就て	岡崎七郎	物理学科		22歳7か月	三枝彦雄	○	19-S06	152
	石油鉱床ニ有孔虫化石ノ研究	■■■	地質学古生物学科		24歳8か月	半澤正四郎	×	19-S07	71
	電気ノ絶縁材料ノ研究	鈴木一夫	化学科		26歳11か月	藤瀬新一郎	○	19-S08	132
	分子及原子の構造性質に関する分光学的研究	藤田尚明	物理学科		22歳10か月	高橋脬	○	19-S09	118
	石炭研ビニ重炭ノ地質学的研究	三原常治	地質学古生物学科		22歳9か月	青木廉二郎	○	19-S10	191
	礬土鉱物ノX線的研究	鞴政共	岩石鉱物鉱床学科		26歳4か月	高橋純一 高根勝利	○	19-S11b(a)	99(168)
	植物のヴァラスミスニ関スル生理学的研究	吉田豊治	生物学科		24歳10か月	山口彌輔	○	19-S12	125
	金属カルボニール物理化学的研究	菅野武雄	化学科		25歳8か月	富永齋	○	19-S13	44
	結核ノ化学療法ニ関スル研究	海老根誠治	化学科		23歳8か月	野村博	○	19-S14	65
	特結状兵器材料ノ量産促進ニ関スル粉末冶金学的研究	■■■	物理学科	（京大理）	26歳5か月	岩瀬慶三	×	19-2-S01	247
医学部 (7名)	輪血ニ関スル研究	齋藤達雄	医学科	（附看護講師）	29歳10か月	黒川利雄	○	19-M01	256
	外科的結核症ノ手術適応決定ニ関スル研究	本多憲児	医学科	副手	26歳2か月	武藤完雄	○	19-M02	729
	ペニシリ出属米状菌ノ産生スル抗菌物質ニ関スル研究	星島啓一郎	医学科	副手	24歳0か月	黒屋政彦	○	19-M03	284
	体力増強ノ実際的方策ニ関スル研究	佐藤健象	医学科		24歳8か月	近藤正二	○	19-M04	687
	X線間接写真図譜製作ニ関スル研究	黒澤洋	医学科		25歳7か月	古賀良彦	○	19-M05	216
	生体呼吸作用株ニ異常環境下ニ於ケル血液ノ酸素運搬機能ニ関スル研究	鈴木泰三	医学科		25歳2か月	松田幸次郎	○	19-M06	89
	解毒ニ関スル研究	■■■	医学科	副手	31歳6か月	佐藤彰	×	19-M07	257

第3章　科学技術動員の展開と大学院特別研究生制度の変容

学部	研究題目	所属学科	備考	氏名	年齢	指導教官	採否	史料番号	頁
工学部（13名）	低温程ポンプノ基礎的研究	機械工学科		村井等	22歳6か月	沼知福三郎	○	19-T01	87
	導波空中線系ノ研究	通信工学科		虫明康人	23歳6か月	宇田康人	○	19-T02	103
	中間周波増幅器ノ研究	電気工学科		上領香三	23歳1か月	宇田新太郎	○	19-T03	99
	放電現象ノ基礎問題	通信工学科		桂重俊	22歳5か月	渡邊寧	○	19-T04	186
	高周波回路ノ研究	通信工学科		佐藤利三郎	23歳0か月	永井健三	○	19-T05	168
	電気材料ノ研究	電気工学科		本多波雄	21歳11か月	仁科□□	○	19-T06	152
	アルミニウム製造ノ電解浴ニ関スル研究	金属工学科	（東大第二工）	武田文七	23歳3か月	伏屋義一郎	○	19-T07	406
	（イ）稀元素特殊鋼ノ研究（ロ）銅代用合金ノ研究	金属工学科		川合保治	22歳10か月	濱住松三郎	○	19-T08	332
	褐鉄鉱ノ処理及製錬ニ関スル研究	金属工学科		佐藤良吉	22歳6か月	的場幸雄	○	19-T09	86
	小型電車ノ研究	航空工学科		酒井高男	23歳3か月	成瀬政男	○	19-T10	219
	圧縮波ノ研究	航空工学科		小林清志	22歳9か月	宮城音五郎	○	19-T11	195
	滑油内気泡分離ノ研究	航空工学科		井上和夫	25歳2か月	棚澤泰	○	19-T12	114
	水中補音器ニ関スル研究	電気工学科	通研助手	■■■■	29歳3か月	坂山平一	×	19-T13	156

注1）本表の学部毎の記載順は第一書式の記載順とした。
注2）史料番号は巻末資料編の史料番号。
注3）特別研究生の所属学科・教室は実際の名称と異なると思われるものもあるが、研究事項解説書に記載されているものをそのまま転載した。
注4）他大学からの特別研究生は審査欄に（出身大学名）と記した。
注5）採否欄には最終的に特別研究生に採用された者に○、追加採用された者に●、採用されなかった者に×を付した。
注6）不採用となった候補者の氏名は■で記した。
出所）『大学院特別研究生関係　昭和十九年』により作成。

②文部省通牒が要求した文言

昭和19年度以降は、大学院特別研究生に対し、戦時研究に携わる教授や助教授の研究補助員としての役割がより期待されるようになり、先述したように4月18日付文部省通牒は、研究事項解説書には「何々委嘱ニ依ル何々ノ研究ニ従事スル教官ノ研究遂行ノタメ幾名ノ補助員ヲ要スベキ処然々ノ事情ニアリ特別研究生何某ハ最適任者ニシテ且絶対不可欠ノ研究要員ナリ」と記載例を示し、明確かつ直截に説明するようにと留意事項が付記されていた。

昭和19年度以降は、理、医、工の各学部ともに、研究要員の必要性に関わる表現が増加したことが看取できる。文部省通牒の留意事項が反映されたためであろう。

さほど多くはないが、兵器開発に関わる直接的な表現が見られた。理学部の「海軍ノ要給スル電波兵器関係ノ有機化合物ノ合成ヲ実験セントスル」(19-S08) や「兵器ノ劃期的進歩ヲ計ル」(19-2-S01)、工学部の「水中音響兵器ノ進歩発達ニ資セントスル」(19-T13) などがそうである。

医学部の「増殖」や「増強」という用語の使われる状況は前年度と同様であった。「大東亜戦モ長期戦ト化シタ今日結核治療ニ関スル研究ハ最モ重大デアル研究問題デアリ又銃後多数ノ結核患者ニ外科的治療ヲ施シ急速ニ労働可能トスルコトハ戦力増強上最モ緊要ナ問題」(19-M02)、「兵業若シクハ生産勤労ニ必要ナル体力ノ増強ニ直接寄与セントスル」(19-M04) といった例がそれである。

③研究事項解説の改訂・差し換えなど

昭和19年度の理学部の例などは、下書きから成案にかけて、研究事項の緊要性から必要不可欠な研究補助員へと、解説の要点を改訂していた(19-S11aから11bへ)。文部省通牒を踏まえて手を加えたものと思われる。

第 3 章　科学技術動員の展開と大学院特別研究生制度の変容

表 3-9　昭和 20 年度第 1 期大学院特別研究生銓衡の流れ
（1945 年 1 月 23 日〜 7 月 14 日）

年　月　日	項　　　目	関係法令・文書番号
1945 年 1 月 23 日	「大学院又ハ研究科特別研究生ニ関スル件」通牒、昭和 20 年度の定員を通知	発専 19 号
1945 年 1 月 31 日	「大学院又ハ研究科特別研究生ニ関スル件」通牒、書類提出期日を指定（2 月 20 日迄）	発専 19 号
1945 年 2 月 6 日	「大学院又ハ研究科特別研究生ニ関スル件」通牒、推薦の際の留意事項を通知（医学部定員削減、理・工学部の推薦増）	発専 29 号
1945 年 7 月 14 日	昭和 20 年度「大学院特別研究生銓衡会」開催、第 1 期と第 2 期の銓衡（文科系の第 2 期は審議先送りとなった）	

5　昭和 20 年度の銓衡経緯と大学院特別研究生の諸相

学内銓衡

　表 3-9 に昭和 20 年度第 1 期大学院特別研究生銓衡の流れを示した。この表に見るように、昭和 20 年度の場合、1945（昭和 20）年 1 月 23 日付の文部省専門教育局長名の通牒により、昭和 20 年度第 1 期生の定員が通知されて銓衡が開始された。東北帝国大学の定員は、医学部 9 名、工学部 11 名、理学部 11 名の計 31 名となった[22]。定員とその学部構成は前年度と同じであり、また通牒の文章も前年度とほぼ同様である。東京帝国大学の場合も同様であった[23]。

　続いて 1 月 31 日付で昭和 20 年度第 1 期特別研究生の候補者を 2 月 20 日までに推薦するよう通牒されている（発専 20 号、資料 3-3）。

【資料 3-3】大学院及研究科ノ特別研究生ニ関スル件（発専 20 号）[24]

　　発専二〇号

　　　　昭和二十年一月三十一日

　　　　　　　　　　　　文部省専門教育局長　印

　　東北帝国大学総長殿

87

大学院又ハ研究科ノ特別研究生ニ関スル件

昭和二十年度特別研究生ノ銓衡ニ関シテハ特ニ左記要綱ニ依リ候補者ヲ御銓衡ノ上来ル二月二十日迄ニ御推薦相成度

記

一、本年度特別研究生ノ決定ハ二月中旬迄ニ之ヲ行フコト

二、本年度特別研究生ノ選定ハ理科的学科ニ限リ之ヲ行ヒ文科的学科ニ付テハ之ヲ停止スルコト

三、選定ハ現情勢ニ鑑ミ特ニ国家喫緊ノ科学研究ニ従事スル教授、助教授等ノ研究ノ補助員タルノ任ニ当ラシムルニ重点ヲ置クコト従ツテ指導教官ノ研究ニ絶対不可欠ノ要員ニシテ真ニ教官ト一丸トナリテ研究ニ従事シ之ガ強力ナル推進力タリ得ベキモノヲ選定スルコト

四、右ノ研究事項ハ決戦態勢ニ応ズベキ事項ニ限ルモノトシ長期ニ亘ラザレバ効果ヲ期シ難キ事項ハ之ヲ控フルコト

尚研究事項ハ明確且具体的ニ表示スルコト

五、選定ニ当リテハ出身学校ノ如何ニ拘ラズ真ニ公平厳正ニ之ヲ行フコト

六、推薦ニ当リテハ候補者ニ順位ヲ附シ定員ノ概ネ一割程度ノ補欠推薦者ヲ用意スルコト

尚推薦漏ノ者ニ就テモ推薦者ニ準ジ別紙トシテ関係書類ヲ送付スルコト

銓衡ノ際試験ヲ課シタル場合ハ試験ノ方法及結果ニ付概要ヲ送付ノコト

推薦ニ当リテハ別紙トシテ研究事項ノ説明書ヲ送付スルコト尚之ガ記載ニ付テハ例エバ「何々委嘱ニ依ル何々ノ研究ニ従事スル教官何某ノ研究遂行ノタメ何名ノ補助員ヲ要スベキ処特別研究生候補者何某ハ然々ノ事情ニアリテ右補助者トシテ最適任且絶対不可欠ノ研究要員ナリ」等ノ如ク明確且直載ニナスコト

七、本年度選定ノ手続及書類形式等ハ凡テ昨年ト同様ニナスコト（四十部提出ノコト）

この通牒は前年度のものとほぼ同様の内容であるが、第六項に「推薦漏ノ者ニ就テモ推薦者ニ準ジ別紙トシテ関係書類ヲ送付スルコト」と追

第3章　科学技術動員の展開と大学院特別研究生制度の変容

記されている。定員の一割程度の補欠者のほか推薦漏れの者についても
書類の提出が求められたのである。それだけ特別研究生候補者の採否が
流動的であったことをうかがわせる資料である。

　また同項には、研究事項解説書には「何々委嘱ニ依ル何々ノ研究ニ従
事スル教官何某ノ研究遂行ノタメ何名ノ補助員ヲ要スベキ処特別研究生
候補者何某ハ然々ノ事情ニアリテ右補助者トシテ最適任且絶対不可欠ノ
研究要員ナリ」と特別研究生候補者の現状について「明確且直截」に記
すようにとの指示が記されている。そのほか手続き及び書類形式等は前
年度と同様であることが記されている。

　2月6日に前年度同様、医学部定員を減少させ、その分を理学部、工
学部に振替るかもしれないので、幾分増加し候補者を推薦するよう通牒
されている[25]。「努メテ之ヲ充足」するので前年以前の卒業者を「適当ニ
案配シテ」推薦するようにとも追記されているところが前年と異なる点
である（発専29号、資料3-4）。

【資料3-4】大学院及研究科ノ特別研究生ニ関スル件（発専29号）[26]

　発専二九号
　　　　　　昭和二十年二月六日
　　　　　　　　　　　　　　　文部省専門教育局長　　印
　東北帝国大学総長殿
　　　　大学院及研究科ノ特別研究生ニ関スル件

　本年度特別研究生ノ選定ニ付テハ別途銓衡ニ関スル要綱通牒相成タルモ諸
般ノ情勢ニヨリ本年度ニ於テモ研究事項ハ特ニ決戦遂行ニ必須ノモノニ限
ラルベク旁々軍ノ要請モ有之各学部別定員ニ付左記ノ如キ取扱ヲ可致ニ付
御了知ノ上萬全ヲ期セラレ度

　　　　　　記

一、医学関係ニ付テハ軍医要員不足ノ実情ニ鑑ミ特別研究生ノ定員ヲ減少
　　スルヤモ知レザルモ努メテ之ヲ充足スル様致度ニ付前年以前ノ卒業者等
　　ヲ適当ニ案配シテ推薦セラレ度キコト
　二、農学関係ニ付テハ純農的ナル研究事項ハ極力之ヲ避ケ定員ノ一部ヲ理
　　学、工学ニ振替ヘ得ル様推薦ニ当リ配慮シ置クコト
　三、右ノ措置ニ関連シテ理学、工学関係ニ付テハ定員ヲ幾分増加シ得ル様
　　配慮シ置クコト

　東北帝国大学は候補者を銓衡の後、医学部 10 名、理学部 19 名、工学
部 16 名、計 45 名の候補者について 4 書式の資料にまとめて、3 月 12 日
付で文部省に発送している[27]。この数は医学部 9 名、工学部 11 名、理学
部 11 名の計 31 名を定員とする発専 19 号より約 45％多い数字である。東
京帝国大学も同様であり、医学部 12 名、理学部 21 名、第一工学部 36
名、第二工学部 29 名、農学部 17 名の計 115 名と定員 88 名より 30％ほど
多い候補者を銓衡し、3 月 6 日に関係書を文部省に発送している。

銓衡委員会
　7 月 14 日の午後 1 時より文部省第 4 会議室において、銓衡委員会が開
催された。会の様子について、内田メモをもとに見てみよう[28]。
　この時の銓衡委員会では、東京帝国大学の内田総長、九州帝国大学の
百武源吾総長、東京工業大学の和田小六学長以外の大学代表者は、代理
者の出席となった。この時期、東京をはじめとする主要都市にはアメリカ
軍による空襲があり、また輸送機関が正常に機能しない状態にあった。こ
のことが各大学の代理出席の多さの理由の一つとして挙げられよう[29]。
　河原春作次官は冒頭の挨拶のみにて退席し、関口勲専門教育局長が会
長代理をつとめた。会は次のような次第に従って進められた。

　一、議事
　（一）開会

第3章　科学技術動員の展開と大学院特別研究生制度の変容

（二）河原次官挨拶

（三）関口局長説明

（四）議題

　1．昭和二十年度第一期特別研究生銓衡ノ件

　2．昭和二十年度第二期特別研究生銓衡ノ件

　3．特別研究生第一期修了者ノ就職指定等ニ関スル件

　4．其ノ他

（五）閉会

　議題1、2の昭和20年度第1期と第2期の特別研究生の銓衡について
は、「本日ハ理科系ノミニテ文科系ハ議題トセズ何レ次ノ機会ニ於テ御審
議ヲ願フコトヽナルカモ知レズ」と關口専門教育局長が述べた。すなわ
ち、この時の銓衡委員会では、「文科系」の第2期の銓衡は行われないこ
とになったのである。そして理科系の銓衡については、「各大学毎ニ簡単
ナル説明ヲ行ヒ総テ大学側査定案ノ通リ決定ス」となった。

　このときの協議の中心になったのは、入営延期の問題であった。「特別
研究生ニテ応召ノモノアルコトニ付質問アリタルニ対シ」文部省より次
のような説明がなされている。

　　十九年度以降ノモノハ一定年齢以内ノモノハ本人ノ届出ニヨリ入営延期ト
　　ナルコノ手続ヲ怠リタル者ハ応召スルコトアリ、十八年度ノ者及十九年度
　　以降ノ者デモ年齢高キ者ハ省令ニヨラザル特別ノ入営延期トナルモノナル
　　ガ何レニヤヲ陸軍ニ其ノ都度御願ヒシテ出来ルすケ帰シテ貰フ様ニシテキ
　　ル

　つまり、特別研究生として大学より推薦され、文部省の銓衡委員会も
通過しているにもかかわらず、「手続ヲ怠リタル者」や「年齢高キ者」が
応召されるケースがあり、その都度文部省は「出来ル丈ケ帰シテ貰フ
様」に、陸軍省・海軍省と調整を行ってきたという説明であった。

91

この説明に対して内田東京帝国大学総長から「十八年度ノモノデ只今御説明ノ何レニモ属セザル応召ガ相当アル」と文部省側の説明にない事例があることが示された。すると出席していた陸軍中佐が、「数多キ事故当方ニモ過誤ナキニモアラズ」と軍内部に手違いがあったことを認め、そして「コレカラモ出来ル丈ケヤルカラ、カヽルコトガアツタラ遠慮ナク文部省ヲ通ジテ申出デラレタシ」と協力する旨を述べている。

　以上が昭和20年度の銓衡委員会における特別研究生銓衡に関する協議の主要であった。このように、この年の銓衡委員会は入営延期の手続き問題を除き、大きな論点もなく坦々と進められたようである。3年目を迎えてこの制度の形式が確立したからということがその理由の一つとして挙げられよう。この結果表3-10のような構成で合計360名の特別研究生が決定されたのである。またこのとき予定されていた「文科系」の第2期大学院特別研究生の銓衡が行われなかったことが明らかになった。

　なお、この銓衡委員会では、議題3の「特別研究生第一期修了者ノ就職指定等ニ関スル件」が主要な問題として協議されている。軍当局は、第1期修了者のうちの第2期に進学しないものについては、軍の幹部候補として考えていたようである。これに対し、内田東京帝国大学総長は次のように発言している。

　　本特別研究生ハ軍ニ於テ幹部将校ノ多数ヲ要スル際ニ於テヨリ以上ノ必要アリト認メラレテ成立シ国家ヨリ相当ナル研究費ニ加ヘテ充分ナル学費サヘモ供与シ軍ノ召集ヲ延期シテ勉強セシメタモノデアル全テコノ勉強ハ国家ノ要請ニ依ルモノデアリテ勉強スルコトガ兵役ニツクト同様ナ任務トナッテキルノデ之ヲ指導スル教官ニ於テモヨリコノ旨ヲ体シテ指導ヲ行ヒ、研究生達モ亦ヨリソノ趣旨ヲ了解シテ勉強シテ来テキルノデアル

　つまり大学院特別研究生制度は、軍の幹部将校が多数必要とされる中で、国家的にそれ以上の必要性を帯びて実施を見てきたものであり、また特別研究生も国家的に必要とされる研究に従事してきたということを

第3章　科学技術動員の展開と大学院特別研究生制度の変容

表3-10　昭和20年度第1期大学院特別研究生定員・候補者数・採用者数

大学名	医学部				工学部				理学部				農学部				理工学部				計			
	旧定員	定員	候補者数	採用者数	旧定員	定員	候補者数	採用者数	旧定員	定員	候補者数	採用者数	旧定員	定員	候補者数	採用者数	旧定員	定員	候補者数	採用者数	旧定員	定員	候補者数	採用者数
東京帝国大学	13	13	13	12	45	45	63	46	15	15	21	15	15	15	16	15	-	-	-	-	88	88	113	88
京都帝国大学	10	10	12	10	21	21	28	22	11	11	16	11	10	10	9	8	-	-	-	-	52	52	65	51
東北帝国大学	9	9	9	8	11	11	16	11	11	11	11	11									31	31	45	31
九州帝国大学	10	10	12	10	17	17	19	17	6	6	9	7									43	43	50	44
北海道帝国大学	8	8	9	8	11	11	18	11	8	8	19	9	14	14	9	8					41	41	55	41
大阪帝国大学	10	10	10	10	14	14	16	14	5	5	9	5									29	29	35	29
名古屋帝国大学	9	9	10	9	14	14	16	14	5	5	7	5									26	26	33	26
東京工業大学	-	-	-	-	20	17	28	20													20	17	28	20
東京文理大学									8	8	8	8									8	8	8	8
慶應義塾大学	10	7	10	7	-	3	4	3													10	10	14	10
早稲田大学	-	-	-	-													12	12	20	12	12	12	20	12
計	79	76	86	75	149	149	204	154	71	71	108	73	49	49	34	46	12	12	20	12	360	357	466	360

注1）　東京商科大学は、当初対象大学であったが、昭和19年度より文科系が除外されたため、リストから削除されている。
注2）　旧定員は昭和18年度、定員は昭和20年度の定員を示している。
注3）　本表の定員と候補者数は昭和20年7月14日に文部省で開催された銓衡委員会の資料に基づくものである。
出所）『總長会議其他　其三　自昭和二〇年四月至』（内田祥三史料3-3、東京大学史史料室所蔵）より作成。

強調したのである。したがって「当然ソノ研究ヲ充分ニ生カシテ使ヘル様ニスルコトガ当然デ不可欠要員ノ取扱ヲ受クルモノト了解デヤッテキタノデアル」から、第1期修了後も「本当ノ総力戦ノ精神ニ添ヒ最モ本人ガ得意トスル方向ニ於テ御国ノ御役ニ立ツ様」、つまりその専門分野の研究に継続して従事できるようにすべきであるとして、その取り計らいを要望している。この取り計らいについては、この時の銓衡委員会では結論を得ず、最終的には文部省と軍の協議を待つしかなかった。しかしこの時すでに戦争末期であった。

大学院特別研究生の素描と研究事項

　昭和20年度第1期生として東北帝国大学より推薦された大学院特別研究生候補者は、補欠推薦者を含め理学部11名、医学部11名、工学部12名、計34名の候補者を推薦し、最終的には理学部11名、医学部9名、工

学部 8 名、計 28 名が特別研究生として採用されている。

　前述したように、文部省より通牒された定員（理 11 名、医 9 名、工 11 名、合計 31 名）と内訳と合計が異なる。昭和 20 年度は医学部の採用減はなされず工学部で減少した。この時期になぜ工学部の採用数が減少したのか理由は明らかでないが、医学部の採用数が減少しなかったのは、前述の文部省通牒（発専二九号）で示された通り、文部省が「努メテ之ヲ充足」したからであろう。

　昭和 20 年度第 1 期の特別研究生についても前年度同様、4 書式の控えが『大学院特別研究生関係綴　昭和二十年』に綴られているが、補欠推薦者を含むと思われる理学部 11 名、医学部 11 名、工学部 12 名、計 34 名分が確認でき、推薦漏れと思われる残りの 11 名分は確認できなかった。確認できた分の記載事項の中から特別研究生の所属学部・学科（教室）および研究題目、採用時在職者は前職、1945（昭和 20）年 10 月 1 日時点の年齢をまとめて表 3-11 に掲げた。

(1) 候補者の素描

　銓衡された特別研究生 28 名の年齢を見てみると最年長が 33 歳で最年少が 22 歳であり平均年齢は 24.4 歳であった。助手ないし副手などの職を有していた候補者は 6 名であり、そのうち 5 名が採用されている。また 6 名全員が医学部であったところにも特徴が見られる。前年以前の卒業者を適当に案配して推薦するようにとの先述の発専 29 号の指示通り、東北帝国大学が推薦し文部省が「努めて之を充足」した結果であろう。

　東北帝国大学以外の大学学部卒業者として候補者とされた者は京都大学理学部の 1 名でそのまま採用されている。

(2) 研究事項

　研究題目について見てみると、理学部と工学部の研究題目からは昭和 18 年度や 19 年度同様、研究事項の題目からは「（戦争遂行上特ニ直接必要ナルモノ）」であるかどうかの評価を下すのが難しい。これに比して、

表3-11 大学院特別研究生候補者（昭和20年度第1期）

所属学部	研究事項	数属学科・教室	氏名	前職（他大学）	採用時年齢	指導教官	採否	史料番号	解読文字数
理学部（11名）	フーリエ解析と其の応用	数学教室	土倉保		22歳11か月	泉信一	○	20-S01	47
	素粒子論	物理学教室	野末森薈		24歳5か月	小林巖・中林陸夫（助教授）	○	20-S02	57
	非水溶液ニ於ケル化学反応ノ研究	化学教室	岩上好智		23歳4か月	石川總雄	○	20-S03	72
	油田産有孔虫化石ノ研究	地質学古生物学教室	松永孝		23歳7か月	半澤正四郎	○	20-S04	142
	金属鉱床ノ研究	岩石（鉱物）教室	菅木浅彦		22歳7か月	渡邊萬次郎	○	20-S05	84
	馬鈴薯及ヒ甘藷ニ関スル実験生態学的研究	生物学教室	飯泉茂		23歳0か月	吉井義次	○	20-S06	105
	金属ノガス吸収	物理学教室	桐原朝夫	（京大・理）	24歳10か月	岩瀬慶三	○	20-S07	217
	函数論	数学教室	木村茂		31歳8か月	岡田良知	○	20-S08	15
	固体液液体の理論	物理学教室	森田章		23歳0か月	山田光雄	○	20-S09	138
	日本産植物成分ノ有機化学的研究	化学教室	小島英幸		23歳3か月	藤瀬新一郎	○	20-S10	134
	粘土鉱物ノ熱的研究	岩石（鉱物）教室	川村佳夫		25歳3か月	高橋純一	○	20-S11	147
医学部（11名）	整形外科学ニ一般特ニ予防結核ノ研究		猪狩忠	助手	29歳1か月	三木威勇治	○	20-M01	224
	ビタミンB1欠乏症ニヨリ恢復遅速ノ簡易判定法及其対策ニ関スル研究	医学科	立花一夫	助手	25歳8か月	佐藤彰	○	20-M02	912
	疲労ニ関スル研究	医学科	佐々木公男	医院	28歳8か月	中澤房吉	○	20-M03	274
	腹水肉腫ノ研究	医学科	山上次郎	東北帝大病院	28歳5か月	大里俊吾	○	20-M04	368
	凍傷ノ研究	医学科	佐藤春郎		25歳1か月	吉田富三	○	20-M05	178
		医学科	稲葉繁		25歳1か月	伊藤實	○	20-M06	126
	航空医学ニ関スル形態学的研究（副腎ニ関スル形態学的生物学的研究）	医学科	安瀬光男		23歳8か月	那須皓三郎	○	20-M07b(a)	93(166)
	妊娠中毒症ノ成因ト予防法ニ関スル研究	医学科	中山圭二		24歳10か月	篠田礼	○	20-M08	233
	戦時下ニ激増セル化膿性疾患ノ研究	医学科	■■■■		23歳4か月	桂重次	×	20-M09	122
	耳性眩暈ノ成立ニ関スル基礎的研究	医学科	■■■■	副手	27歳4か月	立木豊	×	20-M10	154
	〔航空医学〕	助手（新潟医科大学）	小黒忠太郎	新潟医大助手	33歳4か月		○	20-M11	155

工学部 (12名)	研究題目	所属学科	氏名		年齢	史料番号	採否	
	内燃機関ノ慣性給気ノ研究	機械工学科	細川明	前川道治郎	23歳6か月	20-T01	○	113
	超短波空中線系ノ研究	通信工学科	小柳修三	福島弘毅	23歳9か月	20-T02	○	263
	空中線ノ研究	電気工学科	遠藤敬二	永井健三	24歳9か月	20-T03	○	162
	電熱ニヨル真空封ジ技術的研究	化学工学科	石田哲朗	宇田新太郎	23歳4か月	20-T04	×	81
	油脂分解剤	化学工学科	宮川高明	西澤恭助	22歳7か月	20-T05	○	281
	乳化剤ノ研究	化学工学科	■■■	西澤恭助	22歳7か月	20-T06	×	281
	鋼中炭化物粒状化ニ関スル物理治金学的研究	金属工学科	堀眞市	佐藤知雄	22歳11か月	20-T07	×	271
	熱還元「シルミン」ノ研究	金属工学科	大谷史郎	小野健二	22歳3か月	20-T08	○	263
	液体微粒化ノ研究	航空学科	梅事新二郎	棚澤泰	23歳5か月	20-T09	○	117
	歯車製作法ノ研究	航空学科	田邊昇一	成瀬政男	22歳6か月	20-T10	○	92
	燃焼機構ノ研究	航空学科		棚澤泰	23歳6か月	20-T11	×	107
	低気圧放電ノ生産技術ヘノ応用ニ関スル研究	電気工学科	■■■	渡邊寧	24歳10か月	20-T12	×	198

注1) 本表の学部毎の記載順は第一書式編の記載順の通りとした。
注2) 史料番号は巻末資料編の史料番号。
注3) 特別研究生の所属学科・教室名は実際の名称・教室名は前職職歴と異なると思われるものもあるが、研究事項解説書に記載されているものをそのまま転載した。
注4) 他大学からの特別研究生は前職欄に（出身大学名）と記した。
注5) 採用された特別研究生に採用された者に○、採用されなかった者に×を付した。
注6) 不採用となった最終候補者の氏名は■で記した。
出所）『大学院特別研究生関係綴　昭和二十年度』により作成。

第 3 章　科学技術動員の展開と大学院特別研究生制度の変容

医学部の題目は戦争遂行上直接の要不要は別として、時局に即した切実なものとなっている。

（3）研究事項解説書
①文字数
昭和 20 年度も各学部ともに、名簿順位と字数の関連性は見られない。

理学部では京都帝国大学出身候補者の研究事項解説に要された字数が 217 字（20-S07）と他に比較して目立って多かった。また理学部数学教室の字数の少なさが目立った（20-S01、08）。医学部では最大の 912 字（20-M02）が突出し、平均も 258 文字と他学部に比して多い（表 3-5 を参照）。工学部の場合、字数に大きなばらつきは見れなかった。

研究事項解説書本文の字数の学部毎最大・最小・平均値の経年変化（表 3-5 横軸方向）を見ると、理学部は、最大・平均・最低ともに昭和 18 年度から昭和 20 年度にかけておおむね減少傾向にあったことがわかる。理学部の最低字数は毎年数学教室の候補者のものであるが、特に昭和 20 年度の 15 文字（20-S08）は顕著であった。

一方、工学部は最大・最小ともに昭和 19 年度にピークがあるものの、平均は微増を示している。医学部では平均こそ昭和 19 年度をピークとしているものの、最大と最小は増加傾向にあった。

②文部省通牒が要求した文言
前述したように、昭和 20 年度の文部省通牒は、前年度とほぼ同様の内容であったが、少し異なる点は「何々委嘱ニ依ル何々ノ研究ニ従事スル教官何某ノ研究遂行ノタメ何名ノ補助員ヲ要スベキ処特別研究生候補者何某ハ然々ノ事情ニアリテ右補助者トシテ最適任且絶対不可欠ノ研究要員ナリ」と特別研究生候補者の現状について「明確且直戴」に記すようにとの指示があった。

昭和 20 年度の理学部の「食糧の増産確保は我が国刻下並に今後の重大問題なり」（20-S06）などは、食糧増産が国の重大問題とされ、それを研究事項解説でことさら強調しなければならなかった、という二重の意味

で興味深い。

医学部では、「人口増殖ノ最大障碍」と人口増殖上の障害を解決する研究であることを強調するもの（20-M08）、研究成果が国民健康保持につながり、ひいては「増産ニ貢献」できると強調するもの（20-M09）がみられた。また「戦時ニ於テ整形外科学ガソノ専門トスル四肢、脊椎ノ損傷ノ治療並ニ戦傷者ノ殊ニ四肢切断ニ対スル装具ノ改良、並ビニ職業ニ適スル作業用義肢ノ考案更ニ進ンデハ戦傷ニヨル肢体不自由者ノ職業補導ニ関シテ、貢献スル所ノ多キハ既ニ周知ナリ」と戦傷者の社会復帰補助による増産への寄与という強調のされかたも見られた（20-M01）。

航空医学分野の研究の場合は「航空戦力ノ増強ニ寄与セントスル」（20-M07b）や、「陸軍第八航空技術研究所委託ノ戦時研究（航空医学）及ビ文部省学術研究会議第八十三班（航空医学）第八十五班（耐暑力及ビ風土馴化）ノ重要ナル研究員トシテ」（20-M11）などと、軍事研究であることが直截に示されているものが見られた。

この年の工学部では、文部省通牒の記入例に即した研究事項解説書が比較的多く見られ、また一人の指導教官が複数の候補者を推薦するという事例がみられた（20-T05 と 06、20-T09 と 11）。そのうち化学工学科の2名（20-T05 と 06）は名簿順位と無関係に不採用となっているが、その理由は明らかでない。

③研究事項解説の改訂・差し換えなど

昭和18年度の医学部では、下書きから成案にかけて戦時研究であることを強調するための改訂が行われていた。同じ内容の解説の書き出しに「最近航空機ノ非常ナル発達ハ」（18-M01a からb へ）や「戦場ニ於テ脳外傷ノ六〇％ガ死亡スルモノトサレテヰル」（18-M03a からb へ）といったように、時局に即した研究であることを強調するための文言が書き加えられていた。医学部が、名簿順位の高い候補者の解説書でも、時局を意識し、解説の作成に注意を払っていた様子がうかがわれる。また、昭和18年の補欠推薦の際に提出された医学部の候補者のものからは、他の候補者の下書を流用した痕跡がみられた（18-2-M01）。この制度実施初

第3章　科学技術動員の展開と大学院特別研究生制度の変容

年度の学内銓衡の混乱が垣間見られる。

　昭和19年度の理学部の例などは、下書きから成案にかけて、研究事項の緊要性から必要不可欠な研究補助員へと、解説の要点を改訂していた（19-S11aから11bへ）。文部省通牒を踏まえて手を加えたものと思われる。

　昭和20年度の医学部では、指導教官と候補者ともに同一人物であるが、下書きから成案にかけて、「副腎ニ関スル形態学的生物学的研究」から「航空医学ニ関スル形態学的研究」へと、研究題目と内容が大幅に変更された例が見られた（20-M07aから07bへ）。

6　おわりに

　本章では、実施当初の昭和18年度から昭和20年度の3年間の大学院特別研究生が銓衡される経緯と銓衡された大学院特別研究生のパーソナリティや実施しようとした研究について検討を加えてきた。

　各年度の文部省通牒の分析を通して、大学院特別研究生制度が戦況の悪化などの「時局」の影響を受けながら、銓衡基準や手続方法などを変容させていった様を明らかにすることができた。

　また、特別研究生の採用を最終決定する組織である銓衡委員会が、とくに法令や規則によるしばりを設けず、「懇談」内容を踏まえて会長である文部次官が「適当ニ統裁スル」ための「意見ヲ交換スル」場と位置づけられていたことが明らかになった。そして各年度の「懇談」の内容も含めて銓衡過程を明らかにすることができた。

　昭和18年度の銓衡委員会では、制度実施初年度であったためか、いくつかの混乱が見られた。その一つが候補者の過少推薦であった。本章では、銓衡委員会におけるこの問題に関する協議内容と文部省が追加銓衡を指示するまでの経緯を明らかにすることができた。また書類上は学部所属の特別研究生が附置研究所等の研究に従事するという柔軟な運用が容認されるまでの経緯が明らかになった。

　昭和19年度の銓衡委員会では、医学部と農学部のとくに「純農」分野、そして「年齢ノヒツカヽルモノ」のみについて「個々ノ審議」がな

99

され、それ以外の候補者は大学側の推薦通り「通過」していた。またこの銓衡委員会で召集延期手続きのための書類提出が新たに決定される経緯が明らかになった。

昭和20年度の銓衡委員会では、第1期と第2期の特別研究生の銓衡が行われ、「総テ大学側査定案ノ通リ」決定した。しかしこの時、銓衡の対象であったはずの「文科系」の第2期特別研究生の銓衡は実施されなかったという事実が明らかになった。また、軍部側の「事故」や「過誤」による採用者の入営延期措置の不徹底が問題となった。くわえて、昭和18年度第1期修了者のうちの、約半数にあたる第2期に進まない者たちの「国の指定する職業」が問題となっていた。この問題は、最終的には文部省と軍の協議を待つしかなかったが、その結論を得る前に終戦を迎えたものと思われる。

次に銓衡された大学院特別研究生のパーソナリティや彼らが取り組もうとしていた研究事項についてまとめておきたい。

候補者の平均年齢は初年度の昭和18年度が最も高く、助手・副手などの職を有しているものが目立った。候補者に対して即戦力の研究者としての資質が求められ、また新卒に限らず広く適格者を求めよとの文部省の通牒を踏まえた結果であった。一方で、医学関係の候補者には、医学専門部ではあるが助教授や講師という前職をもつものもあった。これには、研究費・給与の支給と徴兵猶予という特別研究生に付随する待遇と、軍医不足により多くの医学者（候補者）が召集されていったという事情もはらんでいたと思われる。

昭和19年度以降は、法文学部の大学が制度から除外され、「純農的」な農学研究は除外され、そして軍医不足解消という趣旨から医学部定員が削減されるなどした。これに伴い、学部新卒者が、大学院特別研究生の主だった対象者となり、候補者の年齢層が低くなった。しかし医学部については状況に応じた配慮がなされ、昭和20年度の銓衡の際には、「努メテ之ヲ充足スル」ので、「前年以前ノ卒業者等ヲ適当ニ案配シテ推薦セラレ度キ」と通牒されたとおり、銓衡手続きがなされた様子がうか

第 3 章　科学技術動員の展開と大学院特別研究生制度の変容

がえた。

　文部省に提出された研究事項解説書の検討においては、敗戦色が強まるに従い、戦時下の研究としての緊要性を訴える用語が増加していき、また特別研究生が戦時研究の補助者として必要不可欠な人員であることを訴える用語が増えていった。また制度初年度のみ対象となった文科系、即ち法文学部のものに、緊要・緊急・喫緊・必要といった研究の必要性を強調するための用語が比較的多く現れていた。

　しかしながら、文部省通牒と照らし合わせてみると、これらの文言は通牒中の指示にしたがって忠実に作文したものと評することも可能である。同様の視点で見ると、年度や学部別に限らず同様の傾向が看取できた。

　とまれ、これらの資料からは、候補者となった学生というより、むしろ指導教官となった大学教授たちが、いかなる研究を展開し、また大学院特別研究生制度をどのように受け止めていたのかなどを読み取ることができたのではないかと思う。

1　「大学院又は研究科の特別研究生調査に関する件」（発学 300 号）『東北帝国大学大学院規程』に所収されている。また拙稿「戦時下の大学院特別研究生制度と東北大学」『東北大学史料館紀要』2、2007、p.26 に翻刻されているので参照されたい。

2　教 176 号は同上『東北帝国大学大学院規程』に所収。

3　確認のためこの調査報告と東北帝国大学『大学院特別研究生　昭和十八年度第一期』、『大学院特別研究生関係　昭和十九年』、『大学院特別研究生関係綴　昭和二十年』に綴られている特別研究生の銓衡関連資料と照合したが、特別研究生の数・氏名とも齟齬は見られなかった。

4　「大学院又ハ研究科ノ特別研究生ニ関スル件」東北帝国大学、同上『大学院特別研究生　昭和十八年度第一期』所収。前掲拙稿 p.31 の【資料 5】を参照。

5　「大学院特別研究生ニ関スル件（庶 644）」同上資料所収。同上拙稿、p.32 の【資料 6】を参照。

6　「大学院又ハ研究科ノ特別研究生ニ関スル件（発専 262）」同上資料所収。同上拙稿、pp.32-33 の本文および【資料 7】を参照。

7　提出（発送）された日付を確認できる資料は確認できなかった。

8　一部採用日時が異なるが便宜的に 10 月 1 日とした。

9　字数は、翻刻したテキストデータを一太郎 2006 の文字カウント機能を用い

てカウントした。よって改行等によるスペースなどは除いた実字数が示されている。

10 『昭和十九年度　大学院特別研究生制度　東京帝国大学』（東京大学史史料室所蔵）

11 東北帝国大学、前掲『大学院特別研究生関係　昭和十九年』所収。

12 同上。

13 前掲拙稿の【資料10】を参照。東北帝国大学、前掲『東北帝国大学大学院規程』所収。前掲『昭和十九年度　大学院特別研究生制度　東京帝国大学』でも同様の文書が確認されている。

14 庶261号。東北帝国大学、前掲『大学院特別研究生関係　昭和十九年』所収。

15 前掲『昭和十九年度　大学院特別研究生制度　東京帝国大学』。

16 昭和19年5月23日付「大学院特別研究生銓衡会開催ノ件」（発専147号）東北帝国大学、前掲『大学院特別研究生関係　昭和十九年』所収。

17 『総長会議其他　其二　自昭和一八年一〇月至昭和二〇年三月』（内田祥三史料3-2、東京大学史史料室所蔵）。

18 同上。

19 「大学院又ハ研究科特別研究生ニ関スル件（発専108号）」東北帝国大学、前掲『大学院特別研究生関係　昭和十九年』所収。前掲拙稿「戦時下の大学院特別研究生制度」の【資料12】を参照。

20 庶382は同上資料所収。

21 前掲『昭和十九年度　大学院特別研究生制度　東京帝国大学』。

22 「大学院及研究科特別研究生ニ関スル件（発専19号）」東北帝国大学、前掲『大学院特別研究生関係綴　昭和二十年』所収。前掲拙稿「戦時下の大学院特別研究生制度」の【資料13】を参照。東京大学史史料室所蔵の『昭和二十年度　大学院特別研究生制度　東京帝国大学』でも同様の文書が確認されている。

23 前掲『昭和十九年度　大学院特別研究生制度　東京帝国大学』。

24 「大学院及研究科ノ特別研究生ニ関スル件（発専20号）」東北帝国大学、前掲『大学院特別研究生関係綴　昭和二十年』所収。前掲拙稿「戦時下の大学院特別研究生制度」の【資料14】を参照。

25 「大学院及研究科ノ特別研究生ニ関スル件（発専29号）」同上資料所収。同上拙稿の【資料15】を参照。

26 同上資料所収。

27 「大学院又ハ研究科特別研究生ニ関スル件」（庶166号）は同上資料所収。

28 『総長会議其他　其三　自昭和二〇年四月至』（内田祥三史料3-3、東京大学史史料室所蔵）。

29 例えば、東北帝国大学総長の熊谷総長は7月10の仙台空襲に罹災し、慶應義塾大学の小泉塾長も5月25日の東京空襲で罹災し本人も大やけどを負って入院している。山内慶太・都倉武之・神吉創二編『アルバム小泉信三』慶應義塾大学出版会、2009、pp.56-57。

第4章
科学技術動員の展開と東北帝国大学

1 はじめに

第1章から第2章にかけて、戦時科学技術動員の展開に伴い、軍の人材確保、科学技術動員のための人材確保のため、高等・中等教育の修業年限短縮が実施されることになり、この実施に伴い、「大学院強化案」が提示され、「新大学院制度」として閣議決定され、実施に至った経緯について見てきた。

その一方で帝国大学は、研究機関として軍事研究を委託されるようになる。また研究者も嘱託として軍の研究機関に動員され、あるいは技術院や文部省がそれぞれ主導する共同研究組織に組み込まれていく枠組みが形成されていくのである。本章では、帝国大学における科学技術動員がいかに実施されていったのか、東北帝国大学の事例を中心に見ておきたい。

2 軍による科学技術動員

そもそも日本の帝国大学は、その創設時より軍事研究とは無縁であったわけではない。たとえば、東京帝国大学工学部には、前身の工部大学校のころより、「富国強兵」のために先進国からの最新技術の技術移転機関としての役割が求められ、造船技術などは軍事技術に直結することが期待されていた[1]。また、人材育成面においても、理工系学部出身の技術士官を確保するための制度である「委託学生制度」は、1876（明治9）年から海軍によって開始されている。軍事技術者の養成機関としての役割も期待されていたのである[2]。

東京帝国大学の創立から30年後の1907（明治40）年に創立され、政治・経済の中心地になく、工業集積地に立地しているわけでもない東北帝国大学ではあるが、やはり帝国大学としての役割が期待され、東北帝

国大学自身もその期待に応えようとしていた。

　たとえば人材育成面においては、1911（明治44）年に理科大学（1919年に理学部と改称）、1919（大正8）年に工学部がそれぞれ設置され、1923（大正12）年には「理学部及工学部陸砲工学生規程」を制定・施行し、軍の技術将校教育に門戸を開いている[3]。

　個別研究においては、たとえば、抜山平一工学部教授は、対潜水艦のソナー探知機開発に関与するために、1928（昭和4）年に海軍省嘱託となっている[4]。

　ここでは、陸軍、海軍が東北帝国大学の研究者等のどのような研究に興味関心を示し、どのような形で研究の依（嘱）託を行っていたのかなどを具体的に検討しておきたい。

陸軍による科学技術動員──陸軍技術本部調査班報告を中心に──

　陸軍は1941（昭和16）年6月に技術本部と科学研究所を統合し、陸軍技術本部に総務部と第一部から第三部、そして第一から第九研究所をおいた。この統合により研究、試作、審査の過程が技術本部のもとで統合されたことになる。その後1942（昭和17）年10月には技術本部と陸軍省兵器局・陸軍兵器廠を統合して陸軍兵器行政本部とし、兵器の研究から製造・補給までを担当する体制となった。これにより各技術研究所は第一から第九陸軍技術研究所と改称された[5]。陸軍の電波兵器研究部門は、第二、第五、第七陸軍技術研究所と第四航空技術研究所がそれぞれ研究を進めていたが、1943（昭和18）年7月にこれらの4研究所が統合され、多摩陸軍技術研究所となった。

　このように、陸軍は自らの研究組織を整備する一方で、大学や研究機関などより科学者・技術者の動員を推進し、その結果、1945（昭和20）年1月1日時点で陸軍兵器行政本部技術部と第一から第十陸軍技術研究所より特定課題について研究を依嘱されていた外部研究嘱託者は、合計566名となっていた[6]。

　当初は個別の研究者に対する嘱託や研究の嘱託であったが、のちに組

第4章　科学技術動員の展開と東北帝国大学

織的な研究委託が進められていくことになる。1943 年 7 月、陸軍兵器行
政本部は「科学技術の総動員態勢を確立する」ため、従来の個人単位で
はなく「部外者をして組織的かつ全面的に軍の要望する研究に強力せし
むる如く、技術院と連繋を緊密にし、かつ之を強力に支援推進しつつあ
り」[7] と報告している。たとえば、1943（昭和 18）年 6 月に設立された多
摩陸軍技術研究所は翌月には 10 の部外研究室を指定したが、その結果、
参与を含む陸軍嘱託とその下で研究活動を行う研究員は 231 名に達した
という[8]。なお、同年 10 月には 5 の部外研究室が追加されている[9]。

　太平洋戦争開戦の翌年である 1942（昭和 17）年 5 月 6 日から 17 日にか
けて、陸軍技術本部調査班が仙台・北海道における試験研究機関の科学
技術動員の可能性について調査を実施している。調査結果は『東北、北
海道方面主要研究機関現場調査報告第一部』（以下、『調査報告第一部』
と略す）[10] として報告されている。ここではこの報告書をもとに、陸軍技術
本部調査班が東北帝国大学などの研究機関をどのように評価していたの
かなどを見ておきたい。

　この現場調査結果は「五、所見」として 7 項目にまとめられた（資料
4-1）。

【資料 4-1】

　五、所見

（一）　東北方面特ニ北海道帝大職員ノ研究態度ハ真摯且深刻ナルモノアル
　　　ヲ以テ依（嘱）託研究ノ選定ニ方リ十分之ヲ考慮スルヲ要ス
　　　　東北特ニ北大ハ環境上並ニ地理的関係ニ依リ外部トノ交渉ニ煩ハサル
　　　ルコト少ク且気候ハ夏季ト雖殆ド研究ヲ妨ゲズ職員ノ研究態度極メテ
　　　真摯ニシテ尚研究設備多岐ニ亘ラザルコトト相俟テ研究深刻ナルモノ
　　　アリ　従ツテ依（嘱）託研究者及研究項目ノ選定ニ方リテハ東京附近
　　　勤務者ニシテ極メテ多数ノ研究項目ヲ担任シ又ハ各種ノ会社或ハ業務
　　　等ニ関係シ多忙ナル者ヨリモ寧ロ北大等ノ教授ヲ選定シ他ニ煩ハサル
　　　ルコトナク研究ニ専念セシムル如ク著意スルノ要アリト認ム

105

（二）　当部ニ於テ部外ノ研究促進ヲ希望シアル研究事項ハ他ニ支障ナキ限リ部外者ニモ勉メテ詳細ニ之ヲ知ラシムルヲ必要ト認ム

　　学校及工場ヲ問ハズ研究ニ従事シアル者ガ之ニ依リ国防ニ貢献セントスル熱意極メテ熾烈ニシテ真ニ軍ノ希望ノ存スルトコロヲ伝ヘラレンコトヲ切望シアリ

　　従来大学、専門学校教授等ニ当部ヲ見学セシメ或ハ講話ヲ行ヒタルコトアルモ其ノ人員少キノミナラズ研究内容高遠深刻ナルニ従ヒ見学者ノ伝言ニ依リ研究当事者ヲ満足セシムルコト至難ニシテ学部長ヲ以テシテモ部下ノ研究ノ詳細ヲ知リ得ザル現況ニ在リ

　　従ツテ当部ニ於テ部外ノ研究促進ヲ希望シアル事項ヲ勉メテ詳細ニ各大学等ニ知ラシムルヲ必要トスル其ノ際希望事項ノ表現方法及秘密保持ニ関シテハ別途考慮スルヲ要ス

（三）　研究ノ種類性質ニ依リテハ兵技将校ヲ大学等ニ派遣シ依（嘱）託研究者ノ指導ノ下ニ研究ニ従事セシムルヲ可トス

　　依（嘱）託研究事項ニ関スル部外ノ研究設備其ノ他ハ通常軍ニ優レルヲ以テ部内ニ於テ概ネ半年乃至一年以上勤務シ業務ヲ了解セル兵技将校ヲ大学等ニ派遣シ依（嘱）託研究制度ニ百尺竿頭更ニ一歩ヲ進メ一層其ノ効果ヲ大ナラシムル所以ナリ

（四）　依託研究ニ要スル設備資材等ハ軍ニ於テ成ルベク便宜ヲ与フルヲ要ス

　　資材ノ入手ハ最近一層困難トナリタルニ鑑ミ所要ノ便宜ヲ与フルヲ要ス　此等ニ関スル海軍側ノ援助ハ極メテ大ナルモノアリ

　　又大学ニ於ケル助手ノ不足著シキ現状（後述）ニ鑑ミ依（嘱）託研究者ニ対シ要スレバ助手ヲモ附属セシムルコトニ関シ考慮スルヲ要ス

（五）　依託研究ヲ委員又ハ学部（教室）学内研究所等ニ命スルノ可否ニ就キ検討スルヲ要ス

　　依託研究ハ従来個人ニ之ヲ命シアルモ広汎ナル研究事項ヲ単独ニテ処理シ得ザル場合アルノミナラズ同一事項ニ関スル数名ノ研究者ヲシテ同様ナル努力ヲ為スコトヲ避ケ相互協力セシムル為依託研究ノ一部ヲ

第4章　科学技術動員の展開と東北帝国大学

　　要スレバ委員トシ又ハ学部（教室）学内研究所等ニ之ヲ命スルヲ可ト

　　セズヤ検討スルノ要アリ

（六）　低温科学研究所（北大）、電波研究所（北大）、科学計器〔計測〕研

　　究所（東北大）ノ利用ニ関シ考慮スルヲ要ス

　　低温科学研究所及電波研究所ハ夫々研究室ヨリ昇格シ施設拡張中ニシ

　　テ科学計器〔計測〕研究所ハ昭和十七年度ヨリ三年計画ニテ新設セラ

　　ルル予定ナリ何レモ独特ノ施設ナルヲ以テ其ノ利用ニ関シ考慮スルノ

　　要アリ

（七）　特ニ利用価値アリト認メラルル研究事項

　　東北方面ハ一般ニ研究機関及研究人員少ク其ノ利用シ得ルモノ亦少キ

　　ガ如キモ前述ノ如ク軍ノ希望スル所ヲ示シ接触ヲ密ニセバ該地方研究

　　機関ノ特徴ト相俟テ多数ノ価値アル研究ヲ見ルニ至ルベシ

　　　　東北帝大　　　　　　一七項目

　　　　北海道帝大　　　　　六項目

　　　　仙台高工　　　　　　二項目

　　　　　　　　　　　　　　　　　　　　（下線部筆者）

　　所見で第一に目につくのは、（一）の項目で、研究者の態度が「極メテ
真摯」であり東京近郊の研究者と比較してより外部との交渉に煩わされ
ることなく研究に専念できるという理由から北海道帝国大学が注目され
ていることである。

　　また（二）では、大学・工場を問わず「研究ニ従事シアル者ガ之ニ依
リ国防ニ貢献セントスル熱意極メテ熾烈」なので、陸軍技術本部は「促
進ヲ希望シアル」研究事項を彼らに「勉メテ詳細ニ」周知する必要があ
ると記されている。

　　（四）では、委託研究する際の資材提供などの便宜供与の必要性が主と
して記されているが、「大学ニ於ケル助手ノ不足著シキ現状」に鑑みて、
必要に応じて委（依）託研究者に「助手ヲモ附属セシムルコト」の必要
性が記されている。

107

（五）の項目では、研究は学部あるいは学内の研究所単位で依託することを検討する必要性について述べられている。

　そして（六）の項目において、1943（昭和18）年2月1日の附置が予定されている東北帝国大学科学計測研究所に関心が寄せられているところが興味深い。

　以上のように所見では北海道帝国大学が注目されていたが、実際に（七）「特ニ利用価値アリト認メラルル研究事項」として掲げられた計25項目の研究中17項目は東北帝国大学のものとなった。

　表4-1は陸軍技術本部調査班がリストアップした東北帝国大学の研究31項目を掲げたものである[11]。このうちの17項目が、調査班が「特ニ利用価値アリト認メラルル研究事項」と認めたものである。表中の項目番号の右に○印を付してある。

　番号1番の沼知福三郎工学部教授の「高速流動ニ於ケル力ノ研究」、2番と15番の抜山四郎工学部教授の「熱伝導問題ノ実験的解法」、「熱伝導ニ関スル研究」そして6番、7番にある大久保準三理学部教授の「光ノ干渉ニヨル無反射硝子表面ノ研究」、「赤外線ノ検出ニ関スル研究」、22番の伏屋義一郎工学部教授の「乾電池ニ関スル研究」、富永斉理学部教授の「鉄『カルボニル』ノ合成並ニ分解」などある。

　1番の沼知福三郎工学部教授の「高速流動ニ於ケル力ノ研究」が「海軍ノ嘱託トシテ研究中」であるにも関わらず、嘱託・委託の可能性が記されている。その一方で23番の渡邊寧工学部教授の「瞬時大電力発生装置ノ研究」については、「海軍ノ嘱託ナレバ可能性ナカラン」と嘱託・委託の可能性を否定している。渡邊教授の場合は、1938（昭和13）年頃より海軍の技術研究所に研究嘱託さており、しかもこの時期には、渡邊教授が所属する電波兵器開発部門の拡大・独立が模索されていたことと関係があると思われる[12]。そのほか19番の宇田新太郎工学部教授と20番の永井健三工学部教授の研究は利用価値あるが、「現在嘱託」であると附記されている。

　表4-2に、1945（昭和20）年1月1日現在の「研究嘱託名簿（陸軍各

第4章　科学技術動員の展開と東北帝国大学

表4-1　陸軍技術本部による調査報告（東北帝国大学）

番号		研究項目	研究者	所属部局	利用価値	嘱（依）託可能性
1	○	高速流動ニ於ケルカノ研究	工博／沼地〔知〕福三郎	工学部（S18.10～高速力学研究所長）	快速艇等ニ於ケル研究ニ寄与スルトコロ大ナリ。	有、現ニ海軍ノ嘱託トシテ研究中ノモノナリ。
2	○	熱伝導問題ノ実験的解法	工博／抜山四郎	工学部	内燃機関、銃器等ノ放熱面形成ノ研究ニ利益スル所大ナラン。	有、直接具体的問題ヲ嘱託スルカ、抜本ノ研究ノ指導ヲ受クルヲ可トセン。
3	○	熱線風速計ノ研究（附磁歪指圧計ノ研究）	坪内為雄	工学部	内燃機関、局地気象等ノ研究ニ測定具トシテ利用価値アリ。	有、依（嘱）託トシテ測定具製作指導ヲ受クルヲ可トスル。
4	○	空中ヲ運動スル物体ニヨツテ発生スル音波ニツイテ	工博／宮城音五郎	工学部	弾道ノ基礎的研究ノ参考トナシ得ルモノト認ム。	無、実験ノ指導ヲ受クル程度ニテ可ナラン。
5		微分方程式ノ数値的積分法	理博／久保田〔窪田〕忠彦／松隈健彦	理学部	有、研究ヲ促進セシム	無
6	○	光ノ干渉ニヨル無反射硝子表面ノ研究	理博／大久保準三	理学部（S18.2～科学計測研究所）	有	依託研究トスルヲ可トス
7	○	赤外線ノ検出ニ関スル研究	理博／大久保準三	理学部（S18.2～科学計測研究所）	有	依託研究トスルヲ可トス
8	○	視程ニ関スル研究	理博／中村左衛門太郎	理学部	有	依託研究トスルヲ可トス
9	○	微細気象学ニ関スル研究	理博／中村左衛門太郎	理学部	有	依託研究トスルヲ可トス
10	○	硝子表面研磨並ニ腐蝕ノ研究	理博／富永斉	理学部	有	依託研究トスルヲ可トス
11	○	気体流量計ノ研究	工博／前川道治郎	理学部	90%、一部実用ニ供シツツアルモ研究結果未整理ナリ。気体流量計ノ研究ハ概略終了ス	有
12		鍍金ニヨル金属ノ表面硬化法	工博／加瀬勉	金属材料研究所	簡単ナル鍍金法ナルガ表面硬化法ニツイテハ研究ハ行ハズ、因テ利用価値ナシ	無
13	○	固体内部抵抗ノ研究	樋口盛一	理学部	基礎研究ニシテ直ニ実用化ハ困難ナリ	有
14	○	内燃機関ノ慣性過給法ニ就テ	工博／前川道治郎	工学部	慣性過給法ニ要スル動力消費量及容積ガ小ナレバ利用シ得	有
15		熱伝導ニ関スル研究	工博／抜山四郎	工学部	研究結果ヲ防熱材等ニ応用セバ利用価値アリ	無
16	○	空中電気特ニ「イオン」数及電位観測ニ関スル研究	理博／中村左衛門太郎／加藤愛雄	理学部	実用化ハ特ニ考慮シアラズ／利用価値少シ	有、現ニ陸軍気象部嘱託ナリ
17	○	安価ナル耐久磁石ノ研究	理博／増本量	金属材料研究所	確然タル判定不可能／利用価値大ナラン	依託研究ノ可能性有リ
18	○	安価ナル高導磁率合金ノ研究	理博／増本量	金属材料研究所	有、実用ニ適スルモノト認ム	有

19		超短波極超短波ノ発振特ニ真空管ノ研究	工博／宇田新太郎	工学部（附属電気通信研究所）	有、研究ハ一段階ニ達シタリ	現在嘱託ナリ
20		磁気録音ノ研究	工博／永井健三	工学部（附属電気通信研究所）	有、実用ノ適否ヲ研究スルヲ要ス	現在嘱託ナレバ成果利用シ得ベシ
21		回路網機構ノ研究	岡田幸雄	工学部（附属電気通信研究所）	着意良好ナレドモ手段少ナカラン	無
22	○	乾電池ニ関スル研究	工博／伏屋義一郎	工学部	有	依託研究ノ可能性有
23		瞬時大電力発生装置ノ研究	工博／渡邊寧	工学部（附属電気通信研究所）	軍ニ於テ利用ノ方法ヲ考ヘル要アリ	海軍ノ嘱託ナレバ可能性ナカラン
24		鋳銅ニ及ボス瓦斯ノ影響	伊澤正宜	工学部	未ダ銅ト瓦斯ノ平衡ノ如キ研究ニテ理論的ノ基礎研究ナリ	無
25		鉄鋼ノ腐蝕及防蝕ノ理論的研究	理博／遠藤彦造	金属材料研究所	有、各種兵器ノ防誘〔ママ〕、防蝕ニ利用多シ。	無
26	○	鉄「カルボニル」ノ合成並ニ分解	理博／富永斉	理学部	有、簡単ニ純鉄ヲ得ラレル方法トシテ利用価値アリ	有
27		四塩化珪素ト「アンモニア」トノ反応	石川總雄	理学部	無、直接利用ノ途少ナシ、本反応ニ於テハ硝子壁面ニ特殊ノ曇ヲ生ズルヲ以テ煙剤トシテ利用ニヨツテハ利用ノ途モアリ。	無
28		活性硅酸ゲルニ依ル気体ノ収着〔ママ〕	石川總雄	理学部	有、吸着剤ノ研究トシテ重要ナリ	無
29		活性炭ニヨル気体蒸気ノ収着〔ママ〕	石川總雄	理学部	有、装置ニ於テ見ル可キモノアリ本邦ニ於ケ此種研究ノ最モタルモノナリ	無
30		非水溶液ノ化学及其ノ工業的応用性ノ探究	化学教授全部	理学部	有、操作簡便ニシテ著シキ特異現象ヲ呈スルヲ以テ参考トナル点多シ	有、伏屋教授、八田教授、天笠教授
31		液体ガス接触ノ装置及操作ノ研究	八田四郎次	理学部	有、化学工学ノ一部門トシテ参考トナル点多シ	無

(注1) 調査研究項目は東北帝国大学、北海道帝国大学、仙台高等工業学校、北海道立工業試験場、日本製鋼所室蘭製作所のあわせて62項目あったが、本表では、東北帝国大学の31項目のみ掲載した。

(注2) 所属部局欄には調査時の所属部局名を記した。括弧内には兼務あるいは後に所属した部局名を記した。

出所）『東北、北海道方面主要研究機関現場調査報告』陸軍技術本部、昭和17年6月（JACAR〔アジア歴史資料センター〕、Ref.03032078600、国立公文書館）より作成。

表4-2 「研究嘱託名簿(陸軍各研究所)」中の東北帝国大学研究者

1. 主務嘱託 (昭和20年1月1日調)

研究事項	嘱託任命年月日	手当	扱又ハ本官官等	本官本職又ハ本来ノ職業(勤務先)	学位・氏名	兼務部隊
○陸軍兵器行政本部技術部						
参与	昭15.4.30	年600円	高一	東北帝国大工学部教授	工博・抜山平一	
○第一陸軍技術研究所 (昭和20年1月1日調)						
発射時ニ於ケル砲身振動ノ砲内外弾道的影響ノ研究	昭18.9.30	月80円	高一	東北帝大教授(理学部)	理博・小林 松助	
○第三陸軍技術研究所						
威力線放射ノ研究	昭18.9.30	月80円	高一	東北帝大教授(理学部)	理博・三枝彦雄	
液噴ニ関スル研究	昭18.9.30	月80円	高一	東北帝大教授(工学部)	宮城音五郎	
特殊発動機ノ研究	昭16.3.31	月90円	高一	東北帝大教授(工学部)	抜山四郎	一技研
威力線放射ノ研究	昭19.6.20	月70円	高六	東北帝大助教授(理学部)	松本 翠	
○第五陸軍技術研究所						
秘密通信機、搬送電信電話ノ研究	昭15.4.30	月80円	高二	東北帝大教授(工学部)	工博・永井健三	
暗号機及暗号解読機ノ研究	昭18.12.18	月80円	高三	東北帝大教授(理学部)	理博・泉信一	
暗号機及暗号解読機ノ研究	昭18.12.18	月80円	高四	東北帝大助教授(工学部)	岡田幸雄	
○第六陸軍技術研究所						
青酸合成法ニ関スル研究	昭18.7.14	月80円	勅一	東北大教授(工学部)	工博・原龍三郎	
○第七陸軍技術研究所						
地中振動伝播ニ関スル研究	昭18.9.17	月80円	高一	東北帝大教授(理学部)	理博・中村左衛門太郎	三技研
地中振動伝播ニ関スル研究	昭18.9.17	月80円	高四	東北帝大助教授(理学部)	理博・加藤愛雄	三技研

研究事項	兼務発令年月日	俸給	官等	本職	学位・氏名	主務部隊
水中音波兵器ニ関スル研究	昭19.1.11	月80円	高一	東北帝大教授(理学部)	理博・増本 量	東二造九技研
○第八陸軍技術研究所						
純鉄ノ製造ノ研究	昭17.5.31	年500円	高一	東北帝大教授(理学部)	理博・富永 齋	
純鉄ノ電気物理的研究	昭17.5.31	年500円	高五	東北帝大助教授(理学部)	理博・岡村俊彦	
木船害虫ノ習性並防虫ノ研究	昭19.1.21	月80円	高五	東北帝大助教授(理学部)	理博・今井丈夫	
○登戸研究所						
登四号	昭15.4.30	月90円	奏薦	東北大工学部教授	工博・宇田新太郎	五技研
鑑四号	昭19.5.1	月80円	奏薦	東北大教授科学計測研究所長	大久保準三	
登一号	昭19.8.1	月80円	奏薦	東北大医学部助教授	医博・松岡 茂	

2. 兼務嘱託 (昭和20年1月1日調)

研究事項	兼務発令年月日	学位・氏名	主務部隊
○第一陸軍技術研究所			
機関銃ノ放熱ニ関スル研究	昭16.3.21	抜山四郎	三技研
○第三陸軍技術研究所			
電磁波ニ依ル地雷源探査ノ研究	昭18.9.17	加藤愛雄	七技研
○第五陸軍技術研究所			
周波数安定ニ関スル研究	昭15.4.30	宇田新太郎	九技研

注1) 本表は陸軍技術研究所が、嘱託していた科学者及び技術者延べ638名の内、東北帝国大学研究者を抽出したものである。
出所：陸軍兵器行政本部技術部『陸軍技術研究所研究所嘱託者名簿』昭和20年1月1日調より作成。

第4章　科学技術動員の展開と東北帝国大学

研究所）」から東北帝国大学と関係のある研究者を抽出したものを掲げた。この表に記載されている研究者は陸軍の各研究所の嘱託として、軍事研究の指導やアドバイザー的な役割を求められたのである。

　1940（昭和15）年4月に任命された抜山平一、永井健三、宇田新太郎や1941（昭和16）年3月に任命された抜山四郎などは太平洋戦争開戦前からの嘱託であるが、それ以外のほとんどの研究者は、この陸軍技術本部調査班の調査後に研究嘱託に任命されていることが見て取れよう。この表からは、『調査報告第一部』では特に記されていなかったが、数学の研究者である泉信一理学部教授の名前が確認できる。

　ところで、陸軍技術本部調査班は調査の際に、各研究機関の研究者たちと意見交換を行っている。『調査報告第一部』は、「六、参考事項」として、各研究機関の研究者等から出された要望などを次のように記している（資料4-2）。

【資料4-2】

　六、参考事項
　（一）　大学ニ於ケル助手ノ不足ニ就テ
　　　　　大学卒業者ノ大部ハ直ニ兵役ニ服シ残余ト雖厚生省ノ割当ノ為所望人員ノ助手ヲ得ルコト極メテ困難ナル現状ニ在リ又一方東北方面ニ於テハ助手ノ学外ニ於ケル収入ノ途少キヲ以テ優秀ナル助手ヲ数年間薄給ニ置クハ当局者トシテモ情ニ忍ビザルトコロアリ
　　　　　而シテ此ノ現象ハ大学一般ノ研究ヲ阻害スルコト勿論ナルモ次期教授ノ後継者ヲ中絶シ数年乃至十数年後ニ於テ本邦学術ノ研究ニ欠陥ノ一時期ヲ招来スル処甚ダ大ナリ本件ハ軍ニ於テモ側面的ニ之ヲ援護スルノ要アリ
　（二）　大学ニ於ケル対軍希望ニ就テ
　　　1．技術本部見学ノ機会ヲ与ヘラレタキ件
　　　　　当部ノ分散ニ伴ヒ見学ハ一層不便トナルヲ以テ一年ニ数回適当ノ日時ヲ指定シ或ハ見学者ノ種類及希望事項等ニヨリテハ其ノ都度許可

113

スル等　当部トシテモ多少ノ不利ヲ忍ブモ見学ノ便宜ヲ与フル要ア
リ

2. 研究資材ノ取得ニ関シ軍ヨリ斡旋セラレタキ件

資材ノ不足ハ東北ニ限ラザルモ製作工場トノ接触ノ機会少キ東北方
面ハ自ラ不利ナル現況ニ在リ特ニ軍ニ関係アルモノハ斡旋ノ要アラ
ン

（例ヘバ鉄筋「コンクリート」ノ研究ハ鉄材ヲ入手シ得ザル為昨年
四月以降之ヲ中止セリ）

3. 専門研究者ニハ秘密度低キ事項ハ勉メテ之ヲ知ラシメラレタキ件

全般ガ秘密ニシテ其ノ内容ノ個々独立ノモノガ秘密度低キ場合等ニ
ハ適宜考慮スルノ要アリ

4. 独伊トノ技術交換ヲ斡旋セラレタキ件

学術鎖国ノ現状ニ於テ独伊ノ研究状況等ヲ知リタキ希望甚ダ多シ

5. 科学学校員外学生ヲ勉メテ毎年派遣セラレタキ件

東北帝大及北海道帝大共ニ希望シアリ

（三）　基礎研究ノ振興ニ就テ

本年度東北帝大ニ新設セラルル科学計器〔計測〕研究所（既述）及北
海道帝大ニ新設セラルル生産冶金学科教室ハ本邦学術ノ基礎確立ニ貢
献シ技術水準ノ向上ニ資スルコト大ナルモノアルベク従来動モスレバ
材料、計器或ハ測定等工業基礎技術ノ研究ニ関スル努力少ク部品ノ組
立等ヲ以テ技術ノ大部トセル観念ニ対シ大イニ改良稗〔裨〕益スルモ
ノト期待セラル

（四）　北海道庁工業試験場ニ就テ

本試験場ハ北海道主要生産物ノ加工並ニ天然資源利用ノ基礎ヲ確立
シ其ノ工業化ヲ図ル目的ヲ以テ大正七年札幌郊外ニ設立セラレ研究
室及醸造窯業木工化学染色製糖等ノ試験工場ヲ有シ商工省直轄試験
所ニ概ネ匹敵スル規模ノモノナリ

今日迄ニ多数ノ有益ナル試験及研究ヲ完成セルモ目下継続中ナル左
ノ研究及調査ハ時局下ニ於ケル重要資源問題解決ノ為特ニ利用助成

第 4 章　科学技術動員の展開と東北帝国大学

ノ要アルモノナルベシ

　「ニツケル」製錬（北海道産ニツケル鉱）

　水銀採取（北海道産水銀ノ採取特ニ其ノ電気採鉱）

　地質調査（二十年計画ニテ全道ノ調査実施中）

（下線部筆者）

　この「六、参考事項」のなかでもとくに次のような項目に注目しておきたい。

　「（一）大学ニ於ケル助手ノ不足ニ就テ」では、卒業者の徴兵や厚生省の「使用者制限令」により研究補助者である助手の獲得が「極メテ困難」であること、また助手として採用できたとしても「薄給ニ置ク」ことなどが問題視されていることが取り上げられている。そしてこの問題が短期的には「大学ノ一般ノ研究ヲ阻害」し、長期的には「本邦学術ノ研究ニ欠陥ノ一時期ヲ招来スル」ので、軍も「側面的」に支援する必要があると結論付けている。

　「（二）大学ニ於ケル対軍希望ニ就テ」では、大学側から「技術本部見学ノ機会」を設ける等軍事技術開発の実状についての情報公開と研究用資材不足の解消が求められた。また同盟国であるドイツとイタリアにおける科学技術の研究状況の公開や技術将校の派遣も求められた。

　以上、1942（昭和 17）年 5 月に実施された陸軍技術本部調査班による仙台・北海道の試験研究機関の科学技術動員の可能性についての報告書である『調査報告第一部』に検討を加えてきた。『調査報告第一部』の「所見」では、調査班は地理的条件や研究者等の「極メテ真摯」な「研究態度」から北海道帝国大学の科学技術動員の可能性が強調されていたが、実際に動員可能性があるとして選択した研究は東北帝国大学のものが多かった。

　また大学等の研究者等との懇談から、この時期にすでに助手などの研究補助者不足、資材不足が顕在化していたことが確認できた。それは卒業者使用制限令や物質統制のためであった。そして「国防ニ貢献セント

115

スル熱意極メテ熾烈」な研究者が存在し、軍事技術開発に関わる情報公開が求められていたことも確認できた。

陸軍兵器行政本部調査班による東北、北海道における研究機関の調査結果からも、大学が研究を遂行するうえでの補助者の不足を訴えていたことが明らかになった。ここに、長期的には「次期教授ノ後継者」の育成という意味において、短期的には「大学一般ノ研究ヲ阻害スル」ことを防止するため、また「優秀ナル助手」を「薄給ニ置ク」ことの防止策として、学術研究補助者としての大学院学生の重要性が増してくるのである。

また報告書の「所見」の（五）で述べられた学部や学内研究所単位での研究依託が推進され、またさらに大きな研究組織の形成へと指向していくことになる。そして 1943（昭和 18）年の陸軍兵器行政本部「科学技術の総動員」では「科学技術の総動員態勢ヲ確立スルニハ従来実施シ来リタル主トシテ個人ヲ対象トシテノ利用法ヨリ蝉蛻シ部外者ヲシテ組織的且全面的ニ軍ノ要望スル研究ニ協力セシムル如ク技術院ト連繫ヲ緊密ニシ且之ヲ強力ニ支援推進シツツアリ」[13] という施策を実行していることが報告されている。すなわちこの時期に「個人の動員」から「組織の動員」への深化が企図されていくことになる。

海軍による科学技術動員

次に海軍による研究動員について見てみたい。海軍による大学等研究機関の研究動員の特徴は、当初の個別的なものから次第に組織化していったということである[14]。

海軍では、1923（大正 12）年 4 月 1 日に設置された海軍技術研究所は、科学・電気・航空・造船などの研究部を置いていた。このうち航空研究部を 1932（昭和 7）年 4 月 1 日に海軍航空廠として独立させ、1939（昭和 14）年 4 月には航空技術廠と改称する[15]。1945（昭和 20）年 2 月には、電波兵器を担当する第二海軍技術廠が置かれたことにより、航空技術廠は第一海軍技術廠と改称している。

第4章　科学技術動員の展開と東北帝国大学

　1941（昭和16）年7月時点で海軍航空技術廠だけでもすでに23名の研究嘱託があり、その内訳は東大（8名）、東北大（6名）、阪大（3名）、東工大（2名）、京大（1名）、名大（1名）、慶應大（1名）、電気試験所（1名）であった[16]。東北帝国大学の渡邊寧教授などは例外的にはやく1939（昭和14）年頃には研究嘱託されていたが、それらはいたって個人的なつながりに依存していたといわれる[17]。

　1942（昭和17）年5月には、部外者を海軍技術研究所の研究に従事させる兼務嘱託制が導入されると、大学などの研究機関からの嘱託が増大した。たとえばレーダー開発にかかわったとみなせる嘱託数は1944（昭和19）年時点で約300名であったという推計もなされている[18]。さらに嘱託として研究に従事させるだけでなく、1943（昭和18）年12月頃には、例えば菊池正士、渡邊寧、高柳健次郎などが海軍技師に任命されている。

　そして、海軍技術研究所が嘱託した研究者が所属する組織を海軍技術研究所の分所や分室として組織単位で動員するという形態をとるようになる。その結果、たとえば電気通信分野に限定していえば、1944（昭和19）年11月末時点において、電波研究部、電気研究部、音響研究部が設置していた分所・分室は合計37か所にのぼっていた[19]。これらのひとつに「仙台研究室」が含まれており、それは東北帝国大学電気通信研究所に設置されている。このことから東北帝国大学電気通信研究所において研究に従事した研究者たちの多くが、戦時研究に動員されていたことがうかがわれよう[20]。

　そのほか1943（昭和18）年には、海軍大臣の諮問機関として海軍科学技術審議会が設置され、この委員に大学の研究者が名を連ね、そのなかには抜山平一東北帝国大学電気通信研究所所長の名もみられる[21]。

　また大学卒業後に技術科中尉となる海軍委託学生数は、1944（昭和19）年には前年の4倍となり、短期現役を含む海軍技術士官の任官時採用数は1941（昭和16）年280名、1942（昭和17）年790名、1943（昭和18）年1,410名、1944（昭和19）年2,570名と次第に増加した[22]。

117

3 技術院による科学技術動員

1942（昭和17）年7月、技術院により設置が決定された「研究隣組」は、翌1943（昭和18）年1月には研究隣組運営委員会の構成と運営方針が決定され、組織されていった。そして1944（昭和19）年12月までには、152の隣組が結成されて3,082名の研究者や技術者が参加することになる[23]。

1942（昭和17）年2月1日、「科学技術新体制確立要綱」に沿う形で設置された技術院は、科学技術新体制の主導権を掌握すべく科学技術審議会を創設するが、文部省などにより「骨抜き」にされ、ようやく設置されたのも1942（昭和17）年末となり、1943（昭和18）年1月30日に最初で最後の総会が開催されるというものであった[24]。

技術院は、「基礎研究、応用研究、生産現場の有機的な連絡の下に動員する如き種々な施策」[25]のひとつとして、1942（昭和17）年7月に「研究隣組」の設置を決定した。

「隣組」という用語は、1940（昭和15）年9月11日の「部落会町内会等整備要領（内務省訓令第17号）」（隣組強化法）により内務省が整備を進めていた「隣組」から来たものだといわれている[26]。技術院は、研究隣組の検討と実施を全日本科学技術団体連合会（全科技連）に委ね[27]、1943（昭和18）年1月には全科技連で研究隣組運営委員会の構成と運営方針が決定される。

こうして発足した研究隣組は、1943（昭和18）年3月から終戦まで活動を続け、1944（昭和19）年12月までには、152の隣組が結成されて3082名の研究者や技術者が参加することになる[28]。部門別では、電気が708名と最多で、化学と農林水産がこれに続いた。1944（昭和19）年12月時点の研究隣組の参加者は、35.5%が教育機関、27.3%が企業の所属であり、大学から製造企業までを縦断するという狙いが果たされたという点では評価されている[29]。

しかし、「優秀技術の普及伝播と基礎研究、応用研究、生産技術の緊密なる連絡協力の高度なる実現」[30]とその目標に掲げられているように、技

第4章　科学技術動員の展開と東北帝国大学

表4-3　研究隣組に参加した東北帝国大学の研究者

組番号	研究分野	役職	氏名	東北帝国大学の所属部局・役職
1008	電子回折技術	組員	小川　四郎	金属材料研究所・助教授
4002	ニッケル冶金	相談役	伊澤　正宣	工学部・教授 （選研教授 1942.3.30 ～ 1943.4.21）
4005	特殊鋼熱処理	相談役	岩瀬　慶三	金属材料研究所・教授
4006	高純度マグネシウム	相談役	大日方一司	金属材料研究所・教授
		世話人	柳原　正	金属材料研究所・助教授
		組員	林　茂壽	金属材料研究所・助教授 （1943.7.14 民間から）
		組員	小松　登	金属材料研究所・助教授 （1945.6.18 助手から）
4007	軽合金復元現象	相談役	大日方一司	金属材料研究所・教授
4008	低温焼鈍	相談役	大日方一司	金属材料研究所・教授
4009	不純物アルミニウム	相談役	大日方一司	金属材料研究所・教授
		相談役	小野　健二	選鉱製錬研究所・教授
		組長	柳原　正	金属材料研究所・助教授
		世話人	小松　登	金属材料研究所・助教授 （1945.6.18 助手から）
		組員	林　茂寿	金属材料研究所・助教授 （1943.7.14 民間から）
		組員	日景　武夫	金属材料研究所・助手 （1950.3.31 ～助教授）
5008	牧野改良	相談役	吉井　義次	理学部・教授
		相談役	寺尾　博	農学研究所・教授
		組員	吉田　重治	農学研究所・助教授
		組員	吉岡　邦二	理学部・講師
		組員	兒玉　宗一	農学研究所？
5014	土壌微生物	相談役	岡田要之助	農学研究所・教授
6009	高性能乾燥剤	相談役	有井癸巳雄	理学部（～ 1938 助教授）
8001	電子放射	相談役	拔山　平一	工学部・通研・教授
		相談役	渡邊　寧	工学部・教授
		組員	仁科　存	金属材料研究所 （助教授→ 1941.7.22 ～研究嘱託）
		組員	日比　忠俊	科学計測研究所・助教授
		組員	宮内　量平	
		組員	古賀　和夫	
		組員	小池勇二郎	工学部（1941 ～助教授） 電気通信研究所（1944.4 ～教授）
8005	超短波真空管	相談役	宇田新太郎	工学部・教授
		組員	石田　光夫	工学部・助教授
		組員	中村新太郎	電気通信研究所・助教授（1944.6 ～）
8006	共振器	組員	宇田新太郎	工学部・教授
8008	X 線装置	組長	古賀　良彦	医学部・教授
8015	二次電子管	相談役	渡邊　寧	工学部・教授
9001	出生増強	組員	九嶋　勝司	医学部・助教授
9006	乳幼児死亡低減	組員	堺鶴三郎	
9008	結核蔓延	組員	海老名敏明	医学部・教授→抗酸菌病研究所・教授 （1944 ～）
		組員	大里俊吾	医学部・教授（1944.2 ～）
9010	女子勤労者保健	組員	九嶋勝司	医学部・助教授
9011	結核症の発生	組員	海老名敏明	医学部・教授→抗酸菌病研究所・教授 （1944 ～）
		組員	岡捨巳	抗酸菌病研究所・助教授

注1）組番号は研究分野別に次のように割り振られている。
　　数学物理（1000 番台）、動植物（2000 番台）、土木建築（3000 番台）、採鉱冶金（4000 番台）、農林水産（5000 番台）、化学（6000 番台）、機械（7000 番台）、電気（8000 番台）、医学（9000 番台）
注2）東北帝国大学内での所属にはいくつか誤りがみられたので修正し、所属部局が不明なものは空欄とした。
出所）青木洋「研究隣組組員名簿」『科学技術史』第 7 号、pp.107-135 より東北帝国大学所属とされた組員のみ掲載した。

119

術院の試みたこの取組の主眼はあくまで、同一主題の研究者が組織の壁を越えて会合することに置かれていた。各隣組に支給された費用は会合開催のための経費であり、研究のための設備・材料等の購入にあてられたわけではなかった[31]。

　ここでは、この研究隣組に参加した東北帝国大学の研究者について概観しておきたい（表4-3を参照）。

　既述したように、全体としては、部門別では、電気（8000番台）が708名で最多、化学（6000番台）と農林水産（5000番台）がこれに続いていた。研究隣組の参加者は1944（昭和19）年12月には35.5%が教育機関、27.3%が企業の所属であったとされる。

　東北帝国大学の構成を見ると、組員の重複も含めて採鉱冶金（4000番台・6件・14名）が最多であり、電気（8000番台・5件・13名）、医学（9000番台・5件・7名）、農林水産（5000番台・2件・6名）、化学（6000番台・1件・1名）、数物理（1000番台・1件・1名）と続く。

　最も多い採鉱冶金では、相談役が多く、しかも4009番の「不純物アルミニウム」は、6名で組織されており組長・世話人・相談役・組員それぞれの役職が配されている。また次に多い電気の8001番の「電子放射」は7名で組織され、組長こそいないが、相談役2名、組員5名で構成されている。そのほか農林水産の5008番の「牧野改良」でも相談役2名、組員3名の構成が注目される。

　同一大学の研究者を中心に構成されているこれらの隣組は、予算目当てに結成されたものである可能性があり、そもそも研究隣組発足の理念からはかけ離れたものとなっている[32]。

　また技術院が主導した科学技術動員のひとつとして、科学技術審議会の研究体制特別部会の答申に基づいて1943（昭和18）年10月1日に閣議決定された「科学技術動員綜合方策確立ニ関スル件」と、10月13日に公布された「臨時戦時研究員設置制」（勅令第788号）・「研究動員会議官制」（勅令第778号）による戦時研究員がある[33]。戦時研究員は内閣がおき、内閣総理大臣を会長、技術院総裁を副会長とする研究動員会議が決

第 4 章　科学技術動員の展開と東北帝国大学

定し、統括・支援する「戦争目的達成のため、科学技術の研究に関する
国の全力を傾注して急速に成果を挙ぐるを要する科学技術に関する重要
研究課題」に取り組むとされた。昭和 19 年度の戦時研究員は 1,122 名、
研究課題は 183 で、その 7 割は陸海軍が担当庁として、要員・資材・経費
などを調達した。研究員は民間人が 44.2%、教育機関を中心とする文部省
所属が 40% で、一課題当たりの研究費は学術研究会議の研究班の 2 倍以
上であった [34]。しかし、後述する文部省学術研究会議の主導する研究班
と科学技術動員が二分化されることによる弊害を解消するために初年度
のみで廃止されることになる [35]。

4　文部省による科学技術動員

　つづいて文部省の学術研究会議研究班による科学技術動員について触
れておきたい。
　文部省による共同研究推進組織として学術振興会があったものの、科
学技術動員のためのシステム作りという点では技術院に遅れをとってい
た [36]。文部省が所掌する学術研究会議は 1942（昭和 17）年末、次年度の
科学研究費交付方針として「重点主義ニ依リ可成大題目ノ協同研究トス
ルコト」と共同研究重視の方針を示した [37]。
　第 5 章において詳述するように、1943（昭和 18）年 8 月、「科学研究ノ
緊急整備方策要綱」が閣議決定され、同月 25、26 日開催の帝国大学総長
会議において政府・文部省の方針が大学側に伝えられ、各大学は学術研
究会議の科学技術動員の支部組織としての委員会設置に着手している。
そして文部省の学術研究会議は、そのメンバーによって構成されていた
技術院の科学技術審議会第一部会の 1943（昭和 18）年 8 月答申に基づい
て科学研究動員委員会を設置し、同年 12 月より研究班を組織することに
なる。
　翌昭和 19 年度には、科学研究費の交付対象として 193 の研究班を組織
し、これには 1,927 名の研究者が所属したが、その 9 割は大学の研究所、
高等専門学校など教育機関に所属するものだった [38]。これらの研究にあ

てられた研究費総額は前年度の倍を超える 11,743,300 円に上った[39]。

こうして文部省科学研究費にもとづき「重点主義ニ依リ可成大題目ノ協同研究」が展開されるようなシステムが整うことになる。

この研究班に東北帝国大学の研究者がいかにかかわってきたのかについては、第 6 章・第 7 章において詳述することとする。

5　おわりに

本章では、戦時科学技術動員の展開に伴い、帝国大学の研究者たちがいかなる研究体制のなかに組み込まれていくことになったのか、東北帝国大学を事例として明らかにした。

第 1 章において述べたように、文部省による科学研究費交付金の創設（1939 年）や、技術院による研究隣組の設置決定（1942 年）、文部省による学術研究会議研究班の設置（1943 年）、研究動員会議による戦時研究員などの様々な動員組織が次々とつくられて、大学の研究者達は戦時研究へのインセンティブを与えられていった。

その一方で、陸海軍は、自らが各種研究機関を持ち、大学等の研究機関より研究要員を軍人・軍属として集め、また大学への委託研究などを実施していた。

つまり、①陸・海軍の技術研究所への嘱託としての勤務や委（依）託研究の受託、②技術院の研究隣組への参加、③文部省の学術研究会議研究班への参加といった大きくわけて軍・技術院・文部省という三つの組織体が策定した大学の研究者を対象とした研究組織に参加することになり、大学の研究者たちはそれぞれの組織への対応に追われた。東北帝国大学の事例を見ても明らかなように、代表的な研究者らは、軍の研究機関のアドバイザー的役割を担い、同時に研究隣組のメンバーとして民間企業との共同研究に関与しつつ、研究班の中心的役割を担わなければならなかったのである。くわえて陸海軍の技術研究所の分室も設置され、組織的な動員がなされていたことを確認した。

また 1942（昭和 17）年 5 月実施の陸軍技術本部による仙台・北海道の

第4章　科学技術動員の展開と東北帝国大学

主要研究機関現場調査の報告書から、大学における研究助手、資材、軍事技術に関する情報の不足という問題が顕在化していたことが明らかになった。さらに「国防ニ貢献セントスル熱意極メテ熾烈」な研究者の存在も確認された。

　次章では、学術研究会議研究班と東北帝国大学を事例として、戦時科学技術動員体制の大学への浸透が、帝国大学の学術研究体制をいかに変容させていったのか検討することにする。

1　鎌谷親善「日本における産学連携――その創始期に見る特徴」『国立教育政策研究所紀要』135、2006、p.57。

2　畑野勇『近代日本の軍産学複合体』創文社、2005、p.10。

3　東北帝国大学『東北帝国大学一覧』自大正十二年至大正十三年。

4　たとえば、電気通信研究所の初代所長となる抜山平一は、昭和4年に、水中聴音器の研究業績が評価され、海軍省嘱託となり実地指導することが内定している。「目的の微音を聞きわける／東北大学の抜山教授／いよ〳〵海軍省嘱託に」昭和4年12月18日付『河北新報』。

5　沢井実「戦時期日本の研究開発体制――科学技術動員と共同研究の深化」『大阪大学経済学』54 (3)、2004、p.390。

6　同上論文、p.391。

7　沢井実「太平洋戦争期における陸軍の研究開発体制構想――陸軍兵器行政本部技術部の活動を中心に」『大阪大学経済学』58 (4)、2009、pp.1-19。

8　沢井、前掲「戦時期日本の研究開発体制――科学技術動員と共同研究の深化」、p.391。

9　同上。

10　『東北、北海道方面主要研究機関現場調査報告第一部』陸軍技術本部、昭和17年6月（公文書館所蔵、アジア歴史資料センター、Ref.03032078600）。

11　表の全体は沢井、前掲「太平洋戦争期における陸軍の研究開発体制構想－陸軍兵器行政本部技術部の活動を中心に」の pp.14-15 に示されているので参照されたい。原出所は陸軍兵器行政本部長木村兵太郎「状況報告」昭和18年7月22日（『陸軍兵器行政本部関係史料綴（その一）』防衛省防衛研究所図書館所蔵）所収。

12　河村豊「旧日本海軍における科学技術動員の特徴」『科学史研究』39 (214)、2000、p.89。

13　沢井、前掲「太平洋戦争期における陸軍の研究開発体制構想――陸軍兵器行政本部技術部の活動を中心に」p.13。原出所は前掲、陸軍兵器行政本部長木村兵太郎「状況報告」昭和18年7月22日。

14　河村、前掲論文、pp.88-98。

15 鈴木淳、『科学技術政策』日本史リブレット100、山川出版社、2010、p.87

16 沢井、前掲「戦時期日本の研究開発体制——科学技術動員と共同研究の深化」p.391。

17 河村豊、前掲論文、p.89。

18 同上。

19 同上。

20 東北大学百年史編集委員会編『東北大学百年史　部局史4』東北大学出版会、2006、pp.291-292。

21 『自昭和十八年二月至〃十八年十月／海軍科学技術審議会その一／堀岡部長』（堀岡文書、6技術全般146、防衛研究所所蔵）。

22 河村豊、前掲論文、p.93。元出所は『図説総覧海軍史事典』図書刊行会、1985、p.193。

23 青木洋・平本厚「科学技術動員と研究隣組——第二次大戦下日本の共同研究」『社会経済史学』68（5）、2003、p.17。

24 それは「ゲリラの集会」というものであったと評価されている。鈴木淳、前掲書、p.82。

25 青木洋・平本厚、前掲論文、p.6。

26 同上。

27 鈴木淳、前掲書、pp.82-83。

28 青木洋・平本厚、前掲論文、p.17。

29 青木洋「第二次大戦中の研究隣組活動——研究隣組趣旨及組員名簿による実証分析——」『科学技術史』7、2004、pp.1-40。

30 青木洋・平本厚、前掲論文、p.10。

31 同上論文、p.19。

32 同上論文、p.21。

33 同上論文、p.19。

34 鈴木淳、前掲書、p.84。

35 青木洋「学術研究会議の共同研究活動と科学動員の終局——戦中から戦後へ——」『科学技術史』10、2007、pp.4-5。

36 同上論文、p.7。

37 青木洋「第二次大戦中の科学動員と学術研究会議の研究班」『社会経済史学』72（3）、2006、p.75。

38 青木、前掲「学術研究会議の共同研究活動と科学動員の終局——戦中から戦後へ——」、p.3。

39 青木、前掲「第二次大戦中の科学動員と学術研究会議の研究班」、p.78。

第5章
学術研究会議研究班の設置と東北帝国大学の研究体制

1 はじめに

前章では、戦時科学技術動員の進展に伴い、陸海軍や技術院、そして文部省が、それぞれ、帝国大学の研究者たちやその研究を自らが形成しようとする研究組織に編入しようとしていたことを見てきた。

本章では、東北大学史料館所蔵の大久保準三文書[1]に所収されている「昭和十九年度科学研究動員下ニ於テ研究セントスル題目調書」などを手掛かりとして、研究班設置の経緯から昭和18年度に「緊急」に実施される経緯と大学が対応していく経緯について明らかにする。そして学術研究会議研究班と科学研究費という枠組みにおいて、東北帝国大学ではいかなる研究が展開されていたのか、その一端を見てみる。

2 学術研究会議研究班の設置と東北帝国大学の対応

1943（昭和18）年8月20日、「科学研究ノ緊急整備方策要綱」が閣議決定され、学術研究会議を中心とする科学動員組織の構築が示された[2]。8月25、26日に開催された帝国大学総長会議において、政府・文部省の方針が大学側に伝えられ、文部省は各大学に科学動員への対応組織としての委員会設置を求めた[3]。この際に、大阪帝国大学が既に5月末に、「戦時科学報国会」を結成し、「学内ノ兵器研究者及ビ基礎科学研究者、更ノ技術担当者ノ協力一致体制ヲ整備シ、現ニ着々ソノ効果ヲアゲツツアル」ことが報告されている[4]。この総長会議の後、各大学は委員会設置に着手することになる。

北海道帝国大学では、8月31日に臨時評議会が開催され、「本学ニ於テモ有時即応ノ態勢ヲ整フル為メ学部長、研究所長ヲ委員トスル科学研究特別委員会ヲ組織スルコトニ決定」している[5]。

京都帝国大学では、9月2日に評議会が開催され、「緊急科学研究体制

ニ関スル件」が議題となり、羽田亨総長より「豫テ計画中」の「緊急科学研究体制」が報告され、あわせて「各員の協力方」が求められた[6]。

九州帝国大学では、9月3日開催の評議会において、荒川文六総長より総長会議報告がなされ、「科学研究動員ニ関スル委員会」を設置することになったが、まずは各学部の意見を取りまとめることとなった[7]。そして9月21日の評議会であらためて「九州帝国大学科学研究動員委員会」設置の説明がなされている[8]。

名古屋帝国大学では、9月6日開催の評議会で「科学研究ノ緊急整備方策ニ関スル件」が議題となり、「戦時科学研究会設置ノ提案アリ之ガ構成並ニ要項ニツキ種々協議ノ結果原案一部修正ノ上実施ト決定」している[9]。

東京帝国大学では、9月21日の評議会において、9月1日施行の「科学研究動員委員会規定」が示され「了解ヲ求メラ」れている[10]。

このように各帝国大学で委員会設置の動きが見られるなか、東北帝国大学では、1943（昭和18）年9月2日開催の評議会で、熊谷岱藏総長より「総長会議ノ件」が報告されている[11]。なかでも「科学研究ノ緊急整備方策要綱」の説明に重点がおかれ、「大学側デモ之ニ対応スル科学動員ノ委員会ヲ作ツテ貰ヒタイ」との文部省からの要望が説明された[12]。そして「東北帝国大学科学研究協議会規定（案）」と次のような「東北帝国大学科学研究協議会規程案趣旨」が示された（資料5-1）。

【資料 5-1】東北帝国大学科学研究協議会規程案趣旨 [13]

東北帝国大学科学研究協議会規程案趣旨

大東亜戦争ノ進展ニ伴ヒ今般政府ノ樹立シタ科学研究ノ緊急整備方策ニ即応シ、本学ニ於テハ別案ノ如キ科学研究協議会ヲ設置シテ国家ノ要望ニ副ハントスルノデアル。

本協議会ハ戦争遂行ノタメ現下最モ緊急ヲ要スベキ各般科学ノ研究題目ヲ審議シ、本学ニ於テ自発的、総合的ニナスベキ緊急ニ就キ又ハ他ヨリ委嘱ヲ受ケタル研究ニシテ数学部数学科或ハ数研究所ニ渉ツテ共同研究スルニ

第5章 学術研究会議研究班の設置と東北帝国大学の研究体制

依リ最モ有効ナル成果ヲ挙ゲ得ル如キ研究ニ就テハ当該専門家ヲ指名シ研究委員会ヲ組織モ(ママ)シメソノ研究ノ完成ヲ期セントスルノデアル。

尚本協議会ハ学術研究会議其ノ他ノ研究機関トノ連絡ニ当ルモノトスル。

　この趣旨にある通り、東北帝国大学科学研究協議会は、「科学研究ノ緊急整備方策ニ即応」するために、「戦争遂行ノタメ現下最モ緊急ヲ要スベキ各般科学ノ研究題目ヲ審議」し、学内外横断的な共同研究体制を組織し研究を促進することを目的としている[14]。この規程案はその場で承認され即日施行されることとなった[15]。このように大学側の「自発的、総合的」な共同研究の準備が進められていた。

　一方、文部省の学術研究会議は1943（昭和18）年11月26日公布・施行の「学術研究会議官制改正」（勅令第886号）により、会員数倍増や会長権限強化等がなされるとともに、文部大臣の権限で「科学研究動員」に関する重要事項を審議させるために学術研究会議に科学研究動員委員会を設置できるようになった[16]。これにより学術研究会議は実質的に文部省の科学動員のための機関となったのである[17]。官制改正に伴い、会則も改正され、同日、「学術研究会議科学研究動員委員会規程」も制定された[18]。

　この「科学研究動員委員会規程」により、委員会は、「戦時下ニ於ケル学理研究ニ関スル重要課題ノ選定並ニ其ノ研究担当機関及研究担当者ノ選定」、「研究協力組織ノ企画」、「研究費、研究用資材」、「研究成果ノ活用」、「其ノ他科学研究動員上必要ナル事項」について審議することが定められた[19]。

　1943（昭和18）年12月6日に第1回目の科学研究動員委員会が開催され、自然科学分野104項目の重要研究課題とその研究班が決定された[20]。同年12月7日付『朝日新聞』東京版には「科学研究に協力組織／重要題目百四項を決定」が報じられている[21]。ここでは「常任委員会では今月下旬更に本年度分の研究題目並に研究組織を追加する」ことも報じられ

ている。

　12月17日、文部省科学局から東北帝国大学に「科学研究動員下ニ於ケル重要研究ニ関スル件」が通牒された（資料5-2）。この通牒の本文中に「重要研究課題（第一次決定ノ分）」と記されているので、第1回科学研究動員委員会の決定内容を反映したものであると思われる。

【資料5-2】科学研究動員下ニ於ケル重要研究ニ関スル件 [22]

　　発科七四号

　　　昭和十八年十二月十七日

　　　　　　　　　　　　　　　　　　文部省科学局長　印

　　東北帝国大学総長　殿

　　　　　　科学研究動員下ニ於ケル重要研究ニ関スル件
我ガ国科学ニ関スル学理研究力ヲ大東亜戦争ノ遂行ヲ唯一絶対ノ目標ノ下ニ最高度ニ集中発揮セシメ科学ノ飛躍的ノ向上ヲ図リ戦力ノ急速増強ニ資スル為ノ重要研究課題（第一次決定ノ分）中昭和十八年度緊急科学研究費ヲ以テ貴学（校、所、会）ニ於テ研究スベキ研究事項、研究担当者及之ニ配当セル研究費別紙ノ通リ決定相成タルニ付別紙要項御了知ノ上貴学（校、所、会）ノ研究力ヲ綜合発揮シテ急速ニ其ノ成果ヲ挙ゲ以テ刻下ノ要請スル戦力増強ニ資スル様御配意相成度此段依命通牒ス
　　追而研究費ハ貴官宛支払委任相成可シ
〔改ページ〕

　　要項

一、本研究ハ科学研究動員下ニ於ケル緊急遂行ヲ要スル重要研究課題トシテ貴学ニ於テ別紙ノ通リ担当スルコトニ決定シタルモノナリ

二、本研究実施ニ当リテハ貴学ノ全研究力ヲ綜合発揮シテ成果ノ急速発揚ニ努メ戦力増強ニ資スルモノトス

三、全国的共同研究課題ニ在リテハ研究班長ヲ中心トシテ各担当者間ノ連

第5章　学術研究会議研究班の設置と東北帝国大学の研究体制

絡ヲ密ニシ研究協力ノ実ヲ挙グル様努ムベキモノトス

四、全国的共同研究担当者ハ別紙ノ通リナルモ貴学内ニ於ケル協力組織編成ト右以外ニ担当者ヲ加ヘ又ハ変更スルノ必要アル場合ハ当該研究班長ト協議スルモノトス

五、本題目ニ対スル貴学内ノ研究組織ハ別紙様式（一）ニ依リ十二月末日迄ニ文部省ニ報告スルコト其ノ変更アリタル場合ハ其ノ都度報告スルコト

六、研究機関長又ハ研究動員委員会ハ常ニ研究者ト密接ナル連絡ヲ保チ研究途中ノ着想又ハ一部ノ成果ニシテ戦力増強上価値アリト認メラルルモノハ学術研究会議内科学研究動員委員会常任委員ト連絡シ又ハ直接軍其ノ他ノ関係方面ト連絡シテ極力之カ実用化ヲ図ルコト右ノ場合其ノ概要ヲ文部省ニ報告スルコト

七、研究終了シタルトキ又ハ一部ノ成果ヲ得タルトキハ速ニ其ノ業績ヲ纏メ別紙様式（二）ニ依リ科学研究報告書又ハ科学研究中間報告書トシテ文部省ニ提出スルコト全国的共同研究課題ノ場合ハ其ノ研究班長トモ連絡スルコト

八、研究担当者退職其ノ他ノ事由ニ依リ研究ノ継続不可能トナリタルトキハ直チニ其ノ理由ヲ詳具シ文部省ノ指揮ヲ承クルコト全国的共同研究担当者ナル場合ハ其ノ班長トモ連絡スルコト

九、研究事項ノ発表ハ秘密事項ノ外文部省ノ許可ヲ要セザルモ其ノ際ハ文部省科学研究費ニ依ル研究ナルコトヲ明ニスルコト又之ヲ刊行シタルトキハ別冊二部ヲ文部省科学局研究動員課宛送付スルコト

一〇、研究事項ニ関シ特許権等ノ問題ヲ生ジタルトキハ予メ文部省ト協議スルコト

一一、研究従事者ハ其ノ研究ニ関シ知得シタル秘密ヲ厳守スルハ勿論研究報告等ニ関シテモ防諜上遺憾ナキヲ期スルコト

○一二、研究費ハ直接当該研究ニ不可欠ノ経費ニノミ使用スルコト

○一三、当該研究機関経費支弁ノ助手副手其他研究補助者ニシテ研究担当者ノ下ニ専心其ノ研究業務ニ従事スル者ニ対シ特ニ必要アル場合当該題目

配当研究費ヨリ戦時研究特別手当ヲ支給スルハ差支ナキモ此ノ種経費ハ極力少額ニ止ムルコト

○一四、当該研究遂行上特ニ必要アル場合新ニ研究補助員ヲ採用スルハ差支ナキモ其ノ手当ハ技術ノ優劣職務ノ繁閑等ニ依リ月額百圓ヲ限度トスルコト

○一五、研究主要員ヲ備入レル必要アル場合及前二項ニ依リ難キ特別ノ事情アル場合ハ詳細事由ヲ具シ文部省ニ協議スルコト

○一六、研究費ハ翌年度ニ亘リ繰越使用セザルコト

一七、研究機関内ニ配当セラレタル各項目研究費間ノ流用ハ支出官ニ於テ実施シ文部大臣ニ報告スルコト但シ全国的共同研究題目ニ在リテハ当該研究班長ノ承認ヲ要スルモノトス全国的共同研究小題目間ノ配当予算ノ増減ニシテ支払予算額ヲ増減スルノ必要アル場合ハ当該研究班長ハ関係支出官ト連絡ノ上理由ヲ具シ文部大臣ニ申請スルモノトス

一八、科学研究費ニ対スル会計報告書ヲ別紙様式（三）ニ依リ翌年五月十日迄ニ文部省ニ提出スルコト

十九、爾今報告照会等ノ場合ノ研究大題目ハ頭書ノ番号ヲ以テスウコト

○二〇、本研究費ハ緊急科学研究費ナルニ依リ従前ノ科学研究費ト区別シテ決算スルコト

　　備考

　　　七号ニ依ル様式ハ追テ通牒ス

　　　○一三号ニ関シテノ実施要項ハ追テ指示ス

〔項目番号前の○と傍点、および一重傍線は原文中では朱字による記載〕

　12月17日に通牒されたこの第1次決定分は、学術研究会議に科学研究動員委員会が設置された11月26日から1か月足らずの内に決定したものであったためか、「要項」七の研究成果報告のための様式（別紙様式（二））や一三の助手副手其他研究補助者に対する「戦時研究特別手当」の実施要項などが未整備で後刻通牒・指示することになっている。また

第 5 章　学術研究会議研究班の設置と東北帝国大学の研究体制

五において「学内ノ研究組織」を「別紙様式（一）」により 12 月末日迄に文部省に報告することになっていたが、東北帝国大学がこの学内研究組織を報告したと思われる資料は見当たらなかった。

　第 2 次決定がいつなされたのかは明らかでないが、1943（昭和 18）年12 月 23 日開催の名古屋帝国大学評議会で第 2 次決定分の報告がなされていることから、12 月 7 日付『朝日新聞』が 12 月下旬に決定すると報じた「追加」の分が第 2 次決定分であると思われる[23]。

　12 月 17 日付け通牒の「重要研究課題（第一次決定ノ分）」の東北帝国大学の分が表 5-1 の 32 の研究課題である。そしてその後、第 2 次決定分として同表の 30 の研究課題が、追加で同表の 1 研究課題がそれぞれ採択されている。この追加の分は、1944（昭和 19）年 4 月 6 日開催の京都帝国大学評議会で決定が報告されているので、この時期に追加決定されたものと考えられる[24]。

　表 5-2 と表 5-3 に緊急科学研究費第 1 次決定分・第 2 次決定分の研究題目のリストを掲げた。先述したように、資料 2 の「要項」の五で指示されている「学内ノ研究組織」を報告するための「別紙様式（一）」は見当

表 5-1　昭和 18 年度緊急科学研究決定件数

部　　局	第 1 次	第 2 次	追　加	計
理　学　部	13	7		20
医　学　部	4	4		8
工　学　部	6	5		11
金属材料研究所	3	6		9
農学研究所	3	3		6
抗酸菌病研究所	1			1
航空医学研究所	1	1		2
非水溶液化学研究所	1			1
選鉱製錬研究所		2		2
科学計測研究所		1		1
高速力学研究所		1		1
電気通信研究所			1	1
計	32	30	1	63

注 1）略称で記載されていた部局名は正式名称に直した。
出所）『科学研究手当関係書類』（東北大学史料館所蔵）より作成。

131

表 5-2 昭和 18 年度緊急科学研究費に決定した重要研究題目 (第 1 次決定分)

番号	大題目 (班名)	小題目	担当者	分担者	金額	備考
理学部						
1	大口径比望遠光器	分光学的研究	教授 高橋胖		—	※関口鯉吉
2	太陽輻射、放射線及其作用	電離層ノ理論的研究	教授 松隈健彦	助教授 一柳壽一	500	※萩原雄祐
3	天測航法及天文測地法ノ改良	潜水天測法	教授 松隈健彦		500	※松隈健彦
6	統計数学	統計原理	助教授 淡中忠郎	研究嘱託 川井三郎	1,000	※北川敏男
7	応用解析	応用微分方程式 (応用数学解析)	教授 岡田良知	名誉教授 藤原松三郎	700	※圓正造
		応用代数 (空中線)	泉信一		100	
8	応用幾何	歯車及工作機械ノ幾何学的研究	教授 窪田忠彦	助教授前田和彦、講師 (仙台高工教授) 佐々木重夫	1,150	※教授 窪田忠彦
		測量及照準	講師 (仙台高工教授) 佐々木重夫		250	
22	特殊計測器	特殊計測器	教授 泉信一		1,000	※清水辰次郎
47	地震探知機		教授 中村左衛門太郎	助教授 加藤愛雄	—	※高橋龍太郎
48	物理探査法 (現用方法ノ研究改良及新作鉱物岩石ノ物理性)		教授 中村左衛門太郎	助教授 加藤愛雄	3,000	※松山基範
50	工業材料ノ鉱物学的及岩石学的研究		教授 高根勝利	大学院特別研究生 木崎善雄	7,000	※坪井誠太郎
51	鉱床	鉱床ノ富鉱体	教授 渡邊萬次郎		6,000	※加藤武夫
53	石油鉱床	石油鉱床ノ研究	教授 高橋純一	大学院特別研究生 増井淳一	4,000	※上床國夫
54	南方油田地質ノ基礎的研究	有孔虫	教授 半澤正四郎	助教授 浅野清	4,000	※教授 半澤正四郎

第5章　学術研究会議研究班の設置と東北帝国大学の研究体制

区分	番号	研究題目	細目	代表者	研究員	金額	研究班代表
医学部	87	熱帯及寒地栄養	寒地栄養	教授 黒川利雄	助教授 山形敏一、副手 笹生眞也、〃瓢武三郎、〃清野祐亨	3,000	※戸田正三
	92	放射線	間接撮影法	教授 古賀良彦	講師高橋信次	9,600	※中泉正徳
	93	結核	肺結核外科的療法	教授 武藤完雄	助教授 横哲夫、講師 会田口太郎、〃鈴木千賀志、〃共戸仙太郎、助手 阿部正明、〃今里三助、副手 本多憲忠、〃大友毅男	3,000	※今村荒男
	3006	脳波		教授 本川弘一		3,000	
工学部	11	高速度空気力学研究		教授 宮城音五郎	助教授 沼知福三郎	4,000	※守屋富次郎
	27	化学兵器及爆発物		教授 原龍三郎	助教授 菊池三郎	5,000	※牧口一夫
	30	耐熱寒電池		教授 伏屋義一	助教授 大内謙一、大学院特別研究生 高木修	5,000	※亀山直人
	43	爆圧及ソノ破壊		教授 宮城音五郎	講師 宮城音五郎	3,000	※武藤清
	57	軽金属材料		教授 伏屋義一	助教授 大内謙一、助手 安積利一	8,000	※亀山直人
				教授 原龍三郎	助教授 菊地三郎、同鳥海達郎	4,000	
金属材料研究所	56	腐蝕防止		教授 村上武次郎	助教授 氏家文二郎	3,000	※氏家長明 学振
				教授 遠藤孝造		1,000	第五十五小委員会
				教授 大日方一司		1,000	ト協同
	57	軽金属材料		教授 青山新一	助教授 袋井忠夫	5,000	※亀山直人
	58	稀有元素		教授 青山新一		7,000	※木村健二郎
農学研究所	65	木造船舶及海中建造物ノ蝕害		教授 今井丈夫	講師 仙台高工教授 三井生喜雄	7,000	※雨宮育作

						備考
77	水田裏作		教授 寺尾博	教授 木村次郎、助教授 山本健吾、同青峰重範、講師 手島周太郎	5,000	※寺尾博
79	淡水魚ノ稚魚飼育		教授 今井丈夫	助教授 西岡圧三、講師 水野為克武、講師 手島周太郎	5,000	※雨宮育作
抗酸菌病研究所						
98	結核	結核予防	総長 熊谷岱蔵、教授 海老名敏明	助教授 岡捨己、講師 片倉孝、助手 河西助蔵、〃渋谷正三、〃菅野巌、〃栗野多支武、〃安木利俊、副手 柳橋満雄、〃伊藤勤	10,000	※今村荒男
		結核ノ化学的療法	総長 熊谷岱蔵、教授 海老名敏明	教授 野村博、助教授 岡捨己、助手 遠藤英夫、〃高橋弥三郎、大学院学生 斎藤悌三、副手 大友孝蔵、〃佐藤政弘、助手 今野芳雄	3,500	
航空医学研究所						
83	航空医学	綜合研究	教授 加藤豊治郎、〃佐武安太郎(疲労)、〃那須辛三郎、〃林雄造、〃伊藤実、〃立木豊、〃桂重次、〃木川弘一(航空)、教授(医) 松田幸次郎	助教授 和田正男、中澤房吉	48,000	※加藤豊治郎
非水溶液化学研究所						
56	腐蝕防止		教授 原龍三郎	助教授 菊池三郎	4,000	※氏家長明 学振第五十五小委員会ト協同

注1) 備考欄の※印は大題目の研究班長を示す。
注2) 判読不明な箇所は□で示した。
出所)『科学研究手当関係書類』(東北大学史料館所蔵)より作成。

表 5-3 昭和 18 年度緊急科学研究費に決定した重要研究題目（第 2 次決定分）

番号	大題目（班名）	小題目	担当者	分担者	金額	備考
理学部						
48	物理探査法	重力計	助教授 加藤愛雄		7,500	※松山基範
66	塗料染料	船底塗料ノ生物学的研究	教授 野村七録		3,000	※三浦伊八郎
105	光学器械及光学材料		教授 林威		3,000	※木内政蔵
113	地球電気及磁気	空気中電気ノ天気予報ヘノ利用	助教授 加藤愛雄		3,350	※長谷川万吉
114	飛行機凍結防止	飛行機凍結防止ニ関スル研究	助教授 加藤愛雄	助教授 樋口泉、講師 佐藤隆夫	30,000	※中谷宇吉郎
4028	馬鈴薯、甘藷ノ病害貯蔵		教授 吉井義次、山口弥輔、岡田要之助	教授 元村勲、助教授 神保忠男、〃小野直之、講師 岡邦二、〃森口也	10,000	
4029	医学ニ関スル昆虫ノ研究		教授 朴澤三二	講師 加藤陸奥雄、学生 楢原口吉、副手 益子帰未也、〃鳥海夷	2,000	
医学部						
93	結核	BCG接種ノ組織学的研究	教授 山崎正文	講師 沖津貞夫、助手 杉田憲太郎、副手 金城時次	2,000	※今村荒男
98	免疫	免疫性動脈内被細胞毒素ノ研究	教授 村上次男	講師 酒井清澄、副手 玉井芳幸	4,000	
115	疲労		教授 佐武安太郎	副手 高橋謹吾、大学院特別研究生 鈴木達二	2,500	※勝沼精蔵
3029	麻疹チフス其他リケッチア病		教授 黒屋政彦	宮城県防疫官 青木大輔、助手 浜上正、〃古関志郎、副手 近藤口治、〃岡部兵口	9,000	
工学部						
101	鋳物ノ研究		教授（選研）小出登喜吉		4,000	※石川登喜治

2041	無機（鑛）畜車ノ研究	教授 成瀬政男	講師 岩名義文, 〃山田□雄	15,000
3043	航空発動機用熱力学機関ノ作製	教授 前川道治郎		800
2043	高速光梃子指圧計	助教授 坪内為雄		500
2040	磁歪材料ノ研究	教授 抜山平一	教授 松平正寿, 〃永井健三, 〃仁科存, 〃美吉純一, 〃福島弘毅	40,000
金属材料研究所				
1015	電波兵器用稀有ガス	教授 青山新一	教授 神田英蔵, 助教授 袋井忠夫	5,000
2045	高純鐵ノ製造及性質	教授 岩瀬慶三	助教授 竹内栄, 〃本間正雄	5,000
2046	チュラミンノ性能向上	教授 大日方一司		3,000
2047	無ニッケル熱力鋼	教授 村上武次郎	助教授 今井勇之進	3,000
2048	低合金強力鋼	教授 村上武次郎		3,000
2049	防蝕剤ノ改良	教授 遠藤彦造		1,500
農学研究所				
4030	飛行場清走路ノ植被	助教授 吉田重治		2,500
4031	沿岸性水族ノ増殖	助教授 西岡正三		2,000
4032	東北地方代用食料ノ増産利用	教授 寺尾博	教授 岡田要之助, 講師 鳥周太郎	8,000
選鑛製錬研究所				
2050	砂鉄ニヨル特殊鋼製造法	教授 濱住松二郎	教授 的場幸雄, 助教授 三本木貢治	20,000
2051	航空機用鋳鉄ノ製造	教授 濱住松二郎	教授 〃岡好良, 佐藤知雄, 助教授 小出登雄告	10,000
科学計測研究所				
2052	機械的方法ニヨル鉄粉並焼結体	教授 大久保準三	教授 岡村俊彦	7,000

高速力学研究所					
2039	推進器具型ノキャビテーション性能	教授 沼知福三郎	助教授 淵澤定敏	10,000	
航空医学研究所					
115	疲労	教授 加藤豊治郎		2,000	※勝沼精蔵
電気通信研究所					
35	超音波ニ依ル潜水艦対策	教授 実吉純一	教授 福島弘毅	7,000	※雄山平三郎

注1) 備考欄の※印は大題目の研究班長を示す。
注2) 判読不明な箇所は□で示した。
出所) 『科学研究手当関係書類』(東北大学史料館所蔵) より作成。

たらなかったが、四に記されている「全国的共同研究担当者」を示す「別紙」の写しをもとに「別紙様式（一）」作成のために下書きされたもの、あるいは作成された「別紙様式（一）」から写しとったものと思われる資料が存在した。表5-2と表5-3は、この資料を元に作成したものである。

　表5-1とともに詳細を見ていくと、理学部の研究題目が多いことがわかる。資源開発にかかわる研究も目につくが、とりわけ第1次決定分では統計数学や応用解析、応用幾何などの応用数学の分野が4件もある。

　表5-2の緊急科学研究費第1次決定分では、理学部の50番と53番、抗酸菌病研究所の98番において、大学院特別研究生が研究分担者として記載されていることが見て取れる。医学部の93番では、昭和19年度の大学院特別研究生に採用されることになる本多憲児（副手）の名前がみられる。書類上のことではあるが、大学院特別研究生が科学研究費の研究分担者として認められていたのである。また表5-3の第2次決定分でも、医学部の115番の研究分担者欄に大学院特別研究生が記載されていることが看取される。

第5章　学術研究会議研究班の設置と東北帝国大学の研究体制

3　昭和19年度学術研究会議研究班編成と科学研究費の要求

　表5-4に昭和19年度分の東北帝国大学の各部局の科学研究費の要求件数と「要求額」を取りまとめた「科学研究費各部局要求学調」を掲げた。この「要求額調」は、文書の綴られ方から1944（昭和19）年2月25日から3月15日の間に作成されたものと判断される。また理学部54件、医学部17件、工学部25件という要求件数が一致することから、大久保準三文書に所収されている「昭和十九年度科学研究動員下ニ於テ研究セントスル題目調書」がこの要求の際に用いられたものと考えられる。

　表5-5（本章末掲載）に大久保準三文書所収の「昭和十九年度科学研究動員下ニ於テ研究セントスル題目調書」から作成したリストを掲げた。残念ながら、大久保準三文書所収の「調書」は理学部、医学部、工学部のものしかない。しかし、これらの調書から様々な事項を看取することが可能であろう。

　昭和18年度に重要研究課題として緊急科学研究費が交付された題目

表5-4　昭和19年度科学研究費各部局要求額調

部　　局	件　数	所要総額	研究費要求額
理　学　部	54	545,060	536,360
医　学　部	17	352,050	361,050
工　学　部	25	933,400	901,400
法文学部	13	90,100	未定
金属材料研究所	36	1,117,000	1,085,500
電気通信研究所	3	145,000	145,000
農学研究所	17	203,500	188,500
選鉱製錬研究所	3	460,000	460,000
抗酸菌病研究所	3	218,000	218,000
科学計測研究所	14	152,020	151,020
高速力学研究所	2	1,118,000	86,000
航空医学研究所	1	210,000	210,000
非水溶液化学研究所	8	31,000	17,000
計	196	5,575,130	4,357,850

注1）略称で記載されていた部局名は正式名称に直した。
注2）研究費要求額の合計が合わないがそのまま記載した。
出所）『科学研究手当関係書類』（東北大学史料館所蔵）より作成。

（表5-2、表5-3）のほとんどが含まれる形で、より多くの研究題目が科学研究費を要求していることが看取できる。昭和18年度の第1次決定分、第2次決定分、追加決定分を合わせた合計63件に対して、昭和19年度分として要求された件数は約3倍の196件に及ぶ。金額ベースでは、昭和18年度緊急科学研究費894,950円に対して、昭和19年度要求総額はその約5倍の4,357,850円であった。

　個別の研究では、加藤愛雄理学部助教授が第114班で継続で担当する「飛行機凍結防止ニ関スル研究」が2か年計画で要求している研究費125,000円が目立っている。医学部では、黒川利雄教授が担当者として新規要求している「寒地医学ニ関スル総合的研究」が156,200円と高額である。工学部では、抜山平一教授が担当者として各個研究第2040番で前年度に続いて3か年計画で要求している「磁歪材料ノ研究」と、小野健二教授が新規要求している「航空機用軽合金」が200,000円ともっとも高額である。

　また研究分担者欄に、助手や副手とともに、大学院特別研究生が記載されているのが看取される。とくに医学部で2件、工学部で3件、大学院特別研究生が研究分担者として記載がみられた[25]。

　第7研究班の「応用代数（空中線）」では泉信一理学部教授が研究担当者となっているが、肩書きに「兼多摩研究所嘱託」と付け加えられている。そしてこの研究には当時理学部数学教室の学生であり、翌1945（昭和20年）度の大学院特別研究生となる土倉保東北大学名誉教授が学徒勤労動員という形で研究に従事していたことが明らかになっている（第8章3を参照）。

　新規課題として要求している「水中聴音機」では研究担当者が「東北帝国大学教授兼電気試験所嘱託」の泉信一であるが、「研究協力ヲ望ム研究機関名及協力者氏名」として「多摩陸軍技術研究所東北帝国大学分室抜山教授」が記されている。そのほかにも理学部と工学部の共同研究では「線ニ沿ウ電磁波ノ研究」、医学部と理学部のそれでは「温泉科学ニ関スル綜合研究」などがみられた。実際にいかなる研究が展開され、それ

第5章　学術研究会議研究班の設置と東北帝国大学の研究体制

表5-6　科学研究動員下重要研究課題研究担当者数（実数）調
（昭和19年8月28日）

学部又ハ研究所	研究課題件数			研究担当者数						備　　考
	全国的班組織	各個研究	計	教授	助教授	講師（嘱託）	助手	其他	計	
理学部	45	3	48	28	20	12	21	13	94	（学部ヨリ九）「全国的班長「五」」
医学部	14	3	17	16	6	5	3	11	41	
工学部	11	12	23	22	5	5	7	6	45	（学部ヨリ一〇）「全国的班長「一」」
法文学部	16	–	16	17	1	2	–	2	22	
電気通信研究所	2	1	3	2	3	–	–	–	5	
金属材料研究所	29	7	36	12	12	1	5	–	30	嘱託二ヲ教授欄ニ計上ス　全国的班長「五」
農学研究所	7	8	15	5	4	3	3	3	18	
選鉱製錬研究所	2	1	3	4	2	–	–	–	6	全国的班長「一」
抗酸菌病研究所	2	1	3	2	3	6	3	5	19	（□外ヨリ五）
科学計測研究所	1	6	7	2	4	1	4	2	13	
航空医学研究所	1	–	1	2	–	–	–	–	2	嘱託一ヲ教授欄ニ計上セス　全国的班長「一」
高速力学研究所	1	1	2	–	–	–	–	–	2	兼任者ノミ担当ス
非水溶液化学研究所	2	1	3	2	1	–	–	3	6	
計	133	44	177	114	61	35	46	45	301	

備考
一、同一人ニシテ二課題以上研究担当者ハ一題目担当ノコトトシテ計上ス
二、所属学部又ハ研究所以外ニ於ケル研究ヲ担当スル者ニツイテハ所属学部又ハ研究所ニ計上セリ

注1）「学部又ハ研究所」項に略称が記載されていたが、正式名称に変更した。
出所）『科学研究手当関係書類』（史料館所蔵）より作成。

らの研究がどの程度の水準に達していたのか、評価し得る資料はない
が、実際はともかく、研究費を要求することにより学内における共同研
究体制が強化される、あるいは認識される契機となったと考えられる。
　表5-6は、1944（昭和19）年8月28日現在の「科学研究動員下重要研
究課題研究担当者数（実数）調」である。先の「昭和十九年度／科学研

究動員下ニ於テ研究セントスル題目調書」と比較すると、理学部が54件から48件に減少し、医学部が17件のまま、工学部が25件から23件に減少していることがわかる。昭和19年度分として申請した重要研究課題のうち理学部で6件、工学部で2件、採択されなかったものがあったとみなせる。また昭和18年度と比較して、合計において63件から177件と約3倍に増大している様子が看取されるのである。

4　おわりに

本章では、東北大学史料館所蔵の大久保準三文書や学術研究会議研究班の組織構築と研究者等に配当された（緊急）科学研究費に関する資料分析を通して、東北帝国大学における科学技術動員組織の形成過程や科学技術動員組織の有り様、そして戦時研究について見てきた。

学術研究会議の科学研究動員下の重要研究課題の決定と緊急科学研究費の交付は、1943（昭和18）年8月20日の閣議決定以降、9月中には受入側である大学の準備は開始されていたものの、交付側の学術研究会議は11月26日の官制改正を待たなければならなかったが、改正後には急速に決定・交付となったため、第1次、第2次、追加と分割されていた。

昭和19年度には、重要研究課題と決定された研究が、件数ベースで昭和18年度の約3倍に増大していた。しかも各研究の要求した研究費の額が大きなものになっていることも明らかになった。

いくつかの研究班の研究題目では、大学院特別研究生が研究分担者として扱われていたことが看取された。

またこの研究班制度の確立により、大学の研究者等が研究費要求を通して、学内の学部横断的な共同研究体制を促進させる、なんらかの素地を形成する契機となったものと思われる。

---

[1]　大久保準三 (1886-1964) は、1914（大正3）年に東北帝国大学理科大学物理学科を卒業後、東北帝国大学講師・助教授を経て、1923（大正12）年から本多光太郎の後任として理学部物理学科教授となった研究者である。大久保は計測方法の開発研究の重要性を説き、東北帝国大学科学計測研究所の

第 5 章　学術研究会議研究班の設置と東北帝国大学の研究体制

創設に尽力し、1943（昭和 18）年の研究所附置に際し初代所長に就任し
1948（昭和 23）年まで在職した。大久保準三文書は、旧科学計測研究所か
ら移管された資料のなかに含まれていた資料群で、もともと大久保の手許
文書であったものが大久保の退任後研究所に残され保管されてきたものと
考えられる。「大久保準三文書（科学計測研究所関係）」解説より。
http://www2.archives.tohoku.ac.jp/data/kojin-kikan/prof/okubo/okubo.htm、
2014 年 6 月 6 日閲覧。

2　青木洋「学術研究会議の共同研究活動と科学動員の終局——戦中から戦後
　　へ——」『科学技術史』10、2007、p.3。

3　『総長会議其他　其一　自昭和十八年四月至昭和十八年九月』（内田祥三史
　　料 3-1、東京大学史史料室所蔵）。

4　「大学総長会議ニ於ケル参考資料」が昭和 18 年 9 月 2 日の議事録に添付さ
　　れている。東北帝国大学『評議会議事要録』昭和 18 年。また同上資料にも
　　所収されている。

5　北海道帝国大学『自昭和十八年／至昭和二十三年／評議会記録』（北海道
　　大学所蔵）。

6　京都帝国大学『評議会議事録　昭和十八年』、『評議会関係書類』昭和 18
　　年（京都大学大学文書館所蔵）。

7　九州帝国大学『昭和 18 〜 19 ／評議会記録／ No.7　庶』（九州大学事務局
　　所蔵）。

8　同上。

9　名古屋帝国大学『自昭和十八年一月／至昭和十九年十月／評議会記録』
　　（名古屋大学大学文書資料室所蔵）。

10　東京帝国大学『昭和十八年／評議会記録』（東京大学事務局所蔵）。

11　東北帝国大学『評議会議事録』昭和 18 年。

12　同上。

13　同上。

14　このことは「東北帝国大学科学研究協議会規程」第一條にも記されてい
　　る。東北帝国大学『東北帝国大学一覧』昭和十八年度、p.60。

15　前掲、東北帝国大学『評議会議事要録』昭和 18 年。

16　「学術研究会議官制改正」昭和 18 年 11 月 26 日公布・施行（勅令第 886 号）。

17　青木洋「第二次世界大戦中の科学動員と学術研究会議の研究班」『社会経
　　済学』、72（3）、2006、р.74。

18　日本学術会議『日本学術会議二十五年史』、1974、p.257。青木、同上論
　　文、p.74。

19　青木、同上論文、p.75。

20　同上。

21　昭和 18 年 12 月 7 日付『朝日新聞』東京版、2 面。

22　東北帝国大学『科学研究手当関係書類』。

23　名古屋帝国大学、前掲『自昭和十八年一月／至昭和十九年十月／評議会記
　　録』。

24 京都帝国大学『評議会関係書類』昭和十九年（京都大学大学文書館所蔵）。

25 これらの大学院特別研究生の研究題目などについては第 8 章と巻末の資料編「東北帝国大学大学院特別研究生候補者の研究事項解説書——昭和 18 年度〜昭和 20 年度」を参照されたい。

第5章　学術研究会議研究班の設置と東北帝国大学の研究体制

表5-5　昭和19年度科学研究動員員下ニ於テ研究セントスル題目調書

研究組織					主ナル実施箇所		研究予定年数	研究費用		従来受ケタル文部省科学研究費						他ヨリノ援助補助	
研究題目	継続・新規	研究担当者官職氏名	研究分担者官職氏名	研究協力ヲ望ム研究機関名及協力者名	学部	教室（等）		研究費昭和19年度要求額前年度所要額	要昭和19年度総経費額前年度所要額	昭和14年度	昭和15年度	昭和16年度	昭和17年度	昭和18年度	緊急科学研究費昭和18年度	18年度ニ受ケタル金額及出所	19年度ニ受ケタルコト決定シタルモノ又ハ申請中ナルモノノ金額及出所
衝重及工作機械ノ幾何学的研究	第8研究班ノ各個研究第2番	東北帝国大学教授窪田忠彦	仙台高等工業学校教授兼東北帝国大学講師佐々木重夫・東北帝国大学助教授前田和彦・東北帝国大学副手青木清	陸軍予科士官学校教授市田朝次良・同勝浦拾造・東京物理学校教授平川冷康	理	数学教室	3ヶ年	3,200	3,200	—	—	—	—	—	1,150	—	—
写真測量照準・研究	第8研究班ノ各個研究第3番	東北帝国大学教授窪田忠彦	仙台高等工業学校教授兼東北帝国大学講師佐々木重夫	陸軍予科士官学校教授勝浦拾造・仙台陸軍幼年学校教授由井國雄	理	数学教室	3ヶ年	2,000	2,000	—	—	—	—	—	—	—	—
幾何学図形ノ弾性学的研究	新規題目	東北帝国大学教授前田和彦		—	理	数学教室	3ヶ年	500	500	—	—	—	—	—	—	—	—
応用数学解析	第7研究班	東北帝国大学教授岡田良知		東北帝国大学理学部数学教室北村泰一・東北帝国大学工学部航空科岩名義文	理	数学教室	3ヶ年	2,600	2,600	—	—	—	—	—	700	—	—
流体力学ノ再検討並ニ高速航空力学ノ研究・一般元ノ素函数論ヲ新ニ分科ノ組織的研究		東北帝国大学教授高須藤三郎			理	数学教室	5ヶ年	2,100	1,000	—	—	—	—	—	—	599円 財団法人大日本航空技術協会	1,100円 財団法人大日本航空技術協会（*印）注：*其ノ他人件費608円、其ノ他人件ノ他／諸費 492円
特殊計測器		東北帝国大学教授兼第五技術研究所嘱託泉萩太利一	陸軍第五技術研究所		理	数学教室	2ヶ年	10,500	10,500	—	—	—	—	—	—	—	—
応用代数（空中線）	第7研究班	東北帝国大学教授兼多摩技術研究所嘱託泉萩信一	東北帝国大学教授師洲之内源一郎・東北帝国大学嘱託手松山早	多摩陸軍技術研究所	理	数学教室	1ヶ年	1,400	1,400	—	—	—	—	—	—	—	—

研究題目	担当者	種類	協力者	区分	教室	期間						備考
水中聴音機	東北帝国大学教授兼電気試験所嘱託 泉信一	新規題目	多摩陸軍技術研究所兼東北帝国大学分室抜山教授	理	数学教室	1ヶ年	1,860	1,860	—	—	—	—
流体内ニ於ケル物体ノ運動	東北帝国大学教授 小林巌	校費題目	第二高等学校教授 野邑雄吉	—	物理学教室	3ヶ年	1,800	1,800	—	—	—	—
Ｘ線分光法ノ研究	東北帝国大学教授 山田光雄	科学研究費題目	東北帝国大学教授 林誠・東北帝国大学研究補助 王口	理	物理学教室	2ヶ年	2,000	2,000	—	7,900	6,400	—
線ニ治ク電磁波ノ研究	東北帝国大学助教授 山田光雄	新規題目	東北帝国大学助教授 中澤音吉・東北帝国大学講師 野邑雄吉	理	物理学教室	1ヶ年	1,000	1,000	—	—	—	—
原子核ノ実験的研究（原子物理学ノ基礎並ニ実験研究）	東北帝国大学助教授 木又竹廣	科学研究費題目	東北帝国大学助教授 松本滉・東北帝国大学助手 渡合音夫・東北帝国大学助手 竹内・東北帝国大学助手 中澤橘次廣・東北帝国大学研究補助 吉田完一		物理学教室	5ヶ年	20,000	20,000	12,180	15,000	12,000	2,000円 東京電波株式会社 高間繁
素粒子ニ依ル爆発ノ研究	東北帝国大学助教授 三枝彦雄	新規題目	東北帝国大学助教授 松本滉・東北帝国大学助手 竹水彦雄・東北帝国大学助手 河合橘次廣・東北帝国大学研究補助 吉田完一		物理学教室	2ヶ年	8,600	5,000	—	—	—	3,600円 陸軍兵器行政本部 同上
分光学的研究	東北帝国大学教授 高橋	新規題目	—	理	物理学教室	2ヶ年	6,000	6,000	—	—	—	赤外線用板板製造会社ニ例ヘバ六会社ニ付或ハ如キヨリ赤外線用板板ヲ手便宜ヲ得タルジ
原子及分子ノ性質ニ関スル実験的研究（原子物理学ノ理論的、実験的研究）	東北帝国大学教授 高橋勝	科学研究費題目	—	理	物理学教室	3ヶ年	3,000	3,000	3,800	480	4,500	—

研究題目	区分	研究代表者	研究分担者	関係者	学部	教室	期間	経費						備考
合金（規則格子）ノX線吸収スペクトル	新規題目	東北帝国大学教授 林茂巳	手 一名 未定	—	理	物理学教室	2ヶ年	2,000	2,000	—	—	—	—	—
中間子ニ関スル理論的研究	新規題目	東北帝国大学助教授 小林稔治	陸軍士官学校教授 尾崎正治	—	理	物理学教室	3ヶ年	2,500	2,500	—	—	—	—	—
稀元素応用分析法	校費題目	東北帝国大学教授 小松勘助	手 佐藤容作	—	理	化学教室	3ヶ年	2,000	2,000	共同研究費中ヨリ毎年度約500	—	—	—	—
Grain of Paradise ノ呈味成分ノ研究並ニ呈味物質（合成）（Grain of Paradise ノ呈味成分ノ研究）	科学研究費題目	東北帝国大学教授 野本博	東北帝国大学助手 濱澤三郎・北帝国大学研究補助 山名三重・東北帝国大学研究補助 細茂誠一	—	理	化学教室	未定	4,500	4,500	875	2,000	3,000	3,000	—
珪素化合物ノX線的，磁気化学的研究（珪素化合物ノX線的，磁気化学的研究及ニ一般化学的研究）	科学研究費題目	東北帝国大学教授 富澤永喜	東北帝国大学助教授 羽里原次郎・東北帝国大学研究費宏・仙台高等工業学校教授 福本喜繁	—	理	化学教室	3ヶ年	35,000	35,000	19,500	15,100	15,700	16,850	10,000
錯体物質ノ作製研究	新規題目	東北帝国大学教授 富永喜	東北帝国大学助教授 羽里原次郎・東北帝国大学研究費安宏	京都帝国大学助教授 石橋雅義・大阪帝国大学教授 渡瀬武男・東京帝国大学教授 木村健二郎・中央気象台技師 三宅泰雄（相談済）	理	化学教室	5ヶ年	20,000	20,000	—	—	—	—	—
毒ガス及発煙性物質ノ物理化学的研究並ニ之等ノ除去法ノ研究（収着状態ニ於ケル物質ノ物理的性質ノ研究）（頭口泉 上記題目ノ一部分ノ次）	科学研究費及校費題目	東北帝国大学教授 石川總雄	東北帝国大学副手 永澤昌・東北帝国大学研究補助 佐川絢子・東北帝国大学研究補助 浜水三千五	陸軍第八技術研究所長 澤新太郎中佐（研究ノ一部分ニ就テハ既ニ協力中）	理	化学教室	3ヶ年	10,000	10,000	—	—	2,000	—	樋口泉 収着状態ニ於ケル物質ノ物理的性質ノ研究（上記十九年度研究題目中ノ一部ヲ成スモノナリ）
稀有軽金属ノ物理化学的及電気化学的研究	新規題目	東北帝国大学教授 石川總理	東北帝国大学講師 森一郎・東北帝国大学助手 木幡敏子・東北帝国大学研究補助 石川房子	理化学研究所版 盛里安	理	化学教室	3ヶ年	5,000	5,000	—	—	—	—	—

題目	区分	研究代表者	研究協力者	関係者	系	研究室	年限	総額	第一年	第二年	第三年		
金属マグネシウム製造工程ニ於ケル障害ノ原因ノ研究及改良法ノ研究	新規題目	東北帝国大学教授 石川總雄	東北帝国大学助教授 樋口泉・東北帝国大学講師 丸山謙次・東北帝国大学助手 林虎吉・東北帝国大学研究補助 木幡兎女子・東北帝国大学研究補助 石川多カ子	朝日軽金属株式会社 浦野三朗（交渉ズミ）	理	化学教室	5ヶ年	7,000	7,000	-	-	-	-
有機絶縁材料ノ合成（植物成分ノ研究）	科学研究費題目	東北帝国大学教授 藤瀬新一郎	東北帝国大学助教授 井生昌寿・東北帝国大学助手 中村晋三・東北帝国大学立田国太郎・東北帝国大学副手 増村光雄・東北帝国大学副手 栖尾敏夫	1 海軍技術研究所 2 工学部電気工学科	理	化学教室	最短年限 1ヶ年	10,000	3,500	2,000	3,000	-	-
石炭ノ地質学的研究（東重工木邦含ム）三次層ノ含炭層群ニ於ケル層炭ノ古生物学的研究	科学研究費題目	東北帝国大学教授 青木廉二郎	東北帝国大学教授 遠藤誠道・仙台高等工業学校教授 江口元起・第一高等学校教授 高木孫三郎	東北帝国大学理学部地質学古生物学教室教授 床次正義・北海道帝国大学教授 佐々保雄・九州帝国大学助教授 今野圓蔵氏	理	地質学古生物学教室	2ヶ年	20,000	8,000	9,900	10,000	-	-
南方油田地質ノ基礎的研究	第 54 研究班	東北帝国大学教授 半澤正四郎	東北帝国大学助手 北浦正四郎・西山省三	東北帝国大学理学部地質学古生物学教室教授 床次正義・石油株式会社地質部 楠氏・資源科学研究所 東京・京都・北海道／各帝国大学理学部地質古生物教室ヲ、東京文理室、東京文理）	理	地質学古生物学教室	2ヶ年	18,000	18,000	-	-	4,000	-
緊急開発ヲ要スル内地油田ノ研究	新規題目	東北帝国大学教授 半澤正四郎	東北帝国大学助教授 遠藤誠道・東北帝国大学助手 西山省三	東北帝国大学理学部岩石鉱物学教室教授 床次正義・東北帝国大学助手 鏑純一	理	地質学古生物学教室	2ヶ年	2,000	2,000	-	-	-	-
石炭ノ岩石学的研究	第 52～53 研究班	東北帝国大学助教授 鏑純一	東北帝国大学助教授 沢田慶一（申請中）	-	理	岩石鉱物学教室 床次正義	2ヶ年	10,000	10,000	-	-	-	-

第5章　学術研究会議研究班の設置と東北帝国大学の研究体制

研究課題	研究班	代表者	所属	部門	研究場所	期間	経費							補助	出所
石油磁気ノ研究	第52（砿床）・53（南方油田）研究班	東北帝国大学教授高橋純一	東北帝国大学教授（申請）八木次男・東北帝国大学助教授大森啓一・東北帝国大学助教授（申請中）沢田慶一／軍需省燃料局帝国石油会社ト連絡アリ	理	岩石磁物磁床学教室	2ヶ年	28,000	28,000	—	—	—	—	—	400	—
東日本ニ於ケル水動磁床及ビ砂鉄磁床ノ分布及ビ開発	第51（砿床）研究班	東北帝国大学教授渡邊萬次郎	東北帝国大学助教授竹内叶恪	理	岩石磁物磁床学教室	2ヶ年	15,000	15,000	—	—	—	—	—	6,000	—
滑石磁器及チタン磁器ノ研究（高岡波田晴子）	第60研究班	東北帝国大学教授高橋勝利	東北帝国大学助教授八木健三	理	岩石磁物磁床学教室	3ヶ年	20,000	20,000	—	—	—	—	—	7,000	—
有用海藻ノ生物ニ関スル形態学的研究（植物ニ関スル形態学的研究）	科学研究費題目ノ一	東北帝国大学教授加藤正次	北海道帝国大学理手名原実徳・東北帝国大学副手室（山田幸男）阿部廣五郎	理	生物学教室	2ヶ年	4,000	3,000	2,400	1,550	3,000	3,950	3,500	1,200／1,000	日本学術振興会／日本学術振興会
飛行機材ニ叙ラツギ組織学的研究（植物ニ関スル形態学的研究）	新規題目	東北帝国大学教授田原正人	東北帝国大学助手国部作一・北海道大学助教授及川三平・東北帝国大学副手杉原実徳・東北帝国大学副手生沼巴	理	東京帝国大学理学部植物学教室小倉謙	2ヶ年	3,000	3,000	2,400	1,550	3,000	3,950	3,500	—	—
野生植物ノ繊維ニ関スル研究（植物ニ関スル形態学的研究）	新規題目	東北帝国大学教授田原正人	東北帝国大学助手国部作一・東北帝国大学副手生沼巴	理	東京帝国大学理学部植物学教室小倉謙	2ヶ年	3,000	3,000	2,400	1,550	3,000	3,950	3,500	—	—
医学ニ関スル昆虫ノ研究	各個研究480口番	東北帝国大学教授朴澤三二	東北帝国大学助教授加藤陸奥雄・蘭木外牧健	理	生物学教室	3ヶ年	10,500	7,500	—	—	—	—	—	2,000 3,000	陸軍
馬鈴薯、甘藷ノ病害研究、莨研蔵	各個研究第4028番	東北帝国大学教授吉井義次	北海道帝国大学教授山口彌輔・北海道帝国大学教授之助・東北各都農事試験場其機関出身岡田要之助・東北帝国大学助教授元村勲・東北帝国大学保定男・東北帝国大学教授小野田武之	理	生物学教室	3ヶ年	15,000	15,000	—	—	—	—	—	10,000	同上
生物育成ノ研究（植物ニ関スル生理）（植物ニ関スル生理）	科学研究費題目ノ一	東北帝国大学教授山口彌輔	東北帝国大学助手遠藤沖吉・東北帝国大学副手山内柄二	理	生物学教室	3ヶ年	4,000	4,000	—	1,550	3,900	3,950	3,500	—	—

研究題目	新規題目	研究代表者	研究協力者	学部	研究室	期間	金額					備考
植物ノヴァイラス（Virus）ニ就テ	新規題目	東北帝国大学教授 山口彌輔	北海道帝国大学農学部 福士貞吉 北海道大学留山内精一	理	生物学教室	3ヶ年	6,000	1,550	3,900	3,950	3,500	—
動物ノ人工授精ノ研究（動物ノ形態ノ発生及ビ分化ノ機構ニ関スル実験的研究）	科学研究費題目	東北帝国大学教授 元村勲	東北帝国大学助手 沖水哲・東北帝国大学助手 岡田宏弘・東北帝国大学助手 平井越郎・東北帝国大学副手 坂本義彦	理	生物学教室	2ヶ年	5,000	—	—	—	3,500	—
異常環境ニ対スル生体調節機能	第4001研究班	東北帝国大学教授 元村勲	東京帝国大学理学部動物学室・東北帝国大学教授 合田伊輔・平井越郎・東北帝国大学副手 坂本義彦	理	生物学教室	3ヶ年	10,000	—	—	—	—	—
太陽表面現象ノ理論	—	東北帝国大学教授 松隈健彦	—	理	天文学教室	2ヶ年	4,500	—	—	—	—	—
潜水天測法	第8研究班	東北帝国大学教授 松隈健彦	—	理	天文学教室	2ヶ年	15,000	—	—	—	—	500
力学的地震探知法	第47研究班	東北帝国大学教授 中村左衛門太郎	地震研究所所員高橋龍太郎 他数名	理	向山観象所	2ヶ年	3,000	—	—	—	—	3,300 第三陸軍技術研究所
特種磁力及白金磁力計ノ試作	第48研究班	東北帝国大学教授 中村左衛門太郎	東北帝国大学助手 佐藤隆夫・東北帝国大学助手 齋藤良一・東北帝国大学助手 伊藤清記	理	向山観象所	1ヶ年	5,000	—	—	—	—	5,000
太陽熱及温泉熱ノ利用	新規題目（全国的研究ノ一部）	東北帝国大学教授 中村左衛門太郎	地震研究所教授 坪井忠二・名古屋帝大教授 宮部直巳 外数名	理	向山観象所	2ヶ年	10,000	—	—	—	—	—
地熱ノ色ニ関スル研究地熱探査	新規題目（全国的研究ノ一部）	東北帝国大学教授 加藤愛雄	陸地測量部 武藤技師 外数名	理	向山観象所	2ヶ年	10,000	—	—	—	—	—
電気的方法ニヨル地熱探査	第47号研究班	東北帝国大学助教授 加藤愛雄	東北帝国大学助手 瀧水治	理	向山観象所	3ヶ年	2,000	—	—	—	—	—
重力計ノ試作	第48号研究班	東北帝国大学助教授 加藤愛雄	東北帝国大学助手 佐藤隆夫	理	向山観象所	2ヶ年	3,500	—	—	—	—	7,000
空中電気ノ天気予報ヘノ利用	第113号研究班	東北帝国大学助教授 加藤愛雄	東北帝国大学助手 佐藤隆夫	理	向山観象所	2ヶ年以内	12,000	—	—	—	—	3,350

第 5 章　学術研究会議研究班の設置と東北帝国大学の研究体制

研究題目	研究班・題目	研究代表者	研究員	研究場所	期間	①	②	③	④	⑤	⑥	⑦	—	—	—
飛行機凍結防止ニ関スル研究	第114号研究班	東北帝国大学教授 陶藤愛雄	東北帝国大学助教授 樋口泉・東北帝国大学講師 佐藤熊夫・東北帝国大学助手 蒲生永治・嘱託 八木澤登一	向山観象所・化学教室	2ヶ年	125,000	125,000	—	—	—	—	30,000	—	—	—
大題目 塗料 染料 小題目 船底塗料ノ生物学的研究	第66号（三浦伊八郎）研究班	東北帝国大学教授 朴七錫	東北帝国大学助手 石田周三・東北帝国大学助手 小泉長雄	生物学教室・臨海実験所	3ヶ年	5,000	5,000	—	—	—	—	3,000	—	—	—
大題目 特殊水産物ノ増殖 小題目 プランクトン繁殖用	第80号（岡田要）研究班	東北帝国大学教授 朴七錫	東北帝国大学助教授 久保清一・東北帝国大学講師 永野為武	生物学教室・臨海実験所	3ヶ年	5,000	5,000	—	—	—	—	—	—	—	—
荒無地耕栽ノ研究（植物界ノ生理学的研究）	科学研究費題目	東北帝国大学教授 吉井義次	東北帝国大学助教授 木村有香・東北帝国大学講師 吉岡邦二・東北帝国大学講師 森隆也	生物学教室・山形県農事試験場砂丘試験地（西田川郡）・内務省土木試験所・資源科学研究所	3ヶ年	5,000	2,400	4,000	1,530	3,850	3,500	—	—	—	—
雰合ノ雰原生成ニ及ボスビタミンノ影響	第87号研究班	東北帝国大学教授 黒川利雄	東北帝国大学助手 生宝武一郎・酒野祐彦	黒川内科教室	2年間	5,000	5,000	—	—	—	—	3,000	—	—	—
輻波ニヨル大脳機能ノ生理学的及ビ臨床的研究	科学研究費題目	東北帝国大学教授 本川弘一・桂重次	大学院学生 岩間吉也・助手 佐古正明・副手 高橋辰二・左工門・医員介 楠芳賀元子	生物学教室・桂外科教室・東北帝国大学工学部電気科	今後 3ヶ年	15,000	15,000	10000	6000	—	—	—	—	—	—
［ヘキソーゼミン］化合物ノ医化学的研究	科学研究費題目	東北帝国大学教授 藤田正宗	大学院生 千代志・元学・副手 藤田幸蔵	医化学教室	8（年）	9,000	9,000	3000	4500	—	—	—	—	—	—
航空時衝作業ニ因ル疲労ニ関スル研究	第115号研究班	東北帝大航空医学研究所主任 加藤豊治郎	教授 佐藤熊・松田幸次郎	航空医学研究所	2ヶ年	4,500	4,500	—	—	—	—	2,500	—	—	—

※第115号研究班に関する註記：本研究班ニ関スル（115班）各大学及研究所ノ各研究者並ビ各省官公私立共同要ノ研究機構

研究題目	区分・番号	研究者（東北帝大）	学外協力者等	教室	学部	期間	経費	経費	経費	経費	経費	経費	備考（服部報公会等）
温泉科学ニ関スル綜合研究	新規	総長 熊谷岱蔵・教授 海老名敏明・助手 音野巖雄・講師 杉山尚・助教授 松永藤雄・助教授 塚田進・講師 太田・三木威勇治・佐竹忠郎	東北帝国大学理学部名誉教授 神田・同教授 富永・同教授 渡邊萬次郎・工学部教授 抜山四郎	内科教室・皮膚科教室・整形外科教室	医	2年	4,000	4,000	—	—	—	3,000	服部報公会 1,200（内1,000円ハ理工学部共同研究用）
輸血及其他ノ末養問題	新規題目	東北帝大教授 桜田・〃 武藤完雄・〃 黒川利雄・〃 村上・〃 正宗	陸軍軍医部	産科婦人科・内科・外科・法医学及ビ医化学教室	医	2ヶ月	50,000	50,000	—	—	—	—	—
菌体成分（結核菌、チフス菌等）ノ化学的免疫学的研究	科学研究費題目	東北帝大教授 黒屋政彦	助手 濱正正・助手 古関恭太郎・副手 近藤慈太郎・副手 菊池恭太郎・副手 藤井桜太郎・副手 三輪盛文・副手 大学院学生 大津英弘	細菌学教室	医	2ヶ月	26,900	26,900	4,300	3,750	5,000	—	—
母性保健ニ関スル研究、特ニ妊娠中毒症ノ成因及ビ予防法ニ関スル研究	科学研究費題目	東北帝大助教授 横田礼	教授 九嶋勝司	産科婦人科教室	医	3年	5,800	5,800	1,100	800	2,500	2,500	—
マラリア免疫学的予防及治療ニ関スル研究	新規題目	東北帝大教授 政彦・同 丸井	講師 江頭五郎・副手 国部兵五・副手 三輪盛文・副手 小泉全幸	纖鋤科教室	医	2年	13,500	13,500	—	—	3,100	2,500	—
疫学回復	新規題目	東北帝大教授 佐武安太郎・〃 木川清蔭・〃 丸井清・助教授 和田正男・〃 丸田公雄		精神医学教室	医	—	20,000	20,000	—	—	—	—	—
免疫性動脈内膜細胞毒素ノ研究	各個研究第98番	東北帝大教授 松上次男	講師 酒井清澄・副手 中村操	生理学・小児科学・精神医学・外科学教室	医	3年	4,000	4,000	—	—	—	—	4,000
放射線螢光撮影ニ関スル研究	第92研究班	東北帝大教授 古賀良彦	助教授 宮地菊太郎・講師 高橋信次・助手 小原誠一・中村徳夫	全科輸入科八〇〇・八研究室組 射和三郎・松川明	放射線医学教室	2年	6,000	5,000	1,040	3,000	3,000	3,000	9,800
体力増強ニ関スル基礎的研究	第88研究班	東北帝大教授 藤正二	助教授 浅井落春（応召中）・助手 加藤勝雄・講師 安倍弘毅・〃 高橋英次	衛生学教室	医	3年	5,000	5,000	1,300	4,300	2,000	2,000	2,000

研究題目	区分	担当者	協力者等	学部	教室・学科	期間	経費						備考	
瓦斯壊疽ニ関スル研究	校費題目	東北帝大教授黒須政信	副手 小泉金孝・助手 渡上正・副手 菊池恭太郎・副手 岡部兵工	医	細菌学教室	3年	12,300	12,300	–	–	–	–	–	–
患性腫瘍ニ関スル研究	科学研究費題目	東北帝大教授須首三郎・〃黒川利雄・〃武藤完雄	–	医	病理学教室・医化学教室・内科学教室・外科学教室	4年間	20,000	20,000	–	–	5,000	–	–	–
寒地医学ニ関スル総合的研究	新規題目	東北帝国大学教授黒川利雄・〃正宗一・〃那須皓三郎・〃伊藤貫・〃武藤完雄・〃古賀良彦・〃嶺健造		医	内科細菌皮化学病理皮膚科科放射線科他科教室		156,200	156,200	–	–	–	–	–	–
木邦母乳ノ研究	第40研究部?	東北帝大教授森川俊彦	古池太郎・酒井二郎・吉田殿・静川俊雄（内藤武・海法清男） 藤瀬新一郎（東北帝大理学部助教授）	医	小児科教室	3ヶ年	4,850	4,850	2,200	3,000	3,000	–	–	–
東北産有用鉱物質ニ共ノ浮遊剤ニ関スル研究	新規題目	教授和田正美・助教授竹内常彦	仙台高等工業学教授 高野政吉	工	金属工学教室	3ヶ年	30,000	30,000	2,000	1,500	1,300	–	–	–
高々度使用用補機ノ研究	新規題目	教授 至城音五郎・教授 成瀬政男・教支 松木修・助教 岩名秦・講師谷坎義文・講師中五一郎・講師鉢瀬雄・講師山田金雄		工	航空学科	2ヶ年	50,000	50,000	12,100	8,900	8,100	–	–	–
疲々接触操作及装置ノ研究	校費題目	教授 八田四郎次	講師 赤司政弥	工	化学工学科	3ヶ年（情況ニヨリテ尚継続ノ希望アリ）	3,000	3,000	950	–	–	–	–	–
航空機材料ノ振動及強度ニ関スル研究	新規題目	教授 樋口盛一	講師 飯沼一稽・助手（十九年四年）助教授 本研究担当少者予定・大学教授特別嘱託ニテ委託ス研究先生斎藤秀雄（記載ハ協力得子中キ）	工	機械工学科	3ヶ年	27,500	20,000	1,600	4,800	4,870	4,600	海軍航空技術厰其他ヨリ7,000円	海軍航空技術厰其他ヨリ7,000円

題目	区分	主任	協力者	学部	学科	期間	予算						摘要
仙台放電管ノ生産技術ヘノ応用	新規題目	東北帝国大学工学部教授兼電気試験所助教授海軍技師渡邊寧	電気試験所技師杉原榮次郎・日本無線株式会社技師海軍嘱託深川修吉・横河電機製作所笠原秀雄	工	電気工学科	2ヶ年	20,000	18,000	1,900	1,900	1,500	1,000	1,000	—
航空通信器用高周波蓄心	新規題目	教授 松平正寿	教授 松平正寿・教授 木井健三・教授 仁科存・助教授 福島弘毅・助教授 角川正・助教授 相田正信・教授 嘱託守屋秀栓	工	電気工学科	2ヶ年	30,000	30,000	—	—	—	—	—	—
ニッケル、コバルト製錬	新規題目	教授 伊予正宜	仙台高等工業学校教授清水由三（協力者ト連絡タシ）	工	金属工学科	3ヶ年	50,000	50,000	2,800	2,800	2,800	1,800	1,500	—
「畜熱蓄電池」第30研究班	第30研究班	教授 快星義一郎	助手 安藤利一・東京大学特別研究生 青木修・東北帝国大学教授 岡田田辰補助 菅田吉雄	工	化学工学科	2ヶ年	7,000	5,000	—	—	—	—	—	5,000円 陸軍技術本部
特決調ノ検査ニ関スル研究	新規題目	教授 的場幸雄	東京帝国大学教授山本洋一・京都帝大教授亀山・名古屋帝大教授 佐々木熊三	工	金属工学科	3年	50,000	50,000	2,350	2,350	1,750	1,400	1,300	—
疲労強度ノ迅速決定法ノ研究	新規題目	教授 松山徳蔵	助手 畠村元祇	工	機械工学科	3ヶ年	15,000	15,000	—	—	—	—	—	日本学術振興19小委員会2,000、海軍航空技術廠3,000
稀元素特殊鋼ノ研究	新規題目	教授 濱住松二郎	助教授 斎藤恒三・助教授 高等工業学校講師（冶金）三上敏次	工	金属工学科	3ヶ年	92,000	92,000	2,800	2,800	2,150	2,000	2,000	—
内燃機関ノ過給法	新規題目	教授 前川道治郎・助教授 村内為雄・助手 鈴木忠夫	中島飛行機会社東京製作所技師池目連尾論吉・池目製作所発動機部技師浅見与一	工	内燃機関学講座	1ヶ年	5,200	5,200	2,800	2,100	2,100	1,800	1,500	2,000円 陸軍研究所

第5章　学術研究会議研究班の設置と東北帝国大学の研究体制

研究題目	種別	研究者	関係者	学部	講座・学科	年限	研究費総額						特記	備考
軽金属材料中ノアルミニウム製錬ニ関スル研究　溶融塩電解ニ関スル研究	第57研究班	教授 大塚義一郎／助手 安積幸一・実験補助 岡田清八	第57研究所ノ内アルミニウム製錬関係者・東京帝大教授 亀山直人・京都帝大教授 岡田辰三・九州大教授 奥野一等俊郎・大阪帝大教授 石野俊夫等	工	化学工学科	一部ハ昭和19年度中ニ終了、他ハ尚約5年間継続ノ見込	8,000	1,300	1,400	1,300	800	800	8,000	—
航空原動機ノ燃料経済ニ関スル基礎的研究	新規題目	教授 前川道治／—	陸軍航空技術研究所嘱託・栗東京帝大助教授	工	内燃機関学講座	3ヶ年	7,000	2,800	2,800	2,100	1,800	1,500	800	—
磁歪材料ノ研究	各個研究第2040番	教授 抜山平一／教授 松平正寿・教授 永井健三・教授 仁科伴・教授 福島弘・助教授 角山稔・助手 和田正信・助手 松前重義生・助手 武田尚正	—	工	電気工学科	3ヶ年	200,000	200,000	—	—	—	40,000	—	—
航空発動機ノ運転中用計測器	新規題目	教授 畠川道治／助教授 坪内為雄・助手 鈴木忠夫	東北帝大金属材料研究所・東北帝大通信研究所	工	内燃機関学講座	3ヶ年	4,200	2,800	2,800	2,100	1,800	1,500	—	—
鋼ノ迅速常化法ノ研究	新規題目	教授 佐藤知雄／実験補助 角川豊・同 山口優・金属材料研究所員 岩瀬慶三・副手 斉木洛三・助手 利根川成雄／教授 原瀧三郎・助教授 木内修一	—	工	金属工学科	2ヶ年	40,000	40,000	—	—	—	—	—	—
冷却法ノ応用的研究	新規題目	教授 抜山四郎／専攻生 梅原半二・大学院生 青山忠三男・研究生 西村績・専攻生 菊地裕・助手 辻末一・助手 島津勝次郎	—	工	機械工学科	2ヶ年	34,000	15,000	5,600	5,600	4,400	3,650	3,300	7,500 航空技協会、4,000 陸軍	5,000
電波兵器用極超短波受信管ノ研究	新規題目	教授 宇田新太郎／助手 中村新太郎・同 関本秀吉	—	工・通研	通信工学科	2ヶ年	8,000	7,000	500	500	300	700	1,700	—
温泉ノ熱工学的研究	科学研究費題目	教授 抜山四郎／専攻生 梅原半二	—	工	機械工学科	2ヶ年	3,500	3,000	—	—	—	1,000	—	—

研究題目	区分	研究代表者	研究協力者	主タル実施箇所	研究期間	所要経費				各個研究第2046番	
航空機用軽合金	新規題目(但シ大日方教授 昭和18年度緊急科学研究費第2046番[チューバシン]ノ性能向上、ブ含ム)	教授 小野健二	九州帝国大学兼東京帝国大学(第二工学部)教授 今井弘・北海道帝国大学助教授 幸田成康 各大学協力者ト連絡済	工・冶金又ハ金属工学教室	3年	200,000	ー	1,700	1,300	1,200	3,000	ー
代用高速度鋼ノ研究	新規題目	教授 佐藤知雄・助教授 矢島悦次郎	東京工業大学教授・密機械研究所教授 田籠山内専門学校 教授 三浦正甫 仙台高等工業学校講師 飯島精一 助手 中谷孝太・実験補助 角田チヨ・実験補助 扇谷繁・同 七戸都子	工・金属工学科	2ヶ年	35,000	ー	ー	ー	ー	ー
化学反応ニ輻因スル液体ニヨル瓦斯吸収波「ガス」接触及装置及操作ノ研究	新規題目	教授 八田四郎次	仙台高等工業学校教授 九鬼利恵	工・化学工学科	3箇年(研究結果ノ状況ニヨリテ更ニ継続スルカモ知レズ)	2,000	1,300	1,300	1,000	600	ー
鋳物砂ノ研究	第101研究班	東北帝国大学教授 小出俊雄吉 東北帝国大学助教授 齋藤恒三	ー	工・金属工学科	2年	7,000	ー	ー	ー	ー	ー
兵器ノ精密工作	科学研究費題目	助手 松山徳蔵 助手 品村元統	ー	工・機械工学科	2ヶ年	5,000	ー	2,500	2,500	4,000(服部報公会 1,000)	ー

注1) 研究題目中、末書で下線が付されているものに下線を付してある。
注2) 記載事項中の「記載目標及戦争遂行ト関聯関係」と「研究協力ニ関スル機関長意見」はほとんど記載がないので省略した。
注3) 記載事項中の「研究者所属部門別(理、工、医、農、理工学)」は、主タル実施箇所」と同じ内容だったので省略した。
注4) 記載事項中の「研究内容」の記載は省略した。
注5) 記載事項中の「提出題目ノ順位」には、ほとんど記載がないので省略した。
出所)「昭和十九年度科学研究研究員下ニ於テ研究セント欲スル研究題目調書」「大久保準三文書」(東北大学史料館所蔵) 所収より作成。

第6章
学術研究会議研究班の拡充と東北帝国大学の研究体制

1　はじめに

　前章においては、昭和18年度より実施された科学技術動員組織である学術研究会議による研究班組織の構築と研究者等に配当された（緊急）科学研究費に関する資料を分析し、東北帝国大学における科学技術動員組織の形成過程やその組織の有り様、そして戦時研究について検討を試みた。その結果、①昭和18年度の科学研究動員下の重要研究課題の決定と「緊急科学研究費」の交付が、11月26日の学術研究会議官制改正後に第1次、第2次、追加と3分割されて実施されたこと、②昭和19年度には、重要研究課題と決定された研究が、件数ベースで昭和18年度の約3倍に増大し、しかも各研究の要求した研究費の額が大きなものになっていること、③東北帝国大学の「題目調書」を見る限りでは、いくつかの研究題目で大学院特別研究生が研究分担者として扱われていたこと、などを明らかにすることができた。

　その一方で、学術研究会議研究班の全体組織における東北帝国大学の位置づけや班組織の有り様が明らかでないなど、いくつかの課題が残されていた。そこで本章では、昭和19年度、昭和20年度に東北帝国大学の研究者達が参加した研究班の班全体における位置づけや組織の有り様について、その一端を明らかにしたい。

2　昭和19年度学術研究会議研究班の概観

研究班と研究費の全体像

　表6-1に「昭和十九年度学術研究会議研究班及研究費一覧」を掲載した。この表は「昭和十九年度文部省調査ニ依ル」情報をもとに技術院が1944（昭和19）年10月1日付でまとめたものである[1]。この表から昭和19年度学術研究会議研究班の全体像が概観できよう。研究班番号は195

157

まであるが、13、21、38、42、50、54、77、107の8つの欠番や12甲、12乙、12丙、14甲、14乙、19甲、19乙、74甲、74乙、74丙の6つの番号の重複があるため、実際の総数は193である。

この表によると、昭和19年度の研究班は193班に1班あたり約10.4名、計2011名の班員で構成されて、また1班平均約65,000円、総額12,562,900円の研究費が交付されているということになる。しかし班員数については、その他の資料[2]や表1からの算出によると計2011名となるので、1班あたり約10.4名と若干の修正が必要であるが、全体像を把握するにはさほど影響はないものと思われる[3]。

表6-1　　昭和19年度学術研究会議研究班及研究費一覧

昭和19年10月1日技術院（昭和19年度文部省調査ニ依ル）

| 番号 | 班　　名 | 班　　長 | | 班員数（含班長） | | 研究費 |
				全数	内部外者数	
1	大口径比望遠光器	東京天文台	関口鯉吉	11	2(1)	43,200
2	太陽輻射、放射線及其作用	東大理	萩原雄祐	15	(1)	58,000
3	天測航法及天文測地法研究ノ改良	東北大理	松隈健彦	3		27,000
4	精密測時法ノ研究		早乙女清房	5		13,400
5	遠距離捜索及標呈ニ於ケル測光学的研究	東京天文台	関口鯉吉	6	2	17,500
6	統計数学	九大理	北川敏男	24	3(2)	90,000
7	応用解析	京大理	園正造	23	1	42,000
8	応用幾何	東北大理	窪田忠彦	28	4	32,000
9	数値計算	阪大理	清水辰次郎	5		25,000
10	航空数式ノ再検討	東大理	中野秀五郎	7	1	25,000
11	高速度空気力学研究	東大一工	守屋富次郎	10	2	56,500
12甲	超高速飛行機	東大航研	河田三治	28		164,000
12乙	超高速飛行機用発動機	東大航研	富塚清	11		62,500
12丙	加熱噴流推進	東大航研	中西不二夫	5		23,500
14甲	成層圏飛行機	東大航研	小川太一郎	10		63,500
14乙	高高度発動機	東大航研	田中敬吉	13		84,300
15	木製飛行機	東大航研	山本峰雄	17		121,100
16	航空機用電気装置	東大二工	瀬藤象二	11		76,800
17	高速ヂーゼル	東大二工	清水菊平	8		69,800
18	航空機及造船用資材	東大農	三浦伊八郎	22		196,300
19甲	潤滑油（鑛物性）	東大航研	永井雄三郎	17		84,000
19乙	潤滑油（動植物性）	東大農	森高次郎	12		136,000

第6章　学術研究会議研究班の拡充と東北帝国大学の研究体制

20	航空燃料（発酵ニヨル）	東大農	坂口謹一郎	12		129,000
22	特殊計測器	阪大理	清水辰次郎	6		60,000
23	特殊兵器、大量生産	東大一工	大越諄	4	1	87,000
24	超短波ノ測定	東大一工	坂本捷房	11		48,800
25	真空管多量生産	東大二工	兼重寛九郎	7		51,600
26	電気兵器材料	東大理	水島三一郎	17		150,000
27	化学兵器及爆発物	東大一工	牧鋭夫	24		150,000
28	耐熱絶縁材料	東大一工	大山松次郎	5	1	45,000
29	電気用刷子	京大工	本野享	6		45,000
30	耐熱耐寒電池	東大一工	亀山直人	6		35,000
31	螢燐光物質	東大二工	茂木武雄	7		31,000
32	光電物質	東大理	落合麒一郎	5		26,000
33	熱地用寫眞材料	東大一工	亀山直人	6		40,000
34	音波ニ依ル距離測定	東大農研	荻原尊禮	5	1(2)	40,000
35	超音波ニ依ル潜水艦対策	阪大音研	雄山平三郎	12	1	58,000
36	潜水艦ノ防音	東大一工	野口尚一	7		30,000
37	海水中ノ聴音障害、特殊面機槽	東大農	伊藤孝一	5		34,000
39	地中水中索敵	東大農研	那須信治	10	(2)	35,000
40	防空防火	東大農研	岸上冬彦	10	(2)	45,000
41	擬装防火用植栽	東大農	丹羽鼎三	6		24,000
43	爆撃及ソノ破壊	東大一工	武藤清	3		30,000
44	水中弾道	東大農研	那須信治	5		20,000
45	爆弾ノ弾道		正木博	13		60,000
46	爆弾及弾丸、貫徹侵徹	東大一工	真島正市	7		47,500
47	地雷探知器	東大農研	高橋龍太郎	5		15,000
48	物理探査法	京大理	松山基範	11	2(2)	80,000
49	工業材料及原料、鑛物学的及岩石学的研究	東大理	坪井誠太郎	10	3	101,000
51	鑛床ノ研究	東大理	加藤武夫	9	1	90,000
52	戦用鑛物ノ採鑛及選鑛	東大一工	青山秀三郎	5		36,000
53	鑛産燃料	東大二工	上床國夫	14	1	172,000
55	金属ノ疲労	京大工	西原利夫	12	2	46,000
56	腐蝕防止		氏家長明	7		52,700
57	軽金属材料	東大一工	亀山直人	20		152,000
58	稀有元素	東大理	木村健二郎	24	3	200,000
59	陰極線	名大理	上田良二	8	2	26,000
60	電子顕微鏡	東大二工	瀬藤象二	10	2	54,600
61	農地、飛行場ノ構設排水管理	東大農	田中貞次	12		49,000
62	軍用土木施設	東大一工	吉田徳次郎	14		44,000
63	商船不沈対策	東大一工	山本武藏	6		45,000
64	高速艇	東大二工	井口常雄	2		45,000
65	木造船海中建造物ノ蝕害	東大農	雨宮育作	14		49,000
66	塗料染料	東大農	三浦伊八郎	13		91,000
67	自動制御及自動調整	東大二工	福田節雄	5		45,000
68	大量生産法	東大航研	福井伸二	37	10	68,500

69	安全率低下及強度計算法	東大二工	井口常雄	10		32,000
70	塑性及塑性加工法	東大一工	湯浅亀一	10		52,500
71	構造部材ノ継手	東大一工	田中豊	3		35,000
72	流体軸接手ニヨル傳動	東大一工	鈴木茂哉	10	3	72,000
73	製鐵用及軍用木炭	東大農	三浦伊八郎	7		72,000
74甲	植物柔軟繊維	東大農	佐々木喬	18		65,200
74乙	木質繊維	東大農	館勇	7		28,000
74丙	動物性繊維	東大農	佐々木清綱	17		54,000
75	特殊水産物ノ増強	東大理	岡田要	6		65,000
76	作物ノ増収	東大農	春日井新一郎	21	1	110,000
78	軍馬及軍用動物	東大農	江本修	13		171,000
79	淡水魚ノ稚魚飼育	東大農	雨宮育作	8		30,000
80	害虫、衛生昆虫	東大農	鏑木外岐雄	26		114,500
81	戦時保健化学	東大農	薮田貞次郎	31	6	200,000
82	戦時保健食糧	東大農	薮田貞次郎	11		120,000
83	航空医学	東北大医	加藤豊次郎	17		360,000
84	潜水医学	名大医	久野寧	11	3	68,000
85	耐暑力及風土馴化	名大医	久野寧	13		109,000
86	低温馴化	京大医	戸田正三	8	1	64,000
87	熱帯及寒地栄養	京大医	戸田正三	23	1	236,000
88	体力	慈恵医大	浦本政三郎	14	2	87,000
89	視力増強	京大医	庄司善治	16		72,000
90	乳幼児母性保護	京大医	栗山重信	26		116,000
91	輸血代用法	東大傳研	宮川米次	14		127,000
92	放射線	東大医	中島正徳	16	1	132,000
93	結核	阪大微研	今村荒男	33	5	338,000
94	マラリヤ予防及治療	長崎医大	角尾晋	21	1	158,000
95	マラリヤ治療剤ノ作製	東大医	朝比奈泰彦	12	1	125,000
96	テング熱ノ予防及治療	慶大医	小泉丹	11	1	56,000
97	濾過性病原体	京大医	竹内松次郎	8		48,000
98	免疫	東大傳研	田宮猛雄	25	3	140,000
99	研削材料	東大一工	永井彰一郎	5		23,500
100	醱酵ブタノール及後処理	東大二工	友田宣孝	6		30,000
101	鋳物	早稲田理工	石川登喜治	7	1	27,200
102	爆撃照準装置	東大二工	菱川万三郎	5		30,000
103	極超短波	東大理	西川正治	4		50,800
104	不可視光線	東京文理大	藤岡由夫	17	3	33,500
105	光学器械及材料	東大理	木内政藏	17	4	28,500
106	X線	東京文理大	三輪光雄	9		74,000
108	触媒	東大理	鮫島實三郎	14		80,000
109	燃焼機構	広島文理大	市川禎治	8		20,000
110	電気絶縁材料合成樹脂	東京文理大	川合眞一	3		25,000
111	測地用機械	測地	松山基範	5		30,000
112	石油開発ノ地下水学的方法	京大理	野満隆治	4		15,000
113	地球電気及磁気	京大理	長谷川万吉	15	1(3)	50,000
114	飛行機凍結防止	北大理	中谷宇吉郎	3	(1)	80,000

第6章　学術研究会議研究班の拡充と東北帝国大学の研究体制

115	疲労	名大医	勝沼精藏	17		114,000
116	特殊耐火物	東大一工	永井彰一郎	7		27,000
117	栄養能率	京大医	戸田正三	9	3	82,000
118	南方海流ノ調査研究	中央気	関口鯉吉	9	3(5)	21,000
119	地物ノ色ノ調査研究	東北大理	中村左衛門太郎	5	3	10,000
120	季節予報	中央気	藤原咲平	3	(1)	7,000
121	防火問題特ニ漏電火災森林原野火災ノ予防	測地	今村明恒	3	1	5,000
122	大気中ニ於ケル光ノ屈折	測地	関口鯉吉	4		7,500
123	東亜地域ノ測地学的研究	測地	松山基範	3		10,000
124	炭素水素	阪大理	千谷利三	11		80,000
125	標準物質ノ作製	東北大理	富永斎	10	(1)	50,000
126	宇宙線	理研	玉木英彦	10	4(1)	51,500
127	原子核	理研	仁科芳雄	18	6	139,500
128	素粒子論	東京文理大	朝永振一郎	14	3	16,500
129	物理数学	阪大理	伏見康治	5		8,000
130	流体力学	東北大理	小林巌	8		18,300
131	航空計器ノ力学的研究	東大航研	佐々木達次郎	6		61,000
132	弾道	東大理	萩原雄祐	4		4,000
133	分光学	理研	高嶺俊夫	11	4	34,000
134	原子及分子ノ性質	東大一工	山内恭彦	6		11,000
135	電波	東大理	小谷正雄	11	1	44,200
136	放電	東大理	本多侃士	14	1	14,500
137	高電圧	芝浦電気	田中正雄	6	6(3)	52,000
138	真空	東大理	嵯峨根遼吉	4	2	43,000
139	真空管	東大理	小谷正道	6		19,900
140	合金	東北大金研	広根徳太郎	13	2	48,000
141	金属ノ塑性及弾性	東大理	吉田卯三郎	12	2	70,500
142	電気金属材料	東大理	茅　誠司	15	5	107,000
143	波動振動及衝撃	東大理	坂井卓三	14		19,700
144	音響	東大航研	小幡眞一	5		20,000
145	磁歪振動子ノ研究	東大理	茅　誠司	6	3	20,000
146	分子論的物性論	東大理	落合麒一郎	15	3	28,200
147	半動体	九大理	西　久光	7	1	30,000
148	極低温ニ於ケル材料ノ研究	東北大金研	青山新一	5		32,000
149	誘電体	東大理	高橋秀俊	6	1	9,500
150	潤滑	理研	菅　義夫	4	1	14,000
151	霧ノ研究	北大理	中谷宇吉郎	4		28,000
152	高々度ニ於ケル電気現象	東大一工	大山松次郎	2		27,500
153	超短波及極超短波ノ応用	東京工大	山本　勇	8		32,800
154	鋳造曲軸	九大工	谷村熙	3	−	12,800
155	仕上面	東大二工	志村繁隆	3	−	7,400
156	工作機械工具及機械工作法	東大一工	山中直次郎	5	−	22,400
157	特殊硝子	東大一工	永井彰一郎	5	−	19,000
158	マグネシウム製造	東大二工	吉川晴十	4	−	29,500

161

159	マグネシウム合金	東京工大	川上益夫	3	−	15,500
160	アルミニウム合金	東北大工	大日方一司	6	−	69,500
161	非鉄金属ノ製錬	京大工	西村秀雄	7	−	33,300
162	砂鉄	東北大工	濱住松二郎	4	−	45,500
163	高純鉄	東北大工	岩瀬慶三	3	−	20,500
164	製鉄	京大工	澤村宏	7	−	56,600
165	特殊鋼	東北大工	村上武次郎	7	−	59,600
166	高速度鋼	東北大工	佐藤知雄	3	−	24,700
167	都市及建築防止	東大一工	濱田　稔	4	−	75,900
168	南方住宅	東大一工	藤島亥治郎	6		46,500
169	土木構造及材料	東大二工	福田武雄	9		55,400
170	建築構造	早稲田理工	内藤多仲	4		35,800
171	軍用建築	東大一工	武藤　清	4		36,700
172	合成樹脂	東京工大	内田　壮	6		35,300
173	ゴム	九大工	君島武男	3		9,500
174	電気熔接	京大工	岡本　起	6		75,100
175	発疹チブス	東大傳研	宮川米次	10	2	160,000
176	癩ノ接種培養及治療	東大医	三田村篤志郎	20	4	106,000
177	発癌制癌	癌研	鹽田廣重	10	1	72,000
178	悪性腫瘍	癌研	鹽田廣重	14	1	62,000
179	脳波	名大医	勝沼精藏	9		55,000
180	酵素	阪大微研	古武彌四郎	9	1	64,000
181	日本人ノ標準体格	東大医	西　成甫	20		37,000
182	体質	千葉医大	小池敬事	12		46,000
183	温泉	九大温研	高安慎一	10		35,000
184	ホルモン、ビタミン	岡山医大	清水多英	11		39,000
185	倍数性	東大理	篠遠喜人	18		59,000
186	秋落現象及其ノ除去	京大農	大杉　繁	11	1	44,000
187	作物ノ疾病ト其ノ除去	北大農	伊藤誠哉	19	1	72,000
188	海藻資源	東大農	國技　溥	14		61,400
189	皮革及毛皮	北大農	里　正義	9		48,000
190	甘藷	京大農	榎本仲衛	20		58,000
191	馬鈴薯	北大農	手島寅雄	14		46,000
192	農業用薬剤	京大農	武居三吉	11	1	25,000
193	鼠其ノ他医用小動物	東大理	岡田　要	8		24,000
194	異状環境ニ対スル生体ノ調節	東大理	合田得輔	8		49,000
195	特殊気象ニ関スル研究	気象台	藤原咲平	6	(3)	28,000
計				2011	150(30)	12,562,900
班平均				10.4	0.8(0.1)	64,425

備考

班員数欄内部外者数中（　）内ハ気象関係官署ニ属スルモノノ数（外譯）

注1）147班の班名「半動体」は半導体のことと思われるが、史料記載のまま掲載した。

注2）原資料では、班員の総数を2001としているが、計算結果は2011となるので修正した。

注3）班数の内部外者数計についても、原資料では151(28)と記載されていたが、筆者の計算結果150(30)に修正した。班平均には影響はない。

出所）『自昭和十八年十一月至昭和十九年九月／学術研究会議関係／堀岡部長』（中央 軍事行政 軍需動員282）防衛研究所所蔵より作成。

第6章　学術研究会議研究班の拡充と東北帝国大学の研究体制

研究班班長の概観

　次に班長として記載されている研究者の所属機関を概観しておきたい。全193班のうち東京帝国大学が106班と圧倒的多数を占めている。ついで京都帝国大学の18班、そして3番目が東北帝国大学の13班である。その後には大阪帝国大学（7班）、九州帝国大学（5班）、北海道帝国大学（5班）、名古屋帝国大学（5班）が続く。

　班長として記載されている東北帝国大学の研究者は、第3班「天測航法及天文測地法研究ノ改良」の松隈健彦（理学部）、第8班「応用幾何」の窪田忠彦（理学部）、第83班「航空医学」の加藤豊次郎（医学部）、第119班「地物ノ色ノ調査研究」の中村左衛門太郎（理学部）、第125班「標準物質ノ作製」の富永斎（理学部）、第130班「流体力学」の小林巌（理学部）、第140班「合金」の広根徳太郎（金属材料研究所）、第148班「極低温ニ於ケル材料ノ研究」の青山新一（金属材料研究所）、第160班「アルミニウム合金」の大日方一司（工学部）、第162班「砂鉄」の濱住松二郎（工学部）、第163班「高純鉄」の岩瀬慶三（工学部）、第165班「特殊鋼」村上武次郎（工学部）、第166班「高速度鋼」の佐藤知雄（工学部）の13人であった。班長として記載されている東北帝国大学の研究者を部局別に整理すると、理学部5名、医学部1名、工学部5名、金属材料研究所2名という構成である。

東北帝国大学調による研究班班長

　まず、前章の表5-6に掲載した東北帝国大学の昭和19年度の「科学研究動員下重要研究課題研究担当者数（実数）調」の備考欄に記載されている「全国的班長」の数に注目しておきたい。

　この表によれば、東北帝国大学から理学部5名、工学部1名、金属材料研究所5名、選鉱製錬研究所1名、航空医学研究所1名の計13名が研究班の班長とされていることが読み取れる。表6-1より東北帝国大学の研究者として抽出した数と比較すると総数は同数であるが、理学部5名、医学部1名、工学部5名、金属材料研究所2名という所属部局別の数は異

なる。こうした違いは、学術研究会議に提出されたと思われる「題目調
書」記載の研究の「主タル実施箇所」としての部局名と、東北帝国大学
内部で認識されている研究担当者の所属部局との相違から現れた違いで
あると理解される[4]。

　個別に見ると次のようになる。第83班「航空医学」の加藤豊次郎は医
学部航空医学講座教授を兼担していたが、1943（昭和18）年10月6日設
置の航空医学研究所の初代所長に就任していた。したがって東北帝国大
学の「研究担当者数（実数）調」では航空医学研究所と記載されたので
あろう。同様に第160班「アルミニウム合金」の大日方一司、第163班
「高純鉄」の岩瀬慶三、第165班「特殊鋼」の村上武次郎は、みな工学部
ではなく、所属部局の金属材料研究所として記載されたものと思われ
る。それから第162班「砂鉄」の濱住松二郎は、1941（昭和16）年3月
27日の設置以来、選鉱製錬研究所の所長であったため、工学部でなく、
選鉱製錬研究所として記載されたものと思われる。

　「大久保準三文書」には附置研究所の「題目調書」が所収されていない
ためか、該当する研究題目はなかったが、学術研究会議への申請時の書
類の「主タル実施箇所」として医学部ないし工学部と記載されていた可
能性があり、これをもとに学術研究会議あるいは文部省が取りまとめた
ものと考えられる。

3　昭和19年度学術研究会議研究班における東北帝国大学の特徴
部局別にみた「研究題目」と研究担当者

　昭和19年度学術研究会議研究班に採択された東北帝国大学所属研究者
の所属研究班と「研究題目」等のリストを本章末の表6-2に掲げた。表の
左側に『昭和十九年度／動員下ニ於ケル重要研究課題／文部省科学局』[5]
に記載されている学術研究会議研究班の「研究題目」リストから東北帝
国大学に関連するもののみ抽出したものを、右側に、申請時のものとし
て前章に掲載した「大久保準三文書」所収の「昭和十九年度／科学研究
動員下ニ於テ研究セントスル題目調書」の一部を併せて掲載した。前章

第 6 章　学術研究会議研究班の拡充と東北帝国大学の研究体制

で既述したが、「大久保準三文書」の「題目調書」は、理学部・医学部・工学部の 3 部局のものしか含まれていなかったため、それ以外の部局では、表の右側に空欄箇所が存在している。

　まず、全体を外観してみたい。表 6-2 に記載した「研究題目」件数は 116 件で、前章表 5-6 の「全国的班組織」の「研究課題件数」の合計 133 件より 17 件少ない。前章表 5-6 の 133 件には法文学部分の 16 件が含まれているのに対して表 6-2 には全く含まれていないためで、前章表 5-6 の計より法文学部分の 16 件を除くと 117 件となり、表 6-2 の 116 件とほぼ同数となる [6]。そしてこれら 116 件「研究題目」に平均 6,313 円、総額で 725,300 円の研究費が交付されたということになる。

　部局別の内訳を比較するために表 6-3 を作成した。この表を作成するにあたり、一部の研究担当者の所属部局に修正を加えた。前項における班長の所属部局を変更に加え、第 57 班「軽金属材料」の青山新一、第 145 班「磁歪振動子」の増本量、第 164 班「製鉄」の石原寅次郎をそれぞれ理学部や工学部より金属材料研究所に、第 165 班「特殊鋼」の濱住松二郎を工学部より選鉱製錬研究所にそれぞれの所属部局を変更した。また第 57 班「軽金属材料」の原龍三郎は 1944（昭和 19）年 1 月 7 日設置の非水溶液化学研究所の初代所長に就任している。したがって非水溶液化学研究所の所属とした。原の研究題目「非水溶液ニヨル軽金属ノ製法」そのものも、非水溶液化学研究所で実施するのにふさわしい。同様に第 145 班「磁歪振動子」の増本量は、理学部から金属材料研究所へ変更した。

　第 104 班「不可視光線」、第 105 班「光学器械材料」、第 164 班「製鉄」の 3 つの班を担当している大久保準三は、冒頭で述べたように、科学計測研究所所長であったので、理学部より変更した。

　一方で宮城音五郎の所属する第 11 研究班の班名「高速度空気力学研究」や研究題目「物体ノ速度ト衝撃波」は高速力学研究所で実施されるような研究内容であるが、1944（昭和 19）年時点では工学部長であったため変更はしなかった。

　以上のように所属部局に修正を加えたところ、表 6-3 に示すとおり、部

165

表 6-3　部局別研究班研究題目件数

部　局	研究題目件数	（東北帝国大学調）
理 学 部	44	（　45）
医 学 部	14	（　14）
工 学 部	13	（　11）
電気通信研究所	1	（　2）
金属材料研究所	28	（　29）
農学研究所	5	（　7）
選鉱製錬研究所	2	（　2）
抗酸菌病研究所	2	（　2）
科学計測研究所	5	（　1）
航空医学研究所	1	（　1）
高速力学研究所	0	（　1）
非水溶液化学研究所	1	（　2）
計	116	（　117）

出所）研究題目件数は表6-2より算出、（東北帝国大学調）は前章5-6の「全国的班組織」より作成。

局ごとの件数は「東北帝国大学調」のものと近い数字となった。しかし、表6-2から算出した件数は、「東北帝国大学調」と比較して、工学部で2件、科学計測研究所で4件多く、農学研究所で2件、理学部、電気通信研究所、金属材料研究所、高速力学研究所、非水溶液化学研究所で1件ずつ少ない。修正方法に再考が必要であろう。あるいは表5-6の「東北帝国大学調」が1944（昭和19）年8月28日付であるのに対し、表6-2は10月1日付の技術院まとめのものであるので、この期間に採択研究題目に多少の変更があった可能性も否定できない。

研究分野別にみられた研究班構成の特徴

　続いて、個別の「研究題目」について検討を加えることにする。表6-2の記載内容から、研究分野ごとに研究班の構成に特徴があることが看取される。

　たとえば、理学部数学教室の窪田忠彦が班長をつとめる第8班「応用

第6章　学術研究会議研究班の拡充と東北帝国大学の研究体制

幾何」は、4つの「研究題目」に分けられており、その第2番目の「研究題目」「歯車及工作機械ノ幾何学的研究」の担当者として東北帝国大学理学部数学教室教授の窪田忠彦が記載されており、さらに東京帝国大学理学部の矢野健太郎・九州帝国大学理学部の本部均などの他機関の研究者9名も同研究題目担当者として併記されている。すなわち異なる研究機関の10名の研究者たちが、第8班「応用幾何」の「歯車及工作機械ノ幾何学的研究」という同じ研究題目に取り組むという班構成をなしていたのである。

　窪田が班長をつとめる第8班の第3・第4番目の研究題目は無論であるが、第6班「統計数学」、第7班「応用解析」などの数学系の研究班も同様の班組織を構成していることが看取される。くわえて第7班の1番目の研究題目「応用解析」では、同じ研究題目に理学部数学教室の藤原松三郎と泉信一の2名の研究者がそれぞれ研究担当者として名を連ねている。このように1つの研究題目に多くの研究者が担当者として名を連ねる一方で、班長である窪田の4,700円を除くと、配分された研究費は500円から2,000円程度とおおむね低額であることも特徴のひとつとして挙げられる。

　そのほか、第53班「鉱産燃料」や第80班「害虫衛生昆虫」、第113班「地球電気及磁気」、第127班「原子核」などの理学部の地質学古生物学、生物学、物理学における研究班の構成のされかたも同様であった。

　工学部の研究者が参加した研究班の場合は、例えば第11班「高速度空気力学研究」の4番目「物体ノ速度ト衝撃波」や第30班「耐熱耐寒電池」の3番目「二酸化マンガンノ酸性度ト亜鉛ノ耐蝕性ノ関係」のように、多くの研究題目では同一研究題目内に他機関の研究者は含まれていない班構成が多く見られた。同一班内の各研究題目は担当者が個別の課題について研究を進めるという班構成をとっていることがわかる。このことは、第101班「鋳物」や第161班「非鉄金属ノ製錬」、第165班「特殊鋼」、第166班「高速度鋼」についても同様である。

　金属材料研究所などの附置研究所も広く工学部系とみなすと、第56班「腐蝕防止」、第58班「稀有元素」、140班「合金」、第141班「金属ノ塑性

変形」、第142班「電気金属材料」、第147班「半導体」、第148班「極低温ニオケル材料ノ研究」、(以上、金属材料研究所)、第105班「光学器械及材料」(科学計測研究所) なども同様の班構成であることがわかる。

　附置研究所でも、理学部生物学教室とのかかわりが強い農学研究所は、第65班「木造船及海中建造物ノ蝕害」や、第76班「作物ノ増収」、第185班「倍数性」のように、生物学教室の研究者が担当する第188班「海藻資源」、第190班「甘藷」、第191班「馬鈴薯」と同様の班構成のされかたがなされている。

　医学系の場合は、第115班「疲労」や第179班「脳波」のように、個別の研究題目はなく、第115班では17名、179班では8名の研究者が担当者として記載されている特殊な例もあったが、ほとんどの研究班は工学部系と同様に、研究班下の個別研究題目を1名の研究者が担当するという班構成が形成されていた。

個別研究班の事例

　次に、東北帝国大学の研究者が参加した個別の研究班について検討することにする。まずは東北帝国大学の研究者が班長として従事したいくつかの研究班に注目してみたい。

　金属材料研究所の研究者が班長となっている第140班「合金」(広根徳太郎)、第148班「極低温ニ於ケル材料ノ研究」(青山新一) などは、その研究班の下にある研究題目の多くを東北帝国大学の研究者たちで占めていることが見て取れる。とくに第148班は5つの研究題目を擁しているが、そのいずれも東北帝国大学金属材料研究所の研究者が担当となっている。

　理学部の研究者が班長となっている班では、第119班「地物ノ色ノ調査研究」(中村左衛門太郎)、第125班「標準物質ノ作製」(富永斎) の研究班がその下には研究題目を持たずに数名から10名の複数の研究機関の研究者等により構成されている共同研究であることが看取される。

　360,000円という全国の研究班中最大規模の研究費が交付されている第

第6章　学術研究会議研究班の拡充と東北帝国大学の研究体制

83 班「航空医学」は、16 の研究題目にわかれているが、班長の加藤豊治郎に充てられている研究費が総額の 14％の 50,000 円と、これも個別の研究題目としては最大金額が充てられていることは大変興味深い点である。しかし残念ながら、加藤豊治郎が所長として研究を展開していた航空医学研究所は、第二次世界大戦終結後の 1945（昭和 20）年 12 月 31 日に廃止され[7]、東北大学に残されている関係資料も少ないため、研究の詳細は明らかにされていない。

　次に、比較的金額の大きい研究題目について見ていく。もっとも高額であったのは先に挙げた第 83 班「航空医学」の加藤豊治郎の 50,000 円であった。2 番目に高額であったのは、第 93 班「結核」の抗酸菌病研究所の熊谷岱藏の 40,000 円で、班長でないにもかかわらず班総額 132,000 円の 30％を占めていた。3 番目は第 162 班「砂鉄」の班長である濱住松二郎で班総額 45,500 円の 57％を占める 26,000 円で、第 4 番目は第 114 班「飛行機凍結防止」の加藤愛雄の 20,000 円で班総額 80,000 円の 25％であった。

　つづいて複数の東北帝国大学の研究者が担当者として参加している研究班について見る。とくに目立つのは金属材料系の研究で、第 140 班「合金」では班長である広根徳太郎のもとでの 14 研究題目中、広根自身と小川四郎、竹内栄（ともに金研）、林威（理学部）が、計 4 研究題目を担当している。第 142 班「電気金属材料」は班長こそ東京帝国大学の茅誠司[8]であるが、15 中の 6 の研究題目に東北帝国大学の研究者がかかわっており、科学計測研究所の岡村俊彦の担当する研究題目「カルボーニル鉄ヲ基礎ト□□金属材料ノ研究」が、20,000 円と総額 107,000 円の 19％を占める研究費を配分されている。

　さらに青山新一が班長となっている第 148 班「極低温ニオケル材料ノ研究」は 5 研究題目すべてを東北帝国大学が占めており、そのうちの 3 研究題目では班長自らが担当者となっている。この第 148 班の事例は、極低温研究に適した設備が東北帝国大学に整っているということが大きな要因のひとつであろうと思われる[9]。大規模実験系の研究ならではの特色であろう。

169

4　おわりに

　本章では、昭和19年度に東北帝国大学の研究者達が参加した学術研究会議研究班について、その研究組織の全容、そして東北帝国大学の研究者が参加した班組織の有り様について明らかにしてきた。

　研究班の組織構成の有り様や交付された研究費は、研究分野によって異なることが明らかになった。それぞれの研究分野に適した組織形態が検討されたことが、その要因の一つであると思われる。

　東北帝国大学の研究者が班長となっている研究班では、その下の複数の研究題目の担当者が東北帝国大学の研究者で占められているという特徴も見出すことができた。くわえてそれらの研究班では、班長の研究題目へ配分された研究費は比較的高額であったという特徴も見られた。もっとも高額の研究費が交付されていたのは、第83班「航空医学」の班長をした航空医学研究所の加藤豊治郎であったが、高額な研究費を要して彼らがいかなる研究を展開してきたのかは明らかでない。

　また日本における金属材料研究の主要をなしていた東北帝国大学では、28（ないし29）件の研究題目が採択されていた金属材料研究所や選鉱製錬研究所に所属する研究者を中心にそれ以外の部局に所属する研究者も参加して、採鉱から冶金、表面処理にいたるまでの金属材料系の研究が展開されたことが垣間見られた。しかし、これらの研究班の班構成を見る限り、研究分担者による個別研究、あるいは学内の共同研究として展開されたようにもみられ、参加した研究者たちが全国的な共同研究の展開を意識していたものかは定かでない。

　むしろ理学部数学教室の研究者が参加したような「基礎科学」系の研究のほうが、他研究機関との共同研究が意識された組織が形成されていたと見ることが可能であろう。

　以上のように、それぞれの研究分野や部局による研究班組織の特徴は明らかにされたものの、それらの研究組織が実際にどのように機能したのかまでは詳らかではない。共同研究は意識されたかもしれないが、従来の個別研究を基本形態として研究が展開されたという可能性も否定で

第 6 章　学術研究会議研究班の拡充と東北帝国大学の研究体制

きない。次章では昭和 19 年度の研究班が翌昭和 20 年度にどのように変更され、東北帝国大学の研究や研究者らの位置づけがいかに変容していったのかについて検討を加えることにする。

1　『自昭和十八年十一月至昭和十九年九月／学術研究会議関係／堀岡部長』（中央 軍事行政 軍需動員 282、防衛研究所所蔵）。

2　技術院が昭和 19 年 10 月 1 日付でまとめた「昭和十九年度学術研究会議総括表」にも研究班員数の総計は 2011 名と記載されている。同上資料。

3　昭和 19 年度の研究班の総体的なデータ整理と分析が青木洋によりなされており、班員の重複担当を除いた数や関係研究機関数の算出など処理もなされているので参照されたい。青木洋「第二次世界大戦中の科学動員と学術研究会議の研究班」『社会経済史学』72(3)、2006、pp.63-85。

4　1944 年当時における東北帝国大学の研究者の所属部局の確認は、基本的に『東北大学百年史』第 10 巻「資料 3」の「第 2 章　人事」によった。東北大学百年史編集委員会編『東北大学百年史』第 10 巻「資料 3」、東北大学出版会、2009。

5　『昭和十九年度／動員下ニ於ケル重要研究課題／文部省科学局』（中央 軍事行政 軍需動員 513、防衛研究所所蔵）。同じ史料が東北大学大学院経済学研究科資料室所蔵の「東北大学大学院経済学研究科寄託後藤文書」にも所収されている。まったく同様のものであるが、保存状況が異なっているため、解読不能な箇所も異なり、本章の表 6-2 作成に際しては、これらの 2 つの史料が相互補完的な役割を果たしてくれた。

6　1 件の差が出た理由は現在のところ明らかでない。

7　東北大学百年史編集委員会編『東北大学百年史』第 1 巻「通史 1」、東北大学出版会、2007、p.460。

8　茅誠司は東北帝国大学出身の金属材料の研究者であり、大正 15 年 4 月〜昭和 5 年 9 月まで金属材料研究所の助教授であったことも関係があると思われる。

9　東北帝国大学は、大正 14 年の青山新一の欧州留学の際に、オランダおよびドイツの低温研究の視察を命じ」、また昭和 4 年より財団法人齋藤報恩会からの寄付金をもとに低温研究室や各種設備を整え、帰国後の青山のもとで研究を展開していた。東北大学百年史編集委員会編『東北大学百年史』第 7 巻「部局史 4」、東北大学出版会、2006、pp.9-10。

表 6-2 昭和 19 年度学術研究会議研究班と研究課題（東北帝国大学関係）

								採択された研究課題（『昭和十九年度 動員下ニ於ケル重要研究課題』より作成）			申請された研究課題（『昭和十九年度科学研究動員下ニ於ケル研究セクトール題目調書』より作成）				
研究班 番号	研究班名	研究題目 番号	研究題目 題目名	研究費 所総額	研究費 配分	構成比	研究担当者の他全メンバー（研究題目担当者の氏名、総人数、研究所内の全研究題目数）	研究担当者（班長には◎を付した）	研究題目	継続・新規	研究組織 研究分担者	研究組織 官職氏名	学部	主タル実施箇所（等）
1	大口径比望遠実光鏡	5	光学系制作／予備実験	43,200	2,000	5%	なし。計1名。全11研究題目	理学部教授◎高橋静胖	分光学的研究	新規題目	—	—	理	物理学教室
2	太陽輻射放射線及其作用	10	太陽面現象と電離増ノ関係	58,000	3,000	5%	なし。計1名。全15研究題目	理学部◎松隈健彦	太陽表面現象ノ理論	—	—	東北帝国大学助教授 桐畑一	理	天文学教室
3	天測航法及天文測地法ノ改良	3	潜水天測法	27,000	5,000	19%	なし。計1名。全3研究題目	理学部 松隈健彦	潜水天測法	第8研究班			理	天文学教室
6	統計数学	2	統計原理	90,000	1,500	2%	東大理－掛谷宗一(4,000)・東大医－増山元三郎(1,000)・京大理－園正造(2,500)・九大工－北川敏男(2,000)・阪大理－角谷静夫(1,000)・名大理－伊藤清(1,000)・東京文理大－河田龍夫(1,000)・東京高師－佐藤良一郎(1,000)・東京商大理－宇野利雄(1,000)・広島工専－小倉吉之進(1,000)・中央気－電気試－坂元平八(1,000)・芝浦電気－吉田保八士(1,000)、計17名、全3研究題目	理学部 淡中忠郎						
7	応用解析	1	応用微分方程式	42,000	1,200	3%	東大理－中野秀三郎(1,500)・東大理－松本敏三郎(2,700)・東北大理－福原満洲雄(1,200)・九大理－泉信一(1,200)・阪大理－清水辰次郎(3,900)・名大理－吉田耕作(1,500)・広島文理大－前田次雄(1,200)・京大理工－宇野利雄(1,200)、計9名、全3研究題目	理学部 藤原松三郎						
				42,000	1,200	3%	東大理－中野秀三郎(1,500)・東大理－松本敏三郎(2,700)・東北大理－福原満洲雄(1,200)・九大理－泉信一(1,200)・阪大理－清水辰次郎(3,900)・名大理－吉田耕作(1,500)・広島文理大－前田次雄(1,200)・京大理工－宇野利雄(1,200)、計9名、全3研究題目	理学部 泉信一	応用代数（空中線）	第7研究班	東北帝国大学講師之内原一郎・東北帝国大学助手松山昇		理	数学教室

第6章　学術研究会議研究班の拡充と東北帝国大学の研究体制

整理番号・研究題目	№	題目	配分総額	配分額	割合	分担者	所属・主任	研究題目	研究班	担当者	学部	教室
8 応用幾何	2	等角写像	42,000	2,000	5%	京大理・辻正次(4,000)・北大理・一力金次郎(2,000)・名大理・槇代清(1,500)・東京高師・小林晃一(1,200)、計5名、全3研究題目	理学部 岡田良知	応用数学解析	第7研究班	—	理	数学教室
	2	歯車及工作機械ノ幾何学的研究	32,000	4,700	15%	東大理・矢野健太郎(600)・九大理・本部均(1,000)・北大理・河口高次(2,000)・広島文理大・森永哲太郎(800)・広島文理大・細川藤右エ門(800)・物理学校・平川淳康(2,000)・陸軍士・堀内義和(0)、計9名、全4研究題目	理学部 ◎窪田忠彦	歯車及工作機械ノ幾何学的研究	第8研究班・各圏研究第2番	仙台高等工業学校教授兼東北帝国大学教授 佐々木康夫・東北帝国大学助教授 前田利彦・東北帝国大学副手 青木清	理	数学教室
	3	測量及照準	32,000	1,000	3%	北大理・河口高次(2,000)・阪大理・中江藤太(2,500)・広島文理大・中江英孝(2,000)・広島文理大・岩村寅之助(3,000)・陸軍士・市田朝次(700)、計5名、全4研究題目	理学部 ◎窪田忠彦	写像測量照準ノ研究	第8研究班・各圏研究第3番	仙台高等工業学校講師兼東北帝国大学講師 佐々木康夫	理	数学教室
	4	幾何学的図形ノ弾性学的研究	32,000	500	2%	東大理・矢野健太郎(500)・京大理・河口高次(500)・北大理・河口高次(600)・広島高師・岩田隆次(1,000)・広島高師・細川藤右エ門(500)、計8名、全4研究題目	理学部 ◎窪田忠彦	幾何学図形ノ弾性学的研究	新規題目	東北帝国大学助教授 前田利彦	理	数学教室
11 高速度空気力学研究	4	物体ノ速度ト衝撃試験	56,500	6,000	11%	なし、計1名、全9研究題目(担当者1名)	工学部 宮城音五郎	高々度使用補機ノ研究	新規題目		工	航空学科
22 特殊計測器	2	計算器ノ研究及製作	60,000	7,500	13%	阪大理・近藤基吉(10,000)・中九大理・近藤基吉(8,000)・中央物研・吉城支(3,000)、計4名、全3研究題目	理学部 泉信一	特殊計測器	—	東北帝国大学助手 青木利夫	理	数学教室
24 超短波ノ測定（目次では超短波測定）	6	超短波ニオケルビームノガウス素描	48,800	2,000	4%	東大二・森脇義雄(2,000)、計2名、全9研究題目	工学部 松平正寿	航空通信器用高周波液縮心	新規題目	航空通信器用高周波	工	電気工学科
30 耐熱研究乾電池	3	三酸化マンガンノ磁性ト亜鉛ノ耐蝕性ノ関係	35,000	5,000	14%	なし、計1名、全6研究題目(担当者1人)	工学部 伏屋義一郎	耐熱歯科乾電池	第30研究班	教授 松平正寿・教授 木井健三・助教授 福島弘毅・助教授 和田正信・嘱託 守屋稔	工	化学工学科
35 超音波ニヨル潜水艦探知水艦対策	1	超音波ノ発生受容	58,000	4,000	7%	阪大工・本柳健次(4,000)・阪大産研・西山善次(5,000)・阪大合研・城山平三郎(4,000)、計4名、全5研究題目	通研 福島弘毅			助手 安積利一・大学院 特別研究生 高木修・実験補助 菅田安雄	工	

173

No.	項目	細目番号	細目名	金額	金額	%	研究担当者	研究主任	所属	研究所番号	研究題目	担当者所属・氏名	学部	教室
47	地磁探知器	4	電気的方法	15,000	1,500	10%	東大震研・永田武(1,500)、計2名、全4研究題目	加藤愛雄	理学部	第47号研究所	電気的方法ニヨル地雷探査	東北帝国大学助手 鎌永治	理	向山觀象所
48	物理探査法	4	物理探査法	80,000	6,000	8%	東大理・松沢武雄(14,000)・東大理・長谷川万吉(11,000)・北大工・唯沢良雄(1,500)、計4名、全7研究題目	中村左衛門太郎	理学部	第48研究所	特種磁力計及自記磁力計ノ試作	東北帝国大学講師 佐藤隆夫・東北帝国大学助手 齋藤良一・東北帝国大学助手 伊藤満記	理	向山觀象所
49	工業材料及原料並鑛物学的及岩石学的研究	1	電波兵器用材料及原料	101,000	15,000	15%	東大理・坪井誠太郎(15,000)、計2名、全7研究題目	高橋勝利	理学部	第60研究所	滑石磁器及チタン磁器ノ研究（防湿液用碍子）	東北帝国大学助教授 八木健三	理	岩石鑛物鑛床学教室
51	鑛床ノ研究	3	砂鑛ニ關スル研究	90,000	15,000	17%	なし、計1名、全5研究題目	渡邊萬次郎	理学部	第51（鑛床）研究完所	東日本ニ於ケル水鉛鑛床及ビ砂鉄鑛床ノ分布及ビ開発	東北帝国大学助教授 竹内常彦	理	岩石鑛物鑛床学教室
53	鑛電熱料	1	石油鑛床	172,000	30,000	17%	資源研・鈴木好一(10,000)・科学博物館・井狩正(8,000)	半澤正四郎	理学部	第54研究所	南方油田鑛床ノ研究	東北帝国大学助教授 浅野瀧三・東北帝国大学助手 西山淳	理	地質学古生物学教室
		4	緊急開発ヲ要スル國内地油田ノ研究	172,000	15,000	9%	東大理・小林良一(15,000)・東大理・横山次郎(15,000)・京大理・佐々保雄(15,000)・広島文理・大今村次治(10,000)、計6名、全11研究題目	高橋純一（申請時ハ半澤正四郎）	理学部	新規題目	緊急開発ヲ要スル國内地油田ノ研究	東北帝国大学助教授 逸見吉之助・東北帝国大学助手 西山省三	理	地質学古生物学教室
56	腐蝕防止	1	耐酸鋼ノ研究無ニッケル耐熱鋼	52,700	8,400	16%	なし、計1名、全11研究題目	村上武次郎	金研					
		2	耐蝕性低合金鋼	52,700	1,500	3%	なし、計1名、全11研究題目	遠藤彦造	金研					
		4	耐蝕性マグネシウム合金	52,700	1,500	3%	東大航研・石田内郎(0)・九大工・今井功(1,500)、計4名、全11研究題目	大沼一司	金研					
57	軽金属材料	10	電解溶成分間ノ平衡	152,000	9,000	6%	なし、計1名、全23研究題目（担当者各1名）	伏見廣一郎	工学部	第57研究所	軽金属材料中ニアルミニウム製錬ニ關スル研究／溶融塩電解ニ關スル研究	助手 安積稗利・実験補助 岡田清八	工	化学学科
		11	電解ガス中ノ弗素化合物	152,000	5,000	3%	なし、計1名、全23研究題目（担当者1名）	青山新一	理学部					
		20	電解沈鋼物	152,000	7,000	5%	なし、計1名、全23研究題目（費は21を含むと額）	石川總雄	理学部					
		21	塩化物ノ脱水	152,000	7,000	5%	なし、計1名、全23研究題目（費は20を含むと額）	石川總雄	理学部					
		22	非水溶液ニヨル軽金属ノ製法	152,000	10,000	7%	なし、計1名、全23研究題目（担当者1名）	原龍三郎	工学部					
58	稀有元素	4	イリドスミン及セレン研究	200,000	5,000	3%	なし、計1名、全24研究題目（担当者各1名）	青山新一	金研					

班	No.	研究項目	予算	予算2	比率	備考（分担）	学部	担当者	研究題目	新規題目	所属	理/医	教室
	5	稀有金属ノ物理化学的及電気化学的研究	200,000	4,000	2%	なし、計1名、全24研究題目	理学部	石川総雄	稀有軽金属ノ物理化学的及電気化学的研究		東北帝国大学講師 森一郎・東北帝国大学助手 外崎巧一・東北帝国大学研究補助 木幡なな子・東北帝国大学研究補助 石川好子	理	化学教室
	6	稀有元素応用ケ一析法	200,000	2,000	1%	なし、計1名、全24研究題目	理学部	小林松助					
	7	ジルコ二ウ厶ノ分析	200,000	2,000	1%	なし、計1名、全24研究題目	理研	後藤秀治					
	8	真空管用稀有元素ノ抽出精製	200,000	9,000	5%	なし、計1名、全24研究題目	理研	岩瀬慶三					
65	2	木造船及海中建造物／腐蝕	49,000	2,000	4%	東大理 - 岡田要(2,000)・科研博物館 - 岩佐正夫(2,000)、計3	農研	今井丈夫					
66	2	資料、染料	91,000	10,000	11%	東大農 - 三浦伊八(5,000)・京大農 - 梶田茂(10,000)・九大農 - 大島巍(10,000)、計4名、全6研究題目	理学部	野村七録	大題目 資料 染料 小題目 載電 資料／生物学的研究	第66（三浦伊八郎）研究班	東北帝国大学助手 石田周二・東北帝国大学助教授 小松辰雄	理	生物学教室・臨海実験所
74甲	5	植物系軟纖維	65,200	3,000	5%	東大農 - 長戸一雄 2,000・岐阜農大 - 松山三樹男 3,000・科学博物館 - 佐竹義輔1,200、計4名、全7研究題目	理学部	田所正人	野生植物ノ繊維ニ関スル研究（植物ニ関スル形態学的研究）	新規題目	東北帝国大学助手 岡部作一・東北帝国大学研究補助 生沼巴	理	生物学教室
75	2	特殊水産物ノ増殖	65,000	10,000	15%	東大農 - 松江吉行(10,000)・九大農 - 根川広明(10,000)、計3名、全2研究題目	理学部	野村七録	大題目 特殊水産物ノ増殖 小題目 プランクトンノ増殖	第80（岡田要）研究班	東北帝国大学助教授 小久保清治・東北帝国大学講師 永野為武	理	生物学教室・臨海実験所
76	2	作物／増収	65,000	4,000	6%	東大農 - 宗正雄(5,000)・京大農 - 春川三緒(5,000)・北大農 - 長根正人(5,000)・千葉農業 - 藤井健雄(2,000)、計5名、全4研究題目	農研	水島三一郎					
79	2	淡水魚／稚魚飼育	30,000	2,000	7%	なし、計1名、全3研究題目	農研	今井丈夫					
80	2	害虫衛生昆虫	114,500	5,000	4%	東大農 - 藤木外嶽雄(10,000)・京大理 - 阿部宗三(5,000)・京大理 - 宮地傅三郎(8,000)・九大農 - 江崎悌三(2,000)・阪大微研 - 山田正俊(3,000)・広島文理大 - 佐藤井岐雄(3,000)・盛岡農高 - 口垰多喜雄 2,000・鹿児島農高 - 西山□□(3,000)・資源研 - 木下□(4,000)、計11名、全2研究題目	理学部	朴沢三二	医学上ニ関スル昆虫三関スル研究	各個研究第480号	東北帝国大学講師 加藤睦奥雄	理	生物学教室
83	1	航空医学	360,000	50,000	14%	なし、計1名、全16研究題目、全2研究題目	医学部ノ加藤豊治郎（航研）	加藤豊治郎	航空時勤作業ニ因ル疲労ニ関スル研究	第115研究班	教授 佐藤熙・／松田幸次郎	医	航空医学研究所

No.・分野	件数	研究題目	金額	%	分担	所属・代表者	研究班	研究題目	研究者	区分	教室
87 熱帯及栗地ノ栄養	12	寒冷ノ糖原生成ニ対スルビタミンノ影響	236,000	2%	なし、計1名、全22研究題目	医学部 黒川利雄	第87研究班	寒冷ノ糖原生成ニ及ボスビタミンノ影響	東北帝国大学助教授 山形敞一・〃副手 笹生貴也・欧一・〃副手 加藤勝雄・講師 安倍弘毅・〃高橋英次・〃甑武・〃清野祐彦	医	黒川内科教室
88 体力	3	体力増強ノ基礎的研究	87,000	5%	なし、計1名、全13研究題目	医学部 近藤正二	第88研究班	体力増強ニ関スル基礎的研究	助教授 浅井篤存(応召中)・酒井静一郎・〃高橋英次	医	衛生学教室
90 乳児并性保健	3	母乳	116,000	3%	なし、計1名、全25研究題目(15ヲ除き担当各1名)	医学部 佐藤彰	第40研究班	本邦母乳ノ研究	吉池太郎・酒井静一郎・吉田穀・森川俊雄・内藤武・海法辨男	医	小児科教室
	24	妊娠中毒症	116,000	3%	なし、計1名、全25研究題目(15ヲ除き担当各1名)	医学部 篠田糺	科学研究費目	母性保健ニ関スル研究 特ニ妊娠中毒症ノ成因ト予防法ニ関スル研究	東北帝国大学助教授 九嶋勝司	医	産科婦人科学教室
91 輸血代用法	7	輸血ノ他ノ栄養問題	127,000	6%	なし、計1名、全22研究題目(15ヲ除き担当各1名)	医学部 篠田糺	新規項目	輸血及其他ノ栄養問題		医	産科婦人科内科教室及ビ医化学教室
92 放射線	3	間接検影法	132,000	4%	九大医・中島春口(3,000)、熊本医大・亀田龍輔(2,000)、是恵医大・樋口助広(5,000)、計4名、全14研究題目	医学部 古賀良彦	第92研究班	放射線 間接撮影ニ関スル研究	助教授(入局予定)宮地篤太郎・講師 高橋信次・助手 松川明	医	放射線医学教室
93 結核	1	結核、総合研究	132,000	30%	東北大医・戸田忠雄(20,000)、計2名、全29研究題目	抗研 熊谷岱藏				医	
94 マラリヤノ予防及治療	6	マラリヤノ免疫学的予防及治療	158,000	4%	なし、計1名、全16研究題目	医学部 黒屋政彦	新規項目	マラリヤ免疫学的予防及治療ニ関スル研究	講師 □白石□・副手 岡部兵五・副手 小泉全孝	医	細菌学教室
98 免疫	4	免疫性動脈内被細胞菌素	140,000	2%	なし、計1名、全25研究題目(担当各1名)	医学部 村上治男	各個研究第98目	免疫性動脈内被細胞菌素	講師 酒井清澄・副手 中村襄	医	細菌学教室・精神神経科学教室
	6	菌体成分ノ化学的免疫学的研究	140,000	9%	なし、計1名、全25研究題目(担当各1名)	医学部 黒屋政彦	科学研究費目	菌体成分(結核菌、チフス菌等)ノ化学的免疫学的研究	助手 渡上正・助手 古間志郎・副手 菊池恭典・助手 桜井誠・副手 近藤師・助手 三輪盛文・大学院学生 大津英弘	医	法医学教室
101 鋳物	1	鋳物的ノ研究	27,200	17%	なし、計1名、全7研究題目(担当各1名)	工学部 小出俊雄吉	第101研究班	鋳物的ノ研究	東北帝国大学助教授 齋橋三	工	金属工学科
104 不可視光線	4	赤外線ノ検出	33,500	0%	京大工・加藤慶雄(1,000)・京大理・円田洋一(2,000)・東大呉医電・四手井大太郎(4,000)・東京呉医電-神山雅夫(0)・永田恒夫(500)・理大・田秀則(0)、計7名、全8研究題目	理学部(科研) 大久保準三					
105 光学器械及材料科	6	光子増倍ニヨル精密計測器用材質ノ口影響	28,500	7%	なし、計1名、全14研究題目(2題目除き担当各1名)	理学部(科研) 大久保準三				工	

第6章　学術研究会議研究班の拡充と東北帝国大学の研究体制

番号	研究班名	項目	細目	経費	補助	割合	研究分担者	部局	代表者	研究題目	種別	東北帝国大学関係者	区分	所属教室
106	X線	10	ファラリー・コロー干渉計ニヨル検査	28,500	2,500	9%	なし、計1名、全14研究題目（2題目除き担当者各1名）	科研	桜井武歳	χ線ノ光法ノ研究	科学研究費題目	東北帝国大学教授 林威・東北帝国大学研究補助□ 主□	理	物理学教室
		5	γ線分光法	74,000	5,000	7%	なし、計1名、全8研究題目（個別研究題目なし）	理学部	山田光雄		科学研究費題目			
110	電気絶縁材料ノ合成樹脂	(無)		25,000	10,000	40%	東大エ・永井芳夫(5,000)・東京文理大・川合貞一(10,000)〔個別研究題目なし〕	理学部	藤瀬新一郎	有機絶縁材料ノ合成（植物ノ成分ノ研究）		東北帝国大学教授 富永齊・東北帝国大学講師 三井生吉雄・東北帝国大学助手 中村要二・東北帝国大学副手 立田晴雄・東北帝国大学副手 増村光雄	理	化学教室
113	地球電気及磁気	1	大気電気及雷霧	50,000	3,000	6%	東大理・小谷正雄(1,500)・東大二エ・山内恭彦(1,500)・京大理・長谷川万吉(12,000)・名古屋工学・松永義明(1,000)・中央大・亀山久尚(4,000)、計6名、全4研究題目	理学部	加藤愛雄		第113号研究所		理	向山観象所
		4	地電流及地磁気	50,000	2,000	4%	東大理・永田武(2,000)・東大農研・水上武(2,000)・京大理・西田圭二郎(3,000)・理研・関戸弥太次郎(2,000)・中央気・今道周一(6,000)・中央気・平山操、計7名、全4研究題目	理学部	佐藤隆夫（申）加藤愛雄	空中電気ノ天気予報ヘノ利用		東北帝国大学助教授 加藤愛雄		
114	飛行機凍結防止	1	凍結ノ気象学的研究	80,000	20,000	25%	なし、計1名、全3研究題目（担当者各1名）	理学部	加藤愛雄	飛行機凍結防止ニ関スル研究	第114号研究所	東北帝国大学講師 佐藤隆夫	理	向山観象所・化学教室
115	疲労	(無)		114,000	10,000	9%	東大医・内村祐之(5,000)・東大航研・□路打大吉(8,000)・京大医・梶原□路三郎(9,000)・名大医・□沼精蔵(13,000)・金沢医大・□□幸雄(12,000)・岡山医大・浜崎幸雄(7,000)・熊本医大・竹内正男(6,000)・京都府立医大・久保二郎(4,000)・慶大医・大森憲太(11,000)・基医医大・浦木敬三郎(8,000)・慶応島医学・吉井直三郎(2,000)、計17名、個別題目なし	医学部	佐武政太郎	疲労回復	新規題目	東北帝国大学助教授 樋口亮・東北帝国大学講師 佐藤鹿夫・東北帝国大学助手 鋼永治・嘱託 八木澤宮一	医	生理学・小児科学・精神病学・外科学教室
119	植物ノ色ノ調査研究	(無)		10,000	4,000	40%	名大農・早川□祐三郎(3,000)・□田理研・秋藤□(0)・□□理研・武藤勝吉(0)・□□理研・海軍水路部・栖雄三(3,000)・海軍水路部・柵井裕祐三郎(0)、個別題目なし	理学部	ⓐ中村左衛門太郎	植物ノ色ニ関スル研究	新規題目（全国的研究スペノ一部）	東北帝国大学講師 佐藤隆夫	理	向山観象所

No.	分野	件数	題目	総額	配分額	率	理学部ノ宛先所	宛所	研究題目	題目種別	担当者	理	教室
125	標準純物質ノ作製	(馬)(黒)		50,000	5,000	10%	東大理・木村健次郎(5,000)・東大一・宗谷尚行(5,000)・京大理・石橋口義(5,000)・北大理・九大理・篠田栄(5,000)・阪大理・波籠武男(5,000)・名大工・石丸一郎(5,000)・中央大・三宅泰雄(5,000)・計10名、個別題目ナシ		標準物質ノ作製/研究	新規題目	東北帝国大学助教授 羽里源次郎・東北帝国大学助教授安積宏	理	化学教室
127	原子核	2	ベルト超電機ニヨル原子核実験	139,500	10,000	7%	京大理・嶺嶋根進吉(0)・九大理・篠原健(20,000)・芝浦気工・田中正造(0)・計4名、全7研究題目	理学部 三枝彦雄	原子核ノ実験的研究(原子核物理学ノ基礎並ニ実験的研究)	科学研究費題目	東北帝国大学助教授 松本繩・東北帝国大学助教授 渡谷俊夫・東北帝国大学助手 河合篤・東北帝国大学研究補助 吉田完一	理	物理学教室
		7	ウラン/分裂	139,500	0	0%	京大理・木村毅一(3,000)・理学研・仁科柚健(0)・計3名、全7研究題目	理学部 三枝彦雄	素粒子ニ依ル爆発ノ研究	新規題目	東北帝国大学助教授 松本繩・東北帝国大学助手 竹木友雄・東北帝国大学助手 河合篤・東北帝国大学研究補助 吉田完一	理	物理学教室
128	素粒子論	2	中間子ノ理論	16,500	1,500	9%	京大工・木本源太郎(1,000)・名大理・坂田昌一(2,000)・計3名、全3研究題目	理学部 中林健夫	中間子ニ関スル理論的研究	新規題目	陸軍兵科士官学校教授 尾崎正治	理	物理学教室
130	流体力学	1	流体内ニオケル物体ノ非定常運動	18,300	1,800	10%	一高・野邑雄吉(1,500)・計2研究題目(本題目以外ハ担当者各1名)	理学部 小林巌	流体内ニ於ケル気体ノ運動	校費題目	第二高等学校教授 野邑雄吉	理	物理学教室
134	原子及分子ノ性質	2	実験的研究	11,000	3,000	27%	東大理・水島三一郎(3,000)・北大理・堀建次郎(1,000)・計3名、全2研究題目	理学部 高橋幹	原子及分子ノ性質ニ関スル実験的研究(原子物理学ノ理論的、実験的研究)	科学研究費題目	―	理	物理学教室
135	電波	3	線ニ治ブ電磁波ノ研究	44,200	1,000	2%	なし、計1名、計10研究題目	理学部 山田光雄	線ニ治ブ電磁波ノ研究	新規題目	東北帝国大学教授 林威・東北帝国大学助教授 中林陸夫・東北帝国大学講師 野邑雄吉	理	物理学教室
140	合金	4	合金ノ光反射率並ニ光吸収ノ研究	48,000	5,000	10%	なし、計1名、全14研究題目	金研○広根徳太郎		研究題目		理	
		5	航空機用金属材料ノ腐蝕及防蝕ニ関スル電子顕微的研究	48,000	3,000	6%	なし、計1名、全14研究題目	金研 小川国郎		研究題目		理	
		6	金属合金ノ過冷状態ニ於ケル相変化ノ研究	48,000	2,000	4%	なし、計1名、全14研究題目	金研 竹内栄		研究題目		理	
		7	合金ノX線吸収スペクトル	48,000	2,000	4%	なし、計1名、全14研究題目	理学部 林威	合金(規則格子)ノX線吸収スペクトル	研究題目	助手一名 未定	理	物理学教室

第6章　学術研究会議研究班の拡充と東北帝国大学の研究体制

No.	研究班名		研究題目	金額		%	備考	所属	氏名
141	金属ノ塑性変形	5	金属／展性クリープ本性、低温並ニ高温ニオケル材料／彼ゴ	70,500	10,000	14%	なし、計1名、全12研究題目	金研	鴻村猶弥（彌）
142	電気金属材料	5	磁査合金耐久磁石高導磁率合金	107,000	3,000	3%	なし、計1名、全15研究題目	金研	増本量
		6	熱電対電気抵抗線インバー・エリンバーバイメタル変効果ノ応用	107,000	3,000	3%	金研-山本美喜雄(3,000)、計2名、全15研究題目	金研	増本量
					3,000	3%	金研-増本量、計2名(3,000)、全15研究題目	金研	山本美喜雄
		7	高温用熱電気材料ノ研究	107,000	2,000	2%	軍需省機構武-天野清(0)、計2名、全15研究題目	金研	山本美喜雄
		8	強磁性体ノ磁化表ノ研究	107,000	1,000	1%	理研-木村一治(0)、計2名、全15研究題目	金研	広根徳太郎
		9	カルボニール鉄ヲ基礎トシ□□金属材料ノ研究	107,000	20,000	19%	なし、計1名、全15研究題目	科研	岡村俊彦
143	波動震度及衝撃	5	衝撃ニヨル振動ノ問題	19,700	0	0%	なし、計1名、全10研究題目	理学部	小林嵩
145	磁気振動子	(黒)	(黒)	20,000	0	0%	◎東大理-茅誠司(0)・阪大産研-雄山平三郎(0)・理研-高木秀夫(0)・航空電気-と科存(10,000)・小林理研-佐橋孝二(10,000)、計6名、個別題目なし	理学部	増本量（金研）
147	半導体	2	半導体／強磁性	30,000	2,000	7%	名大理-客原将平(2,500)・阪大理-永宮健夫(1,500)、計3名、全4研究題目	金研	広根徳太郎
148	低温ニオケル材料／研究	1	低温ニオケル非金属材料物理論的構造論的研究	32,000	3,000	9%	金研-小田攻(1,000)・北大理-山口成久(2,000)、計3名、全5研究題目	金研	◎青山新一
		1	低温ニオケル非金属材料物理論的構造論的研究	32,000	1,000	3%	◎金研-青山新一(3,000)・北大理-山口成久(2,000)、計3名、全5研究題目	金研	小田攻
		2	金属／低温脆性／機構／研究	32,000	10,000	31%	なし、計1名、全5研究題目	金研	袋井忠夫
		3	超電気伝導	32,000	5,000	16%	なし、計1名、全5研究題目	金研	◎青山新一
		4	気体・液体分離ト凝化ガス応用	32,000	5,000	16%	なし、計1名、全5研究題目	金研	◎青山新一
		5	液体酸素ヲ用イテ原子□□ニ短時間高出真ランプ利用ノ研究	32,000	5,000	16%	なし、計1名、全5研究題目	金研	神田英蔵

番号	分類	項	研究題目	予算	交付額	%	研究者・研究題目数	研究代表者	新規題目・研究内容	担当者・補助者	学科
155	仕上面	2	電気鍍金ニヨル金属面変化	7,400	1,400	19%	なし、計1名、全3研究題目	工学部 松山徳敏			
160	アルミニウム合金	3	軽合金ヨリ材ノ再生法 チヨラルミシンノ性能向上	7,400	1,000	14%	なし、計1名、全3研究題目	工学部 加□□			
161	非鉄金属ノ製錬	2	ニツケルコバルトノ製錬	69,500	18,900	27%	なし、計1名、全6研究題目	工学部◎大日方一司(金研)	新規題目		金属工学科
		3	稀元素金属ノ製錬	33,300	5,000	15%	なし、計1名、全7研究題目	工学部 伊澤正位	ニツケル、コバルト製鋼		工
162	砂鉄	4	砂鉄ニヨル特殊鋼ノ研究	33,300	10,000	30%	なし、計1名、全7研究題目	工学部 小野健三			
163	高純鉄	1	鉄鋼ニツケル・カルボニール製造	45,500	26,000	57%	なし、計1名、全3研究題目	工学部◎濱住松二郎(選研)			
		2	高純鉄ノ製造	20,500	0	0%	なし、計1名、全3研究題目	工学部 岡村俊修			
164	製鉄	3	機械的方法ニヨル鉄粉並ニ地銑ノ利用	20,500	6,500	32%	なし、計1名、全3研究題目	工学部◎佐瀬瓢三(金研)			
		4	磁鉄鉱並及硫黄ノ利用	56,600	9,100	16%	なし、計1名、全7研究題目	理学部 大久保準三(科研)			
		5		56,600	12,000	21%	なし、計1名、全7研究題目	工学部 石原寅次郎(金研)			
165	特殊鋼	1	稀元素特殊鋼	59,600	10,000	17%	なし、計1名、全7研究題目	工学部 濱住松二郎(金研)	稀元素特殊鋼ノ研究 新規題目	助教授 斎藤恒三・助教授 大平五郎	工
		2	特殊鋼ノ溶製	59,600	700	1%	なし、計1名、全7研究題目	工学部 的場幸雄(金研)	特殊鋼ノ熔製ニ関スル研究 新規題目	教授 的場幸雄	工
		3	仮合□金□製鋼	59,600	3,900	7%	なし、計1名、全7研究題目	工学部◎村上武次郎(金研選研)	新規題目		
166	高速度鋼	1	代用高速度鋼	24,700	13,000	53%	なし、計1名、全3研究題目	工学部◎佐藤知雄	代用高速度鋼ノ研究 新規題目	助手 中谷洋太・実験補助員 角田令三・同 七戸都子	工
		2	工具材料特ニ高速度鋼ノ資源対策	24,700	10,000	40%	なし、計1名、全3研究題目	工学部 大澤眞美			
176	幅ノ接種培養及治療	3	接種培養治療	106,000	8,000	8%	九州医専・古部廣(5,000)、計2名、全12研究題目	抗研 佐藤三郎			
178	悪性腫瘍	2	悪性腫瘍	62,000	7,000	11%	京大医尊・森茂樹(6,000)、北大医・微研□□(2,000)、阪大医・中川□(2,000)、計4名、全11研究題目	医学部 那須省三			
179	脳波	(無)	脳波	55,000	10,000	18%	東工医専・内村祐之(10,000)、東大医・大槻菊男(8,000)、九大医・□□道(10,000)、北大医・石橋俊実(8,000)、阪大医・杉田直樹(3,000)、金沢医大・秋田□夫(3,000)、計7名、個別題目なし	医学部 本川弘一	脳波ニヨル大脳機能ノ生理学的並ビニ臨床的研究	大学院学生 岩間吉也・助手 佐合正輝・副手 鳥恭次郎・職員 福留雀左エ門・医員小補 方賀元子	医／生理学教室・桂林科教室

第6章　学術研究会議研究班の拡充と東北帝国大学の研究体制

番号	分野	件数	研究名	総額	配分額	割合	研究分担者	研究代表者	関連総合研究課題	科学研究費区分	協力研究員	学部	教室
182	体質	2	臨床体質学	46,000	6,000	13%	なし、計1名、全11研究題目	医学部 大里俊吾		新規	助手 菅野巖・助手 杉山尚、講師 松永勝雄・助教授 塚田進、講師 佐竹逸郎	医	内科教室・皮膚科教室・整形外科教室
183	温泉	2	温泉科学	35,000	3,000	9%	なし、計1名、全10研究題目	医学部（申請時は熊谷岱蔵）伊藤真	温泉科学ニ関スル総合研究			医	
185	倍数性	3	新品種／開拓試験	59,000	4,000	7%	東大農・野口弥吉(4,000)・京大農・木原均(8,000)・北大農・盛永俊太郎(4,000)・北大農・長尾正人(4,000)・二高・小野知夫(2,000)、計6名、全4研究題目	農学部 木島宇三郎				理	
188	海洋資源	2	繁殖	72,000	4,000	6%	東大農・国較藤七(5,000)・九大農・瀬川宗吉(2,000)・北大理・山田幸男(5,000)・箱館水産・神田千代一(2,000)・資源研・高松正彦(2,000)、計5名、全5研究題目	理学部 田原正人	有用海藻ノ生殖ニ関スル研究（植物二関スル形態学的研究）	科学研究費題目ノ一	東京帝国大学副手 木原支地・東北帝国大学副手 阿部襄五郎	理	生物学教室
190	甘藷	5	貯蔵腐敗防止	58,000	5,000	9%	東京農専・伊藤秀夫(2,000)・千葉農専・増田耕作(2,000)・□□木農専・樋浦誠(2,000)・東大農専・明日山秀文(2,000)・九大農・内門義一(2,000)、計6名、全5研究題目	理学部 吉井義次	馬鈴薯、甘藷ノ病害ノ貯蔵	各個研究第4028番	東北帝国大学教授 山口彌輔・東北帝国大学教授 岡田要之助・東北帝国大学教授 元村勲・東北帝国大学助教授 神保希男・東北帝国大学教授 小野田直之	理	生物学教室
191	馬鈴薯	1	育種	46,000	4,000	9%	東大農・野口弥吉(4,000)・北大農・香川冬夫(4,000)・北大農・手島茂雄(4,000)・宇都宮農専・森本勇(2,000)、計5研究題目	理学部 山口彌輔	生育育成ノ刺戟生理ニ関スル研究（植物ノ刺戟生理二関スル研究）	科学研究費題目ノ三	東北帝国大学副手 遠藤沖吉・東北帝国大学雇 山内精一	理	生物学教室
		4	貯蔵腐敗防止	46,000	4,000	9%	東大農・長戸一雄(2,000)、計2名、全5研究題目	理学部 吉井義次	馬鈴薯、甘藷ノ病害ノ貯蔵	各個研究第4028番	東北帝国大学教授 山口彌輔・東北帝国大学教授 岡田要之助・東北帝国大学教授 元村勲・東北帝国大学助教授 神保希男・東北帝国大学教授 小野田直之	理	生物学教室
		5	ホルモン処理	46,000	2,000	4%	北大農・坂西鼎(2,000)、計2研究題目	農研 山本健吉					

注1) 研究担当者欄の部局名称には一部、とくに附置研究所には略称を用いた。金研＝金属材料研究所、航研＝航空医学研究所、通研＝電気通信研究所、科研＝科学計測研究所、農研＝農学研究所、抗研＝抗酸菌病研究所。

出所）「昭和十九年度　科学研究課題／文部省科学局」（防衛省防衛研究所所蔵、中央　軍事行政　軍需動員 513）、および「昭和十九年度科学研究動員下ニ於テ研究セントスル研究題目調書」（東北大学史料館所蔵）所収より作成。

181

第7章
戦争末期の学術研究会議研究班と東北帝国大学の研究体制

1　はじめに

　第5章・第6章においては、戦時下の昭和18年度より組織された学術研究会議による研究班組織の構築と研究者等に配当された科学研究費に関する資料を分析し、東北帝国大学における科学技術動員組織の形成過程やその組織の有り様、そして戦時研究について検討を試みてきた。本章では『昭和二十年度／研究班組織原簿』を材料に昭和20年度における東北帝国大学の研究者たちの学術研究会議研究班の班全体における位置づけや組織の有り様について、さらなる検討を加えることにする。

2　昭和20年度学術研究会議研究班の概観

研究班と研究費の全体像

　表7-1に「昭和20年度学術研究会議研究班及び研究費一覧」を掲載した。この表から昭和20年度学術研究会議研究班の全体像が概観できよう。ここで留意しておきたいのは、研究班組織が大きく変更されたことである。1945（昭和20）年1月15日の勅令第16号により学術研究会議官制が改正され、①会員数の増員、②部の権限強化と研究班の部所属化、③自然科学のみの「科学研究動員委員会」の自然科学と人文科学ごとの「研究動員委員会」への改称、④特定重要研究課題に関する「特別委員会」設置の可能化、⑤帝国大学所在地ごとの支部の設置、⑥顧問・参与制の導入、など大きな組織変更がなされたのである[1]。このなかで、研究班にかかわる大きな変更点は、②の部の権限強化とそれに伴う研究班の部への帰属の強化であった。そして学術研究会議の部構成がそれまでの7部構成から16部構成に変更され、それに伴い研究班の番号も部門の下に位置づけられることになった。

　つまり第1部（数学・物理学・天文学・地球物理学）、第2部（純正化

学・応用化学・農芸化学・薬学）、第 3 部（地質学・鉱物学・地理学）、
第 4 部（動物学・植物学・人類学）、第 5 部（応用物理・造兵学・機械工
学）、第 6 部（鉱山学・冶金学・金属工学）、第 7 部（航空工学・船舶工
学）、第 8 部（電気工学）、第 9 部（土木工学・建築学）、第 10 部（医
学）、第 11 部（農学・水産学）、第 12 部（林学）、第 13 部（獣医学・畜産
学）、第 14 部（法律学・政治学）、第 15 部（哲学・史学）、第 16 部（経済
学）の部門別となり、部門ごとの班番号が付されるようになったのである。

　この結果、表 7-1 に見るように昭和 20 年度の研究班は、194 班に 1 班あ
たり約 12.4 名、計 2411 名の班員で構成され、1 班平均 43,909 円、総額
8,518,300 円の研究費が交付されるということになった。単純に平均する
と研究担当者 1 人当たりに約 3,500 円の研究費が交付されたことになる。
前章で算出した昭和 19 年度の数値（193 班に 1 班あたり約 10.4 名、計 2011
名、1 班平均約 65,000 円、班員 1 人平均約 6,250 円、総額 12,562,900 円）
と比較すると、総班員数が約 20％増員され、その結果 1 班あたりの班員
数が約 2 名増員されたことになる。その一方で、1 班あたり研究費が約
22,000 円、班員 1 人当たりにすると約 2,750 円の研究費が削減されたこと
になる。表 7-1 の備考欄には前年度からの継続研究か新規研究かが示さ
れている。継続研究が 130 班（67％）、新規研究が 64 班（33％）であっ
た。

研究班班長の概観

　つぎに表 7-1 をもとに昭和 20 年度学術研究会議研究班班長を所属機関
別に概観しておきたい。全 194 班のうち東京帝国大学が 111 班（昭和 19
年度は 106 班）と圧倒的多数を占めている。次が京都帝国大学の 18 班
（同 18 班）、そして 3 番目が東北帝国大学の 12 班（同 13 班）である。そ
の後には、北海道帝国大学 5 班（同 5 班）、名古屋帝国大学 5 班（同 5 班）
大阪帝国大学 5 班（同 7 班）、九州帝国大学 4 班（5 班）が続く。班長の
所属機関を見る限りでは、前年度の大学間バランスを踏襲しているよう
に見える。

第 7 章　戦争末期の学術研究会議研究班と東北帝国大学の研究体制

表 7-1　昭和 20 年度学術研究会議研究班及び研究費一覧

部	番号	班　　名	班　　長	所　　属	班員数	研究費	備考
1	1	統計数学	北川敏男	九大理	13	29,000	6
	2	特殊統計	河田龍夫	統計数理研	6	15,200	新規
	3	家計ノ数理的研究	園正造	京大理	7	15,200	7
	4	特殊代数解析	園正造	京大理	6	5,600	新規
	5	等角写像	辻正次	東大理	6	10,800	7
	6	特殊微分法的式	清水辰次郎	阪大理	7	16,000	7
	7	航空数式ノ再検討	中野秀五郎	東大理	7	9,600	10
	8	特殊機具ノ幾何学的研究	窪田忠彦	東北大理	5	9,200	8
	9	照準関係	窪田忠彦	東北大理	7	9,600	8
	10	陰極線ノ応用	西川正治	東大理	8	25,000	59
	11	不可視光線ノ応用	藤岡由夫	東京文理大	21	56,000	104
	12	光学材料及器械	木内政藏	東大理	15	24,000	105
	13	X 線ニ依ル材料検査	西川正治	東大理	26	48,000	106
	14	宇宙線	仁科芳雄	理研	7	40,000	126
	15	原子核ノ研究	仁科芳雄	理研	14	87,500	127
	16	基礎理論	朝永振一郎	東京文理大	17	24,000	128
	17	真空技術	嵯峨根遼吉	東大理	4	36,000	138
	18	特殊金属材料	広根徳太郎	東北大金研	12	45,000	140
	19	金属ノ材料的性質	吉田卯三郎	京大理	13	48,000	141
	20	音響ノ基礎的研究	佐藤孝二	東大航研	10	16,000	144
	21	物性論	落合麒一郎	東大理	19	30,000	146
	22	半導体	武藤俊之助	九大理	17	32,000	147
	23	霧ノ研究	中谷宇吉郎	北大低温研	5	24,000	151
	24	望遠鏡ノ工学系及工学材料	関口鯉吉	東京天文台	12	26,000	1
	25	太陽輻射放射線及応用	萩原雄祐	東大理	30	49,600	2
	26	天測航法	鏑木政岐	東大理	12	17,000	3
	27	戦時下ニ於ケル時刻観測及報時送受信ノ研究	辻光之助	東京天文台	3	12,000	新規
	28	地物輻射	関口鯉吉	東京天文台	8	16,000	新規
	29	地中ニ於ケル弾性波ノ伝播及検知	井上宇胤	中央気象台	8	32,000	39
	30	水中ニ於ケル圧力波ノ伝播	日高孝次	東大理	4	16,000	39
	31	衝撃弾性波ノ発生及伝播	那須真治	東大震研	3	24,000	新規
	32	重要施設ノ地球物理ノ立地条件	岸上冬彦	東大震研	5	16,000	40
	33	地球磁気及電気	長谷川万吉	京大理	34	24,000	113
	34	地磁気異常ニヨル異物探知	佐々憲三	京大理	5	16,000	新規
	35	物理探鉱法	松沢武雄	東大理	12	40,000	48
	36	特殊気象現象	畠山久尚	中央気象台	2	16,000	新規
	37	凍結	中谷宇吉郎	北大低温研	3	40,000	114

185

	38	高層気象	抜山大三	中央気象台	2	16,000	新規
	39	海流ニヨル搬送	日高孝次	東大理	1	8,000	新規
	40	海岸ニオケル波浪	吉村信吉	中央気象台	3	8,000	新規
	41	地図及位置決定法	松山基範	測地学委	3	8,000	新規
	42	地下水ノ性状	野満隆治	京大理	4	16,000	新規
	43	地球物理学的諸精密計器トソノ応用	坪井忠二	東大理	5	24,000	新規
	44	兵器、計器ノ防振、耐震及緩衝法	高橋龍太郎	東大震研	6	16,000	新規
	45	爆弾ノ弾道	西村源六郎	東大一工	21	40,000	45
2	1	戦時薬剤	緒方章	東大医	23	200,000	新規
	2	ビタミン	薮田貞治郎	東大農	42	100,000	新規
	3	火薬及爆薬	山本裕徳	東大一工	8	100,000	新規
	4	噴進機薬剤	内田俊一	東工大	28	150,000	新規
	5	電波兵器材料	水島三一郎	東大理	29	150,000	26
	6	圧電気材料	仁田勇	阪大理	9	50,000	新規
	7	稀有元素	木村健二郎	東大理	21	55,000	58
	8	標準純物質製造	富永斎	東北大理	14	50,000	125
	9	螢燐光体	茂木武雄	東大二工	19	80,000	31
	10	ゴム代用品	神原周	東工大	5	50,000	173
	11	接着剤	小田良平	京大工	11	80,000	新規
	12	アルミニウム製造	亀山直人	東大一工	13	50,000	57
3	1	工業材料及原料ノ鉱物学的及岩石学的研究	坪井誠太郎	東大理	8	50,000	49
	2	特殊資源鉱物及岩石	伊藤貞市	東大理	5	50,000	新規
	3	石油地質	上床国夫	東大一工	14	71,000	53
	4	石炭地質	山根新次	地質調査所	12	50,000	53
	5	鉱床ノ研究	加藤武夫	東大理	10	50,000	51
	6	資源地理学	辻村太郎	東大理	5	20,000	新規
4	1	生物ニヨル船舶汚損蝕害防止	岡田要	東大理	11	55,000	65
	2	倍数性トソノ応用	篠遠喜人	東大理	14	50,000	185
	3	実験用小動物ノ増殖	岡田要	東大理	9	25,000	193
	4	生体調節機能トソノ応用	合田得輔	東大理	8	40,000	194
	5	衛生昆虫	朴澤三二	東北大理	11	35,000	80
	6	微生物増殖及醗酵ニ関スル微量因子	柴田桂太	資源研	6	25,000	新規
5	1	航法計器ノ力学的研究	佐々木達治郎	東大航研	6	30,000	131
	2	潤滑機構	菅義夫	東大一工	7	15,000	160
	3	高速気流ノ熱伝達率	小林明	名大工	7	50,000	新規
	4	高速機械用部品材料ノ疲労	西原利夫	京大工	8	30,000	55
	5	艦船ノ防音	野口尚一	東大一工	9	30,000	36
	6	衝撃破壊	竹中二郎	東大二工	8	30,000	新規
	7	爆弾及弾丸ノ貫徹、侵鉄	真島正市	東大一工	8	30,000	46
	8	爆撃照準装置	菱川万三郎	東大二工	9	30,000	102

第7章　戦争末期の学術研究会議研究班と東北帝国大学の研究体制

	9	兵器設計並ニ製造法ノ量産的改良	大越諄	東大一工	12	50,000	23
	10	兵器部品ノ塑性加工法	湯浅亀一	東大一工	23	30,000	70
	11	歯車量産法	成瀬政男	東北大工	7	50,000	新規
	12	真空管工作法	兼重寛九郎	東大二工	21	35,000	25
	13	表面仕上法及検査法	大越諄	東大一工	10	40,000	新規
	14	ボルト量産法	海老原敬吉	東工大	9	29,000	68
	15	精密鍛造及精密工作法	福井伸二	東大航研	16	30,000	68
	16	精密鍛造ニ依ル大量生産	山内弘	早大理工	12	30,000	68
	17	航空兵器部品ノ精密工作法	佐々木重雄	東工大	9	20,000	新規
	18	高速軸受ノ性能向上	佐々木外喜雄	京大工	11	50,000	新規
	19	小型高性能蒸気原動機及蒸気缶	山中直次郎	東大一工	6	50,000	新規
	20	高速ヂーゼル機関	清水菊平	東大二工	11	40,000	17
	21	流体軸受接手	宮城音五郎	東北大工	6	27,000	72
	22	航空機ノ管路網内ノ流量分配調整法	沖巌	早大理工	8	30,000	新規
	23	噴流推進飛行機ノ速度官制法	佐々木重雄	東工大	4	30,000	新規
6	1	戦用鉱物ノ探鉱、採鉱及選鉱	青山秀三郎	東大一工	5	40,000	52
	2	戦用非鉄金属製錬	小川芳樹	東大一工	7	30,000	161
	3	鉄鉱処理	藤井寛	阪大工	9	30,000	新規
	4	特殊製鉄法	岩瀬慶三	東北大金研	6	30,000	163
	5	特殊製鋼法	濱住松二郎	東北大工	4	30,000	162
	6	マグネシウム増産トソノ軍需的利用	吉川晴十	東大二工	5	20,000	158
	7	軽合金	西村秀雄	京大工	11	45,000	159,160
	8	特殊鋼	石原寅次郎	東北大金研	8	55,000	165
	9	鋳物	石川登喜治	早大理工	7	35,000	101
	10	腐蝕防止	氏家長明	発明協会	17	35,000	56
	11	表面処理	三島徳七	東大一工	6	30,000	新規
7	1	高速空理力学	守屋富次郎	東大一工	12	50,000	11
	2	超高速飛行機	河田三治	東大航研	24	130,000	12甲
	3	超高速機用発動機	実吉金郎	東大航研	11	95,000	12乙
	4	成層圏飛行機	小川太一郎	東大航研	17	100,000	14甲
	5	成層圏用発動機	田中敬吉	東大航研	18	50,000	14乙
	6	木製機	山本峰雄	東大航研	16	35,000	15
	7	鋼製機	倉西正嗣	東工大	13	50,000	新規
	8	商船不沈対策	山本武蔵	東大一工	6	35,000	63
	9	高速艇	井口常雄	東大二工	9	50,000	64
	10	安全率低下及強度計算法	井口常雄	東大二工	12	55,000	69
8	1	航空機用電気装置	山下英男	東大一工	13	70,000	16
	2	耐熱絶縁材料	大山松次郎	東大一工	7	45,000	28
	3	電気用刷子	本野亨	京大工	19	60,000	29
	4	電子顕微鏡	瀬藤象二	東大二工	9	30,000	60

	5	自働調整及制御	福田節雄	東大二工	12	55,000	67
	6	高々度放電現象	本多侃士	東大理	10	45,000	136
	7	電気熔接	岡本赳	京大工	18	70,000	174
	8	継電器	大橋幹一	電気試験所	10	50,000	新規
9	1	軍用地下構造第一班（一般）	山崎匡輔	東大一工	13	30,000	新規
	2	軍用地下構造第二班（航空基地）	福田武雄	東大二工	10	30,000	新規
	3	軍用橋梁	田中豊	東大一工	13	40,000	新規
	4	軍用土木材料	青木楠男	土木試験所	13	20,000	新規
	5	軍用コンクリート構造	吉田徳次郎	東大一工	7	50,000	新規
	6	軍用上下水道	広瀬孝六郎	東大一工	8	20,000	新規
	7	発電力増強ニ関スル水理	本間仁	東大一工	10	30,000	新規
	8	構造物ノ強剛性	三瀬幸三郎	九大工	12	30,000	新規
	9	戦時建築第一班（材料）	小林政一	東工大	14	30,000	新規
	10	戦時建築第二班（構造）	内藤多仲	早大理工	10	40,000	新規
	11	戦時建築第三班（設備及衛生）	渡辺要	東大二工	5	30,000	新規
	12	戦時建築第四班（航空基地）	坂静雄	京大工	11	30,000	新規
	13	防衛生産施設	浜田稔	東大一工	7	30,000	167
	14	防衛都市	岸田日出刀	東大一工	11	30,000	167
	15	防衛建築構造第一班（耐銃砲爆弾）	武藤清	東大一工	6	30,000	新規
	16	防衛建築構造第一班（耐火焔瓦斯）	平山嵩	東大一工	4	30,000	新規
10	1	航空医学	加藤豊治郎	東北大医	66	230,000	83
	2	潜水医学	久野寧	名大医	15	45,000	84
	3	耐暑力及風土馴化	久野寧	名大医	17	55,000	85
	4	低温馴化	戸田正三	京大医	9	57,000	86
	5	熱帯及寒地栄養	戸田正三	京大医	16	45,000	87
	6	体力	浦本政三郎	慈恵医大	30	72,000	88
	7	視力増強	庄司義治	東大医	16	56,000	89
	8	乳幼児母性保健	栗山重信	東大医	25	95,000	90
	9	輸血代用法	宮川米次	東大伝研	22	79,000	91
	10	放射線	中泉正徳	東大医	16	71,000	92
	11	結核	今村荒男	阪大微研	63	170,000	93
	12	濾過性病原体	竹内松次郎	東大医	22	43,000	97
	13	免疫	田宮猛雄	東大伝研	28	110,000	98
	14	疲労	勝沼精蔵	名大医	36	94,000	115
	15	栄養能率	戸田正三	京大医	15	78,000	117
	16	発疹チフス	宮川米次	東大伝研	19	96,000	175
	17	脳波	勝沼清蔵	名大医	11	38,000	179
	18	酵素	古武弥四郎	阪大医	17	36,000	180
	19	日本人ノ標準体格	西成甫	東大医	25	43,000	181
	20	体質	小池敬事	千葉医大	23	53,000	182
	21	温泉	三沢敬義	東大医	15	38,000	183

第 7 章　戦争末期の学術研究会議研究班と東北帝国大学の研究体制

	22	ホルモン、ビタミン	清水多栄	岡山医大	17	47,000	184
	23	流行性脳脊髄膜炎	宮川米次	東大伝研	6	16,000	新規
11	1	潤滑油用動植物資源	森高次郎	東大農	7	47,000	19乙
	2	海中ノ通信障害	伊藤孝一	東大農	5	25,000	新規
	3	農地、飛行場ノ構設、排水管理	田中貞次	東大農	14	36,000	61
	4	特殊水産物ノ増殖	雨宮育作	東大農	13	48,000	75
	5	農産繊維	佐々木喬	東大農	28	48,000	74甲
	6	地力ノ維持推進	春日井新一郎	東大農	14	45,000	76
	7	陸内水面ノ利用	雨宮育作	東大農	15	23,000	79
	8	農林昆虫	鏑木外岐雄	東大農	16	50,000	80
	9	戦時保健食糧	薮田貞治郎	東大農	29	89,000	82
	10	秋落現象及其除去	大杉繁	東大農	10	31,000	186
	11	作物ノ疾病ト其防除	伊藤誠哉	東大農	22	53,000	187
	12	海藻資源	国枝溥	東大農	11	45,000	188
	13	甘藷	榎本中衛	京大農	17	43,000	190
	14	馬鈴薯	手島寅雄	北大農	13	34,000	191
	15	農業用薬剤	武居三吉	京大農	12	20,000	182
	16	菊芋	佐々木喬	東大農	6	15,000	新規
	17	雑穀	寺尾博	農事試験場	7	30,000	新規
	18	蔬菜	浅見与七	東大農	8	25,000	新規
	19	水田裏作	寺尾博	農事試験場	9	44,000	新規
	20	沿岸水族ノ増産並利用	今井丈夫	東北大農研	13	37,000	新規
12	1	航空機及船用木材材料	三浦伊八郎	東大農	20	130,000	18
	2	林産繊維	西田屹二	九大農	7	24,000	74乙
	3	木材炭化及松根油	三浦伊八郎	東大農	12	50,000	73
	4	樹脂及単寧	藤岡光長	林業試験所	8	38,000	新規
	5	特用林産物ノ生産	中村賢太郎	東大農	8	26,000	新規
	6	菌類ノ活用	長谷川孝三	東京林試	7	30,000	新規
	7	擬装及防火用植栽	中村賢太郎	東大農	8	22,000	41
13	1	軍馬及軍用植物	江本修	東大農	15	80,000	78
	2	家畜家禽増殖	増井清	東大農	12	44,000	新規
	3	飼料ノ増産	井口賢三	北大農	10	35,000	新規
	4	皮革及毛皮	里正義	北大農	11	27,000	189
	5	畜産繊維	佐々木清綱	東大農	9	17,000	74丙
	6	畜産物ノ利用	中江利郎	畜産試験場	7	12,000	新規
	7	家畜寄生虫	吉村市郎	陸軍獣医校	6	15,000	新規

注1）所属は略称で表記している。
注2）班員数は原資料に重複記載されている者を除いた数で、班長を含む。
注3）備考欄は前年度からの継続か、新規かを示す。継続の場合は前年度の班番号を記載した。
出所）青木洋「学術研究会議の共同研究活動と科学動員の終局――戦中から戦後へ――」『科学技術史』
　　　第10号、2007、pp.13-16。原出所）学術研究会議研究課『昭和二十年度研究班組織原簿』（日本学術
　　　会議所蔵）より作成。

班長として記載されている東北帝国大学の研究者は、第1部第8班「特殊機具ノ幾何学的研究」の窪田忠彦（理学部）、第1部第9班「照準関係」の窪田忠彦（理学部）、第1部18班「特殊金属材料」の広根徳太郎（金属材料研究所）、第2部第8班「標準純物質製造」の富永斉（理学部）、第4部第5班「衛生昆虫」の朴澤三二（理学部）、第5部第11班「歯車量産法」の成瀬政男（工学部）、第5部第11班「流体軸受接手」の宮城音五郎（工学部）、第6部第4班「特殊製鉄法」の岩瀬慶三（金属材料研究所）、第6部第5班「特殊製鋼法」の濱住松二郎（工学部）、第6部第8班「特殊鋼」の石原寅次郎（金属材料研究所）、第10部第1班「航空医学」の加藤豊治郎（医学部）、第11部第20班「沿岸水族ノ増産並利用」の今井丈夫（農学研究所）の12名であった。班長として記載されている東北帝国大学の研究者を部局別に整理すると、理学部4名、工学部3名、金属材料研究所3名、医学部1名、農学研究所1名という構成である。このことから比較的理学部の研究者が多いことが看取される。なお、前章の昭和19年度の研究班の分析の際にも行ったが、第6部第5班の濱住松二郎の所属は工学部から選鉱製錬研究所に修正しておきたい。したがって、上記部局別構成比の工学部3名が2名となり、新たに選鉱製錬研究所1名が追加されることとなる。

　また昭和19年度からの継続研究とされている班が、第1部の第8班、9班、18班、第2部第8班、第4部第5班、第5部第21班、第6部の第4班、5班、8班、第10部第1班の計10班で東北帝国大学の研究者が班長となっている研究の継続性が担保されている。新規に採択された研究は2班あるが、そのうちの1つは、第5部第1班「歯車量産法」で、いま1つは第11部第20班「沿岸水族ノ増産並利用」である。後者は戦争末期の食糧困窮の状況が反映されたものであろう。

第7章　戦争末期の学術研究会議研究班と東北帝国大学の研究体制

3　昭和20年度学術研究会議研究班における東北帝国大学の特徴
部局別にみた「研究題目」と研究担当者

　昭和20年度学術研究会議研究班に採択された東北帝国大学所属研究者
の所属研究班と「研究題目」等のリストを本章末の表7-2に掲げた。これ
は『昭和二十年度／研究班組織原簿』に記載されている学術研究会議研
究班のリストから東北帝国大学に関連するもののみ抽出したものである[2]。
表7-2に記載した研究題目数は138で、昭和19年度の116より約19%増
加している。

　つぎに部局別の内訳を昭和19年度と比較するために表7-3を作成し
た。この表を作成するにあたり、一部の研究担当者の所属部局に修正を
加えた。前項における班長の所属部局の変更のほか、第2部第4班「噴
進機薬剤」の研究題目「七〇－八五％甲液の〇－四〇Cに於ける比重
粘度、表面張力及屈折率」の原龍三郎を前章同様の理由により非水溶液
化学研究所の所属へと変更した。

表 7-3　昭和 20 年度研究班の東北帝国大学の部局別研究題目件数

部　　局	昭和 20 年度	昭和 19 年度
理 学 部	43	44
医 学 部	13	14
工 学 部	22	13
電気通信研究所	0	1
金属材料研究所	20	28
農学研究所	23	5
選鉱製錬研究所	1	2
抗酸菌病研究所	1	2
科学計測研究所	2	5
航空医学研究所	12	1
高速力学研究所	0	0
非水溶液化学研究所	1	1
計	138	116

出所）昭和 20 年度の研究題目件数は表 7-2 より算出、昭和 19 年度は前章表 6-3 より転載。

表7-3より、昭和19年度から昭和20年度へと、農学研究所の研究者が参加する研究題目数（5から23へ）と航空医学研究所の研究者が参加する研究題目数（1から12へ）、そして工学部の研究者が参加する研究題目数（13から22へ）が大きく増加していることが看取できよう。

研究分野別にみられた研究班構成の特徴

　続いて、表7-2の記載内容をもとに、東北帝国大学の研究者がかかわった個別の研究題目について検討を加えることにする。研究分野ごとに研究班の構成に特徴があることが見て取れる。

　たとえば、理学部数学教室の窪田忠彦が班長をつとめる第1部第8班では、個別の研究題目をもたずに、窪田以下5名の異なる研究機関の研究者が班名でもある「特殊機具ノ幾何学的研究」に取り組むという班構成をなしている。また班長の窪田に配分された研究費は、班全体の52.2％を占める4,800円であった。

　そのほか窪田が班長をつとめる第9班の「照準関係」は無論のことであるが、第5班「等角写像」、第6班「特殊微分法的式」、第7班「航空数式ノ再検討」などの数学分野の研究班・研究題目も同様の班組織を構成していることが看取される。また第6班「特殊微分方程式」では、理学部数学教室の藤原松三郎と泉信一の2名の研究者がそれぞれ研究担当者として名を連ねている。このように個別に研究題目を明示せずに同一班内に研究者が担当者として名を連ねるが、構成員は5名から8名程度と全体の平均値（12.4名）より低く、班長を除くと、配分された研究費は400円から2,000円程度とおおむね低額であることも特徴のひとつとして挙げられる。

　第1部では、班員数や研究費の多寡の違いはあるが、第24班「望遠鏡ノ工学系及工学材料」や第33班「地球磁気及電気」、第34班「地磁気異常ニヨル異物探知」、第35班「物理探鉱法」などの物理学分野における研究班の構成のされかたも数学分野に同様であった。

　化学・薬学を専門分野とする第2部では、工学部の研究者が参加した

第7章　戦争末期の学術研究会議研究班と東北帝国大学の研究体制

研究班の場合は、例えば第4班「噴進機薬剤」では、27の「研究題目」が記載され、それぞれに1名の担当者が記載されているという班構成がみられた。配分される研究費は、班長と他の班員との差はさほどなく、おおむね前節で示した全体の平均値（3,500円）以上である。第7班「稀有元素」（21研究題目）、第12班「アルミニウム製造」（12研究題目）も同様で、班内の多くの研究題目では同一研究題目内に他研究機関の研究者は含まれていないことが特徴として挙げられ、同一班内の各研究題目は担当者が個別の課題について研究を進めるという班構成をとっていることがわかる。

　このことは、機械工学分野の研究者が参加した第5部の第11班「歯車量産法」、第20班「高速ヂーゼル機関」、第22班「航空機ノ管路網内ノ流量分配調整法」や冶金学・金属工学分野の研究者が参加した第6部の第2班「戦用非鉄金属製錬」、第3班「鉄鉱処理」、第4班「特殊製鉄法」、第5班「特殊製鋼法」、第7班「軽合金」、第10班「腐蝕防止」、第11班「表面処理」、航空工学・船舶工学分野の研究者が参加した第7部の第1班「高速空理力学」についても同様である。

　第10部の医学部門は、第1班「航空医学」を皮切りに東北帝国大学の研究者が参加している研究班すべてが、工学分野同様に、研究班下の個別研究題目を1名の研究者が担当するという班構成が形成されていた。

　第11部の農学・水産学部門では、理学部生物教室や生物学教室とのかかわりの強い農学研究所の研究者が参加する研究班において、ひとつの研究題目に他研究機関からの複数の研究者が配置されるという班構成が見られた。例えば第3班「農地、飛行場ノ構設、排水管理」（2研究題目に14名の研究担当者）や、第5班「農産繊維」（8研究題目に28名の研究担当者）、第11班「作物ノ疾病ト其防除」（7つの研究題目に22名の研究担当者）、第14班「馬鈴薯」（4つの研究題目に16名の研究担当者）などが挙げられよう。

193

個別研究班の事例

つぎに東北帝国大学の研究者が参加した個別の研究班について検討することにする。まずは東北帝国大学の研究者が班長として従事したいくつかの研究班に注目してみたい。

理学部数学教室の窪田忠彦が班長となっている第1部第8班、第9班については、先に触れたとおり、個別に研究題目を明示せずに同一班内に研究者が担当者として名を連ねるという班構成である。

金属材料研究所の研究者が班長となっている第1部第18班「特殊金属材料」(広根徳太郎)、第6部第4班「特殊製鉄法」(岩瀬慶三)、第6部第8班「特殊鋼」(石原寅次郎)などは、程度に差はあるものの、それぞれの研究班の下にある研究題目の多くを東北帝国大学の研究者たちが担当していることが看取された。とくに第1部第18班では、全12中の半数である6つの研究題目において東北帝国大学金属材料研究所の研究者が担当となっている。第6部第8班も同様であり、全8中4つの研究題目において東北帝国大学金属材料研究所の研究者が担当となっている。

この傾向は工学部の成瀬政男が班長となっている第5部第11班「歯車量産法」においてもみられ、全6中の5つの研究題目の担当が東北帝国大学工学部の研究者で占められている。残り1つの担当者も米澤工業専門学校の研究者であるので、東北地方限定の班構成であるといえよう。

理学部の研究者が班長となっている班では、第2部第8班「標準純物質製造」(富永斎)のように個別の研究題目を班員が担当する場合と、第4部第5班「衛生昆虫」(朴澤三二)の研究班のように、個別の研究題目を明示せずに同一班内に研究者が担当者として名を連ねるという班構成をとる場合がある。それぞれの研究分野によると思われる班構成の特徴が見い出せた。

全研究班中最大規模の23万円の研究費が交付されている第10部第1班「航空医学」は、組織の規模も大きく全66の研究題目に66名の班員で構成されているため、班長の加藤豊治郎に配分されている研究費は総額の3.9%の9,000円とさほど高額ではない。しかし13の研究題目に東北帝国

第 7 章　戦争末期の学術研究会議研究班と東北帝国大学の研究体制

大学医学部あるいは航空医学研究所の研究者 12 名が参加しており、結果として東北帝国大学配分の研究費合計は前年度に加藤に交付された研究費と同額となる 50,000 円であった。

　次に、配分された研究費が比較的高い研究題目について見てゆく。もっとも高額であったのは第 10 部第 11 班「結核」の熊谷岱藏の 20,000 円で、班長でないにもかかわらず班総額 170,000 円の 11.8％を占めていた。2 番目は第 3 部第 1 班「工業材料及原料ノ鉱物学的及岩石学的研究」の高橋勝利で班総額 50,000 円の 28％を占める 14,000 円、3 番目は第 2 部第 7 班「稀有元素」の青山新一で班総額 55,000 円の 20％を占める 11,000 円、4 番目は第 1 部第 37 班「凍結」の加藤愛雄と第 2 部第 4 班「噴進機薬剤」の原龍三郎の 10,000 円であった。原龍三郎の研究は新規であるため比較できないが、昭和 19 年度との比較で熊谷岱藏（40,000 円→ 20,000 円）と高橋勝利（15,000 円→ 14,000 円）は交付される研究費は削減されている。一方で青山新一は 5,000 円から 11,000 円と倍増している。

　複数の東北帝国大学の研究者が担当者として参加している研究班でとくに目立つのは、金属材料系の研究で、第 1 部第 18 班「特殊金属材料」、第 6 部第 4 班「特殊製鉄法」、第 6 部第 8 班「特殊鋼」などが挙げられる。そのほか既述した、第 5 部第 11 班「歯車量産法」、第 10 部第 1 班「航空医学」もこれにあたる。

4　おわりに

　本章では、昭和 20 年度に東北帝国大学の研究者達が参加した学術研究会議研究班について、その研究組織の全容、そして東北帝国大学の研究者か参加した班組織の有り様について明らかにすることを試みた。

　最初に概観したように、1945（昭和 20）年 1 月の官制改正による学術研究会議組織変更に伴い、研究班の構成に変更があった。結果として班数は 194 班と大きく変わらなかったものの、班員数が 2011 名から 2411 名へと増員され、その一方で研究費総額が 12,562,900 円から 8,518,300 円へと減額された。これにともない、東北帝国大学所属の班員も増員されたが、

その増加率（約19%）は、全体のそれ（約20%）と同様であった。また各班員に交付された研究費も削減されたが、第2部第7班「稀有元素」の青山新一のように、班員によっては増額もあったことが明らかになった。

　研究班の組織構成の有り様や交付された研究費の配分などにみられた特徴の違いは、学術研究会議の部門別というよりは、担当する研究者の研究分野といった属性によるところが大きく、このことは昭和19年度と同様であった。それぞれの研究分野に適した組織形態が検討されたことが、その要因の一つであると思われる。

　東北帝国大学の研究者が班長となっている研究班では、その下の複数の研究題目の担当者が東北帝国大学の研究者で占められているという特徴も見出すことができた。

　もっとも高額の研究費が交付されていた班は、昭和19年度同様、第83班「航空医学」であったが、研究費の配分のされかたに変更があり、班長の加藤豊治郎への交付額が減り、班のもとにある13の研究題目に参加した12名の東北帝国大学の他研究者に配分されていた。

　また日本における金属材料研究の主要をなしていた東北帝国大学では、昭和19年度と比較して減少してはいるものの、20の研究題目が採択された金属材料研究所や選鉱製錬研究所に所属する研究者を中心に、それ以外の部局に所属する研究者も参加して、第6部に該当する分野、すなわち採鉱から冶金、表面処理にいたるまでの金属材料系の研究が展開されたことが垣間見られた。しかし、これらの研究班の班構成を見る限り、研究分担者による個別研究、あるいは学内の共同研究として展開されたようにみられ、参加した研究者たちが全国的な共同研究の展開をどの程度意識していたものかは定かでない。

　むしろ理学部数学教室の研究者が参加した第1部第1班「統計数学」のような「基礎科学」や第11部第13班「甘藷」のような地域性のある研究のほうが、他研究機関との共同研究が意識された組織が形成されていたと見ることが可能であろう。

第 7 章　戦争末期の学術研究会議研究班と東北帝国大学の研究体制

　以上のように、それぞれの研究分野や部局による研究班組織の特徴は
明らかにされたものの、それらの研究組織が実際にどのように機能した
のかは不明である。それらを詳らかにすることが今後の課題であろう。

1　青木洋「学術研究会議の共同研究活動と科学動員の終局──戦中から戦後
　　へ──」『科学技術史』第 10 号、2007、pp.8-9。
2　『昭和二十年度／研究班組織原簿／学術研究会議研究課』（日本学術会議所
　　蔵）。ただし、日本学術会議の協力を得て三度にわたる調査を実施したに
　　もかかわらず資料を見つけることができなかったため、本章執筆に際して
　　は、横浜国立大学経営学部教授の青木洋氏所蔵の史料を提供いただいた。
　　この場をかりてあらためて謝意を表しておきたい。

表 7-2 昭和 20 年度学術研究会議研究班と研究課題 (東北帝国大学関係)

研究班		研究課題		研究費			研究担当者		備考
部番号	研究班名	番号	研究題目 (史料中では「小題目」と記載)	班総額	配分	構成比	氏名	研究機関	
1	統計数学	3	統計原理	29,000	500	1.7%	稲葉栄次	九大	全 4 別研究題目
					500	1.7%	伊藤清	名大	
					500	1.7%	河田敬義	東京文理大	
					500	1.7%	小河原正巳	中央気象台	
					500	1.7%	◎北川敏男	九大	
					300	1.0%	三留三千男	朝鮮総督府	
					400	1.4%	佐々木重夫	東北大理	
					300	1.0%	佐藤徳意	九大	
	等角写像	5		10,800	2,400	22.2%	◎辻正次	東大理	
					2,400	22.2%	功力金次郎	北大理	
					1,600	14.8%	能代清	名大理	
					1,200	11.1%	小林善一	東京高師	
					1,600	14.8%	蟹谷来養	京大理	
					1,600	14.8%	岡田良知	東北大理	
	特殊微分法的式	6		16,000	4,800	30.0%	◎清水辰次郎	阪大理	
					1,600	10.0%	藤原松三郎	東北大理	
					1,600	10.0%	泉信一	東北大理	
					2,400	15.0%	松本敏之	京大理	
					1,600	10.0%	吉田耕作	名大理	
					2,400	15.0%	福原萬壽雄	九大理	
					1,600	10.0%	宇野利雄	京城大理	
					600	3.8%	岡田良知	東北大理	
	航空数式ノ再検討	7		9,600	3,800	39.6%	◎中野秀五郎	東大理	
					1,600	16.7%	南雲道夫	阪大理	
					1,600	16.7%	友近晋	京大理	
					800	8.3%	能代清	名大理	
					800	8.3%	小林善一	東京高師	
					600	6.3%	岡田良知	東北大理	

第7章　戦争末期の学術研究会議研究班と東北帝国大学の研究体制

番号	研究題目	細目	細目題目	総額	氏名	金額	割合	所属（中央航研）	備考
					古屋茂	400	4.2%		
8	特殊機具ノ幾何学的研究			9,200	◎窪田忠彦	4,800	52.2%	東北大理	
					本部約	1,600	17.4%	九大理	
					平川涼康	800	8.7%	物理学校	
					堀内義和	800	8.7%	中島飛行	
					森永覚太郎	1,200	13.0%	広島文理大	
9	照準関係			9,600	◎窪田忠彦	2,400	25.0%	東北大理	
					岩村寅之助	1,600	16.7%	広島文理大	
					寺阪英孝	1,600	16.7%	阪大理	
					矢野健太郎	800	8.3%	東大理	
					細川藤右エ門	800	8.3%	広島高校	
					中江龍夫	800	8.3%	東大理	
					河口高次	1,600	16.7%	北大理	
11	不可視光線ノ応用	3	感熱体	46,000	小島昌治	2,000	4.3%	東文理大	全7研究題目，班長は東京文理大藤岡由夫
					蓮沼宏	2,000	4.3%	東大	
					大久保準三	2,000	4.3%	東北大科研	
					東堯	—	—	東芝	
					天野清	1,000	2.2%	東工大	
					関戸彌太郎	2,000	4.3%	理研	
12	光学材料及器械	5	応用分光学	24,000	田中務	4,500	18.8%	東大理	全5研究題目，班長は東大理木内政蔵
					高橋胖	2,000	8.3%	東北大理	
					分島拓	2,000	8.3%	浜松高工	
					高嶺健夫	—	—	理研	
13	X線ニ依ル材料検査	1	廻折法ニヨル材料検査	48,000	向坂養太郎	—	—	浦和高	全5研究題目，班長は東大理西川正治
					幸田成康	—	—	北大工	
					櫻田一郎	—	—	京大工	
					澤田昌雄	4,000	8.3%	阪大理	
					志村繁隆	8,000	16.7%	東大一工	
					田中晋輔	—	—	阪大工	
					仁田勇	—	—	阪大理	
					西山善次	3,000	6.3%	阪大産研	
					林威	4,000	8.3%	東北大理	

No.	研究部門	研究題目	部門計	配分額	比率	氏名	所属	備考
15	原子核ノ研究	2 ベルト起電機ノ建設並ニ建設セラレタルベルト起電機ヲ用フル原子核ノ他ノ研究及ビピンレ等結果ノ各種応用	87,500	4,000	8.3%	平田秀樹	京大化研	全6研究題目
				—	—	三宅静雄	小林理研	
				—	—	吉田卯三郎	京大理	
				—	—	吉田早苗	理研	
				2,000	4.2%	渡邊矣之助	阪大理	
		4 ウラン原子核分裂並ニ…応用ニ関スル研究		12,000	13.7%	三枝彦雄	東北大理	
				12,000	13.7%	篠原健一	九大理	
				—	—	田中正道	東芝電気総合研照明班	
				—	—	荒勝文策	東大理	
				—	—	三枝彦雄	東北大理	
				500	0.6%	◎仁科芳雄	理研	
				2,000	2.3%	彦坂忠義	第二高校	
				500	0.6%	武藤俊之助	九大理	
				—	—	渡邊慧	東大二工	
16	基礎理論	1 物理的基礎理論	24,000	1,500	6.3%	湯川秀樹	京大理	全2研究題目
				1,500	6.3%	小平邦彦	東大理	
				1,500	6.3%	武藤俊之助	九大理	
				1,500	6.3%	仁科芳雄	理研	
				1,500	6.3%	山本英雄	旭ガラス研究所	
				1,500	6.3%	中林陸夫	東北大理	
				1,500	6.3%	坂田昌一	名大理	
				1,500	6.3%	荒木源太郎	京大工	
				1,500	6.3%	◎朝永振一郎	東京文理大	
				1,500	6.3%	渡邊慧	東大二工	
				1,500	6.3%	国井修二郎	九大理	
18	特殊金属材料	3 航空発動機用電極材料ノ研究	45,000	5,000	11.1%	岡村俊彦	東北大科研	全13研究題目
		4 特殊耐熱鋼ノ研究		4,000	8.9%	竹内栄	東北大金研	
		5 航空機関砲薬莢ノ熱処理ニ関スル研究		1,500	3.3%	竹内栄	東北大金研	
		9 金属表面ノゲッタ作用並ニ代用ゲッタ金属ノ研究		5,000	11.1%	◎広根徳太郎	東北大金研	

第7章　戦争末期の学術研究会議研究班と東北帝国大学の研究体制

研究班	No.	研究題目	総額	配分額	割合	研究者	所属	備考
19 金属ノ材料的性質	10	航空機用金属材料ノ腐蝕及防蝕ニ対スル電子回析的研究	48,000	1,500	3.3%	小川四郎	東北大金研	全13研究題目
	11	鋼材段階焼入法並ニ高温ニ於ケル金属材料ノ疲労		2,000	4.4%	片山龍成	東北大金研	
	3	金属ノ脆性クリープ、木性／低温及ニ金属材料ノ疲労		6,000	12.5%	壽時富弥	東北大金研	
	13	金属ノ減衰		2,100	4.4%	里洋	東北大金研	
22 半導体	1	半導体強磁性物質ノ研究及ビソノ応用	32,000	4,000	12.5%	広根徳太郎	名大理	全6研究題目
				1,500	4.7%	有山兼孝	名大理	
				—	—	宮原将平	名大理	
24 望遠鏡ノ工学系及工学材料			26,000	6,000	23.1%	◎関口鯉吉	東京天文台	
				2,000	7.7%	藤岡由夫	東大文理大	
				2,000	7.7%	廣瀬秀雄	東京天文台	
				2,000	7.7%	高嶺俊夫	理研高嶺研究室	
				2,000	7.7%	木村正路	理研木村研究室	
				2,000	7.7%	木内正藏	東大	
				2,000	7.7%	高橋胖	東北大理	
				2,000	7.7%	日高高次	東大	
				2,000	7.7%	堀健夫	北大	
				2,000	7.7%	久保田廣	東大工	
				2,000	7.7%	日置隆一	理研光学器械研究室	
				—	—	丸山修二	東京光学器械会社	
25 太陽輻射放射線及応用	11	太陽ヨリ微粒子ノ地球大気ニ及ボス影響	49,600	1,500	3.0%	松隈健彦	東北大理	全28研究題目
	12	太陽面現象ト電離層トノ関係		1,000	2.0%	一柳壽一	東北大理	
26 天測航法	3	潜木天測法	17,000	3,000	17.6%	松隈健彦	東北大理	全3研究題目
				—	—	武藤晴彦	陸地測量部	
				—	—	奥田豊三	陸地測量部	
				—	—	秋吉利雄	水路部	
				—	—	塚本裕四郎	水路部	
				—	—	坪井忠二	東大理	
				—	—	関口鯉吉	東大理	

No.	分野	所属	氏名	割合	金額
33	地球磁気及電気	東京天文台	辻光之助	—	—
		東京天文台	中野三郎	—	—
		京大理	◎長谷川万吉	10.4%	2,500
		京大理	太田柾次郎	4.2%	1,000
		東大理	永田武	4.2%	1,000
		東大地震研	水上武	12.5%	3,000
		東大地震研	越川善明	—	—
		柿岡地磁気	今道周一	10.4%	2,500
		豊原地磁	平山操	4.2%	1,000
		東北大理	加藤愛雄	4.2%	1,000
		名大工	金原淳	12.5%	3,000
		京大理	田村雄一	—	—
		気象台	畠山久尚	6.3%	1,500
		京大理	南葉宗利	—	—
		柿岡地磁気	吉松隆三郎	—	—
		東大二工	山内恭彦	4.2%	1,000
		東大理	小谷正雄	4.2%	1,000
		京大理	荒木俊馬	—	—
		京大理	宮本正太郎	—	—
		電波研	前田憲一	10.4%	2,500
		電波研	内海数雄	—	—
		東北大理	佐藤陸男	4.2%	1,000
		名古屋工専	松永義明	4.2%	1,000
		京大理	湯川秀樹	—	—
		京大理	田村松平	—	—
		名大理	小林稔	—	—
		京大理	坂田昌一	—	—
		理研	清水栄	4.2%	1,000
		気象台	関戸弥太郎	—	—
		気象台	石井千尋	—	—
		電波研	島村福太郎	—	—
		電波研	中田美明	—	—
					24,000

第7章　戦争末期の学術研究会議研究班と東北帝国大学の研究体制

研究番号	研究題目	総額	配分額	比率	研究者	所属	備考
34	地磁気異常ニヨル探物探知	16,000	—	—	柴田口次	大阪気象台	
			—	—	青木敏男	電気試験所	
			—	—	荒勝文策	京大理	
			—	—	平田勘太郎	電波研	
			3,000	18.8%	◎佐々憲三	京大理	
			6,000	37.5%	永田武	東大地震研	
			2,500	15.6%	加藤愛雄	東北大理	
			2,500	15.6%	西村栄一	京大理	
			2,000	12.5%	太田柾次郎	京大理	
35	物理探鉱法	40,000	1,500	3.8%	井上宇胤	気象台	
			1,000	2.5%	熊澤良夫	北大工	
			6,000	15.0%	佐々憲三	京大理	
			7,500	18.8%	津屋弘逵	東大地震研	
			3,000	7.5%	中村左衛門太郎	東北大理	
			1,000	2.5%	渕田隆門	東大一工	
			2,000	5.0%	藤原武夫		
			7,000	17.5%	◎松澤健雄		
			5,500	13.8%	松山基範		
			3,000	7.5%	宮部直己		
			1,000	2.5%	湯村哲夫		
			1,500	3.8%	青山良一		
37	凍結	40,000	20,000	50.0%	◎中谷宇吉郎	北大理低温研	
			10,000	25.0%	藤原咲平	気象台	
			10,000	25.0%	加藤愛雄	東北大理	
4	噴進機薬剤	150,000	3,500	2.3%	加藤多喜雄	東北大工	全27研究題目
	7　甲液中の微量無機物質の定量法		5,000	3.3%	石川総雄	東北大理	
	9　甲液安定剤に関する研究		5,000	3.3%	八田四郎次	東北大工	
	19　逆流部分縮器の作動条件の決定（特に減圧下にたる）		5,000	3.3%	佐藤知雄	東北大理	
	22　甲液に対し安定なる金属材料及表面処理法		5,000	3.3%	富永斉	東北大工	
	23　安定剤を含まして而も安定なる高濃度甲液製造						

2

部門No	研究部門	項目No	研究題目	研究費	配分額	割合	担当者	所属	備考
5	電波兵器材料	25	七〇-八五%甲液の〇-一四〇Cに於ける比重、粘度、表面張力及屈折率	150,000	10,000	6.7%	原龍三郎	東北大非水研	全29研究題目
		10	紙コンデンサー用含浸剤の研究	55,000	5,000	3.3%	藤瀬新一郎	東北大理	全21研究題目
7	稀有元素	4	一、ダイラシウム原鉱よりタンタラムの抽出に関する基礎的研究／一、フェロジルコニウムの製造並に其の性質の研究		7,000	12.7%	石川總雄	東北大理	
		5	一、伊豆半島産ウラニウム鉱石の化学的処理法／一、ジルコニウムの精密分析の研究／一、岩手県下に於ける稀元素（主としてコバルト・タングステン）資源の開発及其工業的採集法の研究／一、硫化鉱焙焼処理よりセレニウムの採集並に精製		11,000	20.0%	青山新一	東北大金研	
8	標準純物質製造	3	イソプロピル・ベンゼン	50,000	3,500	7.0%	野村博	東北大理	全14研究題目
		4	硫酸加里、鉄		4,500	9.0%	◎富永斉	東北大理	
12	アルミニウム製造	7	合金溶融洋電解	50,000	5,000	10.0%	伏屋義一郎	東北大工	班長、亀山直人（東大工）は担当せず／全12研究題目
1	工業材料及原料ノ鉱物学的及岩石学的研究	2	高譽土質原料其他	50,000	14,000	28.0%	高根勝利	東北大理	全8研究題目
3	石油地質	3	秋田県枝坂青科ノ地質精査	71,000	10,000	14.1%	高橋純一	東北大理	全14研究題目
		6	山形県北採青科ノ地質精査／山形県松嶺油田ノ地質準精査／内地油田有孔虫ノ研究		11,000	15.5%		東北大理	
4	石炭地質	3	常磐炭田ノ地質構造	50,000	5,000	10.0%	青木廉二郎	東北大理	全12研究題目
		4	鮮満北支ニ於ケル含炭層ノ古植物ニヨル対比		5,000	10.0%	遠藤誠道	東北大理	
5	鉱床ノ研究	9	東北地方ノ鋼鉱床富鉱体ノ研究	50,000	7,500	15.0%	渡辺萬次郎	東北大理	全10研究題目
1	生物ニヨル船舶汚損蝕害防止	1	蝕害防止	55,000	3,000	5.5%	◎岡田要	東大理	
					5,000	9.1%	南宮育作	東北農	

第7章　戦争末期の学術研究会議研究班と東北帝国大学の研究体制

課題	氏名	所属	配分率	金額	合計
2　汚損防止	駒井卓	京大理	10.9%	6,000	
	内田亨	北大理	9.1%	5,000	
	岡田弥一郎	資源研	9.1%	5,000	
	今井丈夫	東北大農研	10.9%	6,000	
	椙山正雄	名大理	10.9%	6,000	
	蒲嚴	広島文理大	3.6%	2,000	
	岡田要	東北大理	5.5%	3,000	
	野村七録	東京文理大	10.9%	6,000	
	野沢秀四郎	九大農	3.6%	2,000	
	大島廣	第二高校	10.9%	6,000	
2　倍数性トゥノ応用	小野知夫	京大農	6.0%	3,000	50,000
	木原均	北大理	20.0%	10,000	
	長尾正人	東大農	6.0%	3,000	
	野口弥吉	東北大農研	6.0%	3,000	
	水島宇三郎	九大農	8.0%	4,000	
	盛永俊太郎	東大理	6.0%	3,000	
	◎篠遠喜人	名大理	10.0%	5,000	
	島村憲	広島文理大	4.0%	2,000	
	下斗末直昌	京大理	8.0%	4,000	
	新家浪雄	北大理	6.0%	3,000	
	松浦一	北大低温研	8.0%	4,000	
	牧野佐二郎	東京女高師	4.0%	2,000	
	芳賀忞	東大理	4.0%	2,000	
	保井	東大理	4.0%	2,000	
4　生体調節機能トゥノ応用	◎合田得輔	東大理	17.5%	7,000	40,000
	鎌田武雄	東大理	17.5%	7,000	
	宮地博三郎	京大理	17.5%	7,000	
	元村勲	東北大理	17.5%	7,000	
	佐藤忠雄	名大理	12.5%	5,000	
	菊池健三	東大理	10.0%	4,000	
	木村雄吉	第二高校	5.0%	2,000	
	柳田為正	東京女高師	2.5%	1,000	

大分類	番号	項目名	金額計	No.	研究題目	金額	割合	研究者	所属	備考
5	5	衛生昆虫	35,000			5,000	14.3%	鏑木外岐雄	東大農	
						1,000	2.9%	鏑木外岐雄	東京科学博物館	
						3,500	10.0%	阿部襄男	東大伝研	
						6,000	17.1%	◎朴澤三二	東北大理	
						2,000	5.7%	内田亨	北大理	
						1,500	4.3%	内田登一	九大農	
						1,500	4.3%	江崎悌三	九大農	
						5,000	14.3%	宮地傳三郎	京大理	
						3,500	10.0%	木下周大	資源研	
						2,000	5.7%	佐藤井岐雄	広島文理大	
						2,000	5.7%	鳥生芳行	盛岡農林	
						2,000	5.7%	上野益三	京大理	
5	11	歯車量産法	50,000	1	多量生産ヲ目的トセル「ホブ」ノ研究	10,000	20.0%	松山多賀一	東北大工	班長、成瀬政男（東北大工）は担当せず
				2	多量生産ヲ目的トセル歯車ノ材料ニ関スル研究	8,000	16.0%	木内修一	東北大工	
				3	推進機変節用歯車ノ多量生産ニ関スル研究	8,000	16.0%	岩名義文	東北大工	
				4	多量生産ヲ目的トセル特殊歯車工具ノ研究	8,000	16.0%	山田金雄	東北大工	
				5	鍛造歯車ノ研究	8,000	16.0%	明山正元	東北大工	
				6	転造歯車ノ研究	8,000	16.0%	石田喜助	米澤工専	
	20	高速ヂーゼル機関	40,000	7	燃焼過給方法ノ実施	2,000	5.0%	前川治三郎	東北大工	全14研究題目
				8	酸素過給機関ノ研究	2,000	5.0%	前川治三郎	東北大工	
	21	流体軸受接手	27,000	1	理論及構造	3,000	11.1%	◎宮城音五郎	東北大工	
						3,000	11.1%	宮澤純	東大二工	
						3,000	11.1%	田伏敢三	京大工	
						3,000	11.1%	植松時雄	阪大工	
						3,000	11.1%	淵澤定敏	東北帝大工	
				2	実験	3,000	11.1%	鬼頭史城	海軍省技研	
				3	試作研究	3,000	11.1%	山崎卓郎	日立製作所	
					班長留保	9,000	33.3%	宮城音五郎	東北帝大工	

第7章　戦争末期の学術研究会議研究班と東北帝国大学の研究体制

区分	No.	項目	細目	研究題目	予算	配分額	割合	担当者	所属	備考
6	22	航空機ノ管路網内ノ流量分配調整法	7	航空機機体ノ管路網内ノ流量分配状態調査	30,000	3,600	12.0%	—	東北大工	全8研究題目
	2	戦用非鉄金属製錬	3	ニッケル・コバルト製錬	30,000	3,500	11.7%	伊澤正宣	東北大工	全7研究題目
			4	稀元素金属ノ製錬		5,000	16.7%	山野健二	東北大工	
	3	鉄鉱処理	5	全右(焙焼及焼結過程ニ於テ鉄鉱中有害元素ノ駆除)	30,000	3,000	10.0%	的場幸雄	東北大工	全10研究題目
	4	特殊製鉄法	2	カルボニール鉄製造	30,000	3,000	10.0%	岡村俊彦	東北大金研	全6研究題目
			6	高純鉄ノ製造		10,000	33.3%	◎岩瀬慶三	東北大金研	
				班長預り		5,000	16.7%			
	5	特殊製鋼法	1	砂鉄ヨリ特殊鋼ノ製造	30,000	7,000	23.3%	◎濱住松二郎	東北大工	全4研究題目
			2	特殊鋼ノ熔製		7,000	23.3%	的場幸雄	東北大工	
				班長預り		2,000	6.7%			
	7	軽合金	2	軽合金返り材ノ再生/ヂュラルミンノ性能向上	45,000	8,000	17.8%	大日方一司	東北大金研	班長 西村秀雄(京大工)は担当せず、全10研究題目
				班長預り		6,500	14.4%			
	8	特殊鋼	1	低合金強靭鋼ノ研究	55,000	6,000	10.9%	村上武次郎	東北大金研	全8研究題目
			4	強靭鋼ノ脆性		6,000	10.9%	◎石原寅次郎	東北大金研	
			5	代用高速度鋼ノ研究		10,000	18.2%	佐藤知雄	東北大金研	
			6	工具材料特ニ高速度鋼ノ資源対策		5,000	9.1%	大澤與美	東北大金研	
				班長保留		5,000	9.1%			
	9	鋳物	4	迅速鋳造ノ研究	35,000	4,500	12.9%	鹿島次郎	早大理工	全5研究題目
						4,500	12.9%	小出登雄吉	東北大工	
						4,500	12.9%	太田信之	山梨工専	
				班長預り		3,500	10.0%			
	10	腐蝕防止	1	無ニッケル耐熱鋼	35,000	4,500	12.9%	村上武次郎	東北大金研	班長、氏家長明(発明協会)は担当せず、全16研究題目
			2	耐蝕性低合金鋼		1,500	4.3%	遠藤彦造	東北大金研	
			4	耐蝕性マグネシウム合金		1,500	4.3%	大日方一司	東北大金研	
			8	化学工業用耐蝕材料		3,500	10.0%	八田四郎次	東北大工	
				班長預り		2,000	5.7%			
	11	表面処理	3	金属ノセメンデーション	30,000	4,000	13.3%	加瀬勉	東北大金研	全9研究題目
7	1	高速空理力学	4	物体ノ速度ト衝撃波	50,000	4,160	8.3%	宮城音五郎	東北大工	全12研究題目

全66研究題目

	No.	研究題目	小計	金額	割合	研究者	所属
8 継電器			50,000			◎大橋幹一 岡田成敏 山下英男 鳳誠三郎 鳥津保次郎 和島藤助 執行　岩根 茅　誠司 岡田幸雄 後藤良亮	電気試験所 電気試験所 東大一工 東大一工 住友通信工業 日立製作所 東京芝浦電気 東大理 東北大工 神戸製鋼所 山田工場
10 航空医学			230,000			◎加藤豊治郎	東北大航研
1	9	遠心力ノ作用ニヨル血行障害並ニ具体策		9,000	3.9%		
	10	高々度加速度並ビ急上急降下ノ生態ニ及ホス影響ニ対スル神経系ノ役割		6,000	2.6%	佐藤熙	東北大航研
	11	低圧下ノ反応時間ニヨル航空適性		2,000	0.9%	大脇義一	東北大航研
	12	低圧並ニ酸素欠乏状態ニ対スル内分泌系作用		4,000	1.7%	佐武安太郎	東北大医
	13	加速度ノ生体ニ及ホス影響		3,000	1.3%	那須省三郎	東北大航研
	14	低圧並ニ低圧ヲ聴器、鼻腔ニ及ホス影響		3,000	1.3%	立木豊	東北大航研
	15	低圧及ビ遠心力作用ニヨル肝臓機能ノ変化		3,000	1.3%	中澤房吉	東北大航研
	16	低圧及ビ酸素欠乏ニヨル血液ノ物理化学的性状ノ変化		7,000	3.0%	松田幸次郎	東北大航研
	17	低圧ノ視器機能ニ及ホス影響並ニ視器ノ形態的変化（附、遠心力作用ニヨル視器ノ変化）		3,000	1.3%	林雄造	東北大航研
	18	遊離細胞ノ低圧下ニ於ケル形態並ニ生態ノ観察（新）		3,000	1.3%	吉田富三	東北大航研
	19	低圧下視器畏縮性ノ変化並ニ其応用		3,000	1.3%	本川弘一	東北大航研

第7章　戦争末期の学術研究会議研究班と東北帝国大学の研究体制

分類番号	分類名	項目番号	研究題目	予算		%	担当者	所属	全研究題目
		20	低圧並ニ加速度作用下ニ於ケル精細電気現象		2,000	0.9%	木川弘一／桂重次	東北大航研	
		21	低圧並ニ加速度作用下ニ於ケル血並ニ対策		2,000	0.9%	桂重次	東北大航研	
5	熱帯及寒地栄養	3	寒地栄養特ニ糞合ノ糖源生成ニ対スルビタミンノ影響	45,000	3,000	6.7%	黒川利雄	東北大医	全15研究題目
6	体力	8	体力増強	72,000	2,000	2.8%	近藤正二	東北大医	全30研究題目
7	視力増強（註、題目トシ (1)ハ近視、(2)ハ昼間視力増強、(3)ハ夜間視力増強、(4)ハ眩輝ヲ意味ス）	4	(1)	56,000	2,000	3.6%	林雄造	東北大医	全16研究題目
8	乳幼児母性保健	5	本邦ノ母乳	95,000	4,000	4.2%	佐藤彰	東北大医	全25研究題目
		6	妊娠中毒症		4,000	4.2%	篠田礼	東北大医	
9	輸血代用法	5	輸血其他ノ栄養問題	79,000	7,000	8.9%	篠田礼	東北大医	全14研究題目
10	放射線	4	間接撮影法	71,000	7,000	9.9%	古賀良彦	東北大医	全15研究題目
11	結核	11	結核ノ綜合的研究	170,000	20,000	11.8%	熊谷岱蔵	抗研及東北大医	全59研究題目
13	免疫	11	菌体成分ノ化学的免疫学的研究ト其応用	110,000	5,000	4.5%	黒屋正彦	東北大医	全30研究題目
		12	免疫性動脈内膜細胞毒素		4,000	3.6%	村上次男	東北大医	
14	疲労	5	副腎ト疲労トノ関係	94,000	2,000	2.1%	佐武安太郎	東北大医	全35研究題目
		6	疲労ニ因ル脳及肝ノ変化ト回復		2,000	2.1%	丸井清恭	東北大医	
17	脳波	5	脳波ノ基礎的並ニ臨床的研究	38,000	5,000	13.2%	本川弘一／桂重次	東北大医	全10研究題目
20	体質	6	体質医学（班長ヨリ出題ハ「体型ト運動機能疾病及疾労ノ関係」）	53,000	4,000	7.5%	大里俊吾	東北大医	全23研究題目
21	温泉	2	温泉科学ノ綜合研究（十九年度ハ伊藤寛二、○○○）	38,000	6,000	15.8%	大里俊吾 外3名	東北大医	全12研究題目
3	農地、飛行場ノ構築、排水管理	2	植栽	36,000	1,500	4.2%	丹羽県三	東大農	全2研究題目
					1,300	3.6%	前川徳次郎	北大農	
					800	2.2%	森敷之助	千葉農専	
					800	2.2%	吉田良治	東北農研	

209

				48,000	4,000	8.3%	杉江吉行	東大農	全3研究題目
4	特殊水産物ノ増殖	3	飼料、浮遊生物		4,000	8.3%	野村七録	東大理	
					3,000	6.3%	松平近義	九大農	
					3,000	6.3%	山本時男	名大農	
					4,000	8.3%	今井丈夫	東北農研	
				48,000	2,000	4.2%	田原正人	東大理	全8研究題目
5	農産繊維	5	雑繊維		1,000	2.1%	西川五郎	東大農	
					1,000	2.1%	松山三樹男	岐阜農専	
					1,000	2.1%	佐竹義備	科学博物	
					1,000	2.1%	芦田譲治	京大理	
					1,000	2.1%	手島周太郎	東北大農研	
				45,000	500	1.1%	桑野代助	宇都宮農専	全4研究題目
6	地力ノ維持推進	4	微量要素ノ応用		500	1.1%	吉江修司	千葉農専	
					500	1.1%	松本通夫	東京農専	
					500	1.1%	南補蔵	東京農大	
					500	1.1%	須田圭二	上田繊専	
					500	1.1%	小坂二郎	盛岡農専	
					9,000	20.0%	大杉繁	京大農	
					9,000	20.0%	田町以信男	北大農	
					9,000	20.0%	川村一水	九大農	
					3,000	6.7%	木村次郎	東北農研	
					2,000	4.4%	川口桂三郎	大原農研	
				23,000	1,000	4.3%	◎雨宮育作	東大農	全4研究題目
7	陸内水面ノ利用	2	魚苗、稚魚		1,000	4.3%	元田茂	北大農研	
					1,000	4.3%	今井丈夫	東北農研	
					1,000	4.3%	渡辺宗春	函館水産専	
					1,000	4.3%	内田憲太郎	九大農	
					1,000	4.3%	川村智次郎	京大理	
8	農林昆虫	5	稲葉潜蠅ノ防除	50,000	2,000	4.0%	加藤陸奥雄	東北農研	
9	戦時保健食糧	27	澱粉資源植物調査研究	89,000	1,000	1.1%	岡田要之助	東北農研	
		28	蛋白資源食糧調査研究		1,000	1.1%	神立義	東北農研	
11	作物ノ疾病ト其防除	7	馬鈴薯等ノ「バイラス」病	53,000	2,500	4.7%	山口弥輔	東北大理	全7研究題目

第7章　戦争末期の学術研究会議研究班と東北帝国大学の研究体制

No.	研究題目	小題目	金額	配分額	割合	氏名	所属	備考
12	海藻資源	2 繁殖整理	45,000	3,000	5.7%	明日山秀文	東大農	全5研究題目
				2,500	4.7%	福士貞吉	北大農	
				2,500	4.7%	山藤一雄	九大農	
				1,700	3.2%	冨樫浩吾	盛岡農専	
				1,300	2.5%	石森直人	東京農教専	
				1,700	3.2%	日野登米雄	宮崎農専	
				1,400	2.6%	岩田吉人	三重農専	
				4,000	7.5%	栃内吉彦	北大農	
				2,500	4.7%	赤井重恭	京大農	
				1,700	3.2%	今関六也	東京科博	
13	甘藷	1 栽培（育苗ヲ含ム）	43,000	3,000	6.7%	国比博	東大理	全5研究題目
				3,000	6.7%	山田幸雄	北大理	
				3,000	6.7%	田原正人	東北理	
				2,000	4.4%	瀬川宗吉	九大農	
				2,000	4.4%	神田千代一	函館水専	
				1,500	3.3%	高松正彦	資源研	
				6,000	14.0%	佐々木博	東大農	
				3,000	7.0%	◎榎本中衛	京大農	
				4,000	9.3%	盛永俊太郎	九大農	
				2,000	4.7%	山本健吾	東北大農研	
				5,000	11.6%	高橋隆道	三重農専	
				3,000	7.0%	谷口熊之助	鹿児島農専	
				2,000	4.7%	速山正映	鳥取農専	
		2 生理、生態		2,000	4.7%	芦田譲治	京大理	
				2,000	4.7%	吉井義次	東北大理	
				1,000	2.3%	小清水卓二	奈良女高師	
14	馬鈴薯	1 種薯	34,000	–	–	手鳥黄雄	北大農	全4研究題目
				3,000	8.8%	小坂博	盛岡農専	
				2,000	5.9%	山口弥輔	東北大理	
				2,000	5.9%	森本勇	宇都宮農専	
		3 貯蔵、腐敗防止		–	–	佐々木喬	京大農	
				2,000	5.9%	烏喜都	北大農	

			研究題目		配分額	比率	研究者	所属	備考
17	雑穀	4	ホルモン処理	30,000	3,000	8.8%	吉井義次	東北大理	全7研究題目
					2,000	5.9%	長戸一雄	東大農	
					4,000	11.8%	野口弥吉	東北大農研	
					2,000	5.9%	山本健吾	東北大農研	
					—	—	島善鄰	北大農	
		2	農道、畔畔、其他未利用地ニ於ケル大豆ノ増産		3,000	10.0%	山本健吾	東北大農研	
		3	寒冷地帯ニ於ケル燕麦、ライ麦ノ増産		3,000	10.0%	吉田重治	東北大農研	
		4	雑穀類ノ食糧及飼料トシテ利用増進		3,000	10.0%	手島周太郎	東北大農研	
18	蔬菜	1	多産性品種ノ選出	25,000	4,500	18.0%	並河功	京大農	全4研究題目
					2,000	8.0%	伊東秀夫	東京農専	
					1,500	6.0%	水島宇三郎	東北大農研	
19	水田裏作	3	東北地方ノ各地域ニ於ケル水田ニ毛作ノ輪栽型式	44,000	8,000	18.2%	山本健吾	東北大農研	全9研究題目
		4	水田裏作ニ於ケル地方の消長並堆肥ノ施用法		3,000	6.8%	木村次郎	東北大農研	
		5	二毛水田ノ土壌学的研究		3,000	6.8%	青峯重範	東北大農研	
		6	水田二毛作ニ依ル青刈飼料ノ生産		4,000	9.1%	手島周太郎	東北大農研	
20	沿岸水族ノ増産並利用	1	貝類	37,000	3,000	8.1%	雨宮育作	東大農	
					3,000	8.1%	大飼哲夫	北大農	
					3,000	8.1%	西岡圭三	東北大農研	
					3,000	8.1%	瀧巌	広島文理大	
					3,000	8.1%	高槻俊一	東京文理大	
		2	甲殻類		3,000	8.1%	村山三郎	函館水産専	
					3,000	8.1%	大島泰雄	東大農	
					3,000	8.1%	◎今井丈夫	東北大農研	
					3,000	8.1%	岡田弥一郎	資源研	
		3	其他		3,000	8.1%	内田恵太郎	九大農	
					2,000	5.4%	今井丈夫	東北大農研	
					2,000	5.4%	佐藤光雄	函館水産専	
					2,000	5.4%	宮地傳三郎	京大理	

第7章　戦争末期の学術研究会議研究班と東北帝国大学の研究体制

		2,000	5.4%	野村七猴	東北大理

注1）東北帝国大学の研究者が関連する研究班のみ抜粋した。
注2）所属は略称で表記した。
注3）研究班内に個別の研究題目がある場合は、［研究題目］欄に記載した。
注4）東北帝国大学の研究者が参加している個別の研究題目がグループ研究の形態がとられている場合は、他の個別研究を省略し、備考欄に全研究題目数のみ記載した。
出所）「昭和二十年度／研究班組織原簿／学術研究会議研究課」（日本学術会議所蔵）より作成。

第8章
科学技術動員下の東北帝国大学の研究・教育の諸相

1　はじめに

前章までにおいて、学術研究会議研究班による全国的研究班の組織化や大学院特別研究生制度の実施など、帝国大学への科学技術動員が浸透していく過程を見てきた。

本章では、昭和19年度・昭和20年度に第1期大学院特別研究生となっていた方々への聞き取り調査などを手掛かりにしながら、帝国大学における科学技術動員の状況をより具体的に明らかにしていきたい。

聞き取り調査対象者は、当時の学部学生あるいは大学院特別研究生という立場にあったため、調査結果はその点を留意すべきであるが、史料調査・分析からでは明らかにされない新たな史実や視点が見出せるであろう。

2　聞き取り調査対象と方法

調査対象

昭和18年度から昭和20年度の3年間に東北帝国大学より文部省に推薦された大学院特別研究生候補者について、その後の経歴の追跡を試みた結果を年度別に示したものが、表8-1、8-2、8-3である。そして実際に第一期大学院特別研究生となった研究者たちの調査結果を整理したものを表8-4に示した。

表8-4に示したように、戦時下の東北帝国大学では100名の大学院特別研究生が採用され、このうち、昭和18年度の41名中13名、昭和19年度の31名中11名、昭和20年度の28名中5名の計29名が、戦後、東北大学の教官として教育・研究に従事し、退官後に名誉教授の称号を授与されている。この29名中の12名については連絡先の確認ができ、その12

215

名中 7 名については、聞き取り調査を実施することができた。

　次に、聞き取り調査対象の東北大学名誉教授を年度別、大学院特別研究生候補者名簿順に記す。昭和 19 年度第一期特別研究生は虫明康人名誉教授[1]、佐藤利三郎名誉教授[2]、酒井高男名誉教授[3]の 3 名、昭和 20 年度第一期特別研究生は土倉保名誉教授[4]、苣木浅彦名誉教授[5]、飯泉茂名誉教授[6]、森田章名誉教授[7]の 4 名である。

調査方法

　聞き取り調査は、2007（平成 19）年 8 月 10 日から 2008（平成 20）年 6 月 9 日にかけて実施した。聞き取り対象者 1 名に対し、1 名あるいは 2 名の聞き手による対面面接形式で行い、聞き手が用意した聞き取り項目について、調査対象者に自由に発言してもらった[8]。聞き取った内容はテキスト化したのち、調査対象者に郵送し、事実誤認の修正等、内容の確認をお願いした。また不明確な点や新たな疑問については、校正の際や、手紙・E メールなどの通信手段による問い合わせ、あるいは補足の聞き取り調査を実施することにより補った。

　聞き取り項目は、①大学院特別研究生に採用された経緯、②大学院特別研究生として実際に従事した研究、③大学院特別研究生として行った研究と戦後行ってきた研究の関係性についてのほか、④東北帝国大学に入学した経緯、⑤学生生活（講義・生活・軍事教練）、⑥学徒勤労動員、⑦学徒出陣のことなど多岐にわたった。全ての項目について、各対象者より大変興味深い話を聞くことができたが、テキスト化された字数が 1 人当たり約 15,000 字から約 32,000 字、合計約 165,000 字にもおよんだため、全てを紹介することは、紙幅の都合から困難である。

　そこで本稿では、主題である戦時下の大学院特別研究生制度に直接に関連した項目である①、②と、⑥の学徒勤労動員に限定し、見ていくことにする。また、虫明名誉教授と酒井名誉教授、そして森田名誉教授については、本人が当時を回想した文章があるので、それらの引用を交えながら論じていくことにする。なお、聞き取り調査内容を含めて引用文

表 8-1　大学院特別研究生の追跡調査状況（昭和 18 年度第 1 期）

所属学部	研究事項	所属学科・教室	氏名	前職（他大学）	採用時年齢	指導教官	採否	追跡調査	史料番号
理学部（12名）	粘土鉱物ノ熱的及又線的研究	岩石鉱物臨床学教室	木崎喜雄	助手	26 歳 11 か月	高根勝利	○	□	18-S01
	鉄鋼ノ冶金学的研究並ニソノ原料ノ研究	物理学教室	丸山益輝	（東工大）	24 歳 3 か月	石原寅次郎	○	□	18-S02
	高分子化学研究	化学教室	丸芳十郎		22 歳 8 か月	富永齊	○	□	18-S03
	植物刺戟生理ニ関スル研究	生物学教室	柴岡孝雄		24 歳 0 か月	山口彌輔	●	*●	18-S04
	日本産ヒドラノ研究	生物学教室	伊藤猛夫		26 歳 0 か月	朴澤三二	○	□	18-S05
	有機化学ニ於テケノール縮合反応ノ研究	化学教室	秋野一	助手	27 歳 5 か月	野村博	○	□	18-S06
	稀元素応用分析法	化学教室	鹽川孝信	助手	26 歳 8 か月	小林松助	○	□	18-S07
	石油層ノ岩石学的及ビ物理学的研究	岩石鉱物臨床学教室	増井淳一	助手	27 歳 8 か月	高橋純一	●	*●	18-S08
	固体ノ原子物理学的研究	物理学教室	前田清治郎		25 歳 1 か月	三枝彦雄	○	□	18-S09
	フナクセ ムシノ生理生態学的研究	生物学教室	橋本正雄	副手	34 歳 2 か月	富永齊	●	□	18-2-S01
	鉄鋼添加成分ノ定量法	化学教室	林滋彦		24 歳 6 か月	小林松助	●	□	18-2-S02
	非線型微分ノ方程式	数学教室	内藤忠男	副手	26 歳 3 か月	泉信一	○	*●	18-2-S03
医学部（9名）	聴器迷路ノ病理ニ関スル研究	医学科	片桐主一	臨時医専講師	34 歳 8 か月	立木豊	●	*●	18-M01k(a)
	脳波ニ関スル研究	医学科	岩間吉也		24 歳 5 か月	本川弘一	●	□	18-M02
	脳外傷死因並ニ之ガ対策ニ関スル研究	医学科	遠藤辰一郎		23 歳 8 か月	桂重次	●	□	18-M03(a)
	「アレルギー」性眠疾患ノ研究	医学科	浦山晃	助手	25 歳 8 か月	林雄造	●	□	18-M04
	貧血	医学科	赤石英		23 歳 6 か月	村上次男	○	*○	18-M05
	晩期矼斑中毒症ニ関スル研究	医学科	和田裕宏	臨時医専助教授	27 歳 4 か月	篠田礼	●	□	18-M06
	糖蛋白体ニ生化学	医学科	宇津志元宇		27 歳 7 か月	正宗一	●	□	18-M07
	肺結核ノ代償機転ニ関スル研究	医学科	佐藤正二郎	副手	30 歳 5 か月	海老名敏明	●	□	18-2-M01
	低圧等酸素欠乏状態ノ航空生理学的研究並ニ疲労恢復ノ研究	医学科	鈴木達二	助手	28 歳 3 か月	佐武安太郎	●	□	18-2-M02
工学部（8名）	製鋼工学ノ研究	金属工学科	不破祐	助手	28 歳 1 か月	的場幸雄	●	*○	18-T01
	熱伝達ノ研究	機械工学科	西村靖正		23 歳 8 か月	抜山四郎	○	□	18-T02
	弾性ニ依ル動的強度ニ関スル研究	機械工学科	齋藤秀雄		24 歳 2 か月	樋口盛一	●	*●	18-T03
	非水溶液化学ノ研究	化学工学科	内ヶ崎彬欣一	助手	24 歳 6 か月	原龍三郎	○	□	18-2-T01
	非水溶液化学ノ研究（細目硝酸アンモニアノ直接合成）	化学工学科	河上忠男		28 歳 3 か月	原龍三郎	●	□	18-2-T02
	水中音響工学ニ関スル研究	電気工学科	本多誠一	助手	27 歳 9 か月	抜山平一	●	□	18-2-T03
	乾電池ニ関スル研究	化学工学科	高木修	助手	24 歳 10 か月	伏屋廣一郎	●	□	18-2-T04
	航空機用強力軽合金ニ関スル基礎的研究	金属工学科	■■■■	（東大工）	23 歳 7 か月		×	□	18-2-T05

研究題目	前職	氏名	所属学科	年齢	東北大学名誉教授	採否	追跡	資料番号
戦力高揚ノ心理学的方法。特ニ表現技術	副手	黒田正典	文科社会学科	27歳7か月	大脇義一	○	＊□	18-L.01
英米ノ東亜民族論トノ東亜ヘノ影響		家坂和之		24歳10か月	新明正道	○	●	18-L.02
亜細亜精神ノ研究	中学教授	佐々木理	経済科	43歳9か月	土居光知	○	□	18-L.03
工業ニ於ケル労務政策（株）ニ重工業労務者ノ労務配置並ニ能率増進ニ関スル問題）		島田隆		23歳10か月	中村重夫	○	＊●	18-L.04
チベット語並ニインド文化ノ基本的特相	助手	羽田野伯猷	印度学科	32歳2か月	金倉圓照	○	＊●	18-L.05
支那近世ノ俗文学ニ現ハレタル国民性ノ研究		金田純一郎	文学科	23歳0か月	小川環樹	○	□	18-L.06
近世哲学思想史ト其ノ哲学的反省	副手	松本彦良	文科	24歳4か月	小山鞆繪	○	□	18-L.07
長期戦完勝ノ要件＝羅馬帝国建設成功ノ諸因ノ研究		紙屋寺信彦	西洋史科	32歳1か月	大類伸	○	＊●	18-L.08
本邦兵制ト社会経済制度ト関係ニ就キテノ史的研究	副手	高橋富雄	文科	22歳2か月	古田良一	○	＊●	18-L.09
黄河地域ト揚子江地域トニ於ケル文明（広ク政治、文化、経済ニ亘ル）ノ特殊性及ビ其ノ相互的影響ヲ歴史地理的ニ究明シテ現今支那統治ノ方策ニ資スルガ為メノ研究		佐藤武敏	文科東洋史科	23歳0か月	岡崎文夫	○	□	18-L.10
マライシャニ於ケル低文化諸部族ノ民族心理学的研究	副手	安部健吉	心理学科	28歳6か月	大脇義一	○	＊●	18-L.11
大東亜建設ノ法理		黒田正士	法科第二部	24歳0か月	廣濱嘉雄	○	□	18-L.12
日本語ヲ大東亜ノ国際語タラシメントスルニ試ミントノ理論		岩元不二雄	文科	34歳5か月	土居光知	○	□	18-L.13

（法文学部　13名）

注1) 本表の学部毎の記載順は「大学院特別研究生「昭和十八年度第一期生」の記載順の通りとした。
注2) 特別研究生の所属学科・教室名は実際の名称と異なるものもあると思われるが、研究事項解説書に記載されているものをそのまま転載した。
注3) 他大学からの特別研究生は前職欄に（出身大学名）と記した。
注4) 採否欄には最終的に特別研究生に採用された者に○。追加採用された者に●。
注5) 最終的に特別研究生に採用されなかった者の氏名は■とした。
注6) 追跡調査の欄には、追跡調査を行ったものに○、そのうち引き取り調査ができたものに●、逝去あるいは諸事情により聞き取り調査不可能が確認されたものに＊を付した。
注7) 資料番号は巻末資料編の史料番号。

表 8-2　大学院特別研究生の追跡調査状況（昭和 19 年度第 1 期）

所属学部	研究事項	所属学科・教室	氏名	前職（他大学）	採用時年齢	指導教官	採否	追跡調査	史料番号
理学部（15名）	フーリエ解析と其の応用	数学科	鶴丸孝司		23 歳 2 か月	泉信一	○	●	19-S01
	電磁波の研究	物理学科	佐藤岩男		22 歳 9 か月	山田光雄	○	*●	19-S02
	電解質溶液ノ化学熱力学的研究	化学科	三枝文彦		22 歳 6 か月	石川總雄	○	●	19-S03
	石炭ノ岩石学的研究	岩石鉱物鉱床学科	長谷川修三		22 歳 7 か月	高橋純一	○	●	19-S04
	原生動物ノ形態分化ノ研究	生物学科	樋渡宏一		23 歳 7 か月	元村勲	○	*●	19-S05
	諸素粒子に依る原子核の励起に就て	物理学科	岡崎七郎		22 歳 7 か月	三枝彦雄	○	*●	19-S06
	石油鉱床特ニ有孔虫化石ノ研究	地質学古生物学科	■■■一郎		24 歳 8 か月	半澤正四郎	×	□	19-S07
	電気ノ絶縁材料ノ研究	化学科	鈴木一夫		26 歳 11 か月	藤瀬新一郎	○	□	19-S08
	分子及原子の構造性質に関する分光学的研究	物理学科	藤田尚明		22 歳 10 か月	高橋胖	○	●	19-S09
	石炭伴ヒ二亜炭ノ地質学的研究	地質学古生物学科	三原常治		22 歳 9 か月	青木廉二郎	○	□	19-S10
	礬土鉱物ノ X 線的研究	岩石鉱物鉱床学科	鞭攺共		26 歳 4 か月	高橋純一 / 高根勝利	○	□	19-S11b(a)
	植物のヴァラス病ニ関スル生理学的研究	生物学科	吉田豊治		24 歳 10 か月	山口彌輔	○	□	19-S12
	金属カルボニルノ物理化学的研究	化学科	菅野武雄		25 歳 8 か月	富永斎	○	□	19-S13
	結核ニ有効ナル化学療法ニ関スル研究	化学科	海老根誠治		23 歳 8 か月	野村博	○	□	19-S14
	焼結耐兵器材料ノ量産促進ニ関スル粉末冶金学的研究	物理学科	■■■	（京大理）	26 歳 5 か月	岩瀬慶三	×	□	19-2-S01
医学部（7名）	輸血ニ関スル研究	医学科	齋藤達雄	附看護講師	29 歳 10 か月	黒川利雄	○	*○	19-M01
	外科的結核症ノ手術適応ニ決定ニ関スル研究	医学科	本多惠児	副手	26 歳 2 か月	武藤完雄	○	○	19-M02
	ペニシリン出厠ノ実際的方策ニ関スル研究	医学科	星島啓一郎		24 歳 0 か月	黒屋政彦	○	○	19-M03
	体力増強ノ実際的方策ニ関スル研究	医学科	佐藤健象		24 歳 8 か月	近藤正二	○	□	19-M04
	X 線間接写真ニ関スル研究	医学科	黒澤洋		25 歳 7 か月	古賀良彦	○	□	19-M05
	生体呼吸作用殊ニ異常環境下ニ於ケル血液ノ酸素運搬機能ニ関スル研究	医学科	鈴木奉三		25 歳 2 か月	松田幸次郎	○	*○	19-M06
	解毒ニ関スル研究	医学科		副手	31 歳 6 か月	佐藤彰	×	□	19-M07

学部	研究事項	所属学科	特別研究生	備考	年齢	前職	採否	追跡調査	史料番号
工学部（13名）	低揚程ポンプノ基礎的研究	機械工学科	村井筝		22歳6か月	沼知福三郎	○	*○	19-T01
	導波空中線系ノ研究	通信工学科	虫明康人		23歳6か月	宇田新太郎	○	*◎	19-T02
	中間周波増幅器ノ研究	電気工学科	上鍋香三		23歳1か月	宇田新太郎	○	●	19-T03
	放電現象ノ基礎問題	通信工学科	桂重俊		22歳5か月	渡邊寧	○	*○	19-T04
	高周波回路ノ研究	通信工学科	佐藤利三郎		23歳6か月	永井健三	○	*◎	19-T05
	電気材料ノ研究	通信工学科	本多波雄		21歳11か月	仁科□□	○	*□	19-T06
	アルミニウム製造ノ電解浴ニ関スル研究	金属工学科	武田文七	（東大第二工）	23歳3か月	伏屋義一郎	○	□	19-T07
	（イ）稀元素特殊鋼ノ研究　銅代用合金ノ研究（ロ）	金属工学科	川合保治		22歳10か月	濱住松三郎	○	□	19-T08
	軽鉄鉱ノ処理及製錬ニ関スル研究	金属工学科	佐藤良吉		22歳6か月	的場有雄	○	□	19-T09
	小型歯車ノ研究	航空工学科	酒井高男		23歳3か月	成瀬政男	○	*◎	19-T10
	圧縮波ノ研究	航空工学科	小栗清志		22歳9か月	宮城音五郎	○	□	19-T11
	滑油内気泡分離ノ研究	航空工学科	井上和夫		25歳6か月	棚澤泰	○	□	19-T12
	水中補音器ニ関スル研究	電気工学科	■■■	通研助手	29歳3か月	抜山平一	×	□	19-T13

注1) 本表の学部毎の記載順は「大学院特別研究生　昭和十八年度第一期生」の記載の通りとした。
注2) 特別研究生の所属学科・教室名は実際の名称と異なると思われるものもあるが、研究事項解説書に記載されているものをそのまま転載した。
注3) 他大学からの特別研究生は前職欄に（出身大学名）と記した。
注4) 採否欄には最終的に採用された者に○。追加採用された者に●。採用されなかった者に×を付した。
注5) 最終的に特別研究生に採用されなかった者の氏名は■とした。
注6) 追跡調査の欄には、追跡調査ができたものに○。そのうち聞き取り調査を行ったものに◎。過去あるいは諸事情により調査不可能が確認されたものに□を付した。東北大学名誉教授には*を付した。
注7) 史料番号は巻末資料編の史料番号。

第8章　科学技術動員下の東北帝国大学の研究・教育の諸相

表 8-3　大学院特別研究生候補者の追跡調査状況（昭和 20 年度第 1 期）

所属学部	研究事項	所属学科・教室	氏名	前職（他大学）	採用時年齢	指導教官	採否	追跡調査	史料番号
理学部（11名）	フーリエ解析と其の応用	数学教室	土倉保		22歳11か月	泉信一	○	*◎	20-S01
	素粒子論	物理学教室	野本森萬		24歳5か月	小林巌・中林陸夫	○	●	20-S02
	非水溶液ニ於ケル化学反応ノ研究	化学教室	岩上好智		23歳4か月	石川總雄	○	□	20-S03
	油田産有孔虫化石ノ研究	地質学古生物学教室	松永孝		23歳7か月	半澤正四郎	○	□	20-S04
	金属鉱床ノ研究	岩石（鉱物）教室	宮本浅彦		22歳7か月	渡邊萬次郎	○	*◎	20-S05
	馬鈴薯及ヒ甘藷ニ関スル実験生態学的研究	生物学教室	飯泉茂		23歳0か月	吉井義次	○	*◎	20-S06
	金属ノガス吸収	物理学教室	桐原朝夫		24歳10か月	岩瀬慶三	○	□	20-S07
	函数論	数学教室	木村茂	（京大・理）	31歳8か月	岡田良知	○	□	20-S08
	固体及液体の理論	物理学教室	森田章		23歳3か月	山田光雄	○	*◎	20-S09
	日本産植物成分ノ有機化学的研究	化学教室	小島英幸		23歳3か月	藤瀬新一郎	○	□	20-S10
	粘土鉱物ノ熱的研究	岩石（鉱物）教室	川村佳夫		25歳3か月	高橋純一	○	□	20-S11
医学部（11名）	整形外科ノ一般特ニ手筋結核ノ研究	助手	猪狩忠	助手	29歳1か月	三木威勇治	○	□	20-M01
	ビタミンB1欠乏症ヨリ恢復遅速ノ簡易判定法及其対策ニ関スル研究	医学科	立花一夫	助手	25歳8か月	佐藤彰	○	□	20-M02
	疲労ニ関スル研究	医学科	佐々木公男	医院	28歳8か月	中澤房吉	○	□	20-M03
	疲労困憊ノ研究	医学科	山上二次郎	東北帝大病院	28歳5か月	大里俊吾	○	□	20-M04
	減水ノ肉腫ノ研究	医学科	佐藤春郎		25歳4か月	伊藤實	○	*●	20-M05
	航空医学ニ関スル形態学的研究（副腎ニ関スル形態学的生態学的研究）	医学科	稲葉繁		25歳1か月	那須政三郎	○	□	20-M06
	妊娠中毒症ノ成因ト予防法ニ関スル研究	医学科	安齋光男		23歳8か月		○	□	20-M07f.a
	戦時下ニ激増セル化膿性疾患ノ研究	医学科	中山吉三		24歳10か月	篠田利	○	□	20-M08
	耳性脳症ニ関スル疾患ノ研究	医学科	■■■■	副医	23歳4か月	桂重次	×	□	20-M09
	耳性脳症ノ成立ニ関スル基礎的研究	医学科	■■■■		27歳4か月	立木豊	×	□	20-M10
	（航空医学ノ分野）	助手（新潟医科大学）	小黒忠太郎	新潟医大助手	33歳4か月		○	□	20-M11

研究テーマ	所属学科	特別研究生名	年齢	教授名			資料番号
内燃機関ノ慣性過給	機械工学科	細川明	23歳6か月	前川道治郎	○	□	20-T01
超短波空中線系ノ研究	通信工学科	小柳修三	23歳9か月	福島弘毅	○	□	20-T02
空中線ノ研究	電気工学科	遠藤敬二	24歳9か月	永井健三	○	□	20-T03
電気ニョル真空封ジノ技術的研究	電気工学科	石田哲朗	24歳4か月	宇田新太郎	×	□	20-T04
油脂分解剤	化学工学科	宮川高明	22歳7か月	西澤恭助	×	□	20-T05
乳化剤ノ研究	化学工学科	■■	22歳7か月	西澤恭助	×	□	20-T06
鋼中炭化物粒状化ニ関スル物理冶金学的研究	金属工学科	■■■■	22歳11か月	佐藤知雄	×	□	20-T07
熱還元「シルミン」ノ研究	金属工学科	堀眞市	22歳3か月	小野健二	○	□	20-T08
液体微粒化ノ研究	航空学科	大谷史郎	23歳5か月	棚澤泰	○	●	20-T09
歯車製作法ノ研究	航空学科	梅澤新二郎	22歳6か月	成瀬政男	○	□	20-T10
燃焼機構ノ研究	電気工学科	田邊昇一	23歳6か月	棚澤泰	○	□	20-T11
低気圧放電ノ生産技術ヘノ応用ニ関スル研究	電気工学科	■■	24歳10か月	渡邊寧	×	□	20-T12

工学部（12名）

注1) 本表の学部毎の記載順は第一書式の記載通りとした。
注2) 特別研究生の所属学科・教室名は実際の名称と異なると思われるものもあるが、研究事項解説書に記載されているものをそのまま転載した。
注3) 他大学からの特別研究生は前職欄に（出身大学名）と記した。
注4) 採用希望先に採用された者に○、追加採用された者に●、採用されなかった者に×を付した。
注5) 最終的に特別研究生に採用されなかった者の氏名は■とした。
注6) 追跡調査の欄には、追跡調査ができたものに○、そのうち聞き取り調査を行ったものに◎、そのうち東北大学名誉教授により聞き取り調査をしたものに●、追跡調査ができなかったものに□を付した。そのうち、死去あるいは諸事情により調査不可能が確認されたものに×を付した。
注7) 資料番号は巻末資料編の史料番号。

第8章　科学技術動員下の東北帝国大学の研究・教育の諸相

表 8-4　第1期大学院特別研究生に対する追跡調査

		理学部	医学部	工学部	法文学部	計
特別研究生	昭和 18 年度	12	9	7	13	41
	昭和 19 年度	13	6	12	−	31
	昭和 20 年度	11	9	8	−	28
	計	36	24	27	13	100
追跡調査	昭和 18 年度	2	2	2	6	12
	昭和 19 年度	7	3	6	−	16
	昭和 20 年度	5	1	2	−	8
	計	14	6	10	6	36
名誉教授	昭和 18 年度	2	2	2	7	13
	昭和 19 年度	3	2	6	−	11
	昭和 20 年度	4	1	0	−	5
	計	9	5	8	7	29

注 1) 追跡調査欄の数字は、調査時（2007 年）に追跡調査可能であった数を示す。
注 2) 名誉教授欄の数字は、後に東北大学名誉教授となった数を示す。

中の〔　〕内は筆者による注記である。

3　理工系学生の勤労動員

工場への勤労動員

　1944（昭和 19）年 2 月に閣議決定された「決戦非常措置要綱」により軍需工場などへの学徒勤労動員が徹底されるようになり、東北帝国大学では、1944（昭和 19）年 5 月頃より組織的な勤労動員の実施を見ることとなった[9]。文科系の学生は軍需工場などへ勤労動員され、この際に学徒勤労動員出陣式などが行われていく。文科系の学生の軍需工場への勤労動員については、徳竹剛が東北帝国大学法文学部の事例を検討している[10]。

　その一方で理科系の学生は、軍需工場の研究部門や、軍からの委託研究を行っている大学の研究室を動員先とする場合もあった[11]。学徒勤労動員に関する聞き取り内容は、当時の大学に形成された研究体制や展開された研究の一端を理解する上で重要である。それぞれの事例を見ておきたい。聞き取り調査では、昭和 19 年度第 1 期特別研究生であった虫明

康人名誉教授から、1944（昭和19）年に民間企業に勤労動員されたことを聞くことができたので以下に記す。

　　虫明：私達は東芝に行きました。

　　吉葉：東芝ですか。

　　虫明：東芝に行ってね、レーダーの調整をやらされたんです。東芝でつくったものを最後に全部組み立てて、それが本当に上手くいくかどうかを調べながら調整するんです。ところが、我々学生にはぜんぜん分からないので、軍のほうの、技術将校にいろいろ指示してもらって、我々はその測定など、専門的知識が無いとできないような、人夫に近い下請けをやらされたわけですね。実際には川崎の東芝にしばらくいて基礎訓練を受けた後に、富士工場で電波兵器の仕事をしたわけですが。

　　吉葉：富士工場って言いますと、あの富士山の……。

　　虫明：富士山の麓の富士というところがありますね。ああいうところでよかったですよね。

　　吉葉：そうなると昭和19年あたりになるんでしょうかね。勤労動員は昭和19年の頭、3月、4月くらいから始まってます。

　　虫明：そうですね、昭和19年の4月からでした。結局そこで軍に行った人が抜けていったり、我々は大学院っていうのでまた抜けてきたりしましてね、結局どうなったのか私はその辺はよく覚えておりませんが、宇田先生が帰って来いと言われて、帰ってきたのを覚えていますね。

　虫明名誉教授は、1944（昭和19）年5月より東京芝浦電気の川崎工場での基礎訓練を経て、富士工場に動員され、そこで最終組み立てが済んだレーダーの調整に従事した。そして、宇田教授の指示により仙台に戻っている。

航空工学科への勤労動員
　昭和19年度第1期特別研究生であった酒井髙男名誉教授は、学内の研

第 8 章　科学技術動員下の東北帝国大学の研究・教育の諸相

究室に動員されたという。聞き取りの際にも同様の説明[12]があったが、ここでは回想文からの引用にとどめておきたい[13]。

> 昭和 17 年 4 月、私は東北大学航空学科〔ママ〕に進学した。しかし戦争のために短縮された 2 年半の大学生活のうち、実際に授業のあったのは 2 年間だけで、最後の半年は勤労動員で終わってしまった。幸いにも私は学友 4 名と所属学科の棚沢泰教授〔ママ〕の研究室に動員され、先生の研究を手伝うことになった。そして高々度飛行機用エンジンを目標にした過給機についての基礎実験を行うことになった。

　酒井名誉教授の場合、学内の棚澤研究室に動員され、高々度飛行機用エンジンの過給機の研究開発に従事していたのである。

数学科への勤労動員

　次に昭和 20 年度第 1 期特別研究生になる学生の事例を見ていきたい。先述の通り、学徒勤労動員は、1944（昭和 19）年 5 月より本格化する。昭和 20 年度第 1 期特別研究生の場合、ほぼ 1 年間、なんらかの形で動員されていたことになる。土倉保名誉教授からは、学内の研究室に動員された話を聞くことができた[14]。以下に聞き取りの該当箇所を示しておく。

> 吉葉：先生のお手紙[15]によると、泉先生の嘱託されている研究を、先輩の昭和 18 年度と昭和 19 年度の特別研究生が、ある程度手伝っていたというお話でしたね。
> 土倉：その研究ではいろんな計算があるでしょう。使う計算器もいまのようなものじゃないからね、手回し計算器。ああいう計算器で計算は随分しましたよ。させられましたし。昔の女専ね、宮城女専の生徒なんかも手伝いに来ました。
> 永田：先生から、いただいたお写真が一枚ありますよね。
> 土倉：ああ、並んでいるのね。ありますよね。その頃いた女子の研究員

225

も、あれは泉先生が参謀本部から貰っていた研究費で雇っていたと思いますけどね。大学の研究費では無いと思います。

〔中略〕

吉葉：先生からいただいたお手紙によると、レーダーの指向性の計算をしておられた。

土倉：そうですね、八木アンテナ。

吉葉：この指向性の理論計算をしておられた。

土倉：らしいですね。僕なんかはこの頃は学生だしね、理論的にこうこうだからこういうことを計算するんだ、というようなことは聞いてないんですけどね。今みればフーリエ級数の展開っていうものに出てくるものなんですよ。グラフを書くと、こうなって、こっちが小さくてね、ここだけ強いとそれを移動させてぶつかれば、この方向と分かると。こういう波を出すためには電波をここを強くしてここを弱くしてとかあるわけでね。そういうものの観測計算だと思いますけどね。レーダー関係の計算ですね。数字を幾らにして幾らにしてとかいうのがあって、方程式を解くんですけど、それが相当時間がかかるんですよね。四元一次方程式。未知数が４つ、X、Y、Z、W、係数が数字で、何桁かな、７桁くらいあったかな。４つあるんですよ連立方程式。解くのは大変なんですよね。２人で組んで、計算器を回して、何とか掛ける何とかっていうでしょ、で、聞き違えもあるし、回し違いもあったりして、午前中かかってやっと１題くらい解けるんですよ。で午後から検算すると、間違っていると、もうその日の作業はお釈迦ですね。そういうようなことが随分ありましたし、それからあとは、２年生は暗号に関する計算ですかね。乱数表ってありますよね。〔中略〕私も詳しくは知らないけどね。その乱数表の精度の問題ね。乱数表は数字が０から９まで大体平等に出なければいけない。だけど規則的に並んでいちゃいけないしね。だから出鱈目とは何かという問題があったんですね、そのころは。そういう乱数表の、すぐに分かっちゃうような内容、例えば、いつも天候が晴れ、とか温度が幾らっていうのを年中送っていると、そういうのが分かっちゃう

第 8 章　科学技術動員下の東北帝国大学の研究・教育の諸相

わけでしょう。だから乱数表の精度を良くするとかね、適当な時に交換しなければいけないとか、そういうのが案外大変で、乱数表の精度っていう問題をやっていた筈です。それも私が学生の頃だから、直接私共に考えろなんて言われたことは無いですけどもね。で、私はね、学生の頃かな、乱数表の計算をやっていてね、何かおかしいってことを言って、根本的な間違いを指摘したことがあるんですよ。それで泉教授もかなり僕のことを買ってくれたようには思うんですけどね。そういうこともありましたね。

　土倉名誉教授は、軍の委託研究を行っていた理学部の泉信一教授の研究室に動員され、八木・宇田アンテナの指向性に関する数値計算を行っていたという。また別の学生は、暗号に関する計算に動員されていたという。

物理学科への勤労動員

　森田章名誉教授の場合、大学の研究室に勤労動員されたことについて『うわみずざくら集』[16] で、次のように詳述している。

　2年次の 19 年 7 月からは本格的な学徒動員が始まり、同級生は東京の北辰電機製作所に派遣され、講義は全て中止となった。この学徒動員は、東京地区への米軍機の空爆が苛烈の度を強め、20 年 3 月製作所が戦災で破壊されるに至って中止となった。この間私は大学に残留して先生方の、主として戦時研究のお仕事の手伝いを命じられた。最初の仕事は山田先生と工学部の野村雄吉教授の指示で小型の魚雷に羽を付けたような物体を磨いてペンキ塗装することであった。船でこの物体を海面下一定の探さに保って曳航し、湾内に侵入した敵の潜水艦を爆破しようと言うのである。女川湾でテストしたが、水中での姿勢制御が難しく、旨く行かなかった。次の仕事は当時助教授の林威先生の指示で行った低気圧中での金箔験電器の放電速度と気圧の関係の測定である。超高度飛行の航空機の高度計用らしかっ

227

た。ある時結果を急がれ、気が急くままに、験電器に電圧をかけるための
導線を 200 ボルト（？）の鉛蓄電池に繋ぐ際に、両手で電池の両極に触れ
てしまい、ショックで一瞬意識が朦朧となった。安全用ゴム手袋などは勿
論支給されて無かった。重大事故にならなかったのは軍需工場あたりから
の払い下げで蓄電池が若干いかれていたためと思っている。次の仕事は三
枝彦雄教授の指示で、赤煉瓦に似た棒状のセラミックスの熱膨張の高温測
定を行った。測定目的が判らないままに一つの試料について何回も測定を
行ったが、後で、一度熱処理を行った試料のデータは駄目だと言われて大
変慌て、落胆もした。信頼されていたのか、どの仕事も十分に説明を聞か
されないで仕事を始め、いずれも大した成果が挙がらず、物理実験に対す
る自信を喪失したきらいがある。

　聞き取りの際にも同様のことを聞くことができた[17]。森田名誉教授は、
1944（昭和 19）年 7 月から 1945（昭和 20）年 3 月頃にかけて、3 研究室
に動員され、兵器や航空機器の開発、そして材料研究に従事していたので
ある。

岩石鉱物鉱床学科への勤労動員
　莒木浅彦名誉教授も、大学の研究室に勤労動員されていた。以下に聞
き取り調査の該当箇所を示す。

　　莒木：そうです。私は、戦時中の昭和の 17 年 10 月に入学しておりますけ
　　　ど、平時と戦時で教育が大きく違っていたんですね。約 1 年間は大体カ
　　　リキュラムに則った講義が行われたと私は思っております。でも 2 年目
　　　からは違いました。学徒動員令という法律が施行されましてね、その学
　　　徒動員令による仕事が割り振られて来たんです。そうすると、大方の人
　　　は集団で軍の工場だとか、軍関係の工場ですね。船岡にね、今の柴田町
　　　の船岡というところに、あそこに軍の工場〔第一海軍火薬廠か〕があっ
　　　たんですよ。そこに動員されたんですね。〔中略〕ところが、我々はそこ

第 8 章　科学技術動員下の東北帝国大学の研究・教育の諸相

に行かなかった。というのは、戦争遂行上、鉱物資源を開発しなきゃい
けない。開発するためには調査しなければいけないので、軍需省から大
学に調査依頼があったんです。その頃、教授や助手の先生は、非常に忙
しくって手が足りないので、学徒動員で、学生を使ったんですね。だか
ら我々は、教授がそういう依頼を引き受けた場合、その手伝いという
か、場合によっては助手みたいな仕事から人夫みたいな仕事まで何でも
やる、それに動員されたんですね。

〔中略〕

戦争遂行上、今まで調査もしなかったような鉱物がどうしても必要に
なってきたんですね。例えばモリブデンという金属をね、日本には無い
から探せと。というのは、モリブデンは、今のレーダー、当時は電波探
知機と言っておりましたけどね、それの真空管のフィラメントを作るの
に、モリブデンが必要だというのですね。モリブデンのフィラメント
が、非常に効率が良いというんですね軍艦にも必要だし、あらゆる所に
必要だとね。それを東北六県の何処かから出ないか調査せよという依頼
でした。それとタングステン、それからニッケルやクロムなど、鉄の合
金に使うんです。これらが必要だ、何処かに無いかという調査依頼が
あって、それに学生を使ったんです。それで渡邊萬次郎先生の仕事が非
常に多かった。結局、その先生のテコをずっと学生の時はやっていた。
テコというのは、まあ、昔の助手みたいもんです。大学の助手とは違い
ましてね、本当のお手伝い。人夫のちょっと気の利いた仕事。その結
果、渡邊萬次郎先生との結びつきが大変強くなりました。

　菅木名誉教授は、軍需省の依頼により国内の鉱物資源調査を行ってい
た渡邊萬次郎教授の研究室に動員され、助手役として資源調査に従事し
ていた[18]。
　また菅木名誉教授は、1945（昭和 20）年になると、長崎県の福江島の
アルミニウム鉱山開発のために、岩石鉱物鉱床学教室の他の学生ととも
に勤労動員されたという。以下に、該当箇所を示す。

229

菅木：長崎県の福江島、五島列島の一番南にある一番大きな島ですね。そ
　　　こにアルミニウムの資源があるということで、一企業じゃなくて海軍が
　　　入ってくるんですね。飛行機作るのにその資源を使いたいと。しかし海
　　　軍には技術者も誰も居ないので、東北大学としてやってくれという依頼
　　　があったんです。それで、一講座が協力するとかじゃなくて、教室全
　　　体が協力するということになり、鉱物学の高根勝利教授が下見に行った
　　　んですね。鉱物を専攻していた私の同級生の学生を連れていきました。
　　　2人で行ったんですね。ところが長崎の駅で、爆弾が落ちて、高根勝利
　　　先生が列車に乗っていたんだけど、その爆弾の破片で、即死状態で亡く
　　　なったんですね。そのときすでに、我々も続いて行くことになっていた
　　　んですよ。それでえらい危険だぞという話になったけど、まあ仕方ない
　　　んじゃないかとね、その亡くなった1か月か1か月半くらい後に行ったん
　　　です。その時は少人数じゃありませんでした。教官は渡邊萬次郎先生と
　　　八木健三助教授が、講座は違っていたけど協力するということで、それ
　　　から助手で佐藤鉱三さん。学生の3年生は、私と先に行っていた神山
　　　君、それと私より1年下の2年生が約10名で行きました。だから学生が
　　　12名くらいいたと思いますね。先生は3人いたんですね。そこでアルミ
　　　ニウムの鉱石の調査と探査、それを採掘して選鉱するという仕事をやっ
　　　たんですね。山には技術者らしい技術者はいなかった。

　『東北帝国大学学報』第306号によれば、長崎県の福江島にあるアルミ
ニウム鉱山の事前調査に向かった高根勝利教授が死亡したのは4月26日
のことである[19]。その1か月ないし1か月半後とすると、菅木名誉教授
は、1945（昭和20）年5月末から6月半ば頃に、他の11名ほどの学生と
長崎に出発したことになる。そして、その2週間から5週間後の7月上旬
には仙台に引き上げてきたことになる[20]。
　なお、飯泉茂名誉教授は、工場へ勤労動員され、荷造りや運搬の仕事
に従事したとのことである[21]。
　以上、各聞き取り対象者の学部学生時代の学徒勤労動員について見て

第8章　科学技術動員下の東北帝国大学の研究・教育の諸相

きた。工場へ動員された者が2名、学内の研究室に動員された者が4名あった。学内の研究室に勤労動員された事例は、工学部のみならず、理学部の教官も何らかの形で戦時研究に従事していたことを示すことになった。

4　大学院特別研究生候補者の学内銓衡経緯

大学院特別研究生に推薦・採用される際に、当時の一学生にどのような話があったのだろうか。その経緯について聞いてみた。まず昭和19年度の3名の事例について見ていきたい。

昭和19年度第1期特別研究生の事例

虫明康人名誉教授は、「なぜ私はこの道を選んだのか？」[22] において当時を次のように振り返っている。聞き取りの際にも同様の経緯を聞くことができたが [23]、ここではこの回想文より引用しておきたい。

大学生活が最終年次を迎えたころ、私は卒業研究の配属先として、人の敬遠した抜山平一教授の研究室に廻り、岡田幸雄助教授の指導を受けた。一方、その年度の就職担当の宇田教授からは、卒業後の進路についての希望調査があった。私は、当時の最先端技術であったマイクロ波関係の研究開発に興味を引かれ、それの可能な大メーカへの就職を希望した。ところが宇田先生は、虫明君の特色は目立っているのでそれを伸ばすよう大学に残ってはどうかといわれた。また、大学院に特別研究生の制度が新たにできて学資金が支給されるほか、入営延期の特典もあるという理由から、大学院に入学することを勧めて下さった。当時は大学を卒業すると健康な者は直ちに入営して兵役に服すことになっていた。一方、第二次世界大戦も末期的症状を呈しており、人生計画の立て難い状況にあったが、私はとにかく先生の御指導に従い、大学院に残ってマイクロ波立体回路の研究をするという決心をしたのであった。

231

虫明名誉教授は、当初、学部卒業後の進路として「マイクロ波関係の
研究開発」ができる企業への就職を希望していた。しかし、就職担当の
宇田新太郎教授より特別研究生として大学院に残るように勧められたの
である。

　虫明名誉教授と同じ通信工学科出身である佐藤利三郎名誉教授からも
同様の話を聞くことができた。以下が聞き取り調査の該当箇所である。

　　佐藤：昭和19年のね、9月に卒業したんだ。確か。2年半だね。17年の4
　　月に入ったわけですから。17年、18年、19年で、2年経ったわけだ。そ
　　れで19年の4月から半年間だけは卒業研究で、それで終わりだ。それで
　　就職になるわけだ。で皆就職するんですね。で、電気だから東芝だとか
　　ね、それからまあ、あの頃は大きな会社っていえば東芝、それから日立
　　ね。日立、東芝、三菱とか、そういったようなのが大きな会社だった。
　　〔中略〕それで就職担当はね、宇田新太郎先生だった。〔中略〕
　　それで、宇田先生のところに呼ばれて、「どうしたら良いんですか」って
　　言ったら、「お前は大学院に残って研究しなさい」と。そう言われたんだ。

　佐藤名誉教授の場合も虫明名誉教授同様、就職担当の宇田教授と進路
について面談を行い、その際に大学院に残るように進路指導されたとい
うことであった。

　また、航空学科出身の酒井髙男名誉教授は、「研究開始時にえた教訓」[24]
において、大学院特別研究生に採用された経緯について次のように振り
返っている。

　　昭和19年9月に卒業すると同時に、今度は大学院特別研究生として大学に
　　残されることになり、主任の成瀬政男教授のところに呼ばれた。先生は
　　「何をやりたいか」と私の希望をきかれた。「例えば薄板の座屈とか流体力
　　学とや、あるいは振動のようなもの」と答えたところ、先生は直ちに「そ
　　れはちょうどよかった。君の希望にぴったりのものがある。航空計器をや

第8章　科学技術動員下の東北帝国大学の研究・教育の諸相

り給え。飛行機だから流力や座屈に関係がある。さらにプロペラの振動も馬鹿ならない」といわれた。主任教授ともなると全くうまいことをいわれるものだと感心した。私の希望がほかの何であろうとも、「それは丁度[ママ]よかった。航空計器をやり給え。…」となったにちがいない[25]。

　この回想から、次のようなことが読み取ることができる。酒井名誉教授の場合、大学院特別研究生の採用が決定する時期に学部卒業後の研究の方向付けについて主任の成瀬政男教授との面談が行われた。しかし研究事項については、決定済みのものを勧められたのである。聞き取りの際に、酒井名誉教授は同内容の説明を行い、面談の時期は夏休み後の9月頃と記憶していると述べた[26]。

　第3章4で述べたように、昭和19年度の場合、大学院特別研究生の候補者を文部省に推薦する期限は、文部省通牒によれば1944（昭和19）年4月末であり、また実際に東北帝国大学が35名の候補者の書類を文部省に提出したのは5月17日付であった。また、5月27日に文部省の銓衡会が開催されたものの、徴集や兵役関連資料の追加提出が求められ、東北帝国大学は6月16日付でそれを提出していた。

　以上の3事例、昭和19年度の工学部の場合、大学院特別研究生候補となった学生に対する通知の時期は明確にならなかったものの、採用決定通知が出されるまでには、就職担当教授あるいは主任教授が、進路ないし研究事項について個人面談による指導を行っていたことが確認された。また、その際には既に研究事項は決定されており、虫明名誉教授の事例を除き、この決定済みの研究事項にそった進路指導が行われたのである。

昭和20年度第1期特別研究生の事例

　次に昭和20年度の事例を見ていきたい。飯泉茂名誉教授からは、次のような経緯を聞くことができた。

233

飯泉：私このように昭和 20 年の 9 月学部卒で、その当時はここにも書いて
　　　あるかもしれませんが、学部の課程は 2 年半に短縮されてたんですね、
　　　修学年が。それで 20 年の終戦の年の 9 月 30 日に卒業予定になっていた
　　　んですね。ですから大学院に入ることは、その前に講座の教授が決めて
　　　くれましてね、私どもの学部学生の人数は 4 人しか居なかったんです生
　　　物専門の学生が。

〔中略〕

吉葉：昭和 20 年の 4 月ですか？

飯泉：はい、4 月ですね。各研究室でやいのやいのって先生方と勉強のこ
　　　と、就職のことなど将来のこと全てについて話し合いをしたし。という
　　　のは、やり取りをそこで決めなきゃいけないわけですから、実際にはも
　　　う内相談を昭和 19 年はじめにはやりはじめていました。もう昭和 19 年
　　　には授業、講義、実験などはなくなっちゃたんです。戦争がひどくなった
　　　ものですから授業はありませんで、研究室のお手伝いをやれといわれ
　　　ガラス瓶洗ったり、植物の実験ですから、実験用植物の苗を育てたり、
　　　温室の管理をしたりというごくありふれたお手伝いを、先生方のやらな
　　　いことをやらせられて、フーフー言いながら真面目にやってました。そ
　　　れで私の場合は昭和 19 年の終わりか 20 年の初め頃に講座の親分である
　　　吉井教授が呼びつけてくだすって、「卒業後はお前どうするんだ」って聞
　　　いてくれました。就職は無いし、食べていくのは大変。お金貰えるとこ
　　　ろに行きたいんですと、ざっくばらんにいいました。「あ、そうか丁度良
　　　い。大学院に入れ」と、即座に言われました。「大学院特別研究生って
　　　あるの知ってるだろ」、「はい知ってます」、「あれに入ったら良いんじゃ
　　　ないか、推薦するぞ」という話。

　飯泉名誉教授の場合、1945（昭和 20）年のはじめには、進路について
「内相談」が行われ、指導教官の吉井教授より大学院特別研究生の推薦に
ついて打診があったことがわかった。
　また、土倉保名誉教授からは、次のような話を聞くことができた。

第8章　科学技術動員下の東北帝国大学の研究・教育の諸相

　土倉：卒業してから、お前は残れなんてのは、はっきり言われないけど
　　も。研究者は養成しなきゃいけないということは勿論頭にあるからね。
　　大学に残れということは、残っても良いということは、言われたと思い
　　ますけどね。3年になった時は、大体了解していたんじゃないかな。半
　　年か1年前からね。

　吉葉：それは特別研究生だという言われ方をされた記憶は無いわけなんで
　　すね。

　土倉：正式な手続きは何時したか記憶に無いけど。

　土倉名誉教授の場合、早くて1944（昭和19）年10月、遅くとも1945
（昭和20）年3月には、大学院に残ることについて了解がなされていたと
のことである。

　苣木浅彦名誉教授は、1945（昭和20）年の4月ないし5月には、大学
院特別研究生の人選が決定していたのではないかという見解を述べた。
くわえて大学院特別研究生候補者を理学部教授会に推薦する前後に教授
より話があったという。以下が、聞き取りの該当箇所である。

　苣木：私が大学院特別研究生になったのは終戦の年なんですよ。私は終戦
　　後の9月25日の卒業なんです。終戦の約1か月後に卒業したってわけで
　　すね。その時には、卒業したら「お前は大学院特別研究生で残れ」とい
　　うことにはなっていたんです。4月か5月頃には、もうそう決っていたと
　　思いますね。約半年位前にはそう決っていたと、私は思いますけど。

　〔中略〕

　苣木：おそらく教授の先生方が話をして決めたんだと思いますね。そして
　　理学部は、おそらく理学の教授会を通し、文部省に申請して文部省でそ
　　れを通したということですね。ですから理学部の教授会に推薦する段階
　　だったかな、そのときに「お前を推薦したい」という話はありました[27]。

　一方、森田章名誉教授は、『うわみずざくら集』[28] において次のように

235

振り返っている。

> 私は9月末に卒業して、大学院特別研究生になった。実は8月15日以後の2ケ月弱の間、敗戦という未曾有の事態のなかで自分が何を考え、どの様に行動したかの記憶を何故か完全に忘却しているのである。大学院特別研究生も自分で志望したのか、山田先生に勧められたのかも記憶が定かでない。どうせ大した就職先も無いし、大学に残っていても食っていくことくらい出来るだろうと、楽観的であったのは確からしい。

　聞き取りの際にも同様の話を聞くことができた[29]。森田名誉教授の事例は、終戦前後の学生たちが、いかに逼迫した状況におかれていたのかを示している。

　以上、昭和20年度の4名が大学院特別研究生に推薦・採用された経緯について見てきた。第3章5で述べたように、昭和20年度の場合、大学院特別研究生の候補者を文部省に推薦する期限は、1945（昭和20）年2月20日とされ、東北帝国大学が文部省に必要書類を提出したのは3月12日付けであった。そして文部省で最終銓衡会が開催されたのは7月14日である。上述の4事例中、飯泉名誉教授は大学院特別研究生候補者を教授会に諮る前に「内相談」がなされた事例であり、菖木名誉教授は教授会決定を経て関係書類が文部省に提出された時期に事後承諾を求められた事例である。

　土倉名誉教授の事例も上述2事例のいずれかに当てはまるものと考えられる。

5　大学院特別研究生の研究所配置

陸海軍研究所仙台分室への配置

　聞き取り調査の際に、虫明康人名誉教授より、本人に交付された東北帝国大学名の辞令が提供された（写真8-1を参照）。この辞令より次のようなタイプ文字を読み取ることができる。

第8章　科学技術動員下の東北帝国大学の研究・教育の諸相

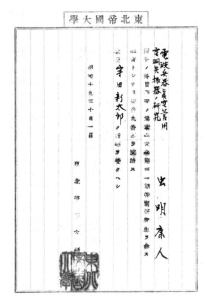

写真8-1　本人に交付された辞令

電波兵器真空管用空洞共振器ノ研究　　　虫明康人
頭書ノ科目研究ノ為本学大学院第一期特別研究生ヲ命ス
学資トシテ月額九拾圓ヲ支給ス
教授宇田新太郎ノ指導ヲ受クヘシ

　　　昭和十九年十月一日
　　　　　　東北帝国大学

　この辞令に記載されている研究事項「電波兵器真空管用空洞共振器ノ研究」は、文部省に提出された「導波空中線系ノ研究」(表8-2を参照)とは異なっている。先にあげた回想文中にもあったが、本人に交付された辞令に掲載されている研究事項は、虫明名誉教授が宇田教授より進路

指導を受けた際に告げた希望が反映されたものと考えられる。このこと
について、虫明名誉教授より次のような説明があった。

　　虫明：これはね電波兵器に使う真空管の中に空洞共振器を含んだような真
　　　　空管で板極管というのがあったんですね。それの空洞共振器のつもり
　　　　だったのでしょうね。空洞共振器っていうものが電波のほうでは最先端
　　　　の研究だったんです。ちょうど私が卒業する時。
　　吉葉：マグネトロンの高周波発信機みたいなものとは別の話なんですか。
　　虫明：いや、発信機に使うわけ、結局ね。真空管ですからそれが発信機に
　　　　なるわけです。その中に周波数を決めるため、まあ大体この辺の周波数
　　　　だというので空洞共振器があって、それで周波数が決まって、電波兵器
　　　　に使うような周波数が発信されたんですね。
　　吉葉：電波兵器と言いましても、具体的には通信機あるいはレーダーに使
　　　　われるものなんでしょうね。
　　虫明：結局そうです。結局レーダー、通信機よりもレーダーですね。電波
　　　　兵器……。〔中略〕
　　吉葉：先生の回想録を拝読しますと、指示された内容と研究事項解説書に
　　　　書かれた内容の違いがだんだん鮮明になってきて、先生がこういうアン
　　　　テナの研究に、どちらかというと宇田先生に誘導されながらですかね、
　　　　そういう形で……。
　　虫明：〔笑い〕そうですね。悪く言えば騙されて。宇田先生に乗ってしまっ
　　　　て。
　　吉葉：そういった流れについてとても詳しくお書きになっているので、こ
　　　　このところは興味深く拝読させていただいて、理解が進みました。
　　虫明：それでも2、3年やったらね、もうアンテナから足を洗えなくなって
　　　　ね。アンテナの虫明というのが通ってしまって。
　　〔中略〕
　　吉葉：宇田先生は虫明先生に、このアンテナの研究をする適性みたいなも
　　　　のをお認めになられたのかなと。

第8章　科学技術動員下の東北帝国大学の研究・教育の諸相

虫明：うん、多分電磁気学の手法できちっとやるということを私に期待さ
　　れたんだと思いますね。宇田先生が昔おやりになったのは実験的に適当
　　にアンテナ素子の長さを調節して、これで良かったというだけのこと
　　で、何センチにしたら良いかというような研究は、なさっていなかった
　　わけです。で、波長が幾らの時には長さを何センチにしなさいという設
　　計資料を作ることが僕に対する最終的な課題だったんですね。

　虫明康人名誉教授は、大学院特別研究生として従事した研究につい
て、「なぜ私はこの道を選んだのか？」[30] において次のように振り返って
いる。特別研究生となった虫明名誉教授が、予定されていたものと異な
る研究を指示されて、戸惑う様子をうかがい知ることができ、また興味
深い内容を含んでいるので、少し長いが引用しておきたい。

　抜山・岡田研究室での卒業研究がほぼまとまったころ、私は卒業に先立っ
　て宇田研究室に移った。そして正式には1944年の10月1日付で東北帝国
　大学大学院第一期特別研究生を命ぜられた。大学からの辞令によれば、研
　究科目は「電波兵器真空管用空洞共振器の研究」となっていた。この内容
　は、私が大学院に残るに際して、宇田先生からお話のあった内容とほぼ一
　致しており、私は、マイクロ波空洞共振器の研究に着手する積もりでい
　た。ところが、先生が私に指示された最初の仕事はそうではなかった。実
　は意外にも、太い導体棒で構成されたダイポール空中線の受信特性を、棒
　の長さと波長を変えながら超短波帯で測定することであった。先生は、マ
　イクロ波の測定の準備として、測定器に慣れるためこれをやって置きなさ
　いといわれた。また、空洞共振器では導体の内側に電磁界があるが、空中
　線では導体の外側に電磁界があるという点が異なるだけで、両者は同じよ
　うなものであるともいわれた。私はこの実験の必要性を十分納得しないま
　ま、また、この実験に興味を持たないまま、長さの調節できる導体棒の作
　成とか、関連測定器類の調整を行うなどの準備を進めた。〔中略〕
　　努力と忍耐の末、先生から指示されたデータをようやく取り終え、それ

239

らを整理してグラフ用紙上にプロットし、結果だけを先生の所に報告に行った。私はこれで本来の研究に移ることができるものと期待していたところ、全く意外なことに、先生は大変御不満であった。虫明君はかなり勉強してきたはずであるが、このようにただ単に測定結果を整理しただけで報告に来るようでは困る。この測定に関連ある研究論文がいくつかあるはずであるから、それらを参考にして測定結果を十分検討してから報告にきて欲しいといわれた。そして、二、三の文献を示された。私は、この測定についての先生のお考えには、私の理解とかなりのくい違いがあることに気付き、大きな衝撃を受けた。研究室に戻って先輩の方々に意見を伺ったところ、先生は私にアンテナの研究を期待しておられるらしいとのことであった。私はこの段階で、とにかく一応アンテナの研究に着手せざるを得ないことを悟り、アンテナに関する基礎的勉強と関連論文の調査を始めることにした。以上が、私がアンテナの研究にのめり込んだ偽りのない経緯である。しかし私は、この研究は短期間で終え、やがて本来目指していた研究に移れるものと考えていた。

〔中略〕

　一方、宇田先生からは、導体棒で構成された導波器、反射器の最適長を求めるよう指示されていたが、Hallén の論文を勉強して初めて、この種の問題に取り組む糸口を探り当てたような気がした。そこで、この方法を導入して、1 本の導体棒の場合の研究から順次進めていくことにした。その最初の研究結果は、1945 年の春ごろ米軍の空襲を避けて甲府で開かれた戦時研究委員会に宇田先生のお供をして出席し、電波関係の著名な先生方に御検討頂いた。若輩の私にとっては、論文、著書等を通じてのみ存じ上げていた大先生方の謦咳（けいがい）に接し得たことと、電波関係の研究動向を知り得たことなどが、むしろ大きな成果であった。

　この回想から、進路指導の際に宇田教授に希望を述べ、またその希望にそった「電波兵器真空管用空洞共振器の研究」に従事する辞令が出されていたにもかかわらず、徐々にアンテナの研究へと導かれていった様

第8章　科学技術動員下の東北帝国大学の研究・教育の諸相

子がうかがえる。前述したように、大学より本人に交付された辞令と東北帝国大学が文部省に提出した書類では、記載されていた研究事項が異なっていた。このことと関わりがあるものと考えられる。また虫明名誉教授は、研究成果を甲府で開催された「戦時研究委員会」で報告するために、宇田教授と共に出張したとのことであった。聞き取り調査の際に、アンテナの研究について虫明名誉教授より、次のような説明があった。

　　吉葉：実際に、具体的には先生が回想録にお書きになられたように、ダイポール空中線、ダイポールアンテナですね、ダイポールアンテナ。こちらの棒の長さと波長を変えながら、超短波帯で測定することであると、こういう風にお書きになられています。こちらのところですね。

　　虫明：ああ、ダイポール空中線の受信特性を棒の長さと波長を変えながら超短波帯で測定する、そうですね。

　　吉葉：結局このあたりの実験からアンテナの特性の実験だとか……。

　　虫明：特性ですね、宇田先生がおやりになった頃には、それを細かく測定しないで、適当にやって一番いいところを使用していたわけですね。それをきちんと設計、私の場合の題目はその設計法を研究しなさいということですから、波長が幾らの時には導体棒の長さを何センチにしなさいというのを出したいというのが宇田先生のお考えだったんですね。それですから、こういうことをやらせたんでしょうね、最初に。

　　吉葉：とりあえずこの実験、この研究っていうのは一時期のものだろうというお考えのもとで、宇田先生の指導の下、されていたようですけれども。最終的にはアンテナの研究にどっぷり漬かったというか……。

　　虫明：そのアンテナの、八木・宇田アンテナっていうのは、発信機から電力を入れる素子と、発信機からの接続が何も無い共振器みたいな素子によって構成されているんですね。それらの素子全部がこれに関係するわけですね。

　　吉葉：それで、今の片平の校舎の、今は多元物質科学研究所になっておりますけれども、当時の工学部……。

241

虫明：工学部の本館。

吉葉：本館ですね。

虫明：実験は本館の屋上でやってたんですね。機械と電気が建物を使っておりましたのですね。それで機械の方が東のほうで、電気が西のほうだったですかね。建物はちょっと曲がっておりましたけれども。そこらへん全部を広く使っていたんです。機械の人は屋上なんか使いませんので。

吉葉：これはその宇田先生は陸軍の技術研究所……。

虫明：多摩研究所というのがありました。

吉葉：多摩研究所の研究を嘱託されていましたよね。

虫明：多分そうだったと思いますね。

吉葉：やはりその一環で……。

虫明：そうです。

吉葉：だったんでしょうね。

虫明：それで、よく、こういうことが問題になっているのだということで、研究問題を持って帰ってこられたんですね。

〔中略〕

吉葉：昭和19年に特別研究生になられた際には、工学部本館の屋上でこのように実験されていたんですけれども、昭和20年に入りますと、山形の大石田へとか……。

虫明：そうです、疎開したんですね。

吉葉：疎開されてやはり同じ実験機材を持ち込まれまして……。

虫明：いや結局ね、疎開したけれどね、何にも研究はできなかったのですね。実際にはそういう実験器具を持って運ぶばっかりで、田舎の牛車に仙台から送ってきたものを人夫が乗せるのを我々も手伝って、人夫と一緒にそれらを山形での宇田研の疎開先であった高擶小学校と明治村の小学校に運んで、そこに置いたりするだけで、結局もう遅かったわけですよ。あれは仙台が空襲にあう前後だったのですね。だから終戦までに実験を立ち上げることはできなかったのです。山形にはものを運ぶことは

242

第 8 章　科学技術動員下の東北帝国大学の研究・教育の諸相

運んだんですがね、それで終戦を迎えた訳です。

　佐藤利三郎名誉教授からは、「電波兵器」開発の一端を担い、伝送系の
研究に従事したという話を聞くことができた。

　佐藤：研究の内容はね、その、電波兵器ってのがあったんですよ。敵の飛
　　　行機が飛んできたら、いち早くそれを探知して打ち落とすために、電波
　　　を出してね、それを飛行機にぶつけて、帰ってきた電波を受取ってね、
　　　それでその飛行機のある場所を決めるわけです。そういうのを研究して
　　　たわけだ。それで先ず電波出すアンテナが要るわけだ。そのアンテナの
　　　グループはグループで居るわけです。それから今度は電波を作る方。作
　　　る方は宇田先生。宇田先生が電波を作る方の研究をやってるわけだ。そ
　　　れでその電波を作って、そしてそれをアンテナに繋ぐわけだ。そして出
　　　してやって、ぶつけて帰ってきたのを受取ると。そういうのを電波兵器
　　　と言ったわけだ。それで僕が与えられたのはね、電波兵器ってのは必ず
　　　敵の爆撃を受けるって訳だ。だからすぐ壊れちゃうわけだ。だから予備
　　　を用意しておいて、壊れたらすぐ取り替えなきゃいけないんだな。取り
　　　替えなきゃなんないんだ。ところが、この部屋に電波を作る電気があっ
　　　たとすると、そっから山の上の方にあるアンテナまで線引っぱるわけ
　　　だ。それを伝送と言うんだな。電気を伝えるっていう。そういうのだ
　　　な。宇田先生は自分の作った発信機はね、非常に電波を沢山発信して
　　　る。アンテナも自分がやったんだから間違いない。そう仰るわけだ。で
　　　もさっぱり電波がでないんだな。出ないのはね、発信機がこの部屋の中
　　　にあると、それで大体 30 メートルくらい線を引っぱって行かないとアン
　　　テナに繋がらないわけだ。それで 30 メートルの間にね電波が減衰するん
　　　だってな。そんな馬鹿な話はないと俺は思ったんだけど。だけど大先生
　　　方はそうだって言うんだな。発信機は立派なものだ。アンテナも立派な
　　　ものだ。それを繋ぐ線路が駄目だと。それが上手く伝わるような線路の
　　　研究をやれと。一杯いるからね、大先生方が。その大先生方が、抜山大

243

命令で、お前やれって言われるわけです。みんな嫌だからみんな逃げる
わけだ。それで結局その永井先生に命令が行くわけだ。その永井先生の
ところに居るのは一杯いるんだけども、みんな別の仕事をやってるわけ
だ。遊んでる奴いないかって。ああ、あいつが遊んでる。

吉葉：それが先生なんですか。

佐藤：あいつにやらせろって。そんな下っ端にねえ、そんな難しい問題や
らすのはおかしいと思ったんだけど、やれっていうご命令でね。ああそ
うですかって言うほかしょうがないからやったわけだ。そしたら色々
やってみたらね、どこも減衰しないんだよ。要するにね、その、なぜ電
波がアンテナに入らないという理由はね、反射してるんだね。行ったや
つが。アンテナにぶつかりますね。そしたら入って行けばいいんだけ
ど、入っていかないで戻ってくると。そういう状態なんだな。というこ
とに気がついてね、要するにそのスパッと入るようなアンテナを作らな
きゃ駄目だと。いうわけよ。そうすると怒られてね。「何言ってるんだ。
このアンテナは立派なんだから絶対大丈夫なんだ。お前が張った線が悪
いから駄目なんだ」って怒られるわけだ。で今度は測定器が要るわけ
だ。それで測定器を考えて作ったんだよ。その測定器がね、後で威力を
発揮するんだけど、戦争終ってからね。戦争中はねえ、測ってそれで、
測るとね、何ワットアンテナに入って何ワット戻ったかというのが分か
るわけよね。測れば。そうすると殆ど入らないんだよ。それがその線
路とアンテナがマッチング取れないんだな。うまく合わないわけだ。合
わせれば入っていくんだけど、それが合わないから入っていかねんだ
と。だから、その線路とアンテナがうまくマッチするようなアンテナを
作ってくれと。そう言ったら「馬鹿なことを言うな」ってわけだ。それで
まあ色々やってね、その電波がアンテナに入るような装置をその線路と
アンテナの間に作るわけだ。そういうような研究をやってね、それでう
まく入るようになった。したんですよ。その報告書を書いて、それで抜
山先生に出して、抜山先生がその陸軍の大将か何か知らんけど、それを
報告したわけだ。そしたら、良くやったと褒められたってんだな。そう

第8章　科学技術動員下の東北帝国大学の研究・教育の諸相

いうのでね、そうしないとすぐに爆撃でやられるから。すぐに張替えな
きゃならないんだ。船の中もそうなんだ。船にもちゃんと、そういう測
定器や電波兵器があるんだけど、爆撃受けるからみんな壊れちゃうんで
すね。そうすると直に修理しないといけない。そういう為には何処をどう
いう風に修理したら良いのかというのが問題だった。それに多少役立っ
たんじゃないかと思うんだけどね。そういう仕事をやらされたわけです。

〔中略〕

吉葉：『東北大学五十年史』などを見ますと、多摩陸軍技術研究所でだと
　　　か、海軍の技術研究所の分室が作られて、そこで委託研究していたとい
　　　う話もありますが。実際は片平の。

佐藤：うん、多摩研がね。

吉葉：ありました？

佐藤：分室みたいなのがあったんですよ。それでその、下から上までね電
　　　波運んでいって、うまくいかないと。それ多摩研ですよ。多摩研の一つ
　　　の研究題目だったわけですよ。

永田：そうですか。片平の建物の中で

吉葉：工学部本館の屋上で

佐藤：屋上でね。今の片平丁のね三階建ての建物あります。

吉葉：今、多元物質科学研究所が入っている……。

佐藤：その屋上にちっちゃい部屋が、建物があって、そこでやってましたよ。

　以上より佐藤名誉教授は、電波伝送系の研究に従事していたこと、ま
たそれが電気通信研究所の所長である抜山平一教授を中心とする「電波
兵器」開発というプロジェクト研究の一部として位置づけられていたこ
となどが理解できた。

東京帝国大学航空研究所への配置

　酒井髙男名誉教授からも東北帝国大学より本人に交付された辞令が提
供された（写真 8-2 を参照）。この辞令より次のようなタイプ文字を読み

245

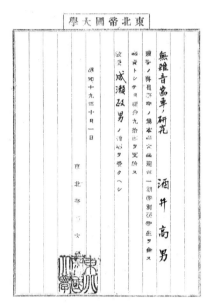

写真 8-2　本人に交付された辞令

取ることができる。

　　　無雑音歯車ノ研究　　　酒井髙男
　　　頭書ノ科目研究ノ為本学大学院第一期特別研究生ヲ命ス
　　　学資トシテ月額九拾圓ヲ支給ス
　　　教授成瀬政男ノ指導ヲ受クヘシ
　　　　　昭和十九年十月一日
　　　　　　　　東北帝国大学

　この辞令に記載されている研究事項「無雑音歯車ノ研究」は、文部省に提出された研究事項「小型歯車ノ研究」（表 8-2 を参照）とは異なっている。酒井名誉教授は、辞令と文部省提出書類の研究事項の違いについ

第8章　科学技術動員下の東北帝国大学の研究・教育の諸相

て、次のような感想を述べた。

酒井：これをやれっていう辞令が来てますからね。それは無雑音歯車なん
　　　ですね。だから戦後になってからね、私はこういう辞令だけで先生が何
　　　を考えていたかさっぱり分からない。だから特別何か考えていたわけで
　　　はないかと思いました。普通だったら無雑音じゃなくて無騒音って言っ
　　　たんですよ、当時は。だから雑音歯車なんていう表現は無かったですよ。
吉葉：そういわれればそうですね。
酒井：よくこんなので文部省認めたなって思って。
吉葉：文部省に提出されたタイトルは、「小型歯車ノ研究」ですからね。
酒井：それなら分かりますね。それはいつの段階ですか。
吉葉：それはその昭和19年の4月末〔文部省からの通牒で実際の提出は5
　　　月17日付〕の話ですね。
酒井：19年。
吉葉：はい、4月末〔5月17日付〕に提出されたものです。
酒井：そうすると史料館の資料には、小型歯車の研究と書かれているので
　　　すか。
吉葉：こういうタイプ打ちのでですね。小型歯車の研究という。
酒井：むしろこういうの来ちゃってるんだ。
吉葉：これが文部省に送られた書類の控えなんですが〔『大学院特別研
　　　生関係　昭和十九年度』に綴られている研究事項解説書を開く〕。
酒井：日付はいつですか。
吉葉：4月中ごろには送られてるんですね。
酒井：こういうテーマならばね、成瀬先生が指導するといってもいいと思う
　　　し、それから戦後まさにこうだったです。時計を急にやることになって…。
〔中略〕
酒井：しかし、これ〔研究事項解説書〕なんかは。
吉葉：先生は航空研でされたような内容なんですね。
酒井：そうか、航空計器で小型歯車使っているっていう話をしてもいいわ

247

けだ。

吉葉：そうです。航空計器を試作生産するっていう話で、目的はそうなっているんですね。

酒井：航空精密研究所の設立を見る…ああ、東北大でこういうの…実際ね、棚澤先生、成瀬先生考えていたことなんですね。

吉葉：考えていたんですね。

〔中略〕

酒井：それで、これ〔研究事項解説書〕は今回初めて見せられましたがね、小型歯車なら分かるし、それなら筋が通っている。

　虫明名誉教授の場合と同様に、酒井名誉教授の場合は文部省に提出された研究題目のほうが実際に従事した研究に近く、本人からも「それなら筋が通っている」という感想が得られた。

　酒井髙男名誉教授の場合、東北帝国大学大学院特別研究生の身分のまま、東京帝国大学の航空研究所に「留学」することになり、佐々木達治郎教授指導のもとで航空計器の研究・開発に従事したという[31]。酒井名誉教授より、その「留学」の事実を示す辞令が示された（写真8-3を参照）。枠外右下に航空研究所と書かれているB5判縦書きのタイプ用紙には、次のようなタイプ文字が読み取れる。

　　酒　井　髙　男

　　　　特別研究員トシテ入所ノ件許可ス

　　　　　　　　昭和十九年十月廿九日

　　　　　　　　　　航　空　研　究　所

第 8 章　科学技術動員下の東北帝国大学の研究・教育の諸相

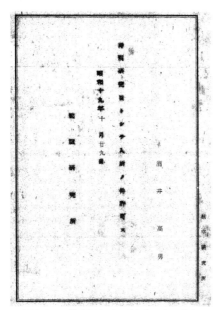

写真 8-3　航空研究所入所を許可する辞令

　航空研究所で従事した研究内容について、聞き取りの際に酒井名誉教授より次のような補足説明があった。

　　酒井：それは飛行機の中でコマを使ってね、船で使っているように南北を指すコマを飛行機用として作りたいと考えました。とても無理だというような感じはしますけれども、とにかく挑戦しようということで。それで私自身は真ん丸いコマを作って、それを空気の中に浮かして、それにちょっとギザギザをつければね、回りますからね、一応は。で、そのコマの下の支えの皿をいつも水平になるように工夫しておけば、コマは南北を向く性質があるんですよ。船のジャイロコンパスっていうのはそういう仕組みになっているんです。それを直径 6 センチくらいの大きさのコマで実験したいというので、真ん丸いコマを作ろうとした。

〔中略〕

酒井：当時は高度計には圧力が簡単でよかったんです。上に行くと気圧が
さがりますからね、圧力計そのものが高度計になっていたんです。その
後は電波を使うことになりますが、電波使うのは相当後ですね。それか
ら南北なんていうのも今だともう本当に便利になっていますけれど、当
時は磁石を使えないわけですよ、〔飛行機には〕金属を、鉄を使ってい
るから。それで何とかして船と同じようにコマを使えないだろうかなっ
て。研究そのものはいろんなことをやっていました、佐々木先生は。
で、私が下請けとしてやらされたのは、そのコマなんですがね、そのコ
マも面白い問題があったんですよ。

　酒井名誉教授は東北帝国大学大学院特別研究生のポストのままで、航
空研究所に特別研究員として入所し、そこで航空計器開発に従事してい
たことになる。
　以上の3事例から、次のようなことが導き出される。昭和19年度の工
学部電気通信系には、軍の研究所の分室ができ、「電波兵器」の開発とい
う大プロジェクト研究が展開され、大学院特別研究生はそのプロジェク
ト研究の一端を担う研究に従事していた。そして研究会に出席する教授
に伴い出張することもあった。また航空学科の場合は、東北帝国大学に
所属ながら、東京帝国大学の航空研究所に「留学」し、東京帝国大学の
教官の指導のもと、航空計器の研究開発に従事していた。短期間の出張
という事例は他大学においてもみられたが[32]、このような事例はこれまで
確認できなかった。

6　終戦と特別研究生の研究事項の転換

　次に昭和20年度の事例を見ていきたい。昭和20年度の第1期特別研究
生は7月中に採用が決定されたものの、実際の採用は戦後の10月1日か
らである。社会の枠組みが大きく転換するため、文部省に提出した研究
事項と実際に行われた研究にいかなる相違があったのかなど注目される

第8章　科学技術動員下の東北帝国大学の研究・教育の諸相

ところである。

研究事項の転換
菅木浅彦名誉教授から、次のような話を聞くことができた。

菅木：大学院特別研究生でね、テーマが決められておったんですよ。私
　　　は、ニッケルとかコバルトの資源を、東北地方にあるその資源を調べ
　　　る。そういう研究やるんだというようなことだったと思うんですよ。何
　　　てなっています。

吉葉：文部省に提出された研究事項解説書です。

菅木：非常に漠然と書いてあったからね。

吉葉：「金属鉱床の研究」

菅木：ああ、おそらくそうでしょう。

吉葉：金銀銅……〔読み上げる〕

菅木：だけど、私が渡邊満次郎先生から言われておったのはですね、ニッ
　　　ケルとコバルトの鉱石の研究は十分でないと。それを、君興味あるか
　　　ね、と言われて、「いやぁ私は興味よりか、やれと仰るならやるより方法
　　　が無いですわ」なんて言っておったんですね。それ、気仙沼の近くに
　　　あったんですね。その鉱山。それは、もともと渡邊先生が軍需省から頼
　　　まれて、ちょっと鉱石を見て、これは調べなきゃいかんなと思ったんで
　　　すね。私にそれをやれと指示した。ところが、終戦になってしまったも
　　　んだから、国としては、採る必要なくなったんですよ。ニッケルとかコ
　　　バルトなんていうものは、もう日本の鉱石なんか精錬して採るよりも、
　　　外国から買ったほうが安いってのもありますからね。だからもう平和に
　　　なりゃ、そんなもの経済的には間に合わない話なんですよ。それで何を
　　　やらせられたかっていうと、当時、復興に要するセメントが不足してい
　　　た。GHQもセメントの増産を命令したんですね。石炭の増産とセメン
　　　トですね。もう復興には建物から何から、橋も作らなければいかん、や
　　　れ道路も作らにゃいかん。それで、どうしてもセメント要るんだと。そ

251

のセメントの生産が追いつかないと。セメントの主要成分は、石灰岩と粘土なんです。これらをキルンの中に入れて、1,200 〜 1,300 度の温度で焼けばセメントができるんですけどね。この際に、セメントの強度を保たせるために、石膏を入れるんですよ。石膏は大した量じゃないけど、セメントの大体 3 パーセントくらい入れるんですよ。セメントっていうのは大変な量を使いますからね、3 パーセントといっても馬鹿にならないんですね。だからその 3 パーセントの石膏をどこから持ってくるのかというのが課題でした。日本の石膏山をできるだけ大至急開発せよということで、私は、石膏の研究をやらされたんです。これは金属でも何でもないんですよ。しかし、日本では石膏っていうのは金属鉱山の採掘に伴って出てくるんですよ。銅とか鉛亜鉛など産出する、黒鉱っていうね、色が黒いので黒鉱っていう名前の鉱石があるんですよ。ここから石膏も採取できる。

〔中略〕

その後、文部省に助手のポストを取られはじめたんですね。復員で帰ってくる人のために空けておいたんですが、それほど早く戦争から帰ってこなかったんですね。シベリアに抑留されたりして。そのために助手の席が空いているわけです。それで助手の枠を取り上げられると。私は大学の先生になる積りでいたわけでもないので、大学院特別研究生の 2 か年が終われば、その先のことは考えようと思っておったんですけど、1 年経った頃に、結果的には大学院やめて、助手になれという話になった。

　菅木名誉教授の場合、軍需のための希少金属から民需のための石膏へと、研究対象が転換していったのである。

研究事項が継続した事例

次に飯泉茂名誉教授の事例を見ていきたい。

　吉葉：そうですね。研究事項が、馬鈴薯と甘藷に関する実験生態、となっ

第 8 章　科学技術動員下の東北帝国大学の研究・教育の諸相

　ています。

飯泉：カンショ、サツマイモのことです。

吉葉：実験生態学的研究。

飯泉：こんな馬鈴薯やサツマイモを実験材料としてこの生物学教室で扱うってのはもう本当に可笑しなことでしてね、周りからしますと。

吉葉：ちょっと違和感がありますね。

飯泉：吉井先生は、〔中略〕学問の実験生態学の研究対象をですね、戦争中なもんですから食糧増産と密接に関係させて扱えばよいものを、食糧増産ズバリそのものは扱わないんですよ。畑で耕したりだとか、農学でやってるようなことはやらないんですね。肥料をどうするとか、やらないですね。我々に命じたことは、貯蔵の研究であると、いかにして後世の個体を確保するか。もう最後は貯蔵しかないんだというのです。

　温室の一角に貯蔵庫をこしらえたんですよ。我々も手伝わされてね。レンガを積み重ねて穴を掘って、僕らの背ぐらいの穴掘りましたかね。でそこへジャガイモだとかサツマイモとか他の色々なものを入れて、それで貯蔵条件を変えながら、生きているか死んでいるか、それを生理作用の一つである呼吸の変化で調べてましたね。そういう生き物の標準になる生き様っていうのをきちっと捕まえて、そしてあとは、暖かい空気を入れてみたり、寒さに当ててみたり、湿度を変えてみたり、ってなことをしながら貯蔵庫の中での実験生態学をやるっていう。そういうやり方でした。

　飯泉名誉教授の場合、研究事項の転換は見られなかった。食糧増産は、戦時中からの課題であったが、終戦後も容易に解決されるものではなかったためであろう。

先行研究のキャッチアップ

　一方、土倉保名誉教授からは、次のような話を聞くことができた。

253

土倉：特別研究生になってからはね、あの頃は有名なポーランド叢書って
　　いうのがあってね、数学のね。それはポーランドが第一次大戦でやられ
　　てね、復活したのが物理、物理じゃなかった数学だ。数学は何も実験機
　　械なくてできるから。で、ポーランドが数学の集合論とかね、そういう
　　基本になるのが非常にあそこで盛んで、発展したんですね。ポーランド
　　学派って言われる。そういうものを勉強しようっていうんで、そのポー
　　ランド学派の論文の勉強。本もありましたしね。そういう勉強から僕等
　　は始めましたけどね。戦争が終って研究生になった頃はね、ポーランド
　　学派の論文が非常に気になったんですね。最先端の数学でしたから。でも
　　も戦時中に、何にもなくなっちゃったでしょう。そこで、アメリカの
　　CIE の文献なんかが、あそこは何て言ったのかな、昔レジャーセンター
　　があった所は〔CIE 図書館、日米講和条約後はアメリカ文化センター、
　　斉藤報恩会の建物が接収され使用されていた [33]〕……、とにかく、そこ
　　に、アメリカの教育なんとかという所があって、系統的じゃなかったか
　　も知れないけど、アメリカのいろいろな学術雑誌が来たんですよ。で、
　　その中に数学の学術雑誌もあったんです。そういうのをよく見に行って
　　ね。この論文見たいな、って言っても。その場で読んで分かった、ってわけ
　　けにもいかないし。その頃はコピーなんかできなかったから、筆写し
　　て、何回か写しに行った記憶がありますね。

　このように土倉名誉教授の場合、大学院特別研究生としてのスタート
は、当時の数学の「最先端」といわれた「ポーランド学派」の論文を読
み込むところからはじまったという。
　そして森田章名誉教授からも、同様の話を聞くことができた。

吉葉：それから先生の研究事項解説書、先ほどから出ていますが、その説
　　明の内容はですね、それは山田先生がお考えになられたのかな、とは思
　　うんですが。
森田：でしょうね、きっと。大体それに近いことはやっていたわけですけ

254

第 8 章　科学技術動員下の東北帝国大学の研究・教育の諸相

ども。大体今で言えば、物性論、半導体物理学の理論ですね。そういうことをやろうとしていたわけですけども、この研究テーマは山田先生が勝手に考えられたんじゃないですか。

吉葉：この〔特別研究生の〕研究事項解説書に書かれてあることと、先生が昭和 20 年 10 月から特別研究生としてされた実際の研究との相違点はどのような点にあったのでしょうか。

森田：もうこれはまずは、物理学の、所謂その頃の、量子力学に則って、物性理論を勉強する、ということが第一で、だから研究するなんてものじゃないですね。勉強を、物性理論の最先端に追いつくまで一生懸命勉強するという所からスタートしたわけですね。ただそれでも、時代に鈍感だったわけじゃなくて、もうすぐ色んな真空管とかそういうものの改良が大切だと、いうようなことは理論をやっていても分かりますし、それで真空管の中に使っている熱陰極っていうのは、材料は酸化バリウムとか、そういうものを使うんですよね。それで、熱電子効率っていうのを理論的になんていうことをちょっと考えて、例えばあれは特研生になって 2、3 年してからですかね。私は工学部の、渡邊寧先生の所の人と、具体的には津屋昇さん、それとか最近亡くなりましたが、金研から物性研に行った同級生の田沼さん、それから渡邊研出身の桂さんとか。そういう人たちと、それからこちらの堀江忠児さんですか、工学部の。そういう人たちで、4、5 人でそういう熱電子効率が良い物の物性を基本的に調べて、それで真空管の改造に繋がらないか、ということで。それでその頃新しく出始めたバンド理論っていうんですかね、要するに結晶中の電子状態を量子力学的に計算することを始めました。それは物凄く計算量が必要で、今でしたら計算センターの計算機を使えばどうってこと無いんですけども、あの頃は手回しのタイガー計算器しかなかったものですから、それを皆でシコシコ回して、やるっていうようなことで始めたりしましたね。私にしては珍しく割と実用化をちょっと心掛けた、ということです。

255

森田名誉教授は、当時の物性理論の最先端に追いつくまで勉強するところからスタートしたという。また、大学院特別研究生の2、3年目には、工学部などの若手研究者たちと協力し、熱電子効率が良い物の物性を調べるために、「結晶中の電子状態を量子力学的に計算する」ことをはじめたという。なお、「工学部の渡邊研出身の桂さん」とは、昭和19年第一期特別研究生の桂重俊名誉教授のことである。

7 おわりに

以上、本章では昭和19年度と昭和20年度に東北帝国大学大学院特別研究生であった東北大学名誉教授に対する聞き取り調査の結果などをもとに、戦時下において科学技術動員が実施されていた東北帝国大学の教育・研究環境の実際と大学院特別研究生制度の実際の運用について見てきた。

1944（昭和19）年5月から本格化する組織的な学徒勤労動員では、東北帝国大学の理工系の学生が専門分野に即した工場や学内の研究室に配属されていたという事例を確認することができた。聞き取り調査により理学部の数学や理論物理の分野でも科学技術動員の例外ではなく、科学戦のための研究に研究室ごと動員され、学生が勤労動員されていたことが明らかになった。

聞き取り調査の対象が元特別研究生だったため、学内の研究室に勤労動員された学生がそのまま特別研究生となったケースが多いように思われるが、指導教官が意識的に選択したものかどうかは判らない。

大学院特別研究生制度の制度面では次の2点が明らかになった。第1点は、本人に辞令が交付されていたという事実である。他の特別研究生に対しても同様の辞令が交付されていたと考えられる。第2点は、文部省に提出された書類と、本人に交付された辞令とでは、研究題目が異なる場合があったということである。昭和19年度の場合、文部省に研究題目が提出されたのが1944（昭和19）年5月17日付であり、本人への辞令の

第8章　科学技術動員下の東北帝国大学の研究・教育の諸相

交付は10月1日付であった。なんらかの事情で研究事項に変更が加えられたが、最終的には文部省に提出された研究事項にそった研究に従事したことになる。

　学内で文部省に推薦する候補者を銓衡する時期に、就職担当教授や主任教授等との面談や「内相談」があった例が多く見られた。また研究事項は決定済みあり、その既定の研究事項にそうように指導されていった様がうかがわれた。また、本人に交付された辞令を確認することができた。くわえて、本人交付の辞令に記載された研究事項と、文部省に提出された研究事項とに相違があったという事実を確認することができた。

　そのほか、大学院特別研究生として東北帝国大学に所属しながら、東京帝国大学の附置研究所である航空研究所に特別研究員として入所していたという事例が確認された。短期出張という事例は他大学の史料でもみられたが、このような事例はこれまで確認されなかった。

　大学院特別研究生が実際に従事した研究は、専門分野によって様々であった。昭和19年度の工学部電気通信系の事例では、陸海軍の技術研究所の仙台分室とされた電気通信研究所において所長の抜山平一教授を中心とする「電波兵器」開発という、いわばプロジェクト研究グループの一員として研究に従事していた。工学部航空学科の酒井名誉教授は、航空研究所に特別研究員として入所し、航空計器の開発プロジェクトに従事していた。

　昭和20年度の場合、大学院特別研究生として研究に従事するのは戦後であったため、敗戦による社会・経済の枠組みの変化に伴い、予定されていたものとは異なる研究に従事した事例が見られた。岩石学教室の菅木名誉教授の場合はその典型であり、日本の敗戦による資源政策の転換に伴い軍需のための金属資源の調査から、戦後復興のためのセメント材料としての石膏資源の調査へと転換したのである。しかしながら、生物学教室の飯泉名誉教授の場合は、研究事項は転換しなかった。戦中・戦後ともに食糧事情の逼迫した状況には変わりがなかったためであろう。一方、理論を専門分野とする土倉・森田両名誉教授の研究は、欧米の最

257

先端研究の動向を把握することから、大学院特別研究生としての研究は開始されることとなった。

　学徒勤労動員で配属された学内の研究室での研究補助、そして大学院特別研究生として動員されたプロジェクト研究は、中には多少の成果のあがったものもあるようだが、多くは戦争末期の資材不足などにより満足な研究成果は出されずにいたようである。しかしながら、戦後復興のための研究の基盤を築いた面もあるものと考えられる。

　以上のように、聞き取り調査は資料分析によりある程度明らかにしてきた東北帝国大学の科学技術動員と大学院特別研究生制度の実態を裏付けるとともに、資料からは読み取れない事実を明らかにすることができた。

1　虫明康人東北大学名誉教授に対する聞き取り調査は、2007（平成 19）年 11月 7 日（水）11：00 ～ 12：00、仙台ホテル 2 階ラウンジにおいて行った。聞き手は吉葉。以下に「虫明康人教授著作目録」東北大学記念資料室（著作目録第 235 号）昭和 61 年 3 月等より抜粋した略歴を示しておく。

　1921（大正 10）年 3 月　　　岡山県生まれ
　1941（昭和 16）年 12 月　　広島高等工業学校電気工学科卒業
　1942（昭和 17）年 4 月　　 東北帝国大学工学部電気工学科入学
　1942（昭和 17）年 10 月　　同学部通信工学科転科
　1944（昭和 19）年 9 月　　 同学部同学科卒業
　1944（昭和 19）年 10 月　　東北帝国大学大学院第一期特別研究生
　1946（昭和 21）年 10 月　　同第二期特別研究生
　1949（昭和 24）年 9 月　　 同上修了
　1949（昭和 24）年 11 月　　東北大学工学部助教授
　1954（昭和 29）年 9 月　　 米国オハイオ州立大学留学（客員研究員）
　1956（昭和 31）年 5 月　　 帰国
　1960（昭和 35）年 4 月　　 東北大学工学部教授（電気通信研究所併任）
　1980（昭和 55）年 4 月　　 東北大学評議員（昭和 56 年 3 月まで）
　1984（昭和 59）年 4 月　　 停年退官
　1984（昭和 59）年 4 月　　 東北大学名誉教授

2　佐藤利三郎東北大学名誉教授に対する聞き取り調査は、2007（平成 19）年8 月 10 日（金）13：30 ～ 15：45、ICR 佐藤利三郎研究室において行った。聞き手は東北大学史料館永田英明と吉葉。以下に、佐藤利三郎名誉教授の

第 8 章　科学技術動員下の東北帝国大学の研究・教育の諸相

略歴を示しておく。

1921（大正 10）年 9 月	宮城県生まれ
1941（昭和 16）年 12 月	盛岡高等工業学校電気科卒業
1942（昭和 17）年 4 月	東北帝国大学工学部電気工学科入学
1942（昭和 17）年 10 月	東北帝国大学工学部通信工学科に転科
1944（昭和 19）年 9 月	東北帝国大学工学部通信工学科卒業
1944（昭和 19）年 10 月	東北帝国大学大学院第一期特別研究生
1946（昭和 21）年 10 月	東北帝国大学大学院第二期特別研究生
1947（昭和 22）年 3 月	東北帝国大学副手
1949（昭和 24）年 11 月	東北大学工学部助教授
1961（昭和 36）年 6 月	東北大学工学部教授
1983（昭和 58）年 4 月	東北大学大型計算機センター長併任（昭和 59 年 4 月まで）
1984（昭和 59）年 4 月	停年退官
1984（昭和 59）年 4 月	東北大学名誉教授
2011（平成 2）年 4 月 12 日	死去

3　酒井髙男名誉教授に対する聞き取り調査は、2007（平成 19）年 11 月 9 日（金）14：00 ～ 16：30、東北大学法科大学院第 5 演習室において行った。聞き手は吉葉。以下に「酒井髙男教授著作目録」東北大学記念資料室（著作目録第 258 号）昭和 60 年 3 月等より抜粋した略歴を示しておく。

1921（大正 10）年 6 月	長野県生まれ
1941（昭和 16）年 12 月	米澤高等工業学校機械科卒業
1942（昭和 17）年 4 月	東北帝国大学工学部航空学科入学
1944（昭和 19）年 9 月	東北帝国大学工学部航空学科卒業
1944（昭和 19）年 10 月	東北帝国大学大学院第一期特別研究生
1946（昭和 21）年 10 月	東北帝国大学大学院第二期特別研究生
1949（昭和 24）年 10 月	東北大学工学部助教授
1961（昭和 36）年 5 月	東北大学工学部教授
1985（昭和 60）年 3 月	停年退官
1985（昭和 60）年 4 月	東北大学名誉教授

4　土倉保名誉教授に対する聞き取り調査は、2008（平成 20）年 5 月 12 日（水）13：10 ～ 15：25、東北大学史料館閲覧室において行った。聞き手は永田英明東北大学史料館助教と吉葉。以下に、「土倉保教授著作目録」東北大学記念資料室（著作目録第 278 号）昭和 61 年 3 月等より抜粋した略歴を示しておく。

1922（大正 11）年 10 月	神奈川県生まれ
1942（昭和 17）年 9 月	東京物理学校高等師範科数学部卒業
1942（昭和 17）年 10 月	東北帝国大学理学部数学科入学
1945（昭和 20）年 9 月	東北帝国大学理学部数学科卒業
1945（昭和 20）年 9 月	東北帝国大学理学部副手
1945（昭和 20）年 10 月	東北帝国大学大学院第一期特別研究生

1946（昭和 21）年 4 月	同退学
1947（昭和 22）年 2 月	東北帝国大学理学部助手
1951（昭和 26）年 3 月	東北帝国大学理学部助教授
1963（昭和 38）年 4 月	東北帝国大学教授（川内分校）
1964（昭和 39）年 10 月	東北帝国大学教授（理学部）
1986（昭和 61）年 3 月	停年退官
1986（昭和 61）年 4 月	東北大学名誉教授

5 　莒木浅彦名誉教授に対する聞き取り調査は、2008（平成 20）年 2 月 13 日（水）15：00 ～ 21：15、東北大学法科大学院第 5 演習室において行った。聞き手は吉葉。以下に、「莒木浅彦教授著作目録」東北大学記念資料室（著作目録第 284 号）昭和 61 年 3 月、および『莒木浅彦先生の業績』莒木浅彦教授退官記念会、昭和 61 年 3 月より抜粋した略歴を示しておく。

1923（大正 12）年 2 月	佐賀県生まれ
1942（昭和 17）年 9 月	宇部高等工業学校採鉱科卒業
1943（昭和 18）年 10 月	東北帝国大学理学部岩石学教室入学
1945（昭和 20）年 9 月	東北帝国大学理学部岩石学教室卒業
1945（昭和 20）年 10 月	東北帝国大学大学院第一期特別研究生
1946（昭和 21）年 9 月	同退学
1946（昭和 21）年 9 月	東北帝国大学理学部助手
1953（昭和 28）年 7 月	東北大学理学部助教授
1957（昭和 32）年 6 月	山口大学工学部教授
1974（昭和 49）年 7 月	山口大学工学部長（1975 年 8 月まで）
1975（昭和 50）年 9 月	東北大学理学部教授
1986（昭和 61）年 3 月	停年退官
1986（昭和 61）年 4 月	東北大学名誉教授

〔2010（平成 22）年 4 月 22 日　死去〕

6 　飯泉茂東北大学名誉教授に対する聞き取り調査は、2007（平成 19）年 9 月 5 日（水）13：00 ～ 14：25、東北大学史料館閲覧室において行った。聞き手は吉葉。以下に、「飯泉茂教授著作目録」東北大学記念資料室（著作目録第 282 号）、昭和 61 年 3 月より抜粋した略歴を示しておく。

1922（大正 11）年 9 月	東京都生まれ
1942（昭和 17）年 9 月	岐阜高等農林学校農芸化学科卒業
1942（昭和 17）年 10 月	東北帝国大学理学部生物学教室入学
1945（昭和 20）年 9 月	東北帝国大学理学部生物学教室卒業
1945（昭和 20）年 10 月	東北帝国大学大学院第一期特別研究生
1947（昭和 22）年 10 月	東北帝国大学大学院第二期特別研究生
1950（昭和 25）年 5 月	同退学
1950（昭和 25）年 5 月	東北大学理学部助教授
1974（昭和 49）年 4 月	東北大学理学部教授
1986（昭和 61）年 3 月	停年退官
1986（昭和 61）年 4 月	東北大学名誉教授

第8章　科学技術動員下の東北帝国大学の研究・教育の諸相

〔2013（平成25）年3月17日　死去〕

7　森田章名誉教授に対する聞き取り調査は、2008（平成20）年6月9日13：30～15：20、東北大学史料館閲覧室において行った。聞き手は東北大学史料館の永田英明と吉葉。以下に、「森田章教授著作目録」東北大学記念資料室（著作目録第277号）昭和61年3月等より抜粋した略歴を示しておく。

1922（大正11）年9月　　　静岡県生れ
1942（昭和17）年9月　　　第八高等学校卒業
1943（昭和18）年10月　　東北帝国大学理学部物理学教室入学
1945（昭和20）年9月　　　東北帝国大学理学部物理学教室卒業
1945（昭和20）年10月　　東北帝国大学大学院第一期特別研究生
1947（昭和22）年10月　　東北帝国大学大学院第二期特別研究生
1950（昭和25）年6月　　　同退学
1950（昭和25）年6月　　　東北大学理学部助教授
1958（昭和33）年8月　　　在外研究員としてパデュー大学（アメリカ）に滞在
1959（昭和34）年10月　　帰国
1960（昭和35）年1月　　　東北大学理学部教授
1971（昭和46）年4月　　　東北大学評議員～1973（昭和48）年3月まで
1974（昭和49）年6月　　　東北大学理学部長～1976（昭和51）年6月まで
1986（昭和61）年3月　　　停年退官
1986（昭和61）年4月　　　東北大学名誉教授

8　聞き取り調査の聞き手は、筆者の単独あるいは史料館の永田英明と二人で行った。

9　東北帝国大学の学徒勤労動員は学内に結成された「東北帝国大学報国隊」のもとで昭和19年6月13日に最終決定された「報国隊学徒勤労動員実施要綱」に基づき実施された。この要綱で「通年動員ノ際ハ報国隊本部ニ於テ壮行式ヲ行フ」と定められている。しかし最初の通年動員はこの要綱決定1か月前に工学部学生が通年動員に出動することになり、5月15日、「通年動員学徒壮行式」が実施された。『東北帝国大学学報』第294号、1944。

10　徳竹剛「通年動員態勢下における学徒勤労動員──東北帝国大学法文学部伊勢崎隊－」『東北大学史料館紀要』第2号、2007、pp.1-23。

11　「『学徒』たちの『戦争』－東北帝国大学の学徒出陣・学徒動員」『東北大学史料館紀要』第2号、2007、pp.77-93。

12　以下に学内の研究室に勤労動員された酒井名誉教授の聞き取り調査の該当箇所を抜粋しておく。

　　吉葉：それで2年半の最後の半年間は勤労動員。ということは19年の4月辺りから勤労動員だったと……

　　酒井：そうです。いきなり4月ではなかったように思いますがね、具体的には5月じゃなかったかと思いますがその辺は、はっきりしません。4月に入って後にはっきりしてきた。それで、私は幸い仲間が他に4人、トータルで5人残されて、棚澤先生の研究室で先生の手伝いをするということになった。

261

13　酒井髙男「研究開始時にえた教訓」『日本機械学会論文集』（C編）49巻444号、1983、pp.1307-1308。なお、この回想文では、戦時研究への勤労動員であっても、棚澤教授が教育者としての姿勢を貫いていたことが記されているが、ここでは割愛する。

14　そのほか、土倉名誉教授より、当時の泉研究室が早い時期より疎開していたことを聞くことができた。

　　土倉：泉研究室はね、八幡町の奥の本国寺っていう日蓮宗のお寺に疎開していたんです。八幡、何丁目かな。六丁目くらいじゃなかったかな。文殊菩薩ってあるでしょ。それに並んである本国寺。泉先生の菩提寺だったかな。そこの部屋をずっと借りて、僕はそこに通って、黒板も運んでいましたし、計算機もあって、そこでやっていましたけどね。

　　吉葉：それは〔昭和20年〕3月くらいからのことでしょうか。

　　土倉：もっと前からやっていたんじゃないかな。移っていましたよね。

　　吉葉：3月よりも前。

　　土倉：徹夜して計算したりしたことありますね。

　　吉葉：どちらかというと、北七番丁でしたっけ、先生の下宿された所は。そちらからもう直接大学に来ないで。

　　土倉：そうそう、大学に来ないで。

　　吉葉：本国寺の方に行かれた、と。

15　平成20年4月30日付けの土倉保名誉教授から吉葉宛の手紙を指す。

16　森田、前掲書。

17　紙幅の都合で該当箇所は省略する。

18　苣木名誉教授は、勤労動員を通して、次の二つの点において大変良い経験になったと回想している。①いろいろな山の現場を見ることができ、知識を広くしてくれた。②先生と一緒に寝食を共にすることにより、徒弟教育、あるいは寺子屋式で学ぶことができた。

19　『東北帝国大学学報』第306号、1945。

20　苣木名誉教授への聞き取り調査。

21　飯泉名誉教授に対する聞き取りの際の該当箇所を以下に示しておく。

　　飯泉：勤労動員ね。あります、あのね、今の原の町ですか東南の方。今住宅地になっちゃったんですけど。それから自衛隊関係の施設がありますね。あの辺に、兵器を作ってるところかなんかがあって、そこへなんか呼ばれて、外側の荷造りや運搬を手伝わされたような覚えがありますね。

　　吉葉：荷造りですか。

　　飯泉：ええ。

　　吉葉：そのときはやはり、生物学教室っていう一つのまとまりで、学生がまとまって行ってらっしゃった。

　　飯泉：そうですね。

　　吉葉：それに引率される方なんかは。

　　飯泉：いやあ、どうだったかなあ。

　　吉葉：荷物のまとめなんですね。実際にはその軍需工場の生産の現場では何も。

第 8 章　科学技術動員下の東北帝国大学の研究・教育の諸相

飯泉：現場じゃなかったですね。全然記憶ないですから現場は。

『大学院特別研究生関係綴　昭和二十年』に所収されている文部省に提出された書類には、飯泉名誉教授の在学中の研究業績として、昭和 20 年に「甘藷並ニ馬鈴薯貯蔵並腐敗防止ノ研究」が記載されている。筆者は、飯泉名誉教授は研究室に勤労動員されていたのではないかと考えている。聞き取りの際に、筆者の質問の仕方に問題があったと考えている。

22　虫明康人、回想「なぜ私はこの道を選んだのか？」『電子情報通信学会誌』Vol.72、No.3、1989、pp.272-275。

23　虫明名誉教授に対する聞き取り調査の該当箇所を以下に示しておく。

吉葉：それでちょうど卒業の年度になってきて、就職担当の宇田先生から進路について希望調査があった際に、虫明先生は……。

虫明：残ったほうが良いと。

吉葉：マイクロ波関係の研究がしたいと。

虫明：ええ、マイクロ波立体回路と言ってこれは空洞共振器などですね。

吉葉：宇田先生に大学院に残ってはどうかというかたちで勧められて、大学院に進学したと。

虫明：そうですね、そういう感じですね。

吉葉：そうですね。で、さきほどの……。

虫明：これが卒業の前ですね。それで、ちょうど富士のほうに行っている頃に具体的に動いたわけですね。

吉葉：それが昭和じゅう……やはりそうなると昭和 19 年の 3 月から……。

虫明：そうですね。

吉葉：3 から 6 月にかけてなんでしょうか。

虫明：そうですね。19 年ですね。

24　酒井、前掲「研究開始時にえた教訓」。

25　この文に続いて酒井名誉教授は、「しかしこれは決して先生が強引であることを意味しない。正しく人生の先輩としての言葉であると感じた。どんな研究でも、必ずその中に興味を見いだしうるものはある。そう受けとめて、やるべき仕事に積極的に取り組むべきことをこの言葉から学んだ」と総括している。

26　聞き取り時に酒井名誉教授は、以下のように述べた。

酒井：これは大学院を決める前ですね。ちょうど 9 月辺りかも知らんけど、8 月…8 月もやっぱり夏休みありましたからね。夏休み終わってきたら、大学院に残されることになったんですけれども、大学院の話があったかどうかは…どこに就職したいかってことかもしれませんけれど、何をやりたいか聞かれた記憶はあります。で、大学院で何をやりたいかって話じゃなかったです。自分のやりたい方面は何かということを聞かれて。それで、薄板の座屈、これ飛行機なんかは薄板でできているからクシャっとなっちゃうことを言います。それとか流体力学とかあるいは振動。これはみんな数学をものすごく使うんですよ。で、数学で綺麗にこう翼型なんていうのは今だってこういい格好していると思いますよ。先がこうなっていて。

263

吉葉：流線型の。

　　酒井：とにかく当時学生だった私は、その数理的なものが好きだったのでそう答
　　　　　えた。そしたらね、成瀬先生に「ああちょうどよかった。君の希望にぴった
　　　　　りだ、航空計器をやりたまえ。」といわれた。それでね、主任教授ってのはす
　　　　　ごいなって思った。

　「東北帝国大学通則」によれば、昭和19年の夏期休業期間は、「七月二十一
　日ヨリ八月二十日マデ」の1か月間と定められていた（東北帝国大学『東
　北帝国大学一覧　昭和十八年度』1944）。したがって、酒井名誉教授に対
　して大学院特別研究生の採用決定の通知がなされたのは昭和19年8月20
　日以降であり、研究事項については、その前後に指導されていたというこ
　とになる。

27　菅木名誉教授の場合、指導教官の高橋純一教授ではなく、学部生の時に勤
　　労動員で鉱物資源調査の補助者としてついていた渡邊萬次郎教授の指導の
　　下で大学院特別研究生となった。

28　森田章『うわみずざくら集』森田章、2002。

29　以下に聞き取り時の該当箇所を示しておく。

　　森田：もうさすがにあれですね、あまり私の身辺の変化が激しかったものですか
　　　　　らね、実は空襲の時に私の妹も死んじゃっているんですよ。焼夷弾の直撃を
　　　　　受けましてね。そういうことで、仙台でまた焼跡の整理を手伝ったりしてい
　　　　　たんですけども、何かその辺りから後の記憶はちょっと薄れちゃっているん
　　　　　ですね。多分呆然としていたんだと思いますね。ですから、実は、一体もう
　　　　　すぐ卒業するけども、どうする積りだ、というようなことを考えていたんだ
　　　　　か、考えて無いんだか、そこも今となっては良く分からないんですね。ただ
　　　　　覚えているのは、一つだけ、ある日山田先生から「おお、森田君。」って呼ば
　　　　　れて、はいって言ったら、「君、特研生にならんか」と言われて、ハッと思っ
　　　　　て、他に何も考えて無かったものですから、「はい、承知しました。」と「あ
　　　　　りがとうございました。」そういって、それでまたそのあとも、具体的にはど
　　　　　ういう風に何がどう進行したのかっていうのは、あまり記憶が無いですね。
　　　　　で、なってからお金も貰えるっていうありがたみが良く分かってきた。だか
　　　　　らそうですね、8月の終わりごろから9月いっぱいまでは、私何を考えていた
　　　　　のかっていう記憶がちょっと薄れているんですね。何をしたのか、ボーッと
　　　　　していたんですね、多分。

30　虫明、前掲「なぜ私はこの道を選んだのか？」。

31　酒井、前掲「研究開始時にえた教訓」。

32　小川智端恵「『大学院特別研究生関係』史料目録（一九四三～一九四五年
　　度）」『東京大学史紀要』第17号、1999、pp.65-113。

33　河北新報社宮城県百科事典編集本部編『宮城県百科事典』河北新報社、
　　1982、p.437。

終　章

1　総　括

　戦時科学技術動員は帝国大学の教育・研究体制にいかなるインパクト
を与えたのか、またそれが戦後の国立大学の教育・研究体制にどのよう
な影響を与えたのか。このような問題意識のもと、1943（昭和18）年の
ほぼ同時期に実施された、学術研究会議研究班と大学院特別研究生制度
について旧帝国大学はもとより学術会議や防衛研究所、公文書館、国会
図書館に所蔵されている行政文書や個人文書の分析や、当時の大学院特
別研究生であった方々への聞き取り調査により、制度的側面と実際の運
用について東北帝国大学を事例として明らかにしてきた。そしてこれら
の事例研究を通して、戦時下の帝国大学における研究体制の形成過程に
ついて明らかにしてきた。以下に各章ごとのまとめをしたうえで、今後
の展望と課題について記すこととする。

　まず第1章「科学技術動員と学術研究体制強化の相克」では、科学技
術動員の展開に伴い高等・中等教育の修業年限短縮が実施されていき、
その中で東京帝国大学より「大学院強化案」が提示される経緯について
検討した。

　国際関係悪化による輸入途絶は、日本を国内や南方の資源開発そして
技術開発へと指向させる契機となった。そして国家総動員の一環とし
て、大学等の研究機関の動員が軍や企画院、技術院、文部省などで議論
され、大学の研究者も科学技術動員の対象となっていく。

　これに加え、軍は幹部候補者にも不足していた。また軍事技術の担い
手である民間企業においても技術者の需要があった。軍の幹部候補者や
民間技術者、労働力としての人員確保が必要であったため、修業年限短
縮が実施されていく。くわえて、国家総動員法、卒業者使用制限令が施
行され、大学内における学卒者の活用にも支障をきたしていた。

　つまり大学は、教育機関としてはより多くの人材を迅速に輩出しなけ

ればならないという使命を突き付けられ、その一方で研究機関としての使命、すなわち科学技術動員への研究者の参画と戦時研究の推進を突き付けられ、そのための学卒者研究要員の不足に直面するという、相反する問題を抱えることとなったのである。

　結果的に、時局の要求による修業年限短縮実施への圧力が、それまで異なる文脈から検討されてきた大学院改革を推し進めることとなった。その際に東京帝国大学から提示された「大学院強化案」は、それまで学内の大学制度（臨時）審査委員会で大学改革の一環として検討されてきたものが下敷きとなっていたことを確認した。

　第2章「大学院特別研究生制度の成立」では、1943（昭和18）年1月の「新大学院制度」実施の閣議決定から、同年10月1日に文部省令第74号「大学院又ハ研究科ノ特別研究生ニ関スル件」により、大学院特別研究生制度が実施されるまでの経緯を見てきた。

　1月の閣議決定時には、この制度が7帝国大学、3官立大学のみに適用されることになっていたが、その後の私大側の運動により、早稲田、慶應にも適用されることになった。このことにより制度設計が多少紆余曲折したものと思われる。

　そして4月21日、22日に開催された帝国大学総長会議において、文部省側から提案された制度案をもとに詳細が詰められたことを確認した。

　この時点で予算上の定員は決定済みであった。制度の対象は帝国大学が中心であったが、「外地」の帝国大学である台北帝国大学と京城帝国大学は当初より制度の枠外におかれていた。一方、1月の閣議決定以降に制度の対象となった早稲田・慶応の両私立大学のための予算措置は別枠で計上することとなった。

　特別研究生の銓衡方法は、各大学による一次、国家的スタンスから銓衡する二次の二段階選抜が文部省案として提示された。各帝国大学は基本的に文部省案に賛成であったが、各大学の銓衡結果を重視するように要望した。

　そのほか、特別研究生に対する徴兵猶予措置も重要な課題であった

が、ちょうどこの時に陸軍相のほかに兼務していた文相として出席していた東条英機首相が、陸相の立場で了承したことにより解決した。

　また東北帝国大学から、制度上は大学院学生を所属させることができない大学附置研究所に特別研究生を配属できないかとの意見表明がなされていたことが明らかになった。附置研究所の多い大学ならではのこの問題提起が、後に文部省から柔軟な対応を引き出す端緒となる。さらに、この時期の東北帝国大学評議会における熊谷総長の大学院は「研究機関ダ」という発言より、大学側の当制度に対する期待の有り様を読み取ることができた。

　4月の総長会議で詰められた制度の詳細が、6月8日開催の「大学院問題ニ関スル協議会」で再確認された。これらの協議を経て大学院特別研究生制度は確立され、6月8日の協議会以降、対象各大学は特別研究生の候補者銓衡に着手することになる。

　1943（昭和18）年9月30日に「大学院又ハ研究科ノ特別研究生ニ関スル件」が省令公布された際の文部省の説明によれば、制度制定の目的は、「研究ノ振興」と「優秀ナル研究者、技術者ヲ多数養成スルコト」にあった。科学戦、思想戦の様相が激化している情勢を鑑みると、なかでも当該分野の研究者の養成が重要であるとされていた。

　第3章「科学技術動員の展開と大学院特別研究生制度の変容」では、実施当初の昭和18年度から昭和20年度の3年間、大学院特別研究生が銓衡される経緯と、銓衡された大学院特別研究生のパーソナリティや実施しようとした研究について検討を加えた。

　各年度の文部省通牒の分析を通して、大学院特別研究生制度が戦況の悪化など「時局」の影響を受けながら、銓衡基準や手続方法などを変容させていった様子を明らかにした。また文部省の銓衡委員会が、とくに法令や規則によるしばりを設けず、「懇談」内容を踏まえて会長である文部次官が「適当ニ総裁スル」ための「意見ヲ交換スル」場と位置づけられていたことが明らかになった。そして各年度の「懇談」内容の分析を通して、文部省や陸海軍、そして各大学がこの制度と時局をいかに受け

止め、いかに運用しようとしていたのかなど彼らの意図を読み取ることを試みた。

昭和18年度の銓衡委員会では、制度実施初年度であったためか、いくつかの混乱がみられた。その一つが候補者の過少推薦であった。銓衡委員会におけるこの問題に関する協議内容と文部省が追加銓衡を指示するまでの経緯を明らかにすることができた。また書類上は学部所属の特別研究生が附置研究所等の研究に従事するという柔軟な運用が容認されるまでの経緯が明らかになった。

昭和19年度の銓衡委員会では、医学部と農学部のとくに「純農」分野、そして「年齢ノヒツカヽルモノ」のみについて「個々ノ審議」がなされ、それ以外の候補者は大学側の推薦通り「通過」していた。またこの銓衡委員会で召集延期手続きのための書類提出が新たに決定される経緯が明らかになった。

昭和20年度の銓衡委員会では、第1期と第2期の特別研究生の銓衡が行われ、「総テ大学側査定案ノ通リ」決定した。しかしこの時、銓衡の対象であったはずの「文科系」の第2期特別研究生の銓衡は実施されなかった。また、軍部側の「事故」や「過誤」による採用者の入営延期措置の不徹底が問題となった。加えて、昭和18年度第1期修了者のうちの、約半数にあたる第2期に進まない者たちの「国の指定する職業」が問題となっていた。この問題は、最終的には文部省と軍の協議を待つしかなかったが、その結論を得る前に終戦を迎えたものと思われる。

次に、銓衡された大学院特別研究生のパーソナリティや彼らが取り組もうとしていた研究事項についてまとめておきたい。

候補者の平均年齢は初年度の昭和18年度が最も高く、助手・副手などの職を有しているものが目立った。候補者に対して即戦力の研究者としての資質が求められ、また新卒に限らず広く適格者を求めよとの文部省の通牒を踏まえた結果であった。一方で、医学関係の候補者には、医学専門部ではあるが助教授や講師という前職をもつものもあった。これには、研究費・給与の支給と徴兵猶予という特別研究生に付随する待遇

と、軍医不足により多くの医学者（候補者）が召集されていったという
事情もはらんでいたと思われる。

　昭和19年度以降は、法文学部の大学が制度から除外され、「純農的」
な農学研究は除外され、そして軍医不足解消という趣旨から医学部定員
が削減されるなどした。これに伴い、学部新卒者が、大学院特別研究生
の主だった対象者となったため、候補者の年齢層が低くなった。しかし
医学部については状況に応じた配慮がなされ、昭和20年度の銓衡の際に
は、「努メテ之ヲ充足スル」ので、「前年以前ノ卒業者等ヲ適当ニ案配シ
テ推薦セラレ度キ」と通牒し、その通り銓衡手続きがなされた様子がう
かがえた。

　文部省に提出された研究事項解説書の検討においては、敗戦色が強ま
るに従い、戦時下の研究としての緊要性を訴える用語が増加していき、
また特別研究生が戦時研究の補助者として必要不可欠な人員であること
を訴える用語が増えていった。また制度初年度のみ対象となった文科
系、即ち法文学部のものに、緊要・緊急・喫緊・必要といった研究の必
要性を強調するための用語が比較的多く現れていた。

　しかしながら、文部省通牒と照らし合わせてみると、これらの文言は
通牒中の指示にしたがって忠実に作文したものと評することも可能であ
る。同様の視点で見ると、年度や学部別に限らず同様の傾向が看取でき
た。

　とまれ、これらの資料からは、候補者となった学生というより、むし
ろ指導教官となった大学教授たちが、いかなる研究を展開し、また大学
院特別研究生制度をどのように受け止めていたのかなどを読み取ること
ができたのではないかと考えている。

　第4章「科学技術動員の展開と東北帝国大学」では、東北帝国大学が
いかなる科学技術動員体制に組み込まれていったのか明らかにした。文
部省科学研究費による共同研究に対する研究助成、また技術院研究隣
組、文部省学術研究会議研究班など様々な科学技術動員組織がつくられ
て、大学の研究者達は時局にあった共同研究へのインセンティブを与え

られていった。その一方で、陸海軍は、自らが各種研究機関を持ち、大学等の研究機関より研究要員を軍人・軍属として集め、また大学への委託研究などを実施していた。

　このような状況下にあって、東北帝国大学の研究者らも科学技術動員体制に組み込まれていった。加えて陸海軍の技術研究所の分室も設置され、組織的な動員がなされていたことが明らかになった。また陸軍技術本部による仙台・北海道の主要研究機関現場調査の報告書から、大学における研究助手、資材、軍事技術開発に関する情報の不足という問題が、顕在化していたことが明らかになった。さらに「国防ニ貢献セントスル熱意極メテ熾烈」な研究者の存在も確認された。

　第5章「学術研究会議研究班の設置と東北帝国大学の研究体制」では、戦時下の昭和18年度より実施された科学技術動員組織である学術研究会議による研究班組織の構築と研究者等に配当された（緊急）科学研究費に関する資料分析を通して、東北帝国大学における科学技術動員組織の形成過程や科学技術動員組織の有り様、そして戦時研究について見てきた。

　学術研究会議の科学研究動員下の重要研究課題の決定と緊急科学研究費の交付は、1943（昭和18）年8月20日の閣議決定以降、9月中には受入側である大学の準備は開始されていたものの、交付側の学術研究会議は11月26日の官制改正を待たなければならなかったが、改正後には急速に決定・交付となったため、第1次、第2次、追加と分割されていた。

　昭和19年度には、重要研究課題と決定された研究が、件数ベースで昭和18年度の約3倍に増大していた。しかも各研究の要求した研究費の額が大きなものになっていることも明らかになった。

　いくつかの研究班の小題目では、大学院特別研究生が研究分担者として扱われていたことが明らかになった。

　またこの研究班制度の確立により、大学の研究者等が研究費要求を通して、学内の学部横断的な共同研究体制を促進させる、なんらかの素地を形成する契機となったものと思われる。

終　章

　第6章「学術研究会議研究班の拡充と東北帝国大学の研究体制」では、昭和19年度に東北帝国大学の研究者達が参加した学術研究会議研究班について、その研究組織の全容、そして東北帝国大学の研究者が参加した班組織の有り様について明らかにした。

　研究班の組織構成の有り様や交付された研究費は、研究分野によって異なることが明らかになった。それぞれの研究分野に適した組織形態が検討されたことが、その要因の一つであると思われる。

　東北帝国大学の研究者が班長となっている研究班では、その下の複数の研究題目の担当者が東北帝国大学の研究者で占められているという特徴も見出すことができた。くわえてそれらの研究班では、班長の研究題目へ配分された研究費は比較的高額であったという特徴も見られた。もっとも高額の研究費が交付されていたのは、第83班「航空医学」の班長をした航空医学研究所の加藤豊治郎であったが、高額な研究費を要して彼らがいかなる研究を展開してきたのかは明らかでない。

　また日本における金属材料研究の主要をなしていた東北帝国大学では、28（ないし29）件の研究題目が採択されていた金属材料研究所や選鉱製錬研究所に所属する研究者を中心にそれ以外の部局に所属する研究者も参加して、採鉱から冶金、表面処理にいたるまでの金属材料系の研究が展開されたことが垣間見られた。しかし、これらの研究班の班構成を見る限り、研究分担者による個別研究、あるいは学内の共同研究として展開されたようにみられ、参加した研究者たちが全国的な共同研究の展開を意識していたものかは定かでない。

　むしろ理学部数学教室の研究者が参加したような「基礎科学」系の研究のほうが、他研究機関との共同研究が意識された組織が形成されていたと見ることが可能であろう。

　第7章「戦争末期の学術研究会議研究班と東北帝国大学の研究体制」では、昭和20年度に東北帝国大学の研究者達が参加した学術研究会議研究班について、その研究組織の全容、そして東北帝国大学の研究者が参加した班組織の有り様について明らかにした。

1945（昭和20）年1月の官制改正による学術研究会議組織変更にともない、研究班の構成に変更があった。結果として班数は前年と大きく変わらなかったものの、班員数が増員され、その一方で研究費総額が減額された。

　研究班の組織構成の有り様や交付された研究費の配分などにみられた特徴の違いは、学術研究会議の部門別というよりは、担当する研究者の研究分野といった属性によるところが大きく、このことは1944（昭和19）年度と同様であった。それぞれの研究分野に適した組織形態が検討されたことが、その要因の一つであると思われる。

　東北帝国大学の研究者が班長となっている研究班では、その下の複数の研究題目の担当者が東北帝国大学の研究者で占められているという特徴も見出すことができた。

　もっとも高額の研究費が交付されていた班は、昭和19年度同様、第83班「航空医学」であったが、研究費の配分のされかたに変更があり、班長の加藤豊治郎への交付額が減り、班のもとにある13の研究題目に参加した12名の東北帝国大学の他研究者に配分されていた。

　また日本における金属材料研究の主要をなしていた東北帝国大学では、昭和19年度と比較して減少してはいるものの、20の研究題目が採択された金属材料研究所や選鉱製錬研究所に所属する研究者を中心に、それ以外の部局に所属する研究者も参加して、第6部に該当する分野、すなわち採鉱から冶金、表面処理にいたるまでの金属材料系の研究が展開されたことが垣間見られた。しかし、これらの研究班の班構成を見る限り、研究分担者による個別研究、あるいは学内の共同研究として展開されたようにみられ、参加した研究者たちが全国的な共同研究の展開をどの程度意識していたものかは定かでない。

　むしろ理学部数学教室の研究者が参加した第1部第1班「統計数学」のような「基礎科学」や第11部第13班「甘藷」のような地域性のある研究のほうが、他研究機関との共同研究が意識された組織が形成されていたと見ることが可能であろう。

終 章

　以上のように、第5章・第6章・第7章において、東北帝国大学を事
例として、学術研究会議研究班の各年度の班組織の有り様について検討
をくわえた結果、それぞれの研究分野や部局による研究班組織の特徴を
明らかにすることができた。しかしながら、それらの研究組織が実際に
どのように機能したのか明らかではない。共同研究は意識されたかもし
れないが、従来の個別研究を基本形態として研究が展開されたという可
能性も否定はできない。

　第8章「科学技術動員下の帝国大学の研究・教育の諸相」では、昭和
19年度と昭和20年度に東北帝国大学大学院特別研究生であった東北大学
名誉教授に対する聞き取り調査の結果などをもとに、戦時下において科
学技術動員が実施されていた東北帝国大学の教育・研究環境の実際と大
学院特別研究生制度の実際の運用について見てきた。

　1944（昭和19）年5月から本格化する組織的な学徒勤労動員では、東
北帝国大学の理工系の学生が専門分野に即した工場や学内の研究室に配
属されていたという事例を確認することができた。聞き取り調査により
理学部の数学や理論物理の分野でも科学技術動員の例外ではなく、科学
戦のための研究に動員され、学生が勤労動員されていたことが明らかに
なった。

　聞き取り調査の都合上、学内の研究室に勤労動員された学生がそのま
ま特別研究生となったケースが多いように思われるが、指導教官が意識
的に選択したものかどうかは判らない。

　大学院特別研究生制度の制度面では次の二点が明らかになった。一点
目は、本人に辞令が交付されていたという事実である。他の特別研究生
に対しても同様の辞令が交付されていたと考えられる。二点目は、文部
省に提出された書類と、本人に交付された辞令とでは、研究題目が異な
る場合があったということである。昭和19年度の場合、文部省に研究題
目が提出されたのが1944（昭和19）年5月17日付であり、本人への辞令
の交付は10月1日付であった。なんらかの事情で研究事項に変更が加え
られたが、最終的には文部省に提出された研究事項にそった研究に従事

273

したことになる。

　学内で文部省に推薦する候補者を銓衡する時期に、就職担当教授や主任教授等との面談や「内相談」があった例が多く見られた。また研究事項は決定済みあり、その既定の研究事項にそうように指導されていった様がうかがわれた。また、本人に交付された辞令を確認することができた。加えて、本人交付の辞令に記載された研究事項と、文部省に提出された研究事項とに相違があったという事実を確認することができた。

　そのほか、大学院特別研究生として東北帝国大学に所属しながら、東京帝国大学の附置研究所である航空研究所に特別研究員として入所していたという事例が確認された。短期出張という事例はともかく、このような事例はこれまで確認されなかった。

　大学院特別研究生が実際に従事した研究は、専門分野によって様々であった。昭和19年度の工学部電気通信系の事例では、陸海軍の技術研究所の仙台分室とされた電気通信研究所において所長の抜山平一教授を中心とする「電波兵器」開発という、いわばビッグプロジェクト研究グループの一員として研究に従事していた。工学部航空学科の事例では、航空研究所に特別研究員として入所し、航空計器の開発プロジェクトに従事していた。

　昭和20年度の場合、大学院特別研究生として研究に従事するのは戦後であったため、敗戦による社会・経済の枠組みの変化に伴い、予定されていたものとは異なる研究に従事した事例がみられた。岩石学教室の事例はその典型であり、日本の敗戦による資源政策の転換に伴い軍需のための金属資源の調査から、戦後復興のためのセメント材料としての石膏資源の調査へと転換したのである。しかしながら、生物学教室の事例では、研究事項は転換しなかった。戦中・戦後ともに食糧事情の逼迫した状況には変わりがなかったためであろう。一方、理論を専門分野とする数学・物理の研究は、欧米の最先端研究の動向を把握することからはじめられた。

　学徒勤労動員で配属された学内の研究室での研究補助、そして大学院

終　章

特別研究生として動員されたプロジェクト研究は、中には多少の成果の
あがったものもあるようだが、多くは戦争末期の資材不足などにより満
足な研究成果は出されずにいたようである。しかし戦後の研究展開につ
ながるものもあった。

　これらの聞き取り調査により、前章までにおいて資料分析によりある
程度明らかにしてきた科学技術動員下の帝国大学における研究体制の形
成過程について裏付けるとともに、資料からは読み取れない事実を明ら
かにすることができた。

　以上の分析に基づいて、本書の立てた課題に対する総括を記しておき
たい。

　第一に、国家総動員下にあって、東北帝国大学の研究者の多くが、文
部省や技術院、そして軍が主導する科学技術動員体制に組み込まれて
いったことが明らかになった。学内には陸海軍の技術研究所の分室も設
置され、学内の研究室丸抱えの組織的な動員がなされていた。無論これ
らの組織的動員には研究室に勤労動員された学部学生や指導教官の下で
研究に従事することになっていた大学院特別研究生も含まれていたので
ある。

　戦時下の帝国大学はあらゆる面で戦時科学技術動員に組み込まれてい
たといっても過言ではない。例えば数学のような自然科学系の分野とい
えども例外ではなかった。

　第二に、大学院特別研究生制度の成立過程と制度的側面について。この
制度の骨格は、昭和18年前後に突如として浮上したものではなく、東京
帝国大学内に設置されていた大学制度（臨時）審査委員会で1939（昭和
14）年に可決された案が下敷きとなっていた。制度実施当初には、研究
者養成が目的の一つに掲げられていたが、戦況悪化に伴い、具体的・短
期的な戦時研究の補助者としての位置づけが強く求められるようになっ
ていったのである。少なくとも工学系分野においては、戦時研究という
ビッグプロジェクト研究遂行のための研究補助者としての役割が、大学
院特別研究生に求められていた。

275

第三に、学術研究会議研究班の組織編成と帝国大学内に形成された学術研究体制について。東北帝国大学の研究者が関与した研究班の事例を見る限りであるが、班組織の有り様は研究分野毎に異なる特徴を示していた。しかしながら、どれほど共同研究が意識され、効果的な研究が展開されたのかは定かではない。

2　課題と今後の展望

　本書では、学術研究会議研究班を中心に科学技術動員が大学内に浸透していく過程を検証してきた。この学術研究会議研究班や研究隣組などの戦時科学技術動員のための組織化が戦後の共同研究体制構築のプロトタイプとなったと評されている。

　しかし筆者は、その一方で学内における部局間共同研究体制のプロトタイプは科学技術動員が実施される以前に醸成されていたと想定している。今後は、戦後の学内研究組織の形成過程を検討するとともに、戦前の研究組織の有り様についても検討を重ねていく必要があろう。

　従来の研究では、明らかな論拠も示されないままに、大学院特別研究生制度が戦後の新制大学院制度のプロトタイプとなったという評価を与えられてきた。本書では、この評価を再考するための材料を提供することができたと思う。今後は、本研究の成果を踏まえて戦後の新制大学院制度制定の経緯を検討する必要があろう。

　また先述したように、大学院特別研究生制度は、「時局」にともない、制度制定当初に掲げた目的のひとつである「優秀ナル研究者、技術者ヲ多数養成スルコト」からはかけ離れていき、いまひとつの目的である「研究ノ振興」のための制度へと比重を移していった。つまり大学院特別研究生は、戦時研究に従事する大学教員の研究補助者として機能していったのである。この大学院特別研究生の有り様が戦後の大学院制度に持ち込まれ、その後の日本の大学院学生の有り様に影響を及ぼしたと考えてよかろう。

　以上のように、大学院特別研究生制度と学術研究会議研究班の実証研

終　章

究を通して、戦時下の科学技術動員と大学における学術研究体制の形成
過程の一端を明らかにすることができた。今後は、この戦時下の学術研
究体制について研究を深めること、そして戦時下に形成された学術研究
体制が戦後の研究体制や大学院制度、そして教育・研究の有り様にたい
して、いかなるインパクトを与えてきたのかを検討する必要があろう。

　残念ながら、入手資料その他の制限により、戦時中の文科系がいかな
る研究を展開したのかは明らかにすることができなかった。「思想戦」、
「経済戦」に対応するためにこれらの分野の研究にもインセンティブが与
えられていたことは想像に難くない。新たな資料の提供が待たれる。

　本書で示された事例を見る限り、戦時下に大学院特別研究生制度によ
り研究に従事し、戦後の科学研究や、技術開発に多大な貢献を果たした
研究者が目につく。しかし、民間企業や軍の研究機関、そして官公庁の
官吏として戦時業務に従事したのちに、大学に戻った研究者も少なくな
い。これらの事例との比較検討があってはじめて評価されるものと考え
ている。今後の比較調査が待たれる。

277

資料編

東北帝国大学大学院特別研究生候補者の研究事項解説書
——昭和18年度～昭和20年度——

　研究事項解説書は、「東北帝国大学」と印刷されているタイプライター用紙（厚全B4ヨコ、ないしB5タテ）に和文タイプされたものが多いが、なかには部局名が印刷されているタイプライター用紙のものや、わら半紙に手書きされたものもある。下書きと成案それぞれ一部ずつ綴られているものもあった。原本は縦書きであるが今回全てを横書きに改めた。

凡例

1．1人の大学院特別研究生候補者に対し、下書きと成案と思われる複数の研究事項解説書が混在している場合は、成案と判断されたもののみを翻刻した。
2．但し、下書きから成案にかけて大きな変更箇所がある場合のみ特に下書きも翻刻した。
3．欠損や判読不明の箇所は□とした。
4．特別研究生候補者氏名は■■■■とした。
5．筆者による注記は〔　〕で記した。疑義のある箇所には傍にママを付し、正しい表記が明らかな場合は傍に〔　〕で示した。
6．漢字は原則として常用漢字に改めた。常用漢字にない旧字体についてはそのまま記載した。また使用されている漢字のなかで、辞書的には別体字、俗字と思われるものもあるが、そのまま記載した。
7．仮名遣いおよび句読点については原文のままとした。多くのものは片仮名を用いているが、なかには平仮名を用いているものがあった。
8．便宜上、各研究事項解説書に年度と学部の英文名頭文字と史料の綴り順を組み合わせた番号を付した。例えば昭和18年度の理学部、綴り順1位の候補者の解説書は「18-S01」である。

9．下書きと成案を並記する場合は、下書きに a、成案に b と末尾にアルファベットを付して史料番号を区別した。例えば、「18-M01a」が下書きで、「18-M01b」が成案である。

10．補欠推薦や追加推薦の解説書は、2 を付して区別した。例えば昭和18 年度の補欠推薦で工学部の名簿順位1 位を「18-2-T01」と表した。

1　昭和18 年度第1 期

1.1　理学部

18-S01　　　　　　　　　　　研究事項解説書

　　　　　　　　　東北帝国大学理学部岩石礦物礦床学教室　■■■■

　　　　　　　　　指導教官　東北帝国大学教授　高根勝利

一、研究事項　粘土礦物ノ熱的及 X 線的研究

一、研究事項解説

　茲ニ研究セントスル主要ナル粘土礦物及ビ特ニ研究ヲ必要トスル点ハ大凡次ノ如クデアル。

　（耐火粘土）普通石炭層ニ伴フモノト温泉作用ニヨルモノトアリ、製鉄製鋼ヲ始メ高熱炉材トシテ必需且ツ重要ナルモノデアル。ソノ組成一定ヲ欠キ品位ニ甚シキ異同アリ而カモ従来精密ナル礦物学的研究少ク、ソノ利用上ノ欠陥少クナイ。

　（礬土頁岩）耐火材乃至アルミニウム原材トシテ一部利用ヲ見ルニ至ツタガ、アルミニウム原料トシテハ珪酸分ヲ完全ニ除去スルコト困難ナリトセラレテキル。コノ困難ヲ解決スルタメニハ精密ナル X 線的、熱的研究ヲ必要トスル。〔ママ〕

　（特殊粘土）ベントナイト、酸性白土等ノ吸着、膨潤性粘土ハガソリン精製、吸着乾燥、触媒、脱色材、充填材其他広汎ナル用途ガアル。コレラモソノ品質不同ニシテ適確ナル利用ヲ期スルコト困難ナル実状ニアル。X 線ニヨル比較研究ヲ必要トスル。〔ママ〕

　其他各種ノ粘土礦物ガアツテ夫々ノ性能ヲ呈シ、マタ加里ソノホカ稀有元素ヲ含ムモノ等ガアル。

資料編

以上ノ粘土礦物ガソノ成因並ニ礦物学、X線的性状ニ一連関性ヲ有ス
ルコトハ、既ニ本教室ノ共同研究ニヨリ判明スルニ至ツタ。因テ本研
究者ヲシテ更ニ進ンデ上記諸研究ニ専念セシメ、以テ粘土鉱物ノ諸
性ヲ明カニスルト共ニ、其利用上ノ適性、其欠陥ノ除去ヲ期セントス
ルモノデアル。

以上ノ研究ハ既ニ本教室ノ共同研究ノ一部トシテ開始シツツアル。現
ニ本研究者並ニ其指導教官ハ共ニ北支山西、山東ニ出張、現地研究中
ニ属ス。

18-S02　　　　　　　研究事項解説書

東北帝国大学理学部物理学教室　　■■■■

指導教官　東北帝国大学教授　石原寅次郎

一、研究事項　鉄鋼ノ冶金学的研究並ニソノ原料ノ研究

一、研究事項解説

左ノ如ク（イ）鋳鉄（ロ）鋼（ハ）原料鉱石ニツキ鉄鋼一般ニ亘ル研
究ヲ行フ。

　（イ）鋳鉄ニツイテハ航空発動機用ピストンリングノ研究ヲナス。

　　　　ピストンリングハソノ製造ニ於テ合格率極メテ小ナルモノナルガ
　　　　現在ニ於テハ資材劣化ノタメ益々合格率ノ低下ヲ来シテキル。

　　　　故ニコノ欠陥ヲ生ズル原因トソノ除去ニ関スル冶金学的研究ヲ行
　　　　ツテ緊要ナル航空機部品ノ増産ニ資セントスルノデアル。

　（ロ）鋼ニツイテハニツケル銅等ノ如キ金属ノ使用不可能ナル現状ニ
　　　　鑑ミ、コレ等ヲ省略セル軍事用代用鋼、特殊冶金ニ関スル研究ヲ
　　　　行フ。

　（ハ）原料鉱石ニツキテハ有害元素ヲ含ミ又ハ低品位ニシテ現在使用
　　　　不可能ナル鉱石利用ノ研究ヲ行フ。

18-S03　　　　　　　研究事項解説書

東北帝国大学理学部化学教室　　■■■■

281

指導教官　東北帝国大学教授　富永齊

一、研究事項　高分子化学研究

一、研究事項解説

　過去ニ於ケル化学ハ主トシテ低分子量物質ヲ研究ノ対象トセルモノデ
アツテ、天然物質中ノ高分子量物質ニハ未ダ極メテ未開拓ノ事項ガ多
イ。因テゴム、繊維、油脂等広ク天然ニ存在スル物質ニ就キ、ソノ生
成機構並ビニ重合、分解機作ヲ探究セントスルモノデアル。

18-S04　　　　　　　　　研究事項解説書

東北帝国大学理学部生物学教室　　■■■■

指導教官　東北帝国大学教授　山口彌輔

一、研究事項　植物刺戟生理ニ関スル研究

一、研究事項解説

　植物生理学ハ生活現象ノ究明ヲ目的トスル一分科デアツテ処理事項極
メテ広汎ニ亘ルヲ以テ更ニコレヲ営養生理、発育生理及刺戟生理ノ三
群ニ分割シ各分野ニ於ケル独自ノ分析的研究ト共ニ常ニ他ノ分野ニ於
ケル趨勢ニ留意シ究極ニ於テ生活現象ノ究明ニ寄与セン為メ綜合的ニ
研究ヲ進メツツアル現状デアル。

　植物刺戟生理学ノ確立セラレタルハ僅々四十余年前ニ過ギズ、而モ其
ノ取扱フ方面ガ営養又ハ発育等ノ生理ニ於ケル如ク見懸上応用方面ニ
関スル所比較的少ク純理論的ナルヤノ観アル為メカ先進諸国ニ於テモ
此方面ノ研究者比較的僅少ナルヲ通例トスル。特ニ後進国タル我国ニ
於テハ生活上ノ事由ニモ原因シ殆ンド数フルニ足ラザル現状デアル。
其レニモ拘ラズ刺戟生理ノ分担スル事項ハ実ニ生理学ノ中核ヲナスモ
ノデアツテ営養及生長発育ノ生理現象ノ究明ニ当タリ刺戟生理ノ知見
ニ俟ツ所近年愈々繁キヲ加フルニ至ツタ。従ツテ此方面ニ於ケル基礎
的研究者ノ養成ハ東亜共栄圏ノ指導者タル日本ノ権威ヲ保持スル上ヨ
リ見ルモ緊急ヲ要スル一項目タルヲ失ハズト確信スル。幸ニシテ■■
■■ハ此方面ニ於ケル研究ニ格別ノ熱ト技術トヲ有シ種々ノ外的刺戟

資料編

原因ニヨリテ植物体ニ喚起セラルル反応現象ヲ生理学的方法ト共ニ物
理学的方法又ハ化学的方法ヲ駆使シテ研究セントスルモノデアル。

18-S05　　　　　　　　研究事項解説書
　　　　　東北帝国大学理学部生物学教室　　■■■■
　　　　　指導教官　東北帝国大学教授　　朴澤三二
一、研究事項　日本産ヒドラノ研究
一、研究事項解説
　ヒドラハ淡水産腔腸動物ノ一類トシテ特殊ノ存在デルガ、従来日本ニ
　於テハ此ノ類ニ関スル研究ニ乏シク誠ニ遺憾トセル処デアリ、従ツテ
　之レガ研究ハ動物学ノ進歩発展ニ寄与スル処大ナルモノアリト思惟セ
　ラル。本候補者■■■■ハ大学在学中既ニ特別問題トシテ本問題ノ研
　究ニ着手シ其ノ成績見ルベキモノアリ。今後ノ研究ヲ大イニ嘱望セラ
　レル次第デアル。

18-S06　　　　　　　　研究事項解説書
　　　　　東北帝国大学理学部化学教室　　■■■
　　　　　指導教官　東北帝国大学教授　　野村博
一、研究事項　有機化学ニ於ケル縮合反応ノ研究
一、研究事項解説
　多環性有機化合物ニハ化学的ニ或ハ生理的ニ特異ナ作用ヲ呈スルモノ
　ガ多々アル。此等ノ化合物並ニ其類似化合物ヲ合成的ニ研究スルコト
　ハ化学反応カラハ勿論応用ノ上カラモ亦極メテ重要デアル。
　斯カル合成ニ於テ縮合反応ヲ適宜応用セントスルモノデアル。

18-S07　　　　　　　　研究事項解説書
　　　　　東北帝国大学理学部化学教室　　■■■■
　　　　　指導教官　東北帝国大学教授　　小林松助
一、研究事項　稀元素応用分析法

283

一、研究事項解説

近年稀元素ノ応用ハ急激ニ進歩シ、殊ニ軍事ニ関シテ広ク利用セラルルニ至ツタ。依テ一方ニ於テハ稀元素ノ応用的分析法ヲ研究シ、他方ニ於テハ又諸稀元素ヲ応用シテ他ノ元素ヲ定量スル分析法ヲ研究セントスルノデアル。

18-S08　　　　　　　　　研究事項解説書

東北帝国大学理学部岩石礦物礦床学教室　　■■■■

指導教官　東北帝国大学教授 高橋純一

一、研究事項　石油層ノ岩石学的及ビ物理学的研究

一、研究事項解説

石油層ハ石炭、金属礦床ト異リ、其開発ノ開始ト共ニ其物理的状態ニ著シキ変化ヲ生ズル。コレ石油層ガ毛管孔隙ニ瓦斯、原油（臨界温度圧力ヲ異ニスル炭化水素ノ混合）及ビ水ガ含マレ、油井ト石油層トノ圧力勾配ノ変化ニ伴ヒ復雑ナル物理状態ノ変化ヲ生ジ、ダルトン法則ヲ以テ律ス可ラザルガタメデアル。而シテ原油ノ増産、油田ノ効率ヲ増シ其拝命ノ延長ヲ期スルタメニハ、コノ復雑変化ヲ巧ミニ利用スルコトヲ要シ、然ラザル場合、所理宜シキヲ得ナケレバ油田ヲ荒廃ニ帰セシムル危険大ナルモノガアル。石油層ノ機構ヲ明カニセンタメニハ、先ヅ表題ノ如キ基礎研究（石油層ノ組成、孔率、原油及ビ水ニ対スル浸透率、蓋層及母層ノ研究）ヲ必要トスル。更ニ進ンデハ油田ニ於ケル圧力調整法ノ原則ノ樹立ヲ期ス可キモノデアル。而シテ斯ノ如キハ南洋油田開発従事者間ニ要望セラルル例デアル。

本教室ニハ予ネテ石油礦床学講座ノ設置アリ、今次更ニ上述ノ主旨ニヨリ油田開発ノ基準ヲ決定ス可キ油田機構学講座ノ新設指令アリ今年十月一日ヲ以テ開発ノ予定デアル。因テ本研究者ヲシテ特ニ上記事項ノ研究ニ専念セシメントスルモノデアル。

資料編

18-S09　　　　　　　　　　研究事項解説書

東北帝国大学理学部物理学教室　■■■■■

指導教官　東北帝国大学教授　三枝彦雄

一、研究事項　固体ノ原子物理学的研究

一、研究事項解説

電気的方法ニテ加速スル事ニヨリ電離原子ニ、又ハ他原子トノ電子交換ニヨリ中性原子ニ数万度乃至数千万度ノ超高温度状態ニ相当スル勢力ヲ与ヘテ、数千度ノ温度ニ於テハ容易ニ他原子ト反応ヲ起サザル金属及ビ其他ノ固体原子ニ特別ナ反応及ビ原子交換ヲ起サセル事ニ関スル研究デアツテ、

一、表面処理ノ困難ナ金属及ビ其他ノ固体ニ就イテ其ノ原因及ビ対策

一、金属及ビ其他ノ固体ニ於ケル吸着及ビ拡散ノ機構

一、固体中ニ極微量ノ他物質ヲ含ム事ニヨリ其ノ性質ニ大ナル変化ヲ起ス如キ現象ノ機構

等ニ関シテ新タナル知見ヲ得ントスルモノデアツテ、原子物理学的立場ヨリ以上ニ関スル基礎的研究ヲ行フモノデアル。

1.2　医学部

18-M01a　　　　　　　　　　研究事項解説書

東北帝国大学医学部医学科　■■■■

指導教官　東北帝国大学教授　立木　豊

一．研究事項　聴器迷路ノ病理ニ関スル研究

一、研究事項解説

種々ナル機械力ヲ種々ナル要約ノ下ニ聴器迷路ニ負荷スルコトニヨツテ聴器迷路ガ如何ナル影響ヲ蒙ルカニ就テハ今日猶ホ不明ナ点ガ多イ。仍ツテ本研究ハ諸種機械的ノ刺戟ニ対スル聴器迷路ノ変化ヲ究明シ以テ聴器迷路病理学ノコノ方面ニ於ケル欠陥ヲ補綴セントスルモノデアル。

18-M01b　　　　　　　　研究事項解説書

東北帝国大学医学部医学科　■■■■

指導教官　東北帝国大学教授　立木　豊

一、研究事項　聴器迷路ノ病理ニ関スル研究

一、研究事項解説

最近航空機ノ非常ナル発達ハ聴器迷路ノ病理ニ関シテモ種々新シキ問題ヲ提供スルニ到ツタ加速度ノ問題震盪ノ問題等ガソレデアルコレ等種々ナル機械力ヲ種々ナル要約ノ下ニ聴器迷路ニ負荷スルコトニヨツテ聴器迷路ガ如何ナル影響ヲ蒙ルカニ就テハ蓋し不明ナ点ガ多イ殊ニ重要ナルハカヽル刺戟ノ反復ニ対スル聴器迷路ノ順応ノ問題デアル本研究ハ之等基礎的ナル諸問題ニ関シ究明セントスルモノデアル。

18-M02　　　　　　　　研究事項解説書

東北帝国大学医学部医学科　■■■■

指導教官　東北帝国大学教授　本川弘一

一、研究事項

脳波ニ関スル研究

一、研究事項解説

　　（イ）脳波ヲ指標トシテ大脳皮質ノ機能を闡明ス

　　（ロ）脳波ヲ指標トシテ遠心加速度、低圧等ニヨル意識障碍発現ノ機
　　　　　序ヲ究明シ航空医学的予防対策ニ役立テヨウトスルモノデアル

　　（ハ）兵器運用上ノ痛覚ニ関スル研究

18-M03a　　　　　　　　研究事項解説書

東北帝国大学医学部医学科　■■■■■

指導教官　東北帝国大学教授　桂　重次

一、研究事項　脳外傷死因並ニ之ガ対策ニ関スル研究

一、研究事項解説

脳外傷ノ死因ヲ実験的ニ分類シ更ニ晩期死亡ノ原因タル脳圧亢進ノ成

資料編

因ヲ研究シ之ガ対策ヲ研究セントス

18-M03b　　　　　　　研究事項解説書

東北帝国大学医学部医学科　■■■■■

指導教官　東北帝国大学教授　桂　重次

一、研究事項　脳外傷死因並ニ之ガ対策ニ関スル研究

一、研究事項解説

戦場ニ於テ脳外傷ノ六〇％ガ死亡スルモノトサレテヰル。依ツテ脳外
傷ノ死因ヲ実験的ニ分類シ更ニ晩規〔ママ〕死亡ノ原因タル脳圧亢進ノ成因
ヲ研究シ之ガ対策ヲ考究シヤウトスルモノデアル。

18-M04　　　　　　　研究事項解説書

東北帝国大学医学部医学科　■■　■

指導教官　東北帝国大学教授　林　雄造

一、研究事項　「アレルギー」性眼疾患ノ研究

一、研究事項解説

「アレルギー」ニ関スル研究ノ進歩ハ眼疾患ニシテ之レヲ以テ容易ニ説
明セラルルモノノ数ヲ次第ニ増加サセテヰル。文献ノ教ユルトコロニ
拠レバ虹彩ノ「アレルギー」性炎衝〔ママ〕ハ未ダ実験的ニハ惹起セシメ得ナ
イガ臨床的経験ハ「アレルギー」性虹彩毛様体炎ノ存在ヲ考慮セシム
ルモノデアリ因テ余等ハ虹彩毛様体炎ノ当東北地方ニ比較的頻発スル
ノ事実ニ思ヲ致シテ先ヅ前眼部ニ諸種ノ刺戟ヲ加ヘルコトニヨリ「ア
レルギー」性ヲ葡萄膜前半部ニ固定シ得ルヤ否ヤヲ実験的ニ決定スル
研究ヨリ始メントスルモノデアル。

18-M05　　　　　　　研究事項解説書

東北帝国大学医学部医学科　■■　■

指導教官　東北帝国大学教授　村上次男

一、研究事項　貧血

287

一、研究事項解説

　貧血ハ栄養ノ失調、内因性、外因性中毒、外傷等ヲ継発スル。■■ノ研究ハ之等貧血ノ本態ヲ究明シテ進ンデ之ガ予防上並ニ治療上ノ対策ヲ樹立シヤウトスルモノデアル。蓋シ戦時下ノ国民生活ハ貧血ニ導ク諸種ノ条件ヲ蔵シ又偶発的ニ貧血ヲ来サシムル幾多事故ノ発生ヲ予想シナケレバナラナイ。故ニ時局下緊要ナル斯ノ題目ヲ選ンデ研究ノ対象トシタイノデアル。

18-M06　　　　　　　　　研究事項解説書

　　　　　東北帝国大学医学部医学科　■■■■

　　　　　指導教官　東北帝国大学教授　篠田　糺

一、研究事項　晩期妊娠中毒症ニ関スル研究

一、研究事項解説

　特ニ妊娠賢及子癇ト賢炎トノ関連ニ就テ

　晩期妊娠中毒症就中妊娠賢及子癇ハ我国母体死亡ノ最大原因デアルバカリデナク又同時ニ死産及早産ノ主要原因ニシテ人口増殖ノ最大障碍デアル。然ルニ其本態殊ニ賢炎トノ異同及関聯性ニ関シテハ未ダ闡明セラレズ、定説ガナク従テ其予防法並－治療法ニ就テモ正鵠ヲ期シ難イ状態ニアル。

　従来ノ吾等ノ研究ニ依レバ初発ノモノモ其後半数ハ次回妊娠時ニ再発シ一部ハ慢性賢炎ニ移行シ、回ヲ重ネル毎ニ其再発率及慢性移行率並ニ胎盤早期剥離ヲ倍加シテ益々多数ノ母性及胎児ヲ蝕ミ（毎年数十万）之等ノ生命ヲ奪フニ至ルコト明確デアル。仍テ人口胎養増強ノ緊急切実ナル今日其最大障碍タル本症ノ研究ヲ完成シ以テ其予防並ニ治療法ノ確立ニ役立テヤウトスルモノデアル。

18-M07　　　　　　　　　研究事項解説書

　　　　　東北帝国大学医学部医学科　■■■■■

　　　　　指導教官　東北帝国大学教授　正宗　一

資料編

一、研究事項　糖蛋白体ノ生化学

一、研究事項解説

　　免疫体、細菌型物質、血液凝固阻止質、血液型物質等ハ近年コレ等ガ
　　糖蛋白体乃至其配合簇ト見倣サル可キモノナルコトガ闡明サレタ。糖
　　蛋白体配合簇ハ又化学質ノ解毒作用ニモ関与スルモノト考ヘラレル。
　　ヨツテ本研究ハ時局医学ノ一緊要事ナリト信ズル。■■■ハ主トシテ
　　細胞原形質ニ存スルモノニツキテ追及シヤウトスルモノデアル。

1.3　工学部

18-T01　　　　　　　　　　研究事項解説書

　　　　　　　　　東北帝国大学工学部金属工学科　■■　■

　　　　　　　　　指導教官　東北帝国大学教授　的場幸雄

一、研究事項　製鋼化学

一、研究事項解説

　　製鋼炉内ニ於ケル反応ヲ理論化学的ニ研究シ製鋼作業上ノ指針タラシ
　　ムルト共ニ高温化学ニ寄与セントスルモノデアル。尚候補者ハ成績優
　　良研究能力大ニシテ科学研究者トシテ極メテ適切デアル。

18-T02　　　　　　　　　　研究事項解説書

　　　　　　　　　東北帝国大学工学部機械工学科　■■■■

　　　　　　　　　指導教官　東北帝国大学教授　抜山四郎

一、研究事項　熱伝達ノ研究

一、研究事項解説

　　熱工学ニ於テ最モ不明確ナ方面ハ熱ノ伝達ニ関スル事項ナリ依ツテ
　　　　イ、水面ト空気トノ間ノ熱伝達係数
　　　　ロ、固体面ト高速ニ流レル空気トノ間ノ熱伝達係数ノ二項目ヲ測定
　　　　　　研究セントス
　　　　　　右ハ何レモ化学工業乾燥工業ノ基本ヲ為スモノニシテ重要ナルモ

289

ノナリ

18-T03　　　　　　　　研究事項解説書
　　　　　　　東北帝国大学工学部機械工学科　　■■■■
　　　　　　　指導教官　東北帝国大学教授　樋口盛一
一、研究事項　弾性体ノ振動強度ニ関スル研究
一、事項解説
　本研究ニ於テハ次ノ諸項ヲ主ナル研究問題トス
　即チ材料ノ振動中ノ降伏点ノ決定、同ジク内部抵抗ノ決定及ビ振動中
　ノ材料ノ弾性率ノ変化並ビニ疲労強度ノ研究等ヲナサシメルモノデア
　ル

1.4　法文学部

18-L01　　　　　　　　研究事項解説書
　　　　　　　東北帝国大学法文学部副手　　■■■■
　　　　　　　指導教官　東北帝国大学教授　大脇義一
一、研究事項　戦力高揚ノ心理学的方法、特ニ表現技術
一、研究事項解説
　戦力トシテノ生産乃至作業能率ヲ最高ナラシムルハ終局ニハ当事者ノ
　戦意昂揚ニ基ク。其ノ方法ヲ心理学ノ立場ヨリ研究スルモノデアル。
　能率向上ハ現在ハ機構整備ニ頼ツテキルガ、其ノ進捗ト共ニ問題ハ
　益々当事者ノ精神能力ノ活用如何ニ掛ツテ来ツツアル。
　其レニハ戦意昂揚運動ニ用ヒラレル指導統卒［ママ］ノ表現技術ガ重要ナモノ
　トナツテクル。
　国民大衆ニ対シテ正面ヨリ高邁ナル倫理的乃至政治的意図ヲソノママ
　説明シテ迫ルコトハ徹底シ難キノミナラズ却ツテ萎縮ヲ斉ス憾ミガア
　ル。茲ニ高尚ノ理念ヲ歓喜ヲ以テ受ケ入レラレルヤウニ大衆心理ヲ活
　用スル表現技術ヲ工夫スルコトガ喫緊ノ要事トナルココニ表現技術ノ

資料編

研究トハ単ニ宣伝学トイフ狭イモノデナク人生心理ニ従ツテ八紘為宇
ノ御精神ヲ徹底セシムルタメノ精神技術学デアル。従ツテ戦争ノ補助
手段ノ研究デハナク、戦争ソノモノノ研究デアル。

ソノ為ニ国家意志ヲ国民ニ透徹セシメルタメノ諸技術、特ニ錬成指導
ノ態度、絵画、劇等諸種ノ芸術的表現要素ノ問題、指導ト性格類型ト
ノ関聯等ヲ取上ゲテ研究スル。

研究方法トシテハ実験的方法、実地調査、文献的研究ヲ綜合的ニ活用
スルデアラウ。

終リニコノ研究ハ外敵ニ対スル撹乱、宣撫工作、或ハ外敵ノ謀略ニ対
スル防毒的処置、戦場ニ於ケル統卒態度ノ諸問題ニ対シテモ効果ヲ
及ボスモノデアル。
〔ママ〕

18-L02　　　　　　　研究事項解説書

東北帝国大学法文学部文科社会学科　■■■■

指導教官　東北帝国大学教授　新明正道

一、研究事項　英米ノ東亜民族論トソノ東亜ヘノ影響

一、研究事項解説

英米ノ社会学者人類学者ノナカニハ東亜ノ諸民族ニ関スル一般的特殊
的理論ヲ発表シタルモノ少カラズ、ソノアルモノニ至ツテハ出版物又
ハ学校施設ヲ通ジテ東亜ニ伝播セシメラレ、支那、印度ニ対スル影響
ハ特ニ大ナルモノガアル。本研究ハ此等ノ理論及ビソノ影響ヲ批判検
討シテ日本ノ東亜民族政策ニ対スル理論的障碍物ヲ打開シ、民族政策
ノ実行及ビ東亜諸民族ノ啓蒙ノタメノ一ツノ基礎的作業ヲ成就シヤウ
トスルモノデアル。

18-L03　　　　　　　研究事項解説書

東北帝国大学文学部　■■■　■

指導教官　東北帝国大学教授　土居光知

一、研究事項　亜細亜精神ノ研究

291

一、研究事項解説

　　■■■ハ大学卒業後十余年間古代語ノ学習、古代文化ノ宗教及ビ伝説的方面ノ研究ニ専心シタガソノ著「物語溯源」ハソノ蘊蓄ノ一端ヲ示スモノデ、コノ書ニ於テ氏ハギリシャ、シベリア、印度、支那、日本等ニ於ケル相類似セル古代伝説ニ注目シ精細周到ナル比較研究ヲナシタ。カヽル研究ハ亜細亜諸国ニ於ケル古代文化ノ交流ヲ実証シ亜細亜精神ヲ闡明ニスル一方法デアル。

　　然ラバカヽル研究ハ亜細亜ノ指導者トナラントスル我国ニトツテモ国家的ニ緊要ナル研究ト云フベキデアル。■■■氏ハ既ニ世ニ認メラレタル学者デアルガ、研究ノ対象複雑多岐ヲ極メカツ前人未開拓ノ分野ガ故ニ再ビ大学院ニ入リ愈々研究ヲ積ミ所期ノ効果ヲアゲントスルノデアル。コレ大学院学生トシテ同氏ヲ推薦スル理由デアル。

　　（参考）

　　　■■■■氏ノ翻訳書及著書

　　　ハリソン著ギリシャ神話論考　　　昭和十八年二月　　白揚社
　　　物語溯源　　　　　　　　　　　　昭和十八年三月　　伊藤書店

18-L04　　　　　　　　　研究事項解説書

　　　　　東北帝国大学法文学部経済科　　■■　　■
　　　　　指導教官　東北帝国大学教授　中村重夫

一、研究事項　工業ニ於ケル労務政策（殊ニ重工業労務者ノ労務配置並ニ能率増進ニ関スル問題）

一、研究事項解説

　　戦力増強ヲ目的トスル企業整備ハ我ガ国刻下ノ緊要国策トスルトコロデ、コレガ企業整備ニ当リテ、緊要重工業ニ於ケル労務者ヲ如何ニ配置シ、如何ニシテ其ノ能率増進ヲ図ルベキカハ、極メテ重要ナル問題ナリトスル。

　　本研究者ハ

　　イ、所謂第一種工業部門ノ被整理労務者ヲ如何ニ第二種工業部門ニ

資料編

　　　配置スベキカ、

　ロ、更ニ第二種工業部門ノ全労務者ノ配置並ニ、コレガ能率増進ノ
　　　問題ヲ如何ニスベキカ、

　ハ、之ヲ我ガ国人口政策並ニ国土綜合計画ノ観点ヨリ基本的ニ攷究
　　　立案スル計画デアル。

18-L05　　　　　　　　　研究事項解説書
　　　　　東北帝国大学法文学部印度学科　■■■■■
　　　　　指導教官　東北帝国大学教授　金倉圓照
一、研究事項　チベット語並ニインド文化ノ基本的特相
一、研究事項解説
　我ガ帝国ガ大東亜圏諸国ノ盟主トシテ思想文化ノ指導的位置ヲ確保ス
　ベキ必要性ノ痛切ニ感得セラルルコト今日ノ状態ニ過ギタルニナイノ
　デアル。万一広義ノ思想戦ニ於テ敗ルルガ如キコトアラバ、赫々タル
　皇軍ノ戦果モ一朝ニシテ喪ハレルコトニナルデアラウ。大東亜諸民族
　ヲシテ衷心ヨリ帝国ニ帰伏セシムル為ニハ彼等ノ思想文化ヲ十分ニ咀
　嚼シテ捨ツベキハ捨テ、取ルベキハ取リコレヲ育成発展セシムルノガ
　喫緊ノ策ニシテ、茲ニ論ヲ須キザル所デアル。
　而シテ大東亜ノ文化中最モ深ニシテ大ナルモノハ印度ノソレデアル。
　ソノ本土ニ於ケル盛観ハ暫ラクコレヲ問ハナイケレドモ、広範囲ニ於
　ケル影響ノ重要性ハ共栄圏ノ文化ヲ論ズル者ノ到底無視シ得ザル所デ
　アル。即チビルマ、タイ、マレー、スマトラ等南方共栄圏ノ言語、宗
　教　生活ガ、直接ソレト密接ナル関係ヲ有スルノミナラズ、支那、日
　本ノ文化モ亦不可分ノ聯関ヲ有スル。故ニ研究者ハ一方ニ於テハコノ
　印度文化ノ基本的特相ヲ明ラカニスルト共ニ東亜共栄圏指導原理ノ確
　立ニ寄与セント欲スルモノデアル。更ニインド文化ハチベットヲ通
　ジ、蒙古満洲、ハモトヨリ、支那奥地、中央亜細亜、ビルマ北半等ニ
　交流シ、カカル地域ノ文化ヲ構成シ、現実生活モ亦殆ド全的ニコレニ
　依拠スル。然ルニ、従来、インドヨリチベットヲ媒介トシ蒙古満洲等

ノ広地域ニ渉ル文化ノ聯関的探求ハ、等閑ニ附サレ、ロシア、英国等ニ多少ノ見ルベキモノナキニ非ザレドモ、未ダ未開拓ト称スベキ程度ニ止マルノデアル。コレ種々ナル事情ニヨルト雖モ、研究材料ノ入手困難ト語学的研究ノ僅少ナルニ由来スル。然ルニ本学（即チ東北帝国大学）ニ於テハ、世界ニ誇ルベキチベット大蔵経デルケ版、ソノ他多クノ豊富ナル資料ヲ所有シ、ソノ研究ニハ、最モ恵マレタル利便ヲ有スル。仍テコノ海外ニモ存セザル無価ノ資料ヲ活用シテ、共栄圏文化ノ研究開拓ヲナシ指導原理ヲ確定スルハ現下特ニ緊要事デアル。若シ今ニシテ、コレヲ務メナケレバ、地形ノ利便ニ乗ジテソヴィエットロシア等ノ魔手ノ動クベキコト火ヲ見ルヨリ明デアル。故ニ、コレラ地域ノ文化ヲ究明シ、以ツテ対策ヲ達観シ、共栄一環ノ実ヲアゲシムルハ日本人ニ課セラレタル重要ナル使命トイフベキデアル。然リト雖モカクノ如キ未開拓地域ノ学術的研究ハ一朝ニシテ完成セラレ難ク、故ニ先ヅ語学ノ基本的研究ヲ行ヒソレニヨッテ実際文化ノ研究ニ移ルノ外ナシ。コノ目的ノ為ニハ、コレラ地域ノ文化ノ源泉タルチベットノ文化特ニラマ教ノ研究ヲ必要トシ、ソノ基礎トシテインド文化ヲ知ルハ、又必須要件デアル。故ニ今研究者ハチベットノ語学ヲ研究スルト共ニインド文化ノ基本的特相ヲ勘ヘ、ソノ本質ヲ尋研シ、以テ未知ノ世界ニ探究ノ歩ヲ進メ国家的ニ最モ緊要ナル文化工作ノ一端ニ資セントスルモノデアル。

18-L06　　　　　　　研究事項解説書
　　　　　　東北帝国大学法文学部文学科　■■■■■
　　　　　　指導教官　東北帝国大学教授　小川環樹
一、研究事項　支那近世ノ俗文学ニ現ハレタル国民性ノ研究
一、研究事項解説
　コヽニ俗文学ト古典文学ニ対シ主ニ俗語ヲ用ヒテ書カレタ文学即チ戯曲ヤ小説或ハ民謡等ヲ指ス。ソレハ用語ガ一般民衆ニ親ミ易イ為、教育ノ普及シナイ支那ニ於テハ、民衆ノ知識ト感情トヲ何ヨリモヨク表

資料編

現スルモノデアル。従ツテ支那国民性ノ特質ガコノ種文学ノ中ニ、古典文学ヲ通シテハ見得ナイ様ナ面ヲアラハシテキルノハ当然デアル。特ニ近世ヲ選ンダ理由ハ、現代ヲ理解スルニ最モヨイ手ガカリヲナスガ為デアツテ、カクノ如キ研究ガ複雑多岐ナ支那ノ現実ヲ処理スルニモ必ズ役立ツト信ズル。

18-L07　　　　　　　　研究事項解説書
　　　　東北帝国大学法文学部文科　■■■■
　　　　指導教官　東北帝国大学教授　小山鞆繪
一、研究事項　「近代科学思想史トソノ哲学的反省」
一、研究事項解説

　近代科学ハ、一種ノ自主的抽象ノ方法ニヨリ、全ク独立ナル発展ヲナシタ如ク思ハレルモノデアルガ、ソノ成立ノ根底ニハ、常ニ近代的ナル自然哲学ガ存シテキタ。科学ヲシテ時代性民族性ヲ超越シタ形式的普遍性ト解スルコトハ、科学性トシテノソノ抽象的一面性ヲ把ヘルモノデハアツテモ、決シテ、具体的ナ生ケル科学ヲ全面的ニ把握スル所以デハナイ。科学ヲ単ニ抽象的形式的ニ解セザル限リ、ソノ思想的世界観的根底ヲ無視スルワケニハユカズ、従ツテ又科学観及ビ科学的方法ノ時代的変遷ト民族的相違トヲ閑却スル事ハ出来ナイ。表記ノ研究ハ、単ニ形式的ナ認識論的科学論ヤ、既製ノ事実トシテノ科学的業績ノ機械的ナ羅列ニ終ラントスルモノデハナイ。況ンヤ科学ノ発展ヲ社会的乃至経済的制約ニ還元シテ見ルガ如キ唯物史観ヲトルモノデハ全然ナイ。所謂精神史トシテ科学史ノ方法ヲ或ル程度マデ採用セントスルモノデアルガ、単ニ観念的ナ類型論ニ止マル事ナク、更ニ進ンデ西洋近代精神ノ徹底的批判ヲ行ヒ、之ト健全ナル科学精神トヲ峻別スル事ニヨツテ、後者ノ主体的ナ把握ヲ企図スルモノデアル。即チ近代科学ノ具体的発展ヲ、ソノ根底ヲナス世界観ノ基盤トノ対応ニ於イテ歴史的ニ考察シ、ソノ時代性民族性ニヨル科学的方法ノ差違ト特質トヲ根本的ニ闡明スルト共ニ、西洋近代精神ノ哲学的批判ヲ通ジテ、日本

固有ノ民族性格ノ下ニ於ケル独自ナル日本的科学方法ノ樹立ニ資セントスルモノデアル。

十九世紀中葉ヨリ起ツタ英、米、仏ノ進化論的実証主義、又ハユダヤ的色彩ノ濃厚ナル機械論的唯物論等ノ所謂「科学主義」ハ、生物乃至物質界ノ一原理ノ世界全体ヘノ無批判的適用デアリ、「科学ノ為ノ科学」ナル誤レル科学至上主義ハ、同世紀ニ於ケル自由主義的セクショナリズムノ不健全ナル歴史的事象ニ過ギナイ。近代科学ノ思想史的研究ハ、カカル敵性思想ニ根本ノ批判ヲ加ヘ、近代科学ノ純正ナル評価ト批判トニヨリ、自然科学ト精神科学トノ有機的聯関、従ツテ又物質観ト精神観トノ綜合的統一ニ、具体的解決ヲ与ヘ得ル結果トナルト思フ。

18-L08　　　　　　　　　　研究事項解説書

東北帝国大学法文学部西洋史科　■■■■■

指導教官　東北帝国大学教授　大類伸

一、研究事項　長期戦完勝ノ要件―羅馬帝国建設成功ノ諸因ノ研究

一、研究事項解説

　大東亜共栄圏建設ノ大業ヲ完遂センガタメニハ、之ヲ妨グル敵米英ヲ撃滅セネバナラヌ。国民等シクコノ長期戦ヲ勝チ抜カネバナラヌハ論ヲ俟タナイノデアル。

　ソノ間我々ハ亦共栄圏ノ建設ヲ之ト平行シツヽ行ツテ行カネバナラナイ。斯カル事態ニ面シテ歴史上我ト類似セル大業ヲ完遂シ抜イタ例ヲ求ムレバ古代羅馬帝国ノ場合ガ第一ニ想起サレル。勿論両者ノ間ニハ国体ハ言フハ更ナリ、目的完遂ノ条件ソノ他ニ於テ相違点ハアル。併シナガラ長期戦ヲ勝チ抜ケル羅馬国民ノ堅忍。一致ニハ鑑戒トスベキ点少シトセズ、同盟諸国民ノ誘導ナドノ点ニ於テモ亦学ブベキモノアルト信ズ、長期ニ亘レルモ遂ニ帝国建設ヲ成就セル羅馬興隆ノ歴史的諸因ヲ多角的ニ研究スル必要ノアル所以デアル。

　帝国成否ノ分岐点ヲナセル第二ポエニ戦争ニ於テハ羅馬人ハ実ニ自国

資料編

土ヲ戦場トシ三度大敗ヲ蒙レルモ忍苦十六年遂ニ敵カルタゴヲ撃滅シ
去ツテキル。カヽル戦力ハ如何ナル所ヨリ由来セルヤハ我国ニカヽル
事態ノ到来スルコトアラザルトスルモ、調査シ置クハ緊急ナリト思惟
ス。

右ニ推薦セル、■■■■ハ昭和十年本学西洋史学科卒業以来表題ノ
研究ニ専心シ、ソノ成果ノ発表セルモノモ既ニ多ク、ソノ大要ハ別紙
履歴書中ニ記載セリ。殊ニ最近某方面ヨリポエニ戦役ヲ中心トスル長
期戦ノ研究ヲ委嘱サレ研究ヲ遂ゲタル事実アリ、右ニ鑑ミコノ際大学
院学生トシテ研究ヲ継続セシムルコトハ現下戦力ノ増強ニ資スベキ点
大ナルヲ信ジ、茲ニ推薦スルモノナリ。

18-L09　　　　　　　　研究事項解説書

東北帝国大学法文学部文科　■■■■

指導教官　東北帝国大学教授　古田良一

一、研究事項　本邦兵制ト社会経済制度トノ関係ニ就キテノ史的研究

一、研究事項解説

凡ソ兵制ハ社会経済制度ト密接ナル関係ヲ有スルモノデアル。本邦平
安時代中期ニ成立セル荘園制度ガ鎌倉時代トナツテ内部ニ動揺ヲ生ズ
ルヤ、本来兵農別ナク国民皆兵主義デアツタ我ガ兵制ガ武士ノ勢力増
大ニヨリ漸次変化シ、室町始代ニ荘園ノ崩壊ト同時ニ兵農会全ク分離
スルニ至ツタ。コレ我国建軍ノ本義ニ背反スルノミナラズ、我国体ニ
照シ遺憾トスベキ幕府政治ヲ愈々強固ナラシムル結果トナツタ。今日
ニ於テコレラノ歴史的事象ヲ研究スルコトハ単ニ前車ノ覆轍ヲ警ムル
ノミナラズ、国家思想ヲ昂揚シ、前線銃後ノ精神的戦力ヲ増強スル上
ニ於テ緊要ナル研究ナリト信ズル。

18-L10　　　　　　　　研究事項解説書

東北帝国大学法文学部文科東洋史科　■■■■

指導教官　東北帝国大学教授　岡崎文夫

297

一、研究事項　黄河地域ト揚子江地域トニ於ケル文明（広ク政治、文化、経済ニ亙ル）ノ特殊性及ビ其ノ相互的影響ヲ歴史地理的ニ究明シテ現今支那統治ノ方策ニ資スルガタメノ研究

一、研究事項解説

今次聖戦ノ主目的タル大東亜共栄圏建設ニ当リテ、最緊要ナルモノノ一ツハ吾国ノ宜シキ指導ニヨル隣邦支那ノ統治問題デアル然シ支那ハ其ノ領域ノ広漠ナル点、其ノ社会ノ複雑ナル点等ヨリ考ヘ其ノ統治モ亦容易ナラザルコトハ能ク察知スルコトガ出来ル。一口ニ支那トハ称シナガラ黄河ヲ中心トセル地域ト揚子江ヲ中心トセル地域トニ二大別スルコトハ普通云ハレテ居リ、而シテ此ノコトハ更ニ夫々ガ有スル文明ヨリシテ相違スルト云フ深キ根拠ヲ有シテ居ルモノデモアル。曩ニ桑原博士、加藤博士等起タレ、之ヲ学問上ヨリ考察スル道ヲ開カレタガ、総ジテ此ノ方面ノ研究ハ未ダ精考詳論ノ域ニ達シテナイト思フ、仍ツテ黄河地域、揚子江地域夫々ニ於ケル文明ノ特的様相トハ一体如何ナルモノデ、亦ソレハ如何ニシテ生成セシモノデアルカト云フコトヲ先ヅ歴史地理的ニ詳ラカニ究明シ以テ現今支那統治ノ方策ニ資セントスルモノデアル。此ノ特殊的様相ノ完全ナル認識ノ上ニ立ツ適切ナル方策コソ支那統治ノ一要諦デアルト思フ。

18-L11　　　　　　　　研究事項解説書

東北帝国大学法文学部心理学科　■■■■

指導教官　東北帝国大学教授　大脇義一

一、研究事項　マライシヤニ於ケル低文化諸部族ノ民族心理学的研究

一、研究事項解説

右記ノ研究ハマライシヤニ於ケル低文化民族—Seman, Senai 其ノ他—ヲ主要対象トシ、異質文化トノ接触面ヲ中心ニシテ是ヲ捉ヘ、先ヅ精神構造ノ文化発達段階的局面ニ於ケル原始型ト変異型トノ対比ニヨリ、発達可能性ノ問題ニ解決ヲ試ミルト共ニ、特ニ異質文化トノ接触時ニ於ケル行動様式ヲ中心ニシテ、性格類型論的研究ヲ試ミヤウトスルモ

ノデアル。

以上、要スルニ、発達的研究及ビ性格論的研究ヲ文化接触ノ面カラ捉ヘ、民族政策ノ方式ニ科学的基準ヲ与ヘル事ヲ志スモノデアル。

具体的研究方法トシテハ、文庫作業、現地作業ヲ併用シツツ、分化分析、実験、テスト等ヲ中心ニシテ施行シタイト考ヘル。

又研究順序トシテハ、大東亜ノ民族力ヲアゲテ戦力ニ結集ス可キ秋ニ当リ、タトヘ低文化民族トイヘドモ長所ト適正ヲ発見シ、コレヲ戦力化サレナケレバナラナイ。従テ先ヅ各低文化民族ノ性能ノ発見ニ研究ヲ集中シ、此処ヲ出発点トシテ、上記ノヨリ範囲ノ広い研究目的ニ深メタイ所存デアル。

由来、民族心理学的研究ハ、M・ラツアールスヤW・ヴント及ハーバート・スペンサーニ例ヲ取ルマデモナク、ソノ一般個人心理学ガ成熟シ、文化社会心理的事象ニソノ課題ガ発展シ、民族学、人類学、文化社会学的課題ニ接触シアツタトコロニ成立シタ科学領域デアリ、精神発達的理解又ハ性格的理解ノ何レヲ中心課題トスルカハ別問題トシテ、具体的文化面、殊ニ異質文化面ノ心理学的理解ノ第一正面ヲ担当スルノヲ責務トスルモノデアル。民族学及人類学等ノ現地研究ハ、此ノ民族心理学的研究ノ科学的支持ニヨリ、始メテ可能トナルト申シテモ過言デハナイ。二三例ヲ挙ゲレバ、一九〇六年―一九〇九年ニ亘ルビスマルク叢島ニ及ソロモン諸島ニ於ケルR・トウルンワルトノ研究ニ対スルドイツノ応用心理学研究所ノ援助、マタ一九一〇年ノハムブルグ民族博物館ニヨツテ行ハレタミクロネシア研究ニ対スルT・ダンツエル、マタフランス植民地研究ニ対スルレヴイ・ブリユールノ関係、又英米ニ於テハ、W・リヴアース、R・マレツト、マリノフスキー、ラドクリフ・ブラウン等ノメラネシア、ポリネシア、オーストラリア及ビ印度方面ノ研究ハ、科学的心理学ノ支持ニヨリ始メテ充分ナル成果ヲ挙ゲ得タノデアル。又心理学者自身モ一九〇三年マクドウガルノトレス海狭方面ノケムブリツチ探検隊ヘノ参加ヲ始メトシテ、多数ノ例ニノボリ、文庫作業ト共ニ現地研究ヲ併用スル事ニヨツテ、ヨリ積極

的ニ原始文化ノ科学的認識ニ貢献シタ。

又嘗テ、シユブランゲル博士ハ先年来朝ニ際シ、前世界大戦ニ於ケル
ドイツ敗戦ノ原因ノ一ツヲドイツニ於ケル民族性研究ノ貧困ニ帰セラ
レタ。即チフランスニ於テハフウイエ等等民族性心理学ノ隆盛ニヨツ
テドイツ人性格ノ理解ノ深サガドイツノ敵国人性格ノ理解ヨリモ、ハ
ルカニ勝ツテヰキタ事実ヲ指摘サレタノデアルガ、要スルニ以上ノ如キ
太平洋、豪洲、印度方面ノ諸研究ガ、ソノ民族政策ニ科学的基準ヲ与
ヘ、拠点トナリ、ソノ中核ニ民族心理学ガアツタ事ハ申スマデモナ
イ。日本ニ於テハ、満洲ニ於テ建国大学教授千葉胤成博士指導ノ下ニ
民族政策ト緊密ナ聯関ヲ保チツツ、民族心理学的研究ガ進メラレツツ
アル。大東亜聖戦下南方ニ於ケル此種ノ研究ノ必要ヲ専攻者トシテ、
特ニ痛感シツツアル者デアルガ、方法論的ニ先ヅ、簡単ナル文化層ヨ
リ出発シ、将来ハ例ヘバ華僑ノ如キヨリ複雑高度ナル文化層ノ研究貢
献ヲ志シタイ所存デアル。

18-L12　　　　　　　研究事項解説書
　　　　　　東北帝国大学法文学部法科第二部　　■■■■
　　　　　　指導教官　東北帝国大学教授　廣濱嘉雄
一、研究事項　大東亜建設ノ法理
一、研究事項解説
　大東亜戦争ハ一面戦争、一面建設ノ聖業デアルガ、ソノ建設面ハ法ノ
　形式ヲ以テ成シ遂ゲラレツツアルットトモニ、建設ノ業ガ進捗スルニツ
　レテ大東亜ノ法ハイヨイヨ充実完成ヘト導ビカレテユクカク、建設ノ
　業ト法体系トハ互ニ作リ作ラレル複雑ナル関係ヲ保ツテ発展スルワケ
　デアルガコノ間ノ法理ヲ究明シテ大東亜ノ建設ニ直接役立タシメルノ
　ミナラズ、直ニ大東亜諸地域内ノ諸民族ヲシテ仰ガシメルニ足ル法学
　ヲ樹立シ以テ、大東亜戦争ニヲケル建設面ノ完遂ニ寄与センコトヲ目
　的トスル、而シテソノ研究上ノ態度ハソノ指導原理ヲワガ国体ニ仰ギ
　日本法ノ恢弘トシテ把握セントスルニアル。

資料編

　研究内容ハ、第一ニ、大東亜諸地域内ノ国内法オヨビ条約等ヲ中心ト
スル大東亜実定法体系ヲ理論的ニ解明セントスル、第二ニ、ソレラ実
定法体系ニ潜ミ流レル精神ヲ抽出シ、ソレラガ如何ニ実現サルベキカ
ヲ見ントスル、第三ニ、ソレラ実定法体系ヲ一貫スル指導原理トシテ
ノワガ国体ト日本法トヲ明ラカニシ、コレニヨツテ導ビカルベキ将来
ノ法体系ト大東亜ノ相トニ方向ヲ示唆セントスル。

18-L13　　　　　　　　研究事項解説書
　　　　東北帝国大学法文学部　■■■■■
　　　　指導教官　東北帝国大学教授　土居光知
一、研究事項　日本語ヲ大東亜ノ国際語タラシメントスル、試ミトソノ
　理論
一、研究事項解説
　独、英、仏等近代欧洲ノ諸国ニ於テハ自国語ノ純粋性ヲ保持スルコト
ニ努力シ、又一方ニ於テハコレヲ単純化スルコトニ成功シ、聖書ヲ始
メトシ科学書、文化、思想百般ニ関スル事項ヲコノ学修シヤスキ基礎
語ヲ通ジテ表現シ、ラジオ及ビ書籍ニヨリ盛ンニ宣伝ヲナシ自国語ヲ
世界語トナシツヽアル事実ハ言語的ノ対策ヲ考究スベキ緊要事項ナルノ
デアル。
　我国ニ於テモ最近日本語ノ海外進出ノ必要ニ伴ヒテカヽル問題ハ漸ク
少数ノ学者ノ注意ヲヒキ基本語、基礎語等ノ考案アルモコノ際欧洲諸
国ノ言語運動ヲ参照シ、学理ニ徹シ歴史ニ照シテ専心ニ研究シ、日本
語ノ純粋性ヲ失フコトナク学習ヲ簡易ニシ亜細亜ノ国際語トシテノ日
本語ヲ完成スルコトハ国家的見地ヨリスルモ緊要デアル。
　而シテ■■■■■ハギリシャ、ラテン語ヲ始メトシ欧洲諸国語ニ通ジ
コノ研究ヲナス適任者デアルコトヲ信ジ大学院学生ニ推薦スル。

1.5 補欠推薦の分

18-2-S01 　　　　　　　　研究事項解説書

東北帝国大学理学部　■■■■

指導教官　東北帝国大学教授　富永齊

農学研究所々員

一、研究事項　　フナクヒムシの生理生態学的研究

一、研究事項解説

木造船舶及び海中造営物のフナクヒムシ食害に依る被害は甚大にして
之が防止策の確立は時局下特に急を要する問題である。

本研究に於てはフナクヒムシに就き

（イ）人工飼育法を利用して生活及び附着機構を究明し

（ロ）生理生態学的実験に依つてこれが防止策の確立に寄与せんとす
るものである。

18-2-S02 　　　　　　　　研究事項解説書

東北帝国大学理学部化学教室　■■■

指導教官　東北帝国大学教授　小林松助

一、研究事項　　鉄鋼添加成分ノ定量法

一、研究事項解説

近年鉄鋼材料ニ対シテ要求セラルル性能ハ頗ル多様トナリ之ニ応ズル
タメニ添加セラルル成分元素モ甚ダ多種類トナル従ツテ其ノ分析法ハ
製産上増進殊ニ軍事上益々重要性ヲ加ヘツツアルノデアル　依テ是等
成分ノ定量法ノ基礎的研究ヲナサントスルモノデアル

18-2-S03 　　　　　　　　研究事項解説書

東北帝国大学理学部数学教室　■■■■

指導教官　東北帝国大学教授　泉信一

一、研究事項　非線型微分方程式

一、研究事項解説

主トシテ航空力学及ビ電磁気学ニ関係アル非線型微分方程式ヲ研究セ
ントスルモノデアル

18-2-M01　　　　　　　　研究事項解説書
　　　　東北帝国大学医学部　■■■■■
　　　　指導教官　東北帝国大学教授　海老名敏明
　　　　　　　　抗酸菌病研究所々員
一、研究事項　　肺結核ノ代償機転ニ関スル研究
一、研究事項解説
　現代ニ於テハ結核ノ感染ハ避ケ難キコトニシテ成人ノ大半ハ結核菌ノ
　感染ヲ受ケテヰルケレドモソノ一部ガ発病スルニ過ギナイノデアル。
　此ノ如キ差ヲ生セシムル諸種ノ内的並ニ外的条件ヲ明カニシテ発病防
　止ニ資セントスルノデアル。
　又一度罹患シタ患者ノ間ニモ亦再発スル者トセザル者トガアリ、結核
　患者ト雖モ猶職業ニ従事シ然モ悪化セザル者ガアル、又軽症ナル者モ
　直チニ悪化増悪シ死亡スル者ガアル。故ニ之等ノ差異ノ依ツテ来ル原
　因ヲ考究シテ日本ニ最モ多キ初感染時ノ結核ノ発病ヲ防止スルト共ニ
　罹病者ノ健康ヲ保タシメ戦力増強ニ資セントスルモノデアル。

18-2-M02　　　　　　　　研究事項解説書
　　　　東北帝国大学医学部医学科　■■■■
　　　　指導教官　東北帝国大学教授　佐武安太郎
一、研究事項　低圧等酸素欠乏状態ノ航空生理学的研究
　疲労恢復ノ研究
一、研究事項解説
　一方低圧等酸素欠乏時ノ副腎アドレナリン分泌ノ増加如何ヲ検出シ其
　レガ低圧等ニ堪ヘルコトニ如何ニ関係スルカヲ研究シテヰマス。他方
　動物ガ筋肉作業ヲシ疲労スルノ条件ヲ精細ニ検討シソノ救済方法ヲ見
　出サウトスル実験ヲ進メントシテヰマス。

303

前者ニツイテハ無麻酔犬ニツキ一万米ノ高空ニ比適スル低圧室ニ於テ実験及ビ一酸化炭素中毒、青酸中毒ニヨル酸素欠乏状態ニ関スル実験ヲ並進シツヽアリマス。

後者ニ関シテハ時局下特ニ緊要デアリマスカラ速カニ多数ノ実験ヲ行フタメニ鼠ニ就イテ遊泳法ヲ用ヒテ疲労ヲ測定シ、食●温度等ヲ定メタ後各種ホルモン・ビタミン等ノ作用ヲ検セントシマス。

18-2-T01　　　　　　　　研究事項解説書

東北帝国大学工学部化学工学科　■■■■■

指導教官　東北帝国大学教授　原龍三郎

一、研究事項　非水溶液化学ノ研究

一、研究事項解説

液態アムモニア、液態二酸化硫黄等ハ各種無機、有機物ノ特異優秀ナル溶剤ナルニモ拘ハラズ其溶液（非水溶液）ノ化学的研究ハ其発達未ダ新シク殊ニ其工業的ノ応用研究ハ殆ド未着手ニ近キ状態ナルガ其特異性ハ極メテ応用性ニ富ミ従来主トシテ工業ニ用ヒラレタル水溶液ヲ以テシテハ到達シ得ザル新分野アリ、■■■■■ハ其無機化学的非水溶液ノ研究ニ従事シ当化学工学科ニ於テ発見セラレタル液態アムモニア使用ノ炭酸曹達製造法（液安曹達法ト云フ）ノ中間生成物ノ一新利用トシテ無毒性鉄鋼表面硬化剤ノ研究ニ従事シツヽアリ

18-2-T02　　　　　　　　研究事項解説書

東北帝国大学工学部化学工学科　■■■■

指導教官　東北帝国大学教授　原龍三郎

一、研究事項　非水溶液化学ノ研究（細目硝酸アンモニアノ直接合成）

一、研究事項解説

現時工業的ニ多量ニ生産セラル液態アムモニア^{（ママ）}、液態亜硫酸等ハ各種塩類、有機物ノ特異優秀ナル溶剤ナルニモ拘ラズ其溶液（非水溶液トイフ）ノ化学的研究ハ其発達未ダ新シク殊ニ其工業的ノ応用研究ニ至

資料編

ツテハ殆ンド未着手ニ近キ状態ナルガ其特異性ハ極メテ応用性ニ富ミ
従来主トシテ工業的ニ用ヒタル水溶液ヲ以テシテハ到達シ得ザル新反
応ヲ行ハシメ得ベク表記ノ研究ハ液態アムモニアノ臨界点附近ニ於ケ
ル高圧化ノアムモニア酸化研究ニシテ従来ノ硝酸製造法ノ反応機構ヲ〔ママ〕
明カニスル一助トシ従来其ノ製造ニ数段ノ反応工程ヲ要シタル硝酸ア
ムモニアヲ直接一階段ノ反応ヲ以テ加圧合成セントスルモノナリ

18-2-T03　　　　　　　　研究事項解説書

　　　　東北帝国大学工学部電気工学科　　■■■■

　　　　指導教官　東北帝国大学教授　拔山平一

一、研究事項　水中音響工学ニ関スル研究

一、研究事項解説

　水中通信測深等水中ニ音響ヲ利用スルニ必要ナル基礎的事項即チ音響
　機器特ニロツシエル塩ヲ利用スル電気音響変換機器ノ理論並ニ水中音
　波伝播ニ関スル現象ヲ明ニシ併セテ音響機器工業化ニ必要ナル統計的
　研究ヲ遂行シ以テ水中音響工学ノ進歩発達ヲ図ル。

18-2-T04　　　　　　　　研究事項解説書

　　　　東北帝国大学工学部化学工学科　　■■■

　　　　指導教官　東北帝国大学教授　伏屋義一郎

一、研究事項　乾電池ニ関スル研究

一、研究事項解説

　乾電池ハ高温多湿ノタメニ保存中所謂自己放電ヲ起シテ容量減少スル
　モノデアル。依テ斯クノ如キ条件下ニテモ長期保存ニ耐ユル乾電池ノ
　製作方法ニ就キテノ研究ヲ主トシテ行ハントスルモノデアル。

18-2-T05　　　　　　　　研究事項解説書

　　　　東北帝国大学工学部　■■■■

　　　　指導教官　東北帝国大学教授　大日向一司

305

金属材料研究所々員

一、研究事項　航空機用強力軽合金ニ関スル基礎的研究

一、事項解説

　航空機用強力軽合金トシ現代採用セラレツヽアルモノハアルミニウム
ヲ主体トシ之ニ銅、亜鉛、マグネシウム等ヲ配合セル所謂ヂユラルミ
ン、超ヂユラルミン、超々ヂユラルミン等ナルモアルミニウム地金中
ニハ必ズ鉄及ビ硅素ガ不純物トシテ含有セラルヽヲ以テ之等不純物モ
必然的ニ合金セラルヽノミナラズ副添加金属トシテ満□、クロム等モ
亦加ヘラルヽガ故ニソノ組成ハ極メテ複雑デアル

　本研究ニ於テハアルミニウム―銅―マグネシウム系及ビアルミニウム
―亜鉛―マグネシウム系ニ対スル鉄、硅素、満□、クロム等ノ影響ヲ
基礎的ニ研究シ以テ現用強力軽合金ノ改善ニ資セントスル

2　昭和 19 年度第 1 期

2.1　理学部

19-S01　　　　　　　　　　研究事項解説書

　　　　　　　　東北帝国大学理学部数学教室　■■■■

　　　　　　　　指導教官　東北帝国大学教授　泉信一

一、研究事項　フーリエ解析と其の応用

一、研究事項解説

　三角級数論を中心とするフーリエ解析学に関する研究を□□して更に
本の実用部門への応用について考へる

19-S02　　　　　　　　　　研究事項解説書

　　　　　　　　東北帝国大学理学部物理学教室　■■■■

　　　　　　　　指導教官　東北帝国大学教授　山田光雄

一、研究事項　電磁波の研究

一、研究事項解説

資料編

近来極超短波長電磁波の実用性の増大に伴ひその発生及び伝播の機構を明らかにすること重要となりたるにより一面には通信工学其他に於ける応用の見地より他面には物理学に於ける理論の立場より極超短波の真空管に於ける発振及び導体表面に於ける伝播を実験的及び理論的に研究せんとするものなり

19-S03　　　　　　　　研究事項解説書

　　　　東北帝国大学理学部化学教室　■■■■

　　　　指導教官　東北帝国大学教授　石川總雄

一、研究事項　電解質溶液ノ化学熱力学的研究

一、研究事項解説

　溶液中ニ於ケル電解質ノイオン状態ヲ明カナラシムル為電気化学的其他ノ物理化学的方法ニヨリ化学熱力学的見地ヨリ電解質溶液ヲ研究スルヲ目的トス

19-S04　　　　　　　　研究事項解説書

　　　　東北帝国大学理学部岩石礦物礦床学教室　■■■■■

　　　　指導教官　東北帝国大学教授　高橋純一

一、研究事項　石炭ノ岩石学的研究

一、研究事項解説

　石炭岩石学ハ最近欧米ニ於テ発達シ只ニ石炭ノ本性ノ解明ニ資スルノミナラズ石炭選鉱ノ実際ニ応用ヲ見ルニ至レリ。而モ本邦ニ於テハ未ダ邦人ガ正規ニコレヲ専攻スルモノアルヲ聞カズ実ニ本邦石炭ハ炭質ノ関係上此種研究ニ適当ナル人、彼ノストーブスガ三池炭ニ付初メテ石炭岩石学ノ基本概念ヲ定メルヲ以テモ之ヲ知ルヲ得可シ。本研究ニ於テハ石炭ヲ顕微鏡ニヨリ研究スルノミナラズ更ニ其組成分ノ熱変化ノ研究ニヨリ化学成分トノ関係ヲ解明セントスルモノニシテ以テ世界的ニ未解決ナル石炭ノ化学成分解決ニ資セントスルモノナリ。

307

19-S05　　　　　　　　研究事項解説書

　　　　　東北帝国大学理学部生物学教室　■■■■

　　　　　指導教官　東北帝国大学教授　元村勲

一、研究事項　原生動物ノ形態分化ノ研究

一、研究事項解説

　細胞ハ生命現象ノ単位ヲナスモノト考ヘラレテキルガ本研究ニ於テハ
体制ノ簡単ナル単細胞動物ヲ用ヒテソノ細胞質構造ヲ実験形態学的ニ
研究スルヲ目的トスル先ニ本特別研究生■■■■ハ卒業論文以来原生
動物ヲ用ヒテ諸研究ニ従事シスデニ Paramecium ノ収縮胞ニ対スル薬物
作用ニ関シ新知見ヲ得タリ。今後同方面及ソレニ関聯スル一聯ノ現象
ヲ薬物、生体、染色ソノ他ノ方法ニヨリ根本的ニ研究セント意図セル
モノナリ。

19-S06　　　　　　　　研究事項解説書

　　　　　東北帝国大学理学部物理教室　■■■■

　　　　　指導教官　東北帝国大学教授　三枝彦雄

一、研究事項　諸素粒子に依る原子核の励起に就て

一、研究事項解説

　二百五十万ボルトのベルト超電機により加速したるプロトンチウテ
ロンヘリウム原子核及び D-D 反応によりて発生したる中性子を用ひ原
子核を励起せしめ夫れによりて発生する γ 線の測定及び他の素粒子の
測定を行ひ原子核の構造及び核分裂の機構を定めんとす

　その補助装置たるカイガーシミユラー計数管の特性及び動作機構を研
究する

19-S07　　　　　　　　研究事項解説書

　　　　　東北帝国大学理学部地質学古生物学教室　■■■

　　　　　指導教官　東北帝国大学教授　半澤正四郎

一、研究事項　石油礦床特ニ有孔虫化石ノ研究

資料編

一、研究事項解説

特別研究生候補者■■■ハ文部省緊急科学動員計要ニ基ヅク石油礦床ノ研究ニ従事スル教官ノ研究補助者トシテ最適任ニシテ且絶対不可欠ノ研究要員デアル。

19-S08　　　　　　　研究事項解説書

東北帝国大学理学部化学教室　■■■■

指導教官　東北帝国大学教授　藤瀬新一郎

一、研究事項　電気ノ絶縁材料ノ研究

一、研究事項解説

■■■■ハ藤瀬教授指導ノ下ニ現在ハトリニトロベンゼンノ製造研究ヲ行ヒ既ニ之ハ完了シ陸軍第二造兵廠ヘ近ク報告スル。今後ハ藤瀬教授ガ海軍嘱託（目下手続進行中）トシテ海軍技術研究所電波研究所ト連絡シ海軍ノ要給スル電波兵器関係ノ有機化合物ノ合成ヲ実験セントスルモノデアル。

19-S09　　　　　　　研究事項解説書

東北帝国大学理学部物理学教室　■■■■

指導教官　東北帝国大学教授　高橋胖

一、研究事項　分子及原子の構造性質に関する分光学的研究

一、研究事項解説

主として分子スペクトルの分光学的研究により分子の構造性質を明らかにせんとするものにて真空分光器の領域に属する極紫外部より赤外部を超え更に極超短波長の電磁波に及ぶ波長の範囲に互り種々物質による発光吸収、反射屈散乱等を試験せんとするものなり

19-S10　　　　　　　研究事項解説書

東北帝国大学理学部地質学古生物学教室　■■■■

指導教官　東北帝国大学教授　青木廉二郎

309

一、研究事項　石炭併ビニ亜炭ノ地質学的研究

一、研究事項解説

　本邦炭田（亜炭田ヲ含ム）ハ従来其層位学的及古生物学的研究ニヨリ其分布ニ地質時代併ビニ地質構造ガ相当ニ闡明サレタルモ業□ハ複雑ナル地質構造ニヨリ採炭上幾多ノ困難ニ撞着シアル現状ニアリ右ハ炭田ノ地質学的精密調査ニヨツテ解決スルノ外無シマタ炭田ノ相互関係即チ対比ハ此後炭田産植物化石ノ精密ナル研究ニヨリ遂行サル可キモノナリ

　依テ本研究課題ノ下ニ炭田ノ精査及炭田産植物化石ノ研究ヲ施行セントス

19-S11a　　　　　　　　　　　研究事項解説書

　　　　　　　　東北帝国大学理学部岩石礦物礦床学教室　　■■■

　　　　　　　　指導教官　東北帝国大学教授　高橋純一

一、研究事項　礬土礦物ノX線的研究

一、研究事項解説

　粘土礦物ハアルミニウム耐火材、窯業、化学工業等ノ原料トシテ利用多キモ其礦物性ハ所謂非結晶性又膠状礦物トシテ礦物学上最モ木開発ナルモノニ属ス本教室ニ於テハ年来コノ研究ニ従事シ重要ナル業績多シ本研究ハソノ経績〔ママ〕トシテX線的ニ各種粘土礦物ヲ分析シテ夫々ノ本性ヲ明カニシ同時ニ在来ソノ利用上屢見受ケラル錯誤ヲ改訂シ所理上ノ実効ヲ得ントスルモノナリ

19-S11b　　　　　　　　　　　研究事項解説書

　　　　　　　　東北帝国大学理学部岩石礦物礦床学教室　　■■■

　　　　　　　　指導教官　東北帝国大学教授　高橋純一

　　　　　　　　　　　　　　高根勝利

一、研究事項　礬土鉱物ノX線的研究

一、研究事項解説

資料編

特別研究生候補者■■■ハ上田蚕糸ノ出身ニシテ本学ニ於テハ粘土礦
物ヲ専攻シ、教官高根及高橋ノ共同ニ係ル礬土礦物のX線的ノ熱的検査
ニヨル格付ケ決定、及ビ其品向上ニ関スル研究ノ遂行上不可欠ナル補
助員デアル。

19-S12　　　　　　　　　研究事項解説書

東北帝国大学理学部生物教室　■■■■

指導教官　東北帝国大学教授　山口彌輔

一、研究事項　植物ノヴアイラス病ニ関スル生理学的研究

一、研究事項解説

本研究ハ植物体内ニ於ケルヴアイラス病原体ノ本態、発現及増殖過程
ヲ簡明スルヲ以テ究極ノ目的トナスモノナルモ当面ノ問題トシテ二三
植物ノヴアイラス病原体ノ分離ソノ発現又ハ増殖ニ及ボス植物汁液ノ
影響及ビ触媒ニヨル蛋白質ノ植物体内ニ於ケル重合ニ就キ研究セント
ス

19-S13　　　　　　　　　研究事項解説書

東北帝国大学理学部化学教室　■■■■

指導教官　東北帝国大学教授　富永齋

一、研究事項　金属カルボニルノ物理化学的研究

一、研究事項解説

鉄、ニツケル、コバルト其ノ他ノカルボニルヲ純粋ニ取出シ其蒸気
圧，光学的性質ヲ研究セントス

19-S14　　　　　　　　　研究事項解説書

東北帝国大学理学部化学教室　■■■■■

指導教官　東北帝国大学教授　野村博

一、研究事項　結核ノ化学療法ニ関スル研究

一、研究事項解説

311

本研究室ニ於テハ本学抗酸菌病研究所ト提携シテ結核ノ化学療法ニ就テ研究中デアル。

之ニ関聯スル諸種ノ化合物ヲ合成セントスルモノデアル。

2.2　医学部

19-M01　　　　　　　　　　研究事項解説書

　　　　　東北帝国大学医学部医学科　■■■■

　　　　　指導教官　東北帝国大学教授　黒川利雄

一、研究事項　輸血ニ関スル研究

一、研究事項解説

　黒川ハ曩ニ非経口的栄養ノ見地カラ、蛋白質補給ノ目的デ、山羊ヲ実験動物トシテ、山羊ノ乳汁ニ特殊ノ加工ヲシテコレヲ静脈内ニ注射シテ、大略ソノ目的ヲ達スルコトガ出来タ、コレニ引続イテ、人間ノ乳汁ヲ同型血液型ノ他ノ人間ニ注射シ得ベキモノトノ想定ノ下ニ輸血ニ替ハルモノトシテ使用セントスル研究ヲ行フモノデアル。

　更ニコレヲ押シ進メテ乳汁ノ総蛋白質ヲ沈殿シ、コレヲ粉末状トナシ保存シテ置キ、使用ニ際シテ直チニ等張葡萄糖液、脂肪乳化液等ニ溶解シテ血液ノ代用トシテ静脈内ニ注射シテ補血或ハ栄養補給ノ目的ヲ達シヤウトスルモノデアル。

19-M02　　　　　　　　　　研究事項解説書

　　　　　東北帝国大学医学部医学科　■■■■

　　　　　指導教官　東北帝国大学教授　武藤完雄

一、研究事項　外科的結核症ノ手術適応決定ニ関スル研究

一、研究事項解説

　外科的結核症トハ外科的手術治療ヲ要スル結核デ肺結核（難治空洞型）胸壁結核、腸結核、腎臓結核、副睾丸結核、其他種々デアリマス之等ノ疾患ニ対スル手術ハ現今本邦外科ノ水準ヨリ見レバ敢テ困難デ

モアリマセンガ時ニ手術ハ成功スルニモ拘ラズ手術ガ誘因トナツテ全身結核ヲ惹起シ不幸ナ転帰ヲトルモノガアリマス現今医学上斯カル症例ヲ術前認知スルコトハ不可能デアルト言ハレマスガ之ハ術適応決定ニ誤算アルモノトモ考ヘラレマス。

既チ或疾患ノ治療トシテ手術ヲ決定スルニハ局所的適応条件ト全身的適応条件ヲ考慮シナケレバナラナイコトモ古クヨリ外科学ノ教ユル所デアリマス局所適応条件ニ就テハ広ク深ク究明サレ完璧ノ域ニ達シテヰル観ガアリマスケレドモ全身的条件ニ就テハ経験ニヨル判定以外確然トシタモノガアリマセンコノ方面ノ研究ハ現時外科的結核治療上解決ヲ要スベキ緊急問題デアリマス。

戦争ノ初期ニハ戦傷ガ多ク長期ニ亘ル時ハ戦病殊ニ急性慢性伝染性疾患ノ発生ヲ見ルコトハ古今東西ノ軍陣医学ノ教示スル処デ、大東亜戦モ長期戦ト化シタ今日結核治療ニ関スル研究ハ最モ重大デアル研究問題デアリ又銃後多数ノ結核患者ニ外科的治療ヲ施シ急速ニ労働可能トスルコトハ戦力増強上最モ緊要ナ問題デアリマス。

右■■ノ研究事項ハ学術研究会議ヨリ緊急研究ト認メラレタル武藤ノ「肺結核ノ外科的治療」ニ関スル研究ノ理論的根幹ヲナスモノデ■■ハ二年来武藤ノ研究ノ臨牀的補助者タルト共ニ、実験室内研究ノ中核的研究者トシテ同手術前後ノ結核菌培養・補体結合反応血液内結核菌阻止作用等ノ研究ニ就テノ研究ニ専念シ着々成績ヲ挙ゲツツアリ最近同研究ニ従事スル研究者相次イデ公用ニ馳セ参シタル為目下■■ハ此ノ方面ノ唯一ノ研究者デアリ必要可クベカラザルモノデアリマス。

19-M03　　　　　　　　研究事項解説書

東北帝国大学医学部医学科　■■■■■

指導教官　東北帝国大学教授　黒屋政彦

一、研究事項　ペニシリ出属糸状菌ノ産生スル抗菌物質ニ関スル研究

一、研究事項解説

フレミングノ研究以来ペニシリウム其他各種糸状菌ノ産生スル抗菌物

質ハ其ノ化学療法的応用ヲ目標トシ広ク研究セラルルニ到レリ曩ニ当教室ニ於テ近藤ハフレミングノ所謂ペニシリント略同様ノ物質ヲ産生スル菌株ヲ分離シソノ培養濾液ヨリペニシリンナトリウム塩又ハカルシウム塩ヲ分離シ化学療法的ニ応用シ或ル程度ノ成功ヲ収メタリ次ニ濱上ハペニシリント反対ニグラム陰性菌ニ対シ抗菌的ニ働ク物質ヲ産出スル菌株ヲ分離シ其ノ物質ヲ結晶状ニ取出シソノ著シキ抗菌性ニ就キ報告セリ

当教室ニ於テハ更ニ之等抗菌性代謝産物ニ就キ研究中ニシテ■■ハ其ノ一端ヲ担当シ新ナル一菌株ヲ分離シ其ノ抗菌性ニ就キ研究セントス。

19-M04　　　　　　　　研究事項解説書

東北帝国大学医学部医学科　■■■■

指導教官　東北帝国大学教授　近藤正二

一、研究事項　「体力増強ノ実際的方策ニ関スル研究」

一、研究事項解説

本研究ハ強兵健民ノ育成ヲ目的トスル体育ニ対シテ有効適正ナル修練方法ヲ示シ以テ兵業若シクハ生産勤労ニ必要ナル体力ノ増強ニ直接寄与セントスル者ニテ、都市学生、農村青年、丅員〔ママ〕、健民修練生、陸軍兵等各種ノ集団ヲ対象トシテ同一個人ヲ成ル可ク長ク（少クトモ二年）継続観察スル方針ノ下ニ体格、体力、生理的機能、作業能率等ノ推移ヲ反復検査シ之ニヨリテ職業的勤労若シクハ特ニ実験的ニ施サレタル体錬ガ体格、体力ニ如何ニ作用スルカ、又年齢、体質、栄養、環境等ガ体力増強ニ対シテ如何ニ作用スルカ、又年齢、体質、栄養、環境等ガ体力増強ニ対シテ如何ナル素因的意義ヲ有スルカヲ研究スル。

軍部其他カラ要望サレテ居ル体力判定方法ノ研究（若シクハ之ニ対スル批判）ヤ体育指導ノ際目標トスベキ体力ノ適正標準ノ研究モ本研究中ニ包含サレルコトニナル。

指導教官近藤教授ハ夙ニ昭和七年頃ヨリ同一個人ヲ長年ニ亘リ継続観察スル方法ニヨリテ発育及体力発達ニ関スル研究ヲ続ケ来リ背筋力、

握力及肩腕力（自家創案ノ）等基礎的体力ノ瞬発的最大力ノ研究ニ於
テハ既ニ相当ノ成果ヲ挙ゲ、今後ハ愈々持久的体力ノ研究ニ進マント
シツツアツタ処偶々協同研究者タル助教授（浅井富春）ガ先ツ応召シ
次テ講師（高橋英次）モ応召シテ残ルハ新任助教授（加藤勝雄）唯一
名トナリ折角長年ノ研究ニヨリテ基礎ヲ築キ乍ラ之ヲ急速ニ進展サセ
ルコトガ不可能ノ状態ニ陥ツタ。

本研究ニハ少クトモ三名ノ協同研究者ヲ必要ト考ヘルガ此際大学院特
別研究生トシテ■■■■ノ如キ本研究ニ特別ノ熱意ヲ有スル者ヲシテ
専心研究ニ当ラセルナラバ比較的短キ期間ニ相当ノ実用的成果ヲ挙ゲ
得ルモノト信ズル。

19-M05　　　　　　　　研究事項解説書

　　　　　東北帝国大学医学部医学科　　■■■

　　　　　指導教官　東北帝国大学教授　古賀良彦

一、研究事項　X線間接写真図譜製作ニ関スル研究

一、研究事項解説

　X線間接撮影法ハ肺疾患ノ集団的検査法トシテ、今ヤ各方面ニ於テ
　夫々急速ニ其ノ実施ヲ見ツツアリ。然ルニ本法実施ノ中軸的参考資料
　タルベキ間接写真図譜ノ見ルベキモノ無キタメ其ノ製作ハ各方面ノ要
　望ナリ。

　放射線医学教室ニ於テハ予テ担任古賀教授ノ指揮下ニ急ギソノ作成ヲ
　企図シ来レドモ適当ナル研究補助者無ク、タメニ右研究完成ニ非常ナ
　ル困難ヲナメツツアリ。

　然ルニ特別研生■■■ハ補助員トシテ、人格、研究態度並ニ学識ヨ
　リ見テ本研究上不可欠ノ要員ナリ。

19-M06　　　　　　　　研究事項解説書

　　　　　東北帝国大学医学部医学科　　■■■■

　　　　　指導教官　東北帝国大学教授　松田幸次郎

一、研究事項　生体呼吸作用殊ニ異常環境下ニ於ケル血液ノ酸素運搬機
　能ニ関スル研究
一、研究事項解説
　血液ノ酸素運搬機能ノ主役タル血色素ノ生理学的研究ヲナシ且動脈血
　酸素含有量ヲ酸素欠乏時其他ノ異常環境下ニ於テ動的ニ追究スルコト
　ニ依リ当該環境下ニ於ケル生体適応機能ノ機楷ヲ闡明スベシ

19-M07　　　　　　　　　　研究事項解説書

東北帝国大学医学部医学科　　■■■

指導教官　東北帝国大学教授　佐藤彰

一、研究事項　解毒ニ関スル研究
一、研究事項解説
　種々ノ毒物又ハ毒性物質ノ解毒ト其機転ニ関スル研究ヲ行ハントスル
　モノデアリマス。
　体内ニ発生スル毒性物質中肝臓ニヨリ解毒セラルルモノ多数アリ、而
　モ肝臓解毒「ホルモン」ヲ以テスルニ体内ニ産出スル物質ヲ解毒スル
　ノミナラズ、尚異物即チ全ク体内ニ存シナイ毒ヲモ解毒ス例ヘバ化学
　物質ニテ例ヲトレバ燐ノ如ク、又動物毒ノ例ヲトレバ蛇毒ノ如キデア
　リ、而モ大内教授（台湾）等ノ経験ニヨレバ種々ノ異ナル蛇毒ヲヨク
　解毒スルモノヽ如クデアリマス、今是等種々ノ毒性物質ノ解毒ノ転機
　ヲ研究シ、更ニ他ノ毒物ニモ応用ノ道ヲ開カントスルモノデアリマス。

2.3　工学部

19-T01　　　　　　　　　　研究事項解説書

東北帝国大学工学部機械工学科　　■■■

指導教官　東北帝国大学教授　沼知福三郎

一、研究事項　低揚程ポンプノ基礎的研究
一、研究事項解説

資料編

近時灌漑用並ニ排水用トシテ低揚程大水量ノポンプノ要求ガ多クナツタ。コノ要求ニ応ズベキ斜流型（ダイアゴナルフロウ）並ニ軸流型（一名プロペラ型ポンプ）ノポンプノ基礎的研究デアル。

19-T02　　　　　　　　　　研究事項解説書

　　　　　東北帝国大学工学部通信工学科　■■■■

　　　　　指導教官　東北帝国大学教授　宇田新太郎

一、研究事項　導波空中線系ノ研究

一、研究事項解説

　任意長ノ空中線系ノ自己輻射インピーダンス並ニ相互輻射インピーダンスヲ求メントス。■■■■ハ理論ガ達者ニテ在学中ヨリ此ノ問題ヲ課シテ研究セシメテ来タモノデ大学院学生トシテ最モ適任ト信ジ此度推薦スル次第デアル。

19-T03　　　　　　　　　　研究事項解説書

　　　　　東北帝国大学工学部電気工学科　■■■■

　　　　　指導教官　東北帝国大学教授　宇田新太郎

一、研究事項　中間周波増幅器ノ研究

一、研究事項解説

　中間周波数、帯域幅ト利得トノ関係ニ就テ研究スルモノニシテ■■■
■ヲコノ研究ニ従事セシメントスルモノデアル。

　尚本人ハ在学中ヨリ此ノ題目ニツキ研究セシメツヽアルヲ以テ最モ適
任者トシテ推薦スル次第デアル。

19-T04　　　　　　　　　　研究事項解説書

　　　　　東北帝国大学工学部通信工学科　■■■

　　　　　指導教官　東北帝国大学教授　渡邊寧

一、研究事項　放電現象ノ基礎問題

一、研究事項解説

現在放電現象ヲ利用スル機械ガキワメテ多イ。特ニ真空管中ニ於ケル、或ハガス入リ管中ニ於ケル放電現象ヲ利用シ大電流ヲ取扱フモノガ多イ、然ルニ之ノ基礎的理論ガ未ダ明ラカデナイ為ニ損失ガ少ナクナイ。而シテ此ノ基礎理論ヲ明白ナラシメル事ハ目下ノ急務デアル。従ツテ本題目ハ放電ニ関スル諸基礎問題ヲ解析スル事ヲ目的トシ之ニハ特別ノ熱意ト推理力ト洞察力ヲ必要トスルガ、■ハ最モ適切デアル。

19-T05　　　　　　　　研究事項解説書

東北帝国大学工学部通信工学科　　■■■■

指導教官　東北帝国大学教授　永井健三

一、研究事項　高周波回路ノ研究

一、研究事項解説

極メテ高キ周波数ニ於イテハ純粋ナル抵抗、インダクタンス等ヲ得ル事困難トナリ在来ノ回路理論ヲ以テ論ズル事ガ出来ナイ。従ツテ之等ノ回路理論不明ニシテ理論的ノ設計ガ出来ナイ。之等ノ不明ノ点ヲ解決シ理論実験ノ誤差ヲ小トスルノガ本研究ノ目的デアル。而シテ■■ハ在学中ヨリ指導教官ノ下ニ本問題ニツキ研究中デアリ指導教官ノ助手トシテ不可欠ノ要員ナリ。

19-T06　　　　　　　　研究事項解説書

東北帝国大学工学部通信工学科　　■■■■

指導教官　東北帝国大学教授　　仁科教授

一、研究事項　電気材料ノ研究

一、研究事項解説

本研究ニ於テハ電気材料ノ研究並ニ其ノ試作ヲ行フ。特ニ耐久磁石鋼及真空管用金属材料、構造用材料ノ研究ヲ行フモノデアルガ、昨年以来助手欠員ノタメ■■ハ在学中ヨリ指導教官ノ助手代員トシテ本研究ニ従事シテ居ツタモノデアルガ、本人ハ非常ナル熱意ヲ以テ本問題ノ研究ニ従事シ居ルヲ以テ適切デアリ、且ツ不可欠ノ者デアル。

資料編

19-T07　　　　　　　　研究事項解説書

東京帝国大学第二工学部応用化学科　■■■■

指導教官　東北帝国大学教授　　　伏屋義一郎

一、研究事項　アルミニウム製造ノ電解浴ニ関スル研究

一、研究事項解説

本研究ハ伏屋教授担当ノ研究「アルミニウム電解浴成分ノ平衡」測定
ノ一部ヲナスモノデアル。

　（イ）研究内容、左ノ二カラ成ル

　　（一）氷晶石―弗化アルミニウム―アルミナ三成分系凝固点ノ測定。

　　（二）電解浴ノアルカリ性度或ハ酸性度ヲ測定スルコトニヨリ極メ
　　　　テ面倒ナル分析ヲ行フコトナシニ大体ノ組成ヲ知ルコトガ出来
　　　　ナイカヲ見ルコト。

　（ロ）研究目的

　　　既ニ指導教官研究室ニテ行ツタ氷晶石―弗化ナトリウム―アルミ
　　　ナ三成分系凝固点測定結果トヲ併セテ電解浴組成ト電流効率トノ
　　　関係ヲ求メテ現在ノ電解設備ノマヽニテノアルミニウム増産ニ資
　　　セントスルモノデアル。

　（ハ）推薦理由

　　　指導教官伏屋教授ハアルミニウム電解浴ノ研究ヲ担当シテ居ル
　　　ガ、分担者デアツタ工学士二名ガ他ニ転ジ現在ハ大学卒業生デア
　　　ル研究員ガナク非常ニ困ル状態ニアルノト他方研究生■■■■ハ
　　　大学在学中カラ此ノ方面ノ研究ヲ行ツテ居テ極メテ適任デアルノ
　　　トニヨルモノデアツテ此ノ際不可欠ノ要員デアル。

19-T08　　　　　　　　研究事項解説書

東北帝国大学工学部金属工学科　■■■■

指導教官　東北帝国大学教授　　濱住松二郎

一、研究事項　（イ）稀元素特殊綱ノ研究

　　　　　　　（ロ）銅代用合金ノ研究

319

一、研究事項解説

　（イ）強靭特殊鋼トシテ Zr、Ta、Nb、Ti 等ノ稀元素ヲ添加シタ物ニ
　　　就テハ屢々海外ヨリ報道セラレテ居ルガ其ノ真相ニ就テ未ダ学理
　　　的ニ研究サレテ居ナイ。之ヲ究明セントスルノガ本研究ノ目的デ
　　　アル。（文部省科学研究費ニ依ル研究）

　（ロ）十三％クロム不銹鋼ハ強度、耐蝕性等ニ於テ略々銅合金ニ匹敵
　　　シ且ツ鋳物トシテモ鍛造品トシテモ用ヒ得ル利便ヲ有ツテキルガ
　　　其ノ機械的ノ性質、可鋳性等ニ於テ尚銅合金ニ及バナイ点ガ有ルノ
　　　デ銅合金代替品トシテ此ノ点ノ改良ヲ研究セントスルモノデア
　　　ル。（学術振興会第二四小委員会委託研究費ニ依ル研究）

以上二問題研究遂行ノタメ学生■■■■ヲ大学院学生トシテ、専心之
ニ当ラシメントスルノデアルガ、右ハ在学中材料学ヲ専攻シ着々ソノ
成績ヲ挙ゲテ居リ、最適任者デアル。

19-T09　　　　　　　　　　研究事項解説書

　　　　　　　東北帝国大学工学部金属工学科　■■■■

　　　　　　　指導教官　東北帝国大学教授　　　的場幸雄

一、研究事項　褐鉄鉱ノ処理及製錬ニ関スル研究

一、研究事項解説

　国内産褐鉄鉱ノ処理製錬ニ関スル基礎的研究ニシテ実際作業ニ資料ヲ
　供給スルト共ニ製銑化学ニ寄与セントスルモノデアル。尚候補者ハ研
　究ニ熱心且成績優良ニシテ研究者トシテ適当デアル。

19-T10　　　　　　　　　　研究事項解説書

　　　　　　　東北帝国大学工学部航空工学科　■■■■

　　　　　　　指導教官　東北帝国大学教授　　　成瀬政男

一、研究事項　小型歯車ノ研究

一、研究事項解説

　実際ニ航空計器ヲ試作生産シ日本ノ航空機ヲ急速ニ世界ノ水準迄上ラ

資料編

セル目的ヲ以テ本大学ニ航空精密研究所ノ設立ヲ見マシタ。

本航空学科ハコレト密接ナル連絡ノモトニ将来航空計器ノ講座ノ増設ヲ計画シテ居リマス。

同時ニ成瀬教授ガ研究シツヽアル「小型歯車ノ研究」ハ至急ソノ完成ヲ致スコトノ必要ニ迫ラレテ居リマス。

大学院特別研究生トシテ推薦セラレタル■■■■ハ在学中成績優秀ニシテソノ真摯ナル研究ハ品位ト相俟ツテ右ニ対スル要員トシテ最適任者ト考ヘラレマス。

19-T11　　　　　　　　研究事項解説書

　　　　　　東北帝国大学工学部航空工学科　　■■■■

　　　　　　指導教官　東北帝国大学教授　　　宮城音五郎

一、研究事項　圧縮波ノ研究

一、研究事項解説

　本学科宮城音五郎教授ハ昭和二十年三月停年ノ故ヲ以テ隠退ニ内定ノ処コレガ欠員ノ補充トシテ講師一名ノ増員ヲ計リ併セテ同教授ノ従来ヨリ研究中ノ「圧縮波ノ研究」ヲ継続シコレヲ完成スルコトハ緊要不可欠ノ処置ト考ヘラレマス。

　コノタメ大学院特別研究生トシテ推薦セル■■■■ハ在学成績優秀ト透徹セル研究態度高潔ナル品位ハ将来宮城教授ノ後継者トシテ教育ト研究トニ従事セシムルニ最適任者ト認メル次第デアリマス。

19-T12　　　　　　　　研究事項解説書

　　　　　　東北帝国大学工学部航空工学科　　■■■■

　　　　　　指導教官　東北帝国大学教授　　　棚澤泰

一、研究事項　滑油内気泡分離ノ研究

一、事項解説

　「固体及ビ気体分離ノ研究」ニ従事スル棚澤教授ノ研究ヲ完成スルタメ補助員ヲ要シ居ルトコロ、特別研究生■■■■ガ人格学業共ニ秀デ、

且ツ該研究ニ異常ノ興味ト熱意ヲ有スル点ヨリ該研究遂行上最適任者ト認メルニ至リ、コレヲ推薦スルニ至ツタ。

19-T13　　　　　　　　　研究事項解説書
　　　　　　　　東北帝国大学工学部電気工学科　　■■■■
　　　　　　　　指導教官　東北帝国大学教授　　　抜山平一
一、研究事項　水中補音器ニ関スル研究
一、研究事項解説
　水中音響兵器、即チ水中聴音器、水中通信機等ノ主要部ナル水中用送、受音器ニ関シ基礎的並ニ実用的研究ヲ進メテ水中音響兵器ノ進歩発達ニ資セントスルノデアル。勿論此等ノ兵器ハ現在既ニ用イラレテ居ルガ、更ニ高性能ノモノタラシメネバナラナイ。
　■■ハ研究業績ニ示ス如ク現在其ノ業績ヲ挙ゲツヽアル者デアツテ適切不可欠ノ者デアル。

2.4　追加推薦の分

19-2-S01　　　　　　　　　研究事項解説書
　　　　　　　　東北帝国大学理学部物理学教室　　■■■■
　　　　　　　　指導教官　東北帝国大学教授　　　岩瀬慶三
　　　　　　　　　　　　　兼京都帝国大学教授
一、研究事項　焼結体兵器材料ノ量産促進ニ関スル粉末冶金学的研究
一、研究事項解説
　指導教官岩瀬慶三教授ハ第六陸軍航空技術研究所委託ニヨリ焼結体航空軸受材料ノ研究ヲ海軍技術研究所ノ委嘱ニヨリ鉄粉焼結ニヨル導環ノ製造研究ヲ行ツテキル、又真空管金属材料ニ関スル研究ヲ行ヒツヽアリ、コレラノ諸問題ノ根幹ヲナスモノハ粉末冶金ニ関スル金相学デアル。兵器ノ劃期的進歩ヲ計ルニ焼結体ノ研究ハ時局下喫緊ノ題目デアルカラ更ニ重点集中的量産ニ関スル基礎ヲ研究セントスルモノデア

資料編

ル。

■■■■ハ理学部化学科ニテ粉末冶金学ヲ専攻セルモノニシテ前記ノ
研究ヲ行フニ最適任者ニシテ且ツ絶対不可欠ノ研究要員ナリ。

3　昭和 20 年度第 1 期

3.1　理学部

20-S01　　　　　　　　　研究事項解説書

　　　　　　　東北帝国大学理学部数学教室　■■■

　　　　　　　指導教官　東北帝国大学教授　泉信一

一、研究事項　フーリエ解析と其の応用

一、研究事項解説

　三角級数論を中心としフーリエ解析学全般にわたりての研究を行ふ特
　に本の実用的応用について考究する

20-S02　　　　　　　　　研究事項解説書

　　　　　　　東北帝国大学理学部物理教室　■■■■

　　　　　　　指導教官　東北帝国大学教授　小林巖

　　　　　　　　　〃　　　助教授　中林陸夫

一、研究事項　素粒子論

一、研究事項解説

　諸種の素粒子間の可能な相互作用によりて誘起さるる素粒子の転換過
　程の研究とそれに基く原子核及ひ宇宙線現象の理論的解明

20-S03　　　　　　　　　研究事項解説書

　　　　　　　東北帝国大学理学部化学教室　■■■■

　　　　　　　指導教官　東北帝国大学教授　石川總雄

一、研究事項　非水溶液ニ於ケル化学反応ノ研究

一、研究事項解説

液体亜硫酸アムモニア其ノ他ノ有機液体ヲ媒体トスル場合ニ於ケル無
機化学反応速度論化学熱力学的見地ヨリ研究シ此ノ方面ノ研究ノ乏シ
キ現状ニ裨益セントス

20-S04　　　　　　　　研究事項解説書
　　　　　　　東北帝国大学理学部地質学古生物学教室　■■■
　　　　　　　指導教官　東北帝国大学教授　半澤正四郎
一、研究事項　油田産有孔虫化石ノ研究
一、研究事項解説
　含油層ノ層位併ビニ其地質時代ノ決定ハ従来ノ層位学的研究ノミニテ
　ハ不可能ナレハ含油層中ニ多産スル有孔虫化石ノ研究ニヨリ其地質時
　代ノ決定ヲ行ヒヒイテハ油田ノ層序併ヒニ地質構造ヲ究明セントスル
　事ハ各国最近ノ傾向ナリ茲ニ有孔虫化石ノ研究ニヨリ本邦油田ノ層位
　及ヒ地質構造ノ再検討ヲ為スヲ目的トス

20-S05　　　　　　　　研究事項解説書
　　　　　　　東北帝国大学理学部岩石教室　■■■■
　　　　　　　指導教官　東北帝国大学教授　渡邊萬次郎
一、研究事項　金属鉱床ノ研究
一、研究事項解説
　金銀銅等各種金属ノ地下ニ賦存スル状態ヲ究メソノ開発ニ資スルト共
　ニソレラノ鉱石ヲ鉱物学的ニ研究シ選鉱学等ニ便ナラシメ以テ従来開
　発困難ナリシ低品位部ヲモ利用ノ道ヲ開カントス

20-S06　　　　　　　　研究事項解説書
　　　　　　　東北帝国大学理学部生物学教室　■■■
　　　　　　　指導教官　東北帝国大学教授　吉井義次
一、研究事項　馬鈴薯及ヒ甘藷〔ママ〕に関する実験生態学的研究
一、研究事項解説

資料編

食糧の増産確保は我が国刻下並に今後の重大問題なり

即ち馬鈴薯及ひ甘藷の貯蔵並に栽培を植物実験生態学的見地より研究し以てその学理を簡明し併せて其の応用を画し斯て特に東北地方に於ける藷数増産の基礎的問題に寄与せんとす

20-S07　　　　　　　　研究事項解説書

　　　　　東北帝国大学理学部物理学教室　　■■■■

　　　　　指導教官　東北帝国大学教授　岩瀬慶三

一、研究事項　金属ノガス吸収

一、研究事項解説

　金属合金ノ気体吸収ニ関スル興味ハ従来主トシテ吸収能ノ小ナル金属ニ集注セラレ大ナル吸収能ヲ有スル金属ニ関シテハ Pd ヲ除シテハ著シク不充分デアルムシロ此等金属ノ吸収機構コソ理論的ニ興味深イモノガアル

　本研究ハ Ti、Zr (v) Ta 或ハアルカリ土金属等ノ如キ吸収能ノ大ナル金属及合金ヲ対象ニ選ビ種々ノ温度圧力下ニ於ケル平衡吸収曲線ヲ測定シコレ等ヨリ熱力学的数値ヲ求メ一方統計熱力学的理論ノ発展ト相マツテ金属合金ニ於ケル気体吸収ノ機構ヲ明ニシタイ

20-S08　　　　　　　　研究事項解説書

　　　　　東北帝国大学理学部数学教室　　■■■

　　　　　指導教官　東北帝国大学教授　岡田良知

一，研究事項　函数論

一、研究事項解説

　主トシテ特殊函数ニ付キ研究スル

20-S09　　　　　　　　研究事項解説書

　　　　　東北帝国大学理学部物理学教室　　■■■

　　　　　指導教官　東北帝国大学教授　山田光雄

325

一、研究事項　固体及液体の理論

一、研究事項解説

　近時物質の固体液体状態に関する理論の発展著しきものありて物理学^{物理学}的理論研究者_{的理論として}は勿論なほ化学結晶学金相学其の他学科の基礎として重要なる成果が得られつつあるを以て本研究者またこの方面に於て金属合金の電気□性質其の他を理論的に解明するに務めんとす

20-S10　　　　　　　　　研究事項解説書

　　　　　東北帝国大学理学部化学教室　　■■■■

　　　　　指導教官　東北帝国大学教授　藤瀬新一郎

一、研究事項　日本産植物成分ノ有機化学的研究

一、研究事項解説

　本研究ハ昭和十七年度昭和十八年度迄清然〔ママ〕科学研究費ニヨリ教官藤瀬ノ研究ニ従事セルモノナリシモ昭和十九年度ニ至リテ他ノ戦時研究ノ為中止セルモノヲ復活セントスルモノナリ邦産植物ノ成分ヲ広ク調査シ将来ノ利用ニ資セントスルト同時ニ純粋ナル学術的立場ニテ研究ヲ進メントスルモノナリ

20-S11　　　　　　　　　研究事項解説書

　　　　　東北帝国大学理学部岩石鉱物教室　　■■■■

　　　　　指導教官　東北帝国大学教授　高橋純一

一、研究事項　粘土礦物ノ熱的研究

一、研究事項解説

　粘土鉱物ハソノ生成経歴ノ相違ニヨリ全ク同ナル鋼鉱物〔ママ〕ニアリテモ熱ニ対スル性質ヲ異ニスルコトハ本教室最近ノ発見ニ係ハリ例ヘハデイアスポール直接電解ニヨリ所理等ニ応用ヲ見ルニ至レリ本研究ニ於テハ各種粘土礦物〔ママ〕ヲ一定温度ニ加熱シ其物理性及化学性ヲ明カニシ以テ其礦物性ノ変化ヲ確メ斯界ニ貢献セントスルモノナリ

資料編

3.2　医学部

20-M01　　　　　　　　　研究事項解説書

　　　　東北帝国大学助手　■■■

　　　　指導教官　東北帝国大学教授　三木威勇治

一、研究事項　整形外科学一般特ニ骨節結核ノ研究

一、研究事項解説

戦時ニ於テ整形外科学ガソノ専門トスル四肢、脊椎ノ損傷ノ治療並ニ
戦傷者ノ殊ニ四肢切断ニ対スル装具ノ改良、並ビニ職業ニ適スル作業
用義肢ノ考案更ニ進ンデハ戦傷ニヨル肢体不自由者ノ職業補導ニ関シ
テ、貢献スル所ノ多キハ既ニ周知ナリ。故ニ所謂戦時整形外科一般ニ
就テ研究ヲ進ムルト共ニ戦病トシテ重要ナル結核ノ一分野ナル骨関節
結核ノ研究殊ニソノ早期診断早期加療ニ就テ研究セントス。既ニ■■
ハ脊椎カリエスノ早期診断ニ就キ又農業用作業義肢ニ就キ昭和十八年
来研究中ナリ。

20-M02　　　　　　　　　研究事項解説書

　　　　東北帝国大学医学部医学科　■■■■

　　　　指導教官　東北帝国大学教授　佐藤彰

一、研究事項　ビタミン B_1 欠乏症ヨリノ恢復遅速ノ簡易判定法及其対策
ニ関スル研究

一、研究事項解説

B_1 欠乏ハ B_1 給与ニヨリ恢復ス、人工的ニ B_1 欠乏症ヲ惹起セル実験ニ
テ見ル所ナリ、然ルモ実在スル人体ノ B_1 欠乏状態ハ B_1 ノ補給ニヨルモ
治療ニ赴クニ甚長期ヲ要スルコト少カラズ、人体臨床反動試ニ観ルニ
此際著シキ関係アルハ実ニ肝臓解毒力ナリ、（東北実験医学第二八巻一
七二頁）即チ動試ニ於テ B_1 ノ欠乏症ニ罹リ難キ動物（家兎）ヲ用ヒテ
B_1 欠乏実験ヲ行フニ其症状ヲ惹起スルマデ個体間ニ殆本能的トモ云フ
ベキ時間的差違アリ、早ク起ルハ肝解毒力ノ低級ナルモノ（安門ニテ
直チニ死亡スルカト見ラルヽ大痙攣ヲ惹起スルモノ）比較的短時ニ B_1

327

欠乏症ヲ惹起ス、反之高級肝臓解毒力ヲ有スルモノ（安門ニテ全然何等ノ症状ナク平然タルモノ）ハ B_1 欠乏症状ヲ来スニ長期ヲ要ス、即チ本実験ハ B_1 欠乏状態ヨリノ恢復遅速ノ逆試験ト見做シ得、又動試ニ於ケル治療試験ニ於テモ B_1 欠乏長期ニ及ブ時ハ相当量ノ B_1 ヲ以テシテモ之ヲ救フ能ハズ、然ルニ此時同時ニ肝臓解毒「ホルモン」ヲ併用スル時ハ之ヲ死亡ヨリ救助シ得、コハ同時ニ行ヘル「アトロンビフト」法血小板数検査ニヨルモ其動向ヲ察知シ得ルナリ、（東北実験医学二八巻二五頁）且之等動試ト相似ノ人体実験ノ研究ハ実ニ人体体液ノ種々ナル化学物質ノ研究ニ際シテモ試ミラレタリ（之ニ関スル研究ハ多数ニシテ枚挙シ得ズ、東北実験医学所蔵）

而シテ何故ニ B_1 ノミニテ奏効遅キヤニ就テハ B_1 ガ其エステル型トナリ難キニ非ルカ、肝臓ガ之ニ関スルコト近時唱ヘラル、（Biochem. J. 三二巻一五〇頁）先キニ述ベタル所ト照合スルニ甚教示的ト云フベシ

今茲に B_1 欠乏ノ人体アル場合 B_1 欠乏恢復遅速ヲ早期ニ知リ得ルトセバ甚好都合ナルコト云フマデモナシ、而シテ之ヲ知ルハ前記多数ノ業績ニ示セル如キ体液ノ種々ノ化学物質ノ量的変化ノ検査ニヨルモ之ヲ為シ得、然ルモ之レ多クノ時間ヲ要シ実際的ニアラズ、依テ此検査ヲ一片ノ血液塗抹標本検査ニテ代行セシメ得バ甚便利ナリト信ズ、之ニ参考トナル実験ハ既ニ発表セラレタリ（東北実験医学第四五巻八一頁）今之ヲ応用シ治療ノ初メニ之ヲ用ヰ、容易ニ之ヲ治療シ得ルカ否ヤヲ判定シ、難症ニハ其方法ヲ講ジ以テ戦時人力ノ増強ニ資スル所アランヲ主眼トス

20-M03　　　　　　　　研究事項解説書

東北帝国大学医学部医学科　■■■■■

指導教官　東北帝国大学教授　中澤房吉

一、研究事項　疲労ニ関スル研究

一、研究事項解説

　一般ニ慢性ノ内科的疾患ノ恢復期ニ於テハ、健康者ノ場合ニ比較シ

資料編

テ、軽度ノ筋運動ニ際シテモ疲労感ガ著シク強イモノデアリマス。此
ノ疲労ノ程度ノ強弱ハ予後の軽重、静養期間ノ長短等ヲ決定スルニ可
ナリ有意義ト思惟セラレマス。曩ニ中澤ハ健康者及ビ患者ノ、疲労ニ
ヨル血液ノ膠質化学的性状ノ変化等若干ノ調査ヲシタノデアリマス
ガ、今回ハ■■■ト共ニ教室ニ設備セル特殊ノ運動負荷装置ヲ用ヒ、
主トシテ退院前ノ恢復期患者ニ就テ疲労ニ由ル血液、尿等ノ諸変化、
心臓、腎臓、肝臓等ノ機能ノ変調ヲ有ラユル方面カラ調査シ、以テ治
療医学ニ何等カノ貢献ヲシタイト企図シテオルノデアリマス。

20-M04　　　　　　　　研究事項解説書
　　　東北帝国大学医学部医学科　　■■■■
　　　指導教官　東北帝国大学教授　　大里俊吾
一、研究事項　疲労困憊ノ研究
一、研究事項解説
　動物ニ連日連夜不眠ノ状態ヲ強フルトキハ、動物ハ疲労困憊ノ極数日
　若クハ一週間ニシテ死亡スルニ至ル。而シテ誤動物ノ脳、脊髄等ニ神
　経細胞ハ著明ナル変性若クハ崩壊ニ陥ル（□□□□□□□〔欧文筆
　記体〕）我教室ニ於テ昭和十九年以来右ノ実験ヲ追証シ更ニ斯ル動物
　ニ所謂恢復剤「フイロポン」ヲ連日投与スル時ハ、ソノ生存期間ヲ数
　日間延長セシメ、又「ビタミン」B₁ヲ大量投与スル時ハ、二倍以上生
　存セシメ得ルコトヲ認メタリ。
　又実験動物ノ電気心慟図、脳波等ノ観察モ進行中ナリ。
　又右動物脳其ノ他ノ組織学的検索ノ外ニ生化学的研究モ行ハレツヽア
　リ。
　本研究ノ終局ノ目的、右疲労困憊ノ生物学的、医学的研究ノ成果ヲ人
　体ニ関聯セシメ、ソノ防止、活療ノ問題並ニ体質学的問題ノ解決ヲ期
　スルモノナリ。
　■■■■ハ右ノ実験ニ参与シ、必要ナル手技ヲ修得シ、本研究ノ完遂
　上不可欠ナル役割ヲ演ジツヽアリ。

20-M05　　　　　　　　研究事項解説書

東北帝国大学医学部医学部〔ママ〕　■■■■

指導教官　東北帝国大学教授　吉田富三

一、研究事項　腹水肉腫ノ研究

一、研究事項解説

　腹水肉腫ノ母細胞ハ未決定デアルガ、広義ノ組織球ト推定サレル。依ツテ組織隙内ニ遊離性ニ常在スベキ細胞ノ種類、由来、相互関係等ヲ追求シ、且ツソノ増殖能力ヲ明ラカニセントス。本研究ハ所謂組織球ノ問題ニ寄与スベキト同時ニ、気圧、温度、栄養等ノ条件ノ変化ニ因ル之等細胞ノ増殖能、形態、機能等ノ変化ノ研究ハ、航空医学、熱帯乃至寒帯医学研究ノ基礎的資料タルベキモノナリ。

20-M06　　　　　　　　研究事項解説書

東北帝国大学医学部医学科　■■■

指導教官　東北帝国大学教授　伊藤實

一、研究事項　凍傷ノ研究

一、研究事項解説

　当教室近時ノ研究ニヨリ凍瘡ハ皮膚小動脈ノ機能障碍ニ淵源シ植物性神経系ト密接ナル関聯ヲ有スルコトヲ究明セルガ今後研究者ハ凍傷ニ就キ植物性神経機能乃至内皮網状識系トノ関係ヲ検索シ殊ニ治療上予防上各種「ホルモン」ノ応用ニ就キ臨牀上並ニ実験的研究ヲ施行セントス

20-M07a　　　　　　　　研究事項解説書

東北帝国大学医学部医学科　■■■■

指導教官　東北帝国大学教授　那須省三郎

一、研究事項　副腎ニ関スル形態学的生物学的研究

一、研究事項解説

　副腎（特ニ其ノ皮質）ガ生命必須ノ臓器タルハ已ニ周知ノ事ナルモソ

資料編

ノ機能ノ詳細ニ関シテハ未ダ闡明セラルヽ処甚ダ少シ。

本研究ニ於テハ胎児及ビ各種年階、各種疾患ニ於ケル人屍並ニ実験動
物ヲ材料ト為シ精細ナル組織学的検索ヲ遂ゲ該臓器ノ機能並ニ意義ヲ
究明セントスルモノニシテ差当リ胎児及ビ小児屍ニ就キ皮質ノ所謂
「胎児帯」ノ意義ヲ明ラカニセントス。

20-M07b　　　　　　　　研究事項解説書

　　　　　東北帝国大学医学部医学科　■■■■

　　　　　指導教官　東北帝国大学教授　那須省三郎

一、研究事項　航空医学ニ関スル形態学的研究

一、研究事項解説

　実験動物ヲ使用シ遠心加速度負荷ガ諸臓器ニ及ボス影響ヲ形態学的方
　面ヨリ観察シテ病変発現ノ機転ヲ究明シ、其ノ予防法ノ攻究ニ対シテ
　基礎的知見ヲ提供シ以テ航空戦力ノ増強ニ寄与セントスルモノナリ。

20-M08　　　　　　　　　研究事項解説書

　　　　　東北帝国大学医学部医学科　■■■■

　　　　　指導教官　東北帝国大学教授　篠田紀

一、研究事項　妊娠中毒症ノ成因ト予防法ニ関スル研究

一、研究事項解説

　妊娠中毒症（妊娠腎、子癇、胎盤早剥等）ハ我国母体死亡乃至瀕死重
　傷ノ最大原因タルト同時ニ分娩時ノ弛緩大出血、産後ノ慢性腎炎、高
　血圧症、脳溢血等ノ誘因トモナリ、更ニ早産、死産、新産児死亡ノ主
　要原因ノ一ニシテ、人口増殖ノ最大障碍タリ。而モ近年益々増加ノ傾
　向ヲ示シツヽアルニ不拘、未ダ其本態不明ニシテ其成因モ亦闡明セラ
　レズ。従ツテ現在ノ療法ハ応急対症療法ニ止マリ其根基ニ触レズ。況
　ンヤ予防法ニ至リテハ全ク根拠ナキ状態ナリ。仍テ先ヅ其成因ヲ探究
　シ以テ予防法ノ確立ニ資セントス。

331

20-M09 研究事項解説書

東北帝国大学医学部医学科　■■■■

指導教官　東北帝国大学教授　桂重次

一、研究事項　戦時下ニ激増セル化膿性疾感[患]ノ研究

一、研究事項解説

戦時下ニ激増セル化膿性疾患其他ヴィタミン欠乏ニ依ルト思ハレレ[ママ]骨
疾患ノ増加ノ傾向アルニツキ東北各地ニ之ガ調査ヲナシ其原因ヲ探求
シ之ガ対策ヲ樹立セントス

其他鉱山、工場ニ特殊生活環境ニ依ツテ発生スル諸種身体障害ヲ調査
シ之ガ原因ヲ除キ増産ニ貢献セントス

20-M10 研究事項解説書

東北帝国大学医学部医学科　■■■■

指導教官　東北帝国大学教授　立木豊

一、研究事項　耳性眩暈ノ成立ニ関スル基礎的研究

一、研究事項解説

耳性眩暈ハ耳科臨床ニ於テハ日常縷々ソノ偶発的ナルモノニ遭遇シ得
ルノミナラズ実験的ニモ任意コレヲ惹起セシメ得ルモノデアル然ルニ
ソノ成立機制ニ関シテハ今日猶ホ憶説ノ域ヲ脱セザル憾ガアル。故ニ
本研究ハ先ヅコレ等耳性眩暈ノ成立ニ関係スル種々ナル基礎的条件ヲ
研索究明シ以テ本問題ノ解決ニ寄与スル所アラントスルモノデアル

20-M11 調査書

■■■■■

明治四十九年五月十七日生

一、人物

人格ハ優良、高潔、性質ハ温厚篤実　思想ハ堅実　品行方正ニシテ全
教室員ノ模範タリ。

一、研究事項

資料編

新潟医科大学卒業後同附属医院（旧濱口内科）田坂内科教室トナリ内科学ヲ専攻トス。目下特ニ同教室ノ担当セル陸軍第八航空技術研究所委託ノ戦時研究（航空医学）及ビ文部省学術研究会議第八十三班（航空医学）第八十五班（耐暑力及ビ風土馴化）ノ重要ナル研究員トシテ低圧下及ビ高温下ノ血行機能並ニ体温調節ニ就テ研究ヲ進メツツアリ

一、研究能力

血行機能及ビ体温ノ電気的測定ニ卓越セル学識技能ヲ有シ一方新潟医科大学附属医学専門部講師ソシテ内科診断学ヲ教授シツツアリ。

（以上）

　　　昭和二十年三月

　　　　　新潟医科大学長　橋本　蕎

3.3　工学部

20-T01　　　　　　　　　　研究事項解説書

　　　　　東北帝国大学工学部機械工学科　■■■

　　　　　指導教官　東北帝国大学教授　前川道治郎

一、研究事項　内燃機関ノ慣性掃気

一、研究事項解説

　内燃機関特ニ二行程式機関ノ掃気作用ヲ排気管中ニ於ケル排気栓ノ振動ヲ利用シテ行ハシメ、因ツテ掃気ポンプノ運転ニ要スルモノナリ。右ノ特別研究生予定者ハ学術人物身体トモニ優秀ニシテ右研究補助員トシテ最適且必要欠クベカラザルモノナリ。

20-T02　　　　　　　　　　研究事項解説書

　　　　　東北帝国大学工学部通信工学科　■■■■

　　　　　指導教官　東北帝国大学教授　福島弘毅

一、研究事項　超短波空中線系ノ研究

一、研究事項解説

333

近時電気通信ノ複雑化ニ伴ヒ超短波ノ応用ハ増大シ例ヘバ多重通信テレビジョン等ニソノ重要性ハ著シクナル傾向ニアル斯ル目的ニ対シテ超短波用空中線系ノ良否ハ直接通信ノ性能ヲ左右スルモノデアル。

超短波用各種ビーム空中線特ニ八木、宇田空中線ノ研究ニ従事スル教授福島弘毅ノ補助員トシテ一名必要ナリ。

候補者ハ既ニ過去一年間右研究ヲ補助シ空中線系ノインピーダンス測定ニ関シ幾多寄与スル処アリ。同人ハ研究ニ熱心ニシテ頗ル勤勉且ツ研究遂行ノ積極的能力ニ富ミ将来研究者トシテ最適任者ト認メラルルヲ以テ右記研究ニ従事セバソノ成果見ルベキモノアリト信ズ。

20-T03　　　　　　　　研究事項解説書

東北帝国大学工学部電気工学科　　■■■■

指導教官　東北帝国大学教授　永井健三

一、研究事項　空中線ノ研究

一、研究事項解説

空中線ト饋電線トハ一般ニ「インピーダンス」ノ整合ヲ欠き、従ツテ出力ヲ能率ヨク得ルコト困難ナリ。之ヲ解決スルタメ折リ返シ空中線ヲ試作実験中ニシテ現在ノ見透トシテハ近ク完全ナル空中線饋電線ノ整合ヲ得、能カヨキ高周波出力ヲ得ル予定ナレドモ本研究ノ完成ヲ促進スル為ニ助手ヲ必要トス。

尚■■■■ハ成績優秀ニシテ研究要員トシテ適当ナリ。

20-T04　　　　　　　　研究事項解説書

東北帝国大学工学部電気工学科　　■■■■

指導教官　東北帝国大学教授　宇田新太郎

一、研究事項　電熱ニヨル真空封ジノ技術的研究

一、研究事項解説

従来真空管ノ封ジハ瓦斯ヲ以テセルモ電熱封ジガ可能ナレバ好都合ナリ。■■■■ハ成績モ良ク仕事ニモ極メテ熱心、本研究ニアタラセル

資料編

ニ最モ適任ト信ジ此度推薦スル次第ナリ。

20-T05　　　　　　　　　研究事項解説書

東北帝国大学工学部化学工学科　　■■■■

指導教官　東北帝国大学教授　西澤恭助

一、研究事項　油脂分解剤

一、研究事項解説

　西澤研究室ニ於テハ二十余年来油脂分解剤ニ就キ研究中ニシテ夫等ノ
共通性ニ就キ開明セル所少カラズ。ヨツテ更ニソノ分解機構、分解生
成セル脂肪酸ノ着色ノ原因。油脂保存中ニ生成スル負触媒ノ本質ト作
用等ノ研究ニ歩ヲ進メントス。

　尚当科助手定員十三名ニ対シ現在実員四名ニ過ギズ、学生ノ教育指導
ニモ支障ヲ来シツヽアリ、特ニ教官西澤恭助ハ教室内講座ノ新設及補
充ノ為メ転出者アリテ一名ノ助手ヲモ有セズ、教室研究要員確保ノ意
味ニ於テモ少クトモ二名ノ補助員ヲ要スベキ事情ニアリ、然ルニ特別
研究生候補者■■■■ハ学術優秀篤実ナル学研者ニシテ右候補者トシ
テ最適任且ツ絶対不可欠ノ研究要員ナリ。

20-T06　　　　　　　　　研究事項解説書

東北帝国大学工学部化学工学科　　■■■

指導教官　東北帝国大学教授　西澤恭助

一、研究事項　乳化剤ノ研究

一．研究事項解説

　乳化剤ハ浮選剤トシテ将タ又繊維、織物及染色工業用助剤等トシテソ
ノ用途甚ダ広シ。西澤研究室ニ於テハ二十年来硫酸化油ノ研究ニ従事
シツヽアリテ結果ノ一部ハ現在実用セラレ居ルモ更ニ優良ナル乳化剤
ヲ求メテ之レヲ強化セントス。

　尚当科助手定員十三名ニ対シ現在四名有スルニ過ギズ。学生ノ教育、
指導ニサヘ支障ヲ来シツヽアリ。特ニ教官西澤恭助ハ教室内講座ノ新

335

設及補充ノ為メ転出者アリテ一名ノ助手ヲモ有セズ、教室研究要員確保ノ意味ニ於テモ少クトモ二名ノ補助員ヲ要スベキ事情ニアリ、然ルニ特別研究生候補者■■■ハ成績優良篤実ナル人物ニシテ右候補者トシテ適任且ツ絶対不可欠ノ研究要員ナリ。

20-T07　　　　　　　　研究事項解説書

東北帝国大学工学部金属工学科　■■■■

指導教官　東北帝国大学教授　佐藤知雄

一、研究事項　鋼中炭化物粒状化ニ関スル物理冶金学的研究

一、研究事項解説

各種工具鋼ニ於テハ炭化物ノ粒状化ガ要求セラレル。而シテ粒状化物ノ大サ、形状及ビ分布状態ハ工具鋼ノ性能ニ大イニ影響ヲ与ヘルモノデアルガ、之レニ関シテ従来我ガ国ニ於テハ物理冶金学的方面カラノ研究ハ比較的少ナイ。例ヘバ卑近ナ例トシテ安全剃刀ノ刃ノ如キハ国産ノモノガ外国品ニ比ベテ著シク劣ツテ居ルノモ、コノ方面ノ研究ガ少ナイ結果トモ考ヘラレル。又粒状化ハ鋼材ノ軟化燃鈍ニモ大イニ関係スル。而シテ特別研究候補生■■■■ハ成績極メテ優良、又実験ニ対シテ極メテ熱心ニシテ、教授佐藤和雄ノ指導ノ下ニ本研究ヲ遂行スル補助者トシテ最適任且ツ不可欠ノ研究要員ナリ。

20-T08　　　　　　　　研究事項解説書

東北帝国大学工学部金属工学科　■■■

指導教官　東北帝国大学教授　小野健二

一、研究事項　熱還元「シルミン」ノ研究

一、研究事項解説

軽合金トシテ著名ナルモノハ鍛錬用トシテハ「ヂュラルミン」系合金、鋳造用トシテハ「シルミン」系合金ナリ。「シルミン」ハ普通ニハ「アルミニウム」地金ト硅素トヲ合金セシメテ製造セラルルガ高級品トシテハ電解「シルミン」アリ、安価ナルモノトシテ熱還元「シルミン」

資料編

ガアル。

熱還元「シルミン」ハ粘土ト炭素ヲ混合シ電気炉ニテ高熱トナシ直接還元ニヨツテ製造セルルモ此ノ還元機構ニ就イテハ未ダ充分ナル研究ナキニ依リ之ガ基礎研究ヲ執行ス。

■■■ハ思想、学術共ニ抜群ニシテ将来科学者トシテ有為ノモノナリト認メラルルニ依リ特ニ本研究ノ要員トシテ申請ス。

20-T09　　　　　　　　研究事項解説書
　　　　　東北帝国大学工学部航空学科　■■■■
　　　　　指導教官　東北帝国大学教授　棚澤泰

一、研究事項　「液体微粒化ノ研究」

一、研究事項解説

　数年来同右ノ研究ニ従事スル教官棚澤泰ノ研究遂行ノタメ補助員ヲ要スベキ処、特別研究生候補者■■■■ハ学術優秀ニシテ実験的研究ニ才能ヲ有シ且困難ニ打克ツ性質ヲ有スルヲ以テ適当ニ誘導セバ将来右補助員トシテ最適且絶対不可欠ノ研究要員タルベシ。

20-T10　　　　　　　　研究事項解説書
　　　　　東北帝国大学工学部航空学科　■■■■■
　　　　　指導教官　東北帝国大学教授　　成瀬政男

一、研究事項　「歯車製作法ノ研究」

一、研究事項解説

　同右ノ研究ニ従事スル教官成瀬政男ノ研究遂行ノタメ補助員ヲ要スベキ処、特別研究生候補者■■■■■ハ学術優秀ニシテ思慮ニ富ムヲ以テ適当ニ誘導セバ右補助員トシテ最適不可欠ノ研究要員タルベシ。

20-T11　　　　　　　　研究事項解説書
　　　　　東北帝国大学工学部航空学科　■■■■
　　　　　指導教官　東北帝国大学教授　　棚澤泰

337

一、研究事項　「燃焼機構ノ研究」

一、研究事項解説

　液体微粒化ノ研究ヨリ進ンデ液体微粒ノ燃焼機構ヲ研究中ノ教官棚澤泰ノ研究補助者トシテ特別研究生候補者■■■■ハ学術優秀ニシテ資性着実ナルヲ以テ燃焼機構ノ如ク長年月ニ亘ツテ努力ヲ要スル研究ニハ最適且不可欠ノ研究員ナリ。

20-T12　　　　　　　　　研究事項解説書

　　　　　　東北帝国大学工学部電気工学科　　■■■

　　　　　　指導教官　東北帝国大学教授　　　　渡邊寧

一、研究事項　低気圧放電ノ生産技術ヘノ応用ニ関スル研究

一、研究事項解説

　低気圧放電現象ヲ利用セル電子機器ハ従来之ガ有スル電導特性ヲ利用セルモノニシテ、之ガ生産技術ニ応用セラレタル例ハ少カラズ。更ニ放電現象自体ヲ発光体或ハ化学反応体トシテ活用セントスル研究モ亦古クヨリ為サレテヲル。後者ノ問題ハ今後充分ニ研究ヲ進ムル必要ガ認メラルルモノデアルガ、本研究ノ遂行上数名ノ助手ヲ必要トスベク、候補者■■ハ成績優秀デアリ且ツ研究心旺盛ナル故本研究ヲナスニ適当ナルモノト認メラル。

あとがき

　本書は、私がこれまでに発表してきた戦時下の科学技術政策と大学院特別研究生制度等に関する諸論文と書き下ろしの諸章から構成されている。本書に収録した論考の初出は次の通りであるが、すでに発表した論考にたいしても、修正や加筆を施した部分がある。

序　章　新稿

第 1 章　新稿

第 2 章　「戦時下の大学院特別研究生制度と東北大学」（『東北大学史料館紀要』第 2 号、2007）および「戦時下の大学院特別研究生制度について――昭和 18 年～昭和 20 年の文部省銓衡会の協議を中心に――」（『東北大学史料館紀要』第 6 号、2011）

第 3 章　「戦時下の大学院特別研究生制度について――昭和 18 年～昭和 20 年の文部省銓衡会の協議を中心に――」（『東北大学史料館紀要』第 6 号、2011）および「東北帝国大学特別研究生候補者の研究事項解説書――昭和 18 年～昭和 20 年度――」（『東北大学史料館紀要』第 3 号、2008）の一部を加筆収録

第 4 章　新稿

第 5 章　「戦時科学技術動員下の東北帝国大学――大久保準三文書を手掛かりとして――」（『東北大学史料館紀要』第 7 号、2012）

第 6 章　「戦時下の学術研究会議研究班と東北帝国大学」（『東北大学史料館紀要』第 8 号、2013）

第 7 章　「戦時下の学術研究会議研究班と東北帝国大学――『昭和二十年度／研究班組織原簿』の分析を中心に――」（『東北大学史料館紀要』第 9 号、2014）

第 8 章　「戦時下の大学院特別研究生制度と東北大学――聞き取り調査を

中心に――」(『東北大学史料館紀要』第 4 号、2009)

終章　新稿

資料編　「東北帝国大学大学院特別研究生候補者の研究事項解説書――
　　　　昭和 18 年度～昭和 20 年度――」(『東北大学史料館紀要』第 3
　　　　号、2008)

　本書が誕生するきっかけは、東北大学が 2007 年に創立百周年を迎える
にあたり実施した記念事業の一つである『東北大学百年史』編纂事業へ
の参加であった。

　2004（平成 16）年 3 月に日本の製造業の国際的技術移転について技術
史の視点から分析した論文で学位を取得した私は、同年 10 月に東北大学
電気通信研究所の百年史部局史編纂委員会に所属することとなった。は
からずも東北大学百年史編纂事業に携わることになったのである。この
ことは編纂業務のみならず、大学史について学ぶ貴重な転機となった。

　私の学位論文につながる問題意識は、モノの生産に携わる技術者や労
働者たちが、技術の発展にともない、いかなる状況に置かれていくのか
という点にあった。一方で、学位論文の論考を通して、日本の科学技術
行政史や産学官連携史についても関心を寄せていくようになっていた。
このような問題意識のもとで大学史に向き合うことにより、本書につな
がる研究が生まれたのである。

　2005（平成 17）年 5 月には東北大学百年史編纂室所属となり、大学史
に関する貴重な諸史料を目にする機会が増大した。百年史編纂室は、百
年史編纂のために集う新進気鋭の研究者との数々の出会いを生み、本書
につながる大学院特別研究生制度の研究を手掛けるきっかけを得ること
ができた場所であった。

　戦時下の大学における教育・研究体制の実態と科学技術政策との関わ
り方についての歴史的検討は、一次資料の少なさも相俟って、いまもっ
て教育史・大学史・科学史研究の課題である。私は東北大学史料館に大
学院特別研究生制度に関する行政文書が所蔵されていることを知り、さっ

あとがき

そく調査・研究を開始した。戦時下に実施された大学院特別研究生制度をてがかりとして、戦時下の科学技術政策と大学の教育・研究体制の形成過程の一端が明らかにできないかと考えたからである。

2006（平成18）年以降は、財団法人斎藤報恩会の学術研究助成金や日本学術振興会の科学研究費補助金を得て、旧帝国大学を中心とする各大学のアーカイブズ等を訪れ、関連する行政文書や個人文書の収集分析を進められるようになった。元特別研究生へのインタビューにも着手した。

2011（平成23）年3月11日には、仙台にて東日本大震災に罹災した。罹災時は休暇で仙台市八木山の自宅にて論文を執筆中であったがすぐに屋外に避難した。それまで経験したことのない大きな揺れと長く続く余震のなかで、小学校と幼稚園にいるはずの娘たちのことを思いながら無力に立ちすくむしかなかった。その後、3日間の停電、約2週間の断水、約1か月間のガス供給停止を経験した。幸いにも家屋と家族はそれほどダメージを受けなかったが、ほぼ1か月間の「自宅内キャンプ生活」を強いられることとなった。

震災翌日の3月12日には給水車が小学校の校庭に来るとの「口コミ」を入手し午後から夕刻まで給水の列に加わったが、私たちの分まではまわってこなかった。さらには私たちが給水の列に並んでいるさなかの午後3時36分、福島第一原発1号機で水素爆発が起こり、そしてこのことも翌日に「口コミ」で伝わるような状況であった。

死者・行方不明者合わせて2万人にのぼる「未曾有」の大震災であったとはいえ、被災地の国民に正確な情報が迅速に伝わらないという政府の危機管理体制の不備を大変残念に思った記憶がある。またその後の、原発問題をめぐる政治的駆け引きとそれに翻弄される科学者・技術者たちの姿を見るにつけ、科学技術行政に科学者・技術者がいかにかかわるべきか、という古くて新しい問題を改めて突き付けられている気持ちになっている。

とまれ、最終的には仙台から秋田に転居して現在の勤務校の新たな教育・研究環境で本書を仕上げることとなった。限られた時間のなかで、

341

一つひとつの史料を見直して、目を通したつもりではいるものの、それでも大きな見落としがなかったか不安は尽きない。その意味でも、忌憚のないご批判を賜れば、大変ありがたく思う。

　本書を入稿したのちの7月10日付の『朝日新聞』の科学面に、「博士離れ止まらない」という記事が目にとまった。

　そこでは博士課程を修了したものの、ポストは少なく、また企業も博士号をもつ研究者を敬遠する傾向があることが紹介されていた。企業の博士号取得者を敬遠する現象は大学院重点化以前からみられた問題であり、日本における社会経済の枠組みや価値観といったものが変わらなければ解決しないと思っている。

　その一方で、同記事の「甘い審査　質低下懸念」「育成見直す大学も」という指摘は注目すべき点であろう。大学院重点化にともない、文部省が2006年に博士課程の3年間で博士号を取得できるカリキュラムの整備を大学に求めた結果、博士号の質が低下したと評する大学教授の意見が紹介されている。また近畿大医学部講師の榎本英介氏の「学生を実験の手伝いにしか考えていない研究室も依然として多い。博士を育てる意識が乏しい」という見解が紹介されていた。

　この記事は、日本の大学院教育は重点化以降においても、新たな教育システムとして機能していないことを指摘している。制度が変更されたのであるから、教育システムも変更され、その結果として、質の「低下」ではなく質がいかに「変化」したかが問われるべきであろう。

　本書では、戦時科学技術動員の際に大学院特別研究生制度が成立した際には将来の研究者育成という教育システムの充実が唱えられていたものの、実質的には研究補助者を充足するために運用されていたことを明らかにした。日本の大学では、創設以来現在に至るまで、ひとつの教育システムを確立し、そのシステムに沿って一定の質以上の博士を育成するという理念に大学院制度を策定する側にも実際に大学院学生を教育する現場の教員たちにも欠けており、そのことが大学院重点化以降の大学

あとがき

院にまで引き継がれているのかもしれない。だとするなら、先の記事で指摘された状況は当然の帰結と言わざるをえない。

また一方で同紙面には「内閣府予算 500 億円」「成果は確認」「革新的研究リスク覚悟で」という記事も掲載されている。内閣府が主導する「革新的研究開発推進プログラム」事業で、応募者 179 人から選ばれた「リスクはあっても、成功すれば大きな社会変革が期待できる」12 件の研究とそのプログラム・マネージャー 12 人に 5 年間で計 550 億円が配分されることとなったと報じられている。

このような大規模研究助成によるビッグプロジェクト研究推進の嚆矢は戦時科学技術動員の一環で誕生したものである。戦時下と現代では社会経済的な背景が全く異なり、また科学と技術の関係も大きく変わってきているため、大規模研究費助成によるビッグプロジェクト研究推進に対する評価は差し控えるが、基礎研究が軽視される、成果主義に陥る、真の画期的な研究は展開されない、などの批判がなされていることだけは記しておきたい。多額な国費を投じた結果、いかなる研究成果を得たのか、少なくとも政策立案・決定者やプロジェクトを遂行した研究者は国民に説明する責任があり、またわれわれ国民も注視しなければならない。

いずれにせよ、大学や研究機関における研究推進を底辺で支えるはずの若手研究者が十分に育成できていない、あるいは研究補助者としての大学院学生が十分に確保できないとすると、代替案を考えない限り、これらのプロジェクト型研究は困難に直面するであろう。

拙い書物であるが、多くの方々に支えられてここまで来ることができた。筆者の研究を一書にまとめることを勧めてくださった東北大学出版会の小林直之氏にまずお礼申し上げたい。小林氏の長年にわたる激励がなければ本書は実現していなかった。

東北大学電気通信研究所教授の中島康治先生には、部局史の編集業務に携わるという貴重な機会と、大学史研究に足を踏み入れるきっかけを

343

いただいた。

　5年間お世話になった東北大学百年史編纂室の編纂員で現東北大学高度教養教育・学生支援機構講師の中川学氏と同助教の高橋禎雄氏には、編纂業務のイロハからお教えいただいたのみならず、歴史研究の面白さを再認識させていただいた。また百年史編纂室に集った新進気鋭の研究者たち、佐藤健治氏（現東北芸術工科大学歴史遺産学科准教授）、本村昌文氏（現岡山大学社会文化科学研究科准教授）、伊藤大介氏（現岩沼市史編纂員）、加藤諭氏（現東北大学史料館教育研究支援者）、小幡圭祐氏（現東北大学史料館教育研究支援者）からは共同研究の機会、あるいは個別に本研究に対して助言や協力をいただいた。とくに小幡氏には本書の索引作成にまでご助力いただいた。

　その後4年あまりお世話になった東北大学史料館准教授の永田英明氏には百年史編纂室のころより史料閲覧の便宜をいただいたこともさることながら、史料館所属後もすばらしい研究環境を提供していただいた。

　また同じ科学史・技術史を専門とし、科学技術の展開と産学官の役割についての歴史的検討を共同で行っている下関市立長成中学校の米澤晋彦氏には、学会報告や論文作成の際に種々ご助言をいただいた。

　さらに、史料の閲覧に関し、北海道大学、東京大学大学史史料室（現東京大学文書館）、京都大学大学文書館、大阪大学文書館設置準備室（現大阪大学アーカイブズ）、名古屋大学大学文書資料室、九州大学大学文書館、慶應義塾大学福沢研究センター、早稲田大学大学史資料センター、防衛研究所戦史研究センター、日本学術会議図書室、国立公文書館、国会図書館には大変お世話になった。とくに東京大学大学史史料室助教（現大東文化大学東洋研究所・大東文化歴史資料館特任准教授）の谷本宗生氏には、史料閲覧の便宜のみならず、調査・研究の相談にも気軽に応じていただいた。

　秋田にある現在の勤務校に着任したのは本年5月、本書の入稿締め切りが間近に迫っていた。着任とともに授業準備と入稿原稿作成を同時に進めてきた。着任早々で右も左もわからない私に、教育・研究にあたっ

あとがき

ての心構えを直接ご指導いただいた山田宗慶校長、また研究環境整備に
ご助力いただいた人文科学系科長・教授の小林貢氏、授業準備や私が所
属する社会科の運営がスムーズになるようご助言いただいた人文科学系
准教授の長井英二氏、ほか秋田工業高等専門学校の関係諸氏に感謝申し
上げたい。

　元大学院特別研究生として聞き取り調査に協力いただいた東北大学名
誉教授の方々、虫明康人先生、佐藤利三郎先生、酒井高男先生、土倉保
先生、苣木浅彦先生、飯泉茂先生、森田章先生（特別研究生の名簿順）
にあらためてお礼を申し上げたい。本書ではすべてを取り上げることは
できなかったが、戦時中の貴重なお話を聞くことができた。調査から8
年が過ぎ、佐藤利三郎先生、苣木浅彦先生、飯泉茂先生が逝去されてい
る。本書の完成を報告できなかったことが悔やまれる。

　本書のもとになった研究に対しては、財団法人齋藤報恩会学術研究助
成金、科学研究費補助金（課題番号20530681、22530809、25381003）の
交付を受けた。また本書刊行に際しては、独立行政法人日本学術振興会
平成26年度科学研究費助成事業（研究成果公開促進費）が交付された。
記して謝意を表したい。

　最後に私事にわたって恐縮であるが、私の研究生活を支えてくれた妻
佳織と二人の娘百萌、日咲に感謝の気持ちを伝えたい。妻と出会ったこ
ろは民間企業の一介の技術屋であったが、その後研究の道に転向した。
ともに歩んできた道のりは平坦ではなかったが、その間、明るくおおら
かで前向きに支えてくれた。本書に関する研究がはじまる前年に誕生し
た日咲が11月で10歳の誕生日を迎える。当時幼児であった百萌はすでに
中学生となった。遊びたい盛りの時期に、研究することで一緒に過ごす
時間が減ることを我慢してくれただけでなく、たまに一緒に過ごすとき
には娘たちとの楽しい会話や遊びが気分転換となった。彼女たちに本書

を捧げたいと思う。ありがとう。

2014 年 7 月　秋田市文京町の研究室にて

吉葉　恭行

索 引

ア

『朝日新聞』 33、127、131、342

イ

依託・委託 8、13、43、79、98、103、104、
106〜108、116、122、223、227、245、
320、322、333
委託学生 ⇒ 海軍

オ

大阪帝国大学（阪大） 5、38、39、54、63、76、
117、125、163、184
──戦時科学報国会 125

カ

海軍（省） 2、7、8、13、39、43、45、48、62、
63、76、78、79、86、91、103、104、
106、108、116、117、121、122、125、
230、245、257、267、270、274、275、
309
──委託学生 103、117
──科学技術審議会 117
──技師 117
──技術研究所 108、116、117、122、245、
257、270、274、275、309、322
──技術研究所分室
　　⇒ 分室（部外研究室）
──技術士官 103、117
──航空技術廠 116、117
──航空研究部 116
──航空廠 116
──人事局 62
第一 ── 火薬廠 228
第一 ── 技術廠 116
第二 ── 技術廠 116
「科学技術基本計画」（閣議決定） 1
科学技術審議会 ⇒ 海軍・技術院
「科学技術新体制確立要綱」（閣議決定）
18、118
「科学技術動員綜合方策確立ニ関スル件」
（閣議決定） 120

科学計測研究所 ⇒ 東北帝国大学
科学研究所 ⇒ 陸軍省
「科学研究振興ニ関スル建議」 17
科学研究動員 8、125、127、128、139、141、
142、157、163、164、270
──委員会 ⇒ 学術研究会議・九州帝
国大学・東京帝国大学
「──下ニ於ケル重要研究ニ関スル件」
（文部省通牒） 128
科学研究特別委員会 ⇒ 北海道帝国大学
「科学研究ノ緊急整備方策要綱」
（閣議決定） 4、8、13、121、125、126
「科学研究ノ振作及連絡ニ関スル件」
（文部省科学振興調査会答申） 17
科学研究費（文部省科学研究費・科研費）
5、7、8、17、121、122、125、129、
130、138〜140、142、157、183、269、
270、320、326
緊急── 8、128、130、131、138〜140、142、
157、270
科学審議会（内閣） 17
科学振興調査会 ⇒ 文部省
「科学振興ニ関スル具体的方策如何」
（文部大臣諮問） 17
「科学動員ノ基源培養施設ニ関スル件」
（日本学術振興会建議） 15
閣議決定 1、4、7、8、13、18、19、23〜27、
30、31、33、35、55、56、63、103、
120、121、125、142、223、266、270
学術研究会議（文部省） 8、9、13、17、98、
121、125、127、130、142、157、164、
183、195、196、270〜272、313、333
──科学研究動員委員会 4、121、127〜
130、183
「──科学研究動員委員会規程」 127
「──官制改止」（勅令） 127、157、103、
272
──研究動員委員会 183
──研究班 ⇒ 研究班
「学生生徒卒業期繰上ニ関スル件」
（文部省通牒） 18
「学生生徒卒業期繰上に関する件」
（東北帝国大学評議会議題） 21
「学生生徒の卒業期繰上に関する意見書」
（東北帝国大学評議会意見書） 21

347

学徒勤労動員　4、9、140、216、223、225、227
　　　〜230、256、258、273、274
　　──出陣式　223
学徒出陣　4、55、216
学徒動員　⇒　学徒勤労動員
「学年暦臨時措置方ノ件」
　　（東京帝国大学評議会会議題）　22
学部長　20、21、26、38、39、106、125、165
　　──会議　19、20、21、25
学問統制　3
幹部士官（幹部）　6、19、30、79、92、265

キ

企画院　6、14、18、30、43、48、61、265
技術院　2、4、6、13、30、103、105、116、118、
　　120〜122、125、157、166、265、269、
　　275
　　──科学技術審議会　4、118、120、121
　　──研究隣組　2、7、13、118、120、122、
　　269、276
　　──研究隣組運営委員会　118
技術本部　⇒　陸軍
九州帝国大学　5、38、39、54、63、90、126、
　　163、167、184
　　──科学研究動員委員会　126
教育審議会（内閣）　17
京都帝国大学（京大）　5、38、39、42〜44、
　　46、54、94、97、117、125、131、163、
　　184、322
　　──緊急科学研究体制　125、126
金属材料研究所　⇒　東北帝国大学
勤労動員　223〜225、227〜231、256、273、
　　275
　　⇒　学徒勤労動員

ケ

慶應義塾大学　5、33、35、40〜42、46、54〜
　　56、62、64、76、117、266
京城帝国大学　36、39、56、266
「決戦非常措置要綱」（閣議決定）　223
研究科　1、5、7、16〜18、47〜53、55、60、
　　61、74、76、88、89、266、267
　　⇒　大学院
研究事項　⇒　特別研究生
研究事項解説書　⇒　特別研究生
研究所　⇒　海軍・大学附置研究所・東京
　　帝国大学・東北帝国大学・北海道
　　帝国大学・陸軍

「研究動員会議官制」（勅令）　120
研究隣組　⇒　技術院
研究班（学術研究会議研究班）　2、4、6〜
　　9、13、121〜123、125、127、140、
　　142、157、158、163〜171、183、184、
　　190〜196、215、265、269〜273、276
　　──の研究題目（研究事項）　126〜131、
　　138、140、142、157、164〜170、191
　　〜196、271、272
　　──の研究費　8、121、127〜130、140〜
　　142、157、158、165、167〜170、183、
　　184、192〜196、270〜272
　　⇒　科学研究費
　　──の構成（組織）8、9、142、157、158、
　　166〜168、170、184、192、195〜
　　197、270〜273、276
　　──の重要研究課題（重要課題）　4、8、
　　121、127、128、131、139、141、142、
　　157、163、164、183、270
　　──の班長　8、128〜130、163、165〜170、
　　184、190〜196、271、272
研究補助者　6、80、115、116、129、130、275、
　　276、309、315、338
研究料免除　⇒　大学院
兼務嘱託制　117
「原料材料其ノ他ニ関スル研究動員並ニ特
殊軍需品ノ製造ニ対スル補助実施ノ件」
　　（日本学術振興会建議）　14

コ

航空医学研究所　⇒　東北帝国大学
航空技術研究所　⇒　陸軍
航空技術廠　⇒　海軍
航空研究所　⇒　東京帝国大学
航空研究部　⇒　海軍
抗酸菌病研究所　⇒　東北帝国大学
高速力学研究所　⇒　東北帝国大学
「高等教育ニ関スル答申」（教育審議会）　17
工部大学校　103
鉱物資源調査　229
「国家総動員法」（法律）6、15、30、265

サ

「在学徴集延期期間ノ短縮ニ関スル件」
　　（陸軍・文部省令）　19
「在学徴集延期臨時特例」（勅令）55
在学年限　18
　　「大学学部等ノ──又ハ修業年限ノ昭和

十六年度臨時短縮ニ関スル件」
　　（文部省令）　18、22
「大学学部等ノ──又ハ修業年限ノ臨時
　　短縮ニ関スル件」（勅令）　18、20
──短縮　22

シ

次官　⇒　文部省
「時局」　7、16、59、72、73、77、97 ～ 99、114、
　　266、267、269、276、288、289、302、
　　304、322
修業年限　18 ～ 20、23、24、31、34、46
「中等学校及高等学校高等科及大学予科ノ
　　──短縮ニ関スル件」（閣議決定）
　　19、23
──短縮　6、7、18 ～ 21、23 ～ 25、30、31、
　　33、103、265、266
　　⇒　卒業期繰上
『──短縮に関する対策に付きて』
　　（東京帝国大学意見書）　28
「大学学部等ノ在学年限又ハ──ノ昭和
　　十六年度臨時短縮ニ関スル件」
　　（文部省令）　18、22
「大学学部等ノ在学年限又ハ──ノ臨時
　　短縮ニ関スル件」（勅令）　18、20
重要研究課題　⇒　研究班
嘱託（研究嘱託）　51、103 ～ 105、108、113、
　　117、122、140、225、242、309
助手（研究助手）　22、27、66、83、94、100、
　　106、107、113、115、116、123、129、
　　130、140、229、230、252、268、270、
　　318、327、334 ～ 336、338
「人材養成ノ問題及研究機関ノ整備拡充並
ニ連絡統一ノ問題ニ関スル件」
　　（文部省科学振興調査会答申）　17
人事局　⇒　海軍

ス

枢密院　20 ～ 22

セ

銓衡委員会　⇒　特別研究生
選鉱製錬研究所　⇒　東北帝国大学
銓衡方法　⇒　特別研究生
戦時科学研究会　⇒　名古屋帝国大学
戦時科学報国会　⇒　大阪帝国大学
戦時研究員（内閣）120 ～ 122

「臨時──設置制」（勅令）120
仙台分室　⇒　分室（部外研究室）
専門教育局　⇒　文部省

ソ

総長　20、21、25、26、28、33、35、36、38 ～
　　44、46 ～ 49、56、61 ～ 64、74、76 ～
　　79、87、89、90、92、126、128、267
帝国大学──会議（文部省）7、18、25、
　　35、36、40、55、56、63、121、125、
　　126、266、267
卒業期繰上　⇒　修業年限短縮
「学生生徒──ニ関スル件」
　　（文部省通牒）　18
「学生生徒──に関する件」
　　（東北帝国大学評議会議題）　21
「学生生徒の──に関する意見書」
　　（東北帝国大学評議会意見書）　21
「──ノ件」（東北帝国大学）　22
「卒業者使用制限令」（勅令）6、16、22、30、
　　115、265
「卒業証書授与次第ニ関スル件」
　　（東京帝国大学評議会議題）　22

タ

第一海軍技術廠　⇒　海軍
大学院　1、2、4、5、7、9、16 ～ 18、22、24 ～
　　31、33 ～ 43、45 ～ 48、50、55、56、
　　63、78、103、116、224、231、232、
　　234、235、239、252、266、267、276、
　　277、292、297、301、317、320
「──及研究科ノ特別研究生ニ関スル件」
　　（文部省通牒）　89
──学生の研究料減免　22
「──学生ノ入学期日ニ関スル件」
　　（東京帝国大学評議会議題）　22
「──強化案」（東京帝国大学意見書）
　　25 ～ 27、30、31、33、103、265、266
「──強化等ニ関スル件」
　　（東京帝国大学評議会議題）　25
──重点化　1、2
──特別研究生　⇒　特別研究生
「──又ハ研究科」　47、49、51 ～ 55
「──又は研究科の特別研究生調査に関
　　する件」（文部省通牒）　60
「──又ハ研究科ノ特別研究生ニ関スル
　　件」（文部省令）　5、7、53、55、266、
　　267

「——又ハ研究科ノ特別研究生ニ関スル
　件」（文部省通牒）47 〜 49、61、74、
　76、88
「——問題所見」（慶應義塾大学塾長意見）
　34
——問題ニ関スル協議会　⇒　文部省
大学課　⇒　文部省
「大学学部等ノ在学年限又ハ修業年限ノ昭和
　十六年度臨時短縮ニ関スル件」（文部省
　令）18、22
「大学学部等ノ在学年限又ハ修業年限ノ臨時
　短縮ニ関スル件」（勅令）18、20
大学審議会　⇒　文部省（文部科学省）
「大学等における技術に関する研究成果の民
　間事業者への移転の促進に関する法律」
　（大学等技術移転促進法・TLO 法）
　　1、2
「大学ニ於ケル研究施設ノ充実ニ関スル件」
　（文部省科学振興調査会答申）17
大学附置研究所　4、17、35、38、39、56、63、
　64、99、106、108、116、121、125、
　126、164、167、168、257、267、268、
　274
　　⇒　東京帝国大学・東北帝国大学・北海
　　道帝国大学
第二海軍技術廠　⇒　海軍
台北帝国大学　36、39、56、266
多摩陸軍技術研究所　⇒　陸軍
短期現役　48、117

チ

「中等学校・高等学校高等科（大学予科ヲ含
　ム）修了年限短縮ニ関スル件」（東北帝
　国大学評議会意見書）29
「中等学校及高等学校高等科及大学予科ノ修
　業年限短縮ニ関スル件」（閣議決定）
　19、23
「徴兵適齢臨時特例」（勅令）55
徴兵猶予　26、27、29、38、56、100、266、268

テ

低温科学研究所　⇒　北海道帝国大学
帝国大学総長会議　⇒　総長
電気通信研究所　⇒　東北帝国大学
電波研究所　⇒　北海道帝国大学

ト

東京工業大学（東工大）　5、40、54、62、
　66、76、90、117
東京商科大学　5、40、54、62
東京帝国大学（東大）　5、19 〜 22、25 〜
　27、29 〜 31、33、36、38、39、41、42、
　47、54、61、64、73、76、78、81、83、
　87、90、92、103、117、126、163、167、
　169、184、248、250、257、265、266、
　274、275、319
——科学研究動員委員会　126
——航空研究所　247 〜 250、257、274
東京文理科大学　5、40、54、62、76
東北帝国大学（東北大）　6 〜 9、19、21、
　22、29、30、39、40、44、49、56、59 〜
　61、63 〜 66、73、74、76、81 〜 83、
　87、89、90、93、94、103 〜 105、107、
　108、113 〜 115、117、120、122、123、
　125 〜 128、131、139、140、142、157、
　163、164、166 〜 171、183、184、190
　〜 196、215、216、223、230、233、
　236、237、239、241、245、246、248、
　250、256 〜 258、265、267、269 〜
　275、279 〜 338
——医学部　60、64 〜 67、70、72 〜 77、
　80、82、83、86、87、89、90、93、94、
　97 〜 100、138 〜 140、142、163 〜
　165、190、195、269、285 〜 288、303、
　312 〜 316、327 〜 332
——科学計測研究所　107、108、165、166、
　168、169
——科学研究協議会　126、127
『——学報』230
——金属材料研究所　64、163〜170、190、
　194、196、255、271、272、306
——工学部　60、64 〜 66、70、72 〜 74、
　76、82、83、86、87、89、90、93、94、
　97、98、104、108、139、140、142、163
　〜 168、190、192、194、227、231、
　233、241、242、245、250、255 〜
　257、274、289、290、304、305、316
　〜 322、333 〜 338
——航空医学研究所　163、164、169、170、
　192、195、271
——抗酸菌病研究所　64、138、169、303、
　312
——高速力学研究所　165、166
——選鉱製錬研究所　22、163〜165、170、
　190、196、271、272

索　引

――電気通信研究所　117、166、245、257、
　274
――非水溶液化学研究所　165、166、191
――評議会　21、29、40、44、56、126、267
――法文学部　60、66、67、70、71、100、
　101、165、223、269、290 ～ 298、
　300、301
――農学研究所　64、166、168、190、192、
　193、302
――理学部　60、64 ～ 66、70、72 ～ 74、
　76、82、83、86、87、89、90、93、94、
　97、99、104、108、113、138 ～ 140、
　142、163、165 ～ 170、190、192 ～
　194、196、227、231、235、256、271 ～
　273、280 ～ 285、302、306 ～ 311、
　322 ～ 326
――臨時附属医学専門部　66、100、268
特別研究生（大学院特別研究生）5、7、9、
　38、39、47 ～ 50、52 ～ 56、59 ～ 61、
　63 ～ 66、73 ～ 77、79、81 ～ 83、86
　～ 94、97、99 ～ 101、138、140、142、
　157、215、216、223 ～ 225、231 ～
　237、239、242、246 ～ 248、250 ～
　252、254 ～ 258、265 ～ 270、273、
　276、279、308、309、311、315、321、
　333、335 ～ 338
「大学院及研究科ノ――ニ関スル件」（文
　部省通牒）　89
「大学院又は研究科の――調査に関する
　件」（文部省通牒）　60
「大学院又ハ研究科ノ――ニ関スル件」
　（文部省令）　5、7、53、55、266、267
「大学院又ハ研究科ノ――ニ関スル件」
　（文部省通牒）　47 ～ 49、61、74、76、
　88
――候補者の研究事項（研究題目）
　7、38、45、48 ～ 50、52、54、59、66、
　67、70、71、74、75、82、83、86、88 ～
　90、94、99、100、233、237、241、246、
　250、252、253、257、268、273、274、
　280 ～ 338
――候補者の研究事項解説書（説明書）
　7、48、49、52、53、59、60、67、71、
　75、76、83、86、88、89、97、98、101、
　238、247、248、251、254、255、269、
　279 ～ 338
――候補者の年齢　66、77、78、80 ～ 83、
　91、94、99、100、268、269
――制度　2、4 ～ 7、9、27、29、31、33、40、
　55、56、59、92、99、101、215、216、

　231、256、258、265 ～ 267、269、
　273、275 ～ 277
――制度の構想（ひな形）　27、29、31
――銓衡委員会（銓衡会）　7、38、43、
　53、59、61 ～ 65、76、80、81、90 ～
　93、99、100、233、236、267、268
――の銓衡方法（経緯・過程・流れ・順
　序）　5、7、38、43、56、59、61、73、
　87、99、266、267
――の定員（定数）　5、27、37、42、43、
　45 ～ 47、54、55、62 ～ 66、73 ～ 78、
　80、82、87 ～ 90、94、100、266、269

ナ

名古屋帝国大学（名大）　5、38 ～ 39、54、
　117、126、131、163、184
――戦時科学研究会　126

ニ

日本学術会議　265
日本学術振興会　13 ～ 15、30、121、149、320
日本諸学振興委員会　⇒　文部省
入営　51、77、78、80、231
――延期　5、66、77、80、81、91、92、100、
　231、268

ノ

農学研究所　⇒　東北帝国大学
ノモンハン事件　16

ヒ

非水溶液化学研究所　⇒　東北帝国大学
評議会　21、22、25、27、29、36、40、44、56、
　125、126、131、267
　⇒　東北帝国大学

フ

部局長会議　⇒　東北帝国大学
副手　51、66、83、94、100、129、130、138、
　140、268、290
附置研究所　⇒　大学附置研究所
分室（部外研究室）　105、117、122、245、
　250、270
　仙台――（仙台研究室）　117、140、257、
　274

351

ヘ

「兵役法」（法律）　22、55
兵器局　⇒　陸軍
兵務局　⇒　陸軍

ホ

「ポストドクター等1万人支援計画」　1、2
北海道帝国大学（北大）　5、44 ～ 46、54、
　　　77、105、107、108、114、115、125、
　　　163、184
　　──科学研究特別委員会　125
　　──低温科学研究所　107
　　──電波研究所　107

マ

『毎日新聞』　35

メ

名誉教授　9、140、215、216、224、225、227
　　～ 239、241、243、245、246、248 ～
　　254、256、257、273

モ

文部省（文部科学省）2、5 ～ 7、13、17 ～ 22、
　　25 ～ 27、30、35 ～ 40、42 ～ 49、53、
　　55、56、59 ～ 61、63 ～ 65、67、70、
　　71、73、74、76、82、86、87、89 ～ 94、
　　97 ～ 101、103、118、121、122、125
　　～ 131、157、164、215、233、235 ～
　　237、241、246 ～ 248、250 ～ 252、
　　256、257、265 ～ 269、273 ～ 275、
　　309、320、333
　　──科学局　76、128、129、164
　　──科学研究費　⇒　科学研究費
　　──科学振興調査会　17
　　──学術研究会議　⇒　学術研究会議
　　──学術研究会議研究班　⇒　研究班
　　──学校教育局　60
　　──次官　27、36、40、41、43、45、48、61、
　　　62、64、76、90、91、99、267
　　──専門学務局　25、26、31
　　──専門教育局　35、36、39 ～ 41、43、47
　　　～ 49、55、61 ～ 64、73、74、76、77、
　　　79、81、87、89 ～ 91
　　──総務局　61

　　──大学院問題ニ関スル協議会　7、56、
　　　267
　　──大学課　61、76、81
　　──大学審議会　1
　　──大臣（文相）　17、20 ～ 22、24、26 ～
　　　28、31、33、36、38、45、46、48、53、
　　　54、56、62、127、130、267
　　──帝国大学総長会議　⇒　総長
　　──日本諸学振興委員会　3

リ

「理学部及工学部陸砲工学生規程」（東北帝
　国大学）　104
陸軍（省）　2、7、8、13、19、22、38、39、43、
　　45、48、49、56、61、63、76 ～ 80、91、
　　92、104、108、113、121、122、125、
　　244、267、314
　　多摩──技術研究所　104、105、140、242、
　　　245
　　多摩──技術研究所仙台分室　⇒　分室
　　　（部外研究室）
　　──科学研究所　104
　　──技術研究所　104、122、
　　──技術本部　104、107、122、270
　　──技術本部調査班　105、108、113、115、
　　　116
　　──航空技術研究所　98、104、322、333
　　──造兵廠　309
　　──兵器行政本部　104、105、116
　　──兵器局　104
　　──兵器廠　104
　　──兵務局　61、63
「臨時戦時研究員設置制」（勅令）　120

ロ

「労務者」　19、292、293

ワ

早稲田大学　5、33、35、40、41、54 ～ 56、62、
　　76、266

索　引

人名リスト

ア

会田宗太郎　133
青木猪三雄　155
青木　　清　145、173
青木　利夫　145、173
青木廉二郎　84、148、204、219、309
青峰　重範　134、212
青山　新一　133、136、161、163、165、168、
　　　　　　169、174、179、195、196、204
赤石　　英　68、217
赤羽　政亮　153
秋野　　一　68、217
明山　正元　206
浅井　富春　152、176、315
安積　利一　133、154、155、173、174
浅野　　清　132、148、174
安積　　宏　147、178
安部　淳吉　69、218
安倍　弘毅　152、176
阿部廣五郎　149、181
阿部　正明　133
天笠　正孝　110
荒川　文六　38、41、126
荒木　貞夫　17
新田目五郎　152、176
有井葵巳雄　119、147
粟野亥佐武　134
安齋　光男　95、221
安藤　正純　35
安藤　正次　39

イ

飯泉　　茂　95、216、221、230、233、234、
　　　　　　236、252、253、257
飯沼　一精　153
家坂　和之　69、218
猪狩　　忠　95、221
伊澤　正宣　110、119、154、180、207
石川　總雄　84、95、110、147、148、174、
　　　　　　175、203、204、219、221、307、
　　　　　　323
石田　周三　151、175
石田　哲朗　96、222

ウ

石田　光夫　119
石原寅次郎　68、165、180、187、190、194、
　　　　　　207、217、281
泉　　信一　68、84、95、111、113、132、140、
　　　　　　145、146、167、172、173、192、
　　　　　　198、217、219、221、225～227、
　　　　　　302、306、323
伊藤　清記　150、174
伊藤　猛夫　68、217
伊藤　　勤　134
伊藤　　實　95、134、152、153、181、209、
　　　　　　221、330
稲葉　　緊　95、221
井上　和夫　85、220
今井　丈夫　112、133、134、175、189、190、
　　　　　　205、210、212
今井勇之進　136
岩上　好智　95、221
岩瀬　慶三　84、95、119、136、155、162～
　　　　　　164、175、180、187、190、194、
　　　　　　207、219、221、322
岩名　義文　136、145、153、206
岩間　吉也　68、151、180、217
岩元不二雄　69、218

ウ

氏家文三郎　133
宇田新太郎　85、96、108、110、112、113、
　　　　　　119、155、220、222、224、227、
　　　　　　231、232、237～243、317、334
内ヶ崎欣一　68、217
内田　祥三　36、38、39、41、42、61、76、78
　　　　　　～80、90、92
宇津志元亨　68、151、217
梅澤新二郎　96、222
浦山　　晃　68、217

エ

海老名敏明　68、119、134、152、217、303
海老根誠治　84、219
遠藤　敬二　96、222
遠藤辰一郎　68、217
遠藤　誠道　148、174、204

353

遠藤　沖吉　149、181
遠藤　彦造　110、133、136、174、207
遠藤　英夫　134

オ

及川　公平　149
生沼　巴　149、175
大内　謙一　133
大久保準三　108、109、112、125、136、139、142、164、165、176、180、199
大里　俊吾　95、119、181、209、221、329
大澤　與美　180、207
大谷　史郎　96、222
大友　孝蔵　134
大友　毅男　133
大平　五郎　154、180
大森　啓一　149
大類　伸　69、218、296
大脇　義己　69、208、218、290、298
岡　捨己　119、134
岡　好良　136
岡崎　七郎　84、219
岡崎　文夫　69、218、297
岡田　克弘　150
岡田　幸雄　110、111、208、231、239
岡田要之助　119、135、136、149、181、210
岡田　良知　95、132、145、173、198、221、325
岡部　作一　149、175
岡部　兵ヱ　135、152、153、176
岡村　俊彦　112、136、169、179、180、200、207
小川　四郎　119、169、178、201
小川　環樹　69、218、294
沖津　貞夫　135
沖永　哲一　150
小黒忠太郎　95、221
小田　孜　179
小野　健二　96、119、140、156、180、222、336
小野田直之　135、149、181
大日方一司　119、133、136、156、162～164、174、180、207
小山　鞆繪　69、218、295

カ

海法　靖男　153、176
角川　正　154、155、173

河西　助蔵　134
加瀬　勉　109、207
片桐　主一　68、217
片倉　孝　134
片山　龍成　201
桂　重次　68、95、134、151、152、180、209、217、221、286、287、332
桂　重俊　85、220、255、256
加藤　勝雄　152、176、315
加藤多喜雄　203
加藤豊治郎　134、137、151、160、163、164、169、170、175、188、190、194～196、208、271、272
加藤陸奥雄　135、149、175、210
加藤　愛雄　109、111、112、132、135、140、150、151、169、174、177、195、202、203
金倉　圓照　69、218、293
金田純一郎　69、218
上領　香三　85、220
河合　廣　146、178
川合　保治　85、220
河上　忠男　68、217
河原　春作　90、91
川村　佳夫　95、221
神田　英蔵　136、179
神立　誠　210
菅野　巌　134、152、181
菅野　武雄　84、219

キ

木内　修一　153、155、206
祇園寺信彦　69、218
菊地恭太郎　152、153、176
菊池　三郎　133、134
菊池豊三郎　27、41、62、64、76
木崎　善雄　68、132、217
北村　泰一　145
木村　有香　151
木村　茂　95、221
木村　次郎　134、210、212
桐原　朝夫　95、221
金城　時汰　135

ク

九嶋　勝司　119、152、176
窪田　忠彦　109、132、145、158、163、166、167、173、185、190、192、194、

索　引

199
熊尾　信一　155
熊谷　岱藏　21、39、40、56、63、64、126、134、152、169、176、181、195、209、267
黒川　利雄　84、133、140、151～153、176、209、219、312
黒澤　洋　84、219
黒田　正士　69、218
黒田　正典　69、218
黒屋　政彦　84、135、152、153、176、209、219、313

コ

小池勇二郎　119
小泉　信三　33～35、42、46、64
小泉　辰雄　151、175
小泉　全孝　152、153、176
小出登雄吉　135、136、156、176、207
神津　俶祐　152
古賀　和夫　119
古賀　良彦　84、119、133、152、153、176、209、219、315
小久保清治　151、175
小島　英幸　95、221
古関　志郎　135、152、176
兒玉　宗一　119
後藤　秀治　175
小林　巖　95、146、161、163、178、179、221、323
小林　清志　85、220
小林　松助　68、111、147、175、217、283、302
小松　登　119
小柳　修三　96、222
今　官之助　133
近藤師家治　135、152、176
近藤　正二　84、152、176、209、219、314
今野　苦雄　134

サ

斉藤　達雄　84、219
斎藤　恆三　154、156、176、180
齋藤　悌三　134
齋藤　秀雄　68、153、217
齋藤　良一　150、174
三枝　彦雄　68、84、111、146、178、200、217、219、228、285、308

三枝　文彦　84、219
酒井静二郎　153、176
酒井　清澄　135、152、176
酒井　高男　85、216、220、224、225、232、233、245～250、257
坂本　義彦　150
櫻井　武麿　177
桜井　誠　152、176
笹生　眞也　133、151、176
佐々木　理　69、218
佐々木公男　95、221
佐々木重夫　132、145、173、198
佐竹　逸郎　152、181
佐武安太郎　68、134、135、152、177、208、209、217、303
佐谷　正輝　151、180
里　洋　201
佐藤　彰　84、95、152、153、176、209、219、221、316、327
佐藤　岩男　84、219
佐藤　健象　84、219
佐藤　鉱三　230
佐藤　三郎　180
佐藤正二郎　68、134、217
佐藤　新作　147
佐藤　隆夫　135、150、151、174、177、202
佐藤　武敏　69、218
佐藤　知雄　96、136、155、156、162、163、180、203、207、222、336
佐藤　春郎　95、221
佐藤　熈　134、151、175、208
佐藤　正弘　134、
佐藤利三郎　85、216、220、232、243～245
佐藤　良吉　85、220
實吉　純一　136、137、155
沢田　慶一　148、149
三本木貢治　136

シ

塩川　孝信　68、217
宍戸仙太郎　133
篠田　治策　39
篠田　糺　68、95、152、176、209、217、221、288、331
柴岡　孝雄　68、217
渋澤　元治　38、39
渋谷　正三　134
澁谷　喜夫　146、178
島田　隆　69、218

355

島津勝次郎　155
庄司　專吉　155
神保　忠男　135、149、181
新明　正道　69、218、291

ス

菅木　浅彦　95、216、221、228 ～ 230、235、236、251、252、257
杉田憲太郎　135
杉原　美徳　149、181
杉山　尚　152、181
鈴木　一夫　84、219
鈴木　泰三　84、219
鈴木　忠夫　154、155
鈴木　達二　68、135、217
鈴木千賀志　133
鈴木　正彦　153
壽時　冨彌　179、201
洲之内源一郎　145、172

セ

清野　祐彦　133、151、176
関口　勲　90、91
關本　秀男　155

タ

高木　修　68、133、154、173、217
高須鶴三郎　145
高根　勝利　68、84、132、149、174、195、204、217、219、230、280、310、311
高橋　英次　152、176、315
高橋　謹吾　135
高橋　純一　68、84、95、132、148、149、174、204、217、219、221、284、307、310、311、326
高橋　信次　133、152、176
高橋　富雄　69、218
高橋弥三郎　134
高橋　胖　84、132、146、172、178、199、201、219、309
高林　亮吉　148
瀧澤　三郎　147
竹内　栄　136、169、178、200
竹内　常彦　149、153、174
武田　尚正　155
武田　文七　85、220

竹本　茂雄　146、178
立花　一夫　95、221
立田　晴雄　148、177
田中　穂積　33、35
棚澤　泰　85、96、153、220、222、225、248、321、337、338
田邊　昇一　96、222
田原　正人　149、175、181、210、211
玉井　芳幸　135
淡中　忠郎　132、172

チ

中鉢　龍雄　153

ツ

立木　豊　68、95、134、208、217、221、285、286、332
塚田　進　152、181
土倉　保　95、140、216、221、225 ～ 227、234 ～ 236、253、254、257
坪内　為雄　109、136、154、155
鶴丸　孝司　84、219

テ

手島金次郎　151、180
手島周太郎　134、136、210、212
寺尾　博　119、134、136、189

ト

土居　光知　69、218、291、301
東條　英機　35、36、38 ～ 41、56、267
利根川準一　155
外崎　巧一　147、175
富永　齊　68、84、108 ～ 110、112、147、148、152、161、163、168、177、178、186、190、194、204、217、219、282、302、311
鳥海　達郎　133
鳥海　衷　135

ナ

内藤　武　153、176
内藤　忠男　68、217
永井　健三　85、96、108、110、111、113、136、146、154、155、173、220、

索　引

222、244、318、334

永井　　浩　26、36、39 〜 41、43、47、49、
　　　　　　62、63、76 〜 81
中澤梅次郎　146、178
中澤　房吉　95、134、208、221、328、329
永澤　　信　147
永野　為武　134、151、175
中林　陸夫　95、146、147、178、200、221、
　　　　　　323
中村左衛門太郎　109、111、132、150、152、
　　　　　　161、163、168、174、177、203
中村　重夫　69、218、292
中村新太郎　119、155
中村　　肇　152、176
中村　要三　148、177
中谷　洋太　156、180
中山　圭二　95、221
那須省三郎　95、134、153、180、208、221、
　　　　　　330、331
那須　義雄　63
成瀬　政男　85、96、136、153、155、187、
　　　　　　190、194、206、220、222、232、
　　　　　　233、246 〜 248、321、337

二

西　　久光　38、39、41、161
西尾　敏夫　148
西岡　丑三　134、136、212
西崎　　恵　81
西澤　恭助　96、153、222、335
仁科　□□　85、220、318
仁科　　存　119、136、154、155、173、179
西村　清正　68、155、217
西山　省三　148、174

ヌ

抜山　四郎　68、108、109、111 〜 113、152、
　　　　　　155、217、289
抜山　平一　68、85、104、111、113、117、
　　　　　　119、136、140、146、155、217、
　　　　　　220、231、239、243 〜 245、257、
　　　　　　274、305、322
沼知福三郎　85、108、109、133、137、220、
　　　　　　316

ノ

野村　七録　135、151、152、175、205、210、

213

野村　　博　68、84、134、147、204、217、
　　　　　　219、283、311
野邑　雄吉　146、178、227
野本　森萬　95、221

八

萩澤　　浩　147
羽里源二郎　147、178
橋田　邦彦　20、24、33
橋本　正雄　68、217
長谷川修三　84、219
羽田野伯猷　69、218
簱福重左衛門　151、180
畠村　元統　154、156
八田四郎次　110、153、156、203、207
羽田　　亨　38、39、42、43、46、126
濱上　　正　135、152、153、176、314
濱住松二郎　22、85、136、154、162 〜 165、
　　　　　　169、180、187、190、207、220、
　　　　　　319
林　　茂壽　119
林　　滋彦　68、217
林　　　威　135、146、147、169、177、178、
　　　　　　199、227
林　　雄造　68、134、153、208、209、217、
　　　　　　287
原　龍三郎　68、111、133、134、155、165、
　　　　　　174、191、195、204、217、304
半沢正四郎　84、95、132、148、174、219、
　　　　　　221、308、324

ヒ

日景　武夫　119
樋口　　泉　135、147、148、151、177
樋口　盛一　68、109、153、217、290
一柳　壽一　132、150、172、201
日比　忠俊　119
百武　源吾　90
瓢　武二郎　133、151、176
平井　越郎　150
平賀　　讓　20、25、26、28
広根徳太郎　161、163、168、169、178、179、
　　　　　　185、190、194、200、201
廣濱　嘉雄　69、218、300
樋渡　宏一　84、219

357

フ

福島　弘毅　96、136、137、154、155、173、222、334

袋井　忠夫　133、136、179

藤瀬新一郎　84、95、134、148、153、177、204、219、221、309、326

藤田　幸藏　151

藤田　尚明　84、219

藤原松三郎　132、167、172、192、198

伏屋義一郎　68、85、108、110、133、154、155、173、174、204、217、220、305、319

淵澤　定敏　137、206

古田　良一　69、218、297

不破　　祐　68、217

ホ

朴澤　三二　68、135、149、175、186、190、194、206、217、283

星島啓一郎　84、219

細川　　明　96、222

穂積　重遠　20

堀　　眞市　96、222

本多　憲児　84、133、138、219

本多　誠一　68、217

本多　波雄　85、220

本間　正雄　136

マ

前川治三郎　206

前川道治郎　96、109、136、154、155、222、333

前田　和彦　132、145、173

前田清治郎　68、217

槇　　哲夫　133

正宗　　一　68、151〜153、217、288

益子帰来也　135

眞島　利行　38、39、63

増井　淳一　68、132、217

増村　光雄　148、177

増本　　量　109、112、165、179

松岡　　茂　112

松川　　明　152、176

松隈　健彦　109、132、150、158、163、172、201

松田幸次郎　84、134、151、175、208、219、315

松平　正寿　136、154、155、173

松永　　孝　95、221

松永　藤雄　152、181

松前　茂生　155

松本　　彊　111、146、178

松本　彦良　69、218

松山多賀一　206

松山　徳藏　154、156、180

松山　　昇　145、172

的場　幸雄　68、85、136、154、180、207、217、220、289、320

丸井　清泰　152、209

丸田　公雄　152

丸山　謙次　148

丸山　益輝　68、217

丸芳　十郎　68、217

ミ

三木威勇治　95、152、221、327

水島宇三郎　175、181、205、212

三井生喜雄　133、148、177

嶺　　永治　150、151、174、177

三原　常治　84、219

宮内　量平　119

宮川　高明　96、222

宮城音五郎　85、109、111、133、153、165、173、187、190、206〜208、220、321

宮坂五一郎　153

宮地韶太郎　152、176

三輪　盛文　152、176

ム

虫明　康人　85、216、220、223、224、231〜233、236〜242、248

鞭　　政共　84、219

武藤　完雄　84、133、152、153、219、312、313

村井　　等　85、220

村上武次郎　133、136、162〜164、174、180、207

村上　次男　68、135、152、176、209、217、287

モ

本川　弘一　68、133、134、151、152、180、208、209、217、286

元村　　勲	84、135、149、150、181、205、219、308	
森　　一郎	147、175	
森　　隆也	135、151	
森川　俊雄	153、176	
森田　　章	95、216、221、227、228、235、236、254 〜 257	

ヤ

八木　健三	149、174、230
八木　次男	149
柳橋　満雄	134
矢島悦次郎	156
安本　利俊	134
柳原　　正	119
山形　敞一	133、151、176
山上　次郎	95、221
山口　彌輔	68、84、135、149、150、181、210、211、217、219、282、311
山崎　正文	135
山田　金雄	136、153、206
山田　光雄	84、95、146、177、178、219、221、227、236、254、255、306、325
山野　健二	207
山本　健吾	134、181、211、212
山本美喜雄	179

ヨ

吉井　義次	95、119、135、149、151、181、211、212、221、234、253、324
吉池　太郎	153、176
吉岡　邦二	119、135、151
吉田　重治	119、136、212
吉田　富三	95、208、221、330
吉田　豊治	84、219
吉田　　毅	153、176
吉田　良治	209

ワ

和田　小六	90
和田　正男	134、152
和田　正信	154、155、173
和田　正美	153
和田　裕宏	68、217
渡邊萬次郎	95、132、149、152、174、204、221、229、230、251、324

渡邊　　寧	85、96、108、110、117、119、154、220、222、255、256、317、338

【著者略歴】

吉葉　恭行（よしば　やすゆき）

秋田工業高等専門学校人文科学系教授　博士（国際文化・東北大学）
1963 年栃木県生まれ。明治大学工学部、宇都宮大学国際学部卒業。東北大学大学院国際文化
研究科修了。

〔主要著書〕
『東北における産学官連携—21 世紀の東北を考える懇談会の軌跡—』（共著）（東北大学出版会、
2011 年）

カバー・表紙写真：

・写真上
勤労動員（昭和 19 年）：東北帝国大学工学部航空学科の棚澤泰研究室に動員された学生たち。前列左から
三人目の棚澤教授の隣（左から四人目）が酒井高男東北大学名誉教授（本書第 8 章参照）。

・写真下
応召学生壮行会（昭和 18 年頃）：東北帝国大学理学部物理学科の応召学生の壮行会の様子。前列中央が加
藤愛雄教授。その後ろで国旗端を持つ眼鏡の学生が森田章東北大学名誉教授（本書第 8 章参照）。

ともに『東北大学百年史 11 資料 4』（東北大学出版会）より。

戦時下の帝国大学における研究体制の形成過程
—科学技術動員と大学院特別研究生制度 東北帝国大学を事例として—

Formation process of the research system
in the Imperial University of wartime ：
——Graduate special research student and institutional science
and technology mobilization.
A case study of Tohoku Imperial University—

©Yasuyuki YOSHIBA, 2015

2015 年 2 月 23 日　第 1 刷発行

著　者／吉 葉 恭 行

発行者／久 道　　茂

発行所／東北大学出版会
〒 980-8577　仙台市青葉区片平 2-1-1
Tel. 022-214-2777　Fax. 022-214-2778
http://www.tups.jp　E.mail info@tups.jp

印　刷／カガワ印刷株式会社
〒 980-0821　仙台市青葉区春日町 1-11
Tel. 022-262-5551

ISBN978-4-86163-251-8　C3037
定価はカバーに表示してあります。
乱丁、落丁はおとりかえします。